기업의 세계사

기업의 세계사

초판 1쇄 발행 2024년 3월 27일

지은이 윌리엄 매그너슨 / **옮긴이** 조용빈

펴낸이 조기흠
총괄 이수동 / **책임편집** 김혜성 / **기획편집** 박의성, 최진, 유지윤, 이지은, 박소현, 전세정
마케팅 박태규, 홍태형, 임은희, 김예인, 김선영 / **제작** 박성우, 김정우
디자인 리처드파커 이미지웍스

펴낸곳 한빛비즈(주) / **주소** 서울시 서대문구 연희로2길 62 4층
전화 02-325-5506 / **팩스** 02-326-1566
등록 2008년 1월 14일 제 25100-2017-000062호

ISBN 979-11-5784-732-7 03320

이 책에 대한 의견이나 오탈자 및 잘못된 내용은 출판사 홈페이지나 아래 이메일로 알려주십시오.
파본은 구매처에서 교환하실 수 있습니다. 책값은 뒤표지에 표시되어 있습니다.

⌂ hanbitbiz.com ✉ hanbitbiz@hanbit.co.kr facebook.com/hanbitbiz
 post.naver.com/hanbit_biz youtube.com/한빛비즈 instagram.com/hanbitbiz

지금 하지 않으면 할 수 없는 일이 있습니다.
책으로 펴내고 싶은 아이디어나 원고를 메일(hanbitbiz@hanbit.co.kr)로 보내주세요.
한빛비즈는 여러분의 소중한 경험과 지식을 기다리고 있습니다.

기업의 세계사

로마부터 21세기 실리콘밸리까지   인류사를 결정지은 기업의 탄생과 진화

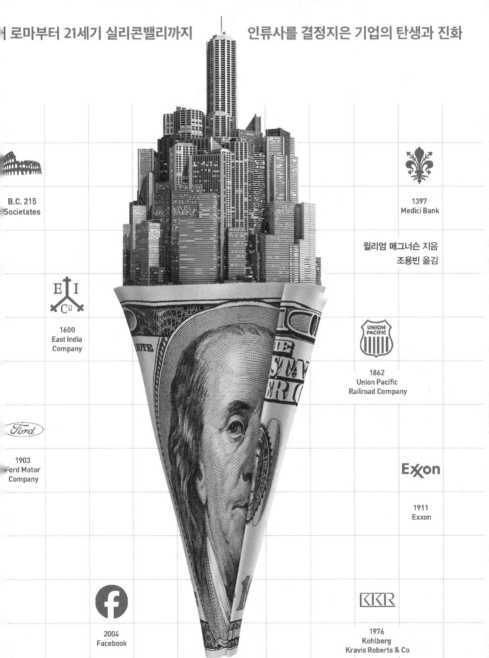

B.C. 215
Societates

1397
Medici Bank

윌리엄 매그너슨 지음
조용빈 옮김

1600
East India
Company

1862
Union Pacific
Railroad Company

1903
Ford Motor
Company

1911
Exxon

2004
Facebook

1976
Kohlberg
Kravis Roberts & Co

한빛비즈
Hanbit Biz, Inc.

차례

머리말

　찰스 디킨스의 소설 《니콜라스 니클비Nicholas Nickleby》에는 주식회사joint stock company에 관한 이야기가 나온다. 소설 속에서 주식회사는 "국가적으로 매우 중요한" 것으로 소개된다. 주식회사의 사업은 "위대한 자유시민의 부와 행복, 안락함, 자유 그리고 생존"에 기여한다는 것이다. 국회의원들이 지원을 약속하고, 엄청난 수의 투자자들이 발기인대회에 모인다. 요컨대 갓 구운 머핀과 크럼핏을 신속 배달하는 대도시 연합 주식회사에 대한 기대감이 가득하다.

　한 임원이 외친다. "회사 이름만 봐도 주가가 상승할 것 같지 않습니까?"

　임원진은 투자자들 앞의 무대 위로 올라가 현재 머핀 제빵업계의 낙후된 현실을 비난하며 회사 선전에 열을 올렸다. 어떤 임원은 최근에 런던의 빈민가를 방문했을 때 겪은 일을 이야기했다. "머핀이라고는 부스러기조차 볼 수가 없었으며, 따라서 이 가난한 사람들은 1년 내내 머핀을 맛보지 못한 게 확실합니다." 또 다른 임원은 런던 거리를 쏘다니며 사람들에게 머핀을 파는 소위 '머핀 소년들'의 고통을 이야기했다. "이 소년들은 날씨가 가장 궂은 계절에 비나 눈, 우박이 내리는 깜깜한 밤에도 배고픔과 추위에 시달리며 길거리를 헤매고 다녀야 합니다. 머핀만은 비에 젖지 않게 담요로 감싸고 다니면서도 소년들은 누더기를 걸치고 있습니다. 우리 모두 부끄러운 줄 알아야 합니다." 투자자 중 일부 숙녀들은 이 말에 눈물까지 글썽인다.

다행스럽게도 대도시 연합 주식회사는 이 우울한 문제를 해결할 방안이 있다고 투자자들을 안심시킨다. 첫째, 개인들 간의 머핀 거래를 모두 중단시킬 것을 약속한다. 둘째, 저렴한 가격에 양질의 머핀을 제공하겠다. 셋째, 머핀과 크럼핏 구입을 "이 사회의 모든 계급에게 강제할" 것이다. 그러면서 이를 위한 법안이 의회에 상정되었다고 말한다.

임원진의 연설은 투자자들의 마음속에 깊은 울림을 주었다. "오늘 연설의 의도가 잘 전달되었으므로 갓 구운 머핀과 크럼핏을 신속 배달하는 대도시 연합 주식회사에 투자하는 것이 가장 유망하고 칭찬받을 만한 일이라는 것이 확실해졌습니다." 한 임원은 동료에게 이 연설을 하자마자 주가가 25퍼센트 상승했다고 귓속말로 전했다. 우레와 같은 환호와 박수 속에 오전 회의를 마친 임원진은 점심식사를 하러 간다(물론 식대는 전부 회사 부담이다).

이 대도시 연합 주식회사에 대한 이야기는 자본주의의 폐해를 요약해서 우리에게 전달한다. 부도덕한 회사의 임직원들, 부패한 정치인들, 순진한 투자자들, 독점 회사들의 갑질 등이 모두 그 안에 있다. 그리고 디킨스의 의도도 확실하다. 회사 임원진 중의 한 명이 바로 이 소설의 최대 악당인 랄프 니클비인 것이다. 작가는 무슨 거창한 자본주의 이론을 구축하려는 것이 아니라 그 체제하에서 살아가는 사람들을 묘사하려 한다. 즉 성공한 사람과 실패한 사람, 부유한 사람과 가난한 사람, 소유주와 노동자를 그리려 한다. 이를 위해 기업에 이야기의 초점을 맞춘 것은 절대 우연이 아니다. 기업의 내부를 들여다보고 기업이 어떻게 돌아가는지와 그 방법을 알아보는 것만으로도 디킨스는 자본주의의 영향을 잘 드러낼 수 있었다. 그는 자본주의에 대한 이야기는 곧 기업에 대한 이야기임을 알았던 것이다.

이 책은 기업과 기업을 움직이는 사람들, 즉 자본을 댄 주주들, 회사를 운영하는 중역들 그리고 실제 회사 업무를 하는 직원들에 대한 이야기다. 그러므로 이것은 사람에 대한 이야기이며 다양한 형태의 상인, 은행가, 투자자들에 대한 이야기다. 이들이 오랜 세월을 두고 현대 경제의 무대를 만든 사람들이기 때문이다. 또한 여기에는 부자와 권력자 그리고 천재들뿐 아니라 사기꾼과 악인에 관한 이야기도 많다. 노예 사냥꾼, 노상강도도 있지만 과학자와 혁신가에 대한 이야기도 있다. 로마 궁정의 커다란 홀부터 디트로이트 소재 자동차공장의 조립라인까지 무대가 될 것이다. 기업이 어떻게 움직이고 어떻게 망하는지 그리고 무엇이 위대한 지도자와 실패한 지도자를 만드는지도 배울 것이다.

기업의 역사에서 변하지 않는 점이 있다면 그것은 기업이 항상 인류의 역사에 엄청난 영향력을 미쳤고 미래도 마찬가지라는 점이다. 기업 덕분에 고대 로마군은 인류 역사상 가장 효율적인 전투 집단이 될 수 있었다. 르네상스 시대의 피렌체에서는 기업 덕분에 역사상 최초로 예술적 천재성이 꽃필 수 있었다. 최근에는 스마트폰과 인터넷으로 인류의 소통 방식을 바꾼 빅테크 시대를 열기도 했다. 물론 이 과정에서 기업들이 항상 칭찬만 받은 것은 아니다. 로마의 세금징수원은 탐욕과 부패로 유명해서 성경에도 죄인의 대명사로 묘사되었다. 피렌체의 메디치 은행 역시 고리대금업으로 악명을 떨쳐, 도미니크회 수도사인 지롤라모 사보나롤라Girolamo Savonarola가 이에 반대하는 '허영의 소각bonfires of the vanities' 행사를 하게 만들었다. 빅테크 기업 역시 개인정보 보호 문제와 독점적 지위부터 언론의 자유까지 여러 분야에서 비난을 받고 있다. 어떨 때는 영웅이 되고 다른 때는 악당이 되기도 하지만 항상 무대 위에 있는 것만은 확실하다.

이 책은 여덟 개의 장으로 이루어져 있으며, 각 장은 하나의 기업을 다룬다. 기업은 자본주의의 가장 기본적인 구성요소이지만 그 모습이나 역할이 항상 오늘날과 같지는 않았다. 로마 공화정 시대의 기업은 농업경제사회에서 운영되었으며 도로건설이나 세금징수 같은 일을 정부와 독점계약을 맺어 시행하곤 했다. 엘리자베스 여왕 치하 영국의 기업은 중상주의 경제하에서 탐험과 무역에 종사하였으며 누가 봐도 해적질이라고 할 만한 활동을 자주 벌였다. 복잡한 글로벌 경제 안에서 움직이는 오늘날의 기업은 엄청나게 다양한 종류의 재화와 서비스를 제공하며 유례를 찾아보기 힘들 정도로 거대한 자본을 보유하고 있다. 이 책의 전반에서는 기업이 진화하는 과정을 다룰 것이다.

시작에 앞서 용어를 정리하는 게 좋을 것 같다. 무엇보다도 기업corporation이란 정확히 무엇인가? 오늘날에는 기업을 비즈니스business와 동의어로 생각할 때가 많지만, 사실 기업은 특정한 형태와 구조를 지닌 비즈니스에 한정되어 쓰이는 용어다. 기업의 개념은 로마 시대에 처음 탄생했고

'corporation'은 신체를 뜻하는 라틴어 'corpus'에서 유래했다고 보는 것이 타당하다. 따라서 기업은 법에 의거해 여러 명의 독립된 개인이 모여 만든 하나의 단체라고 정의할 수 있다. 이질적인 사람들의 집합이었던 것이 하나로 행동하고 실행될 수 있는 단일한 독립체가 된 것이다. 기업이라는 용어는 로마 시대의 단체company를 뜻하는 소치에타스societas와 비슷한 개념이다. 그래서 이탈리아어로는 기업을 'società per azioni', 즉 지분으로 나뉘는 단체라고 부른다. 여기서 기업의 주요한 두 번째 요소인 주식과 주주를 확인할 수 있다. 기업은 회사를 운영하는 몇몇 중역들의 호주머니에 의존하지 않고 일반 투자자에게 주식을 발행해서 자금을 모을 수 있기 때문에 대중이 보유한 방대한 자본을 이용할 수 있다. 기업 운영을 특히 더 매력적으로 만드는 마지막 요소는 유한책임제도다. 사업이 잘못되면 모든 사원이 책임을 지는 합명회사와 달리, 기업의 소유주는 그런 일이 발생해도 추가적인 재정적 의무가 없다. 사업이 실패하더라도 주주는 자신의 재산을 채권자의 추심으로부터 지킬 수 있다.

이런 특징들이 결합해 기업은 엄청나게 강력한 비즈니스의 원동력이 되었다. 사실 이 결합 효과가 너무나 뛰어나 18세기 영국의 법학자인 윌리엄 블랙스톤William Blackstone은 유명한 《영국법 주해Commentaries on the Laws of England》에서 상당 부분을 할애해 기업을 이렇게 묘사하고 있다. "기업의 특권과 면책특권, 토지 및 재산 등은 한번 부여되면 다른 소유권자에게 이전되지 않는 이상 그 권한이 영원하다. 개인들은 기업의 설립부터 현재까지 존재했고 앞으로도 계속 존재하겠지만, 법적으로는 영원히 사라지지 않는 하나의 개인만 존재한다. 이는 마치 템스강을 이루는 요소들은 끝없이 변하지만 템스강은 영원히 템스강인 것과 마찬가지다." 또 다른 영국의 저명한 법학자인 에드워드 코크^{Edward Coke}는 보다 간단히 표현했다. "기업은 보이지 않지만 영원하다."[1]

기업이 발전함에 따라 완전히 새로운 계급인 자본가들이 탄생했다. 전부터 부자들이 존재하기는 했지만 기업은 부자들을 더욱 부유하게 만들었다. 부를 쌓아만 놓거나 사치품을 사들이고 화려한 생활을 하는 대신 부자들은 기업에 투자했다. 기업의 주주로서 가만히 앉아 자신들은 아무런 노력을 하지 않으면서 다른 사람의 노동을 통해 매일매일 투자금이 커나가는 것을 지켜보기만 하면 되었다. 이는 비즈니스의 성격에 엄청난 변화를 가져온 사건이다. 주식을 구입했지만 실제 경영에 참여하지 않는 자본가 계급은 자신만의 논리와 방법으로 경제에 강력한 신흥세력으로 떠올랐다. 이들은 임금이나 사업의 장기적인 성공보다는 배당금과 주가에 더 관심이 있었다. 이런 시스템이 기업에 항상 좋은 방향으로만 작용하지는 않았다. 오히려 새로운 방식의 사기가 발생할 여지를 제공했다. 자본가들은 주가를 조작하여 자신이 소유한 기업에 대한 시장의 실적 기대감을 변화시키는 방법으로 엄청난 부를 축적할 수 있었다. 동인도회사의 주주였던 조사이어 차일드^{Josiah Child}는 인도에 전쟁이 났다는 거짓 소문을 퍼뜨려 주가를 폭락시킨 다음, 엄청난 양의 주식을 저렴한 가격에 매입했다. 이런 식의 시장교란으로 주식시장은 황폐해지고 그 피해는 오랜 기간 개미투자자들에게 전가되었다.

이 새로운 자본주의 시스템에 어떻게 대응해야 할까? 애덤 스미스는 결국 다 잘 돌아갈 거라고 주장했다. 그는 《국부론^{The Wealth of Nations}》에서 '보이지 않는 손'이 시장을 단속한다고 기록했다. 비록 개인이 순수한 이기심에 따라 행동하더라도 보이지 않는 손은 결국 사회 전체 이익을 증대시키는 결과를 초래한다고 주장했다. 보이지 않는 손이 정확히 어떻게 작용하는지 명확하지 않지만 일반적으로 수요와 공급의 작용에 영향을 미친다. 소비자의 수요에 대응해 다른 기업과 경쟁함으로써 사회가 요구하는 재화와 용역을 양호한 품질에 합리적인 가격으로 공급한다. 자본주의하에서 보이지 않는 손은 그 후로 많은 경제학자, 정치가 및 경영자들의 상상력을 사로잡아 대통령 선거운동의 강령, 정부 정책 및 싱크탱크의 백서에도 나타난다. 우리가 매일 듣는 '시장 원리에 맡기자', '시장 중심의 접근방법을 도입하자', '민영화가 시급하다' 같은 말들이다. 그래서 경제학자 밀턴 프리드먼^{Milton Friedman}은 "기업의 유일한 사회적 책임은 법을 어기지 않는 범위 내에서 자원을 활용한 기업 활동으로 이익을 최대화하는 것이다"라고 말했다. 그 어떤 경제이론도 전 세계에 이 정도의 영향을 끼치지 못했다.[2]

그러나 한편으로는 보이지 않는 손이 정말로 존재하는지 그리고 유용한지에 대해 의심을 품는 사람들도 많았다. 수세기 동안 사람들은 기업을 비난해왔고 지금은 그런 불평에 익숙해져 있다. 기업의 끝없는 탐욕은 노동자를 착취했고 원자재를 확보하려는 노력은 환경파괴를 불러왔다. 부정직한 사업행태는 소비자에게 희생을 강요하고 가격상승의 요인으로 작용했다. 기업의 악행은 끝이 없었고 엄청난 비판의 대상이 되었다. 토머스 제퍼슨은 "감히 정부와 힘 겨루기에 도전하고 법을 무시하는 부유한 기업은 초창기에 싹을 잘라버려야 한다"라고 주장했다. 카를 마르크스는 기업을 "모습은 지원자, 투자자 또는 단지 명목상의 감독이지만, 실제는 새로운 형태의 기생충이며 기업홍보와 주식발행 및 주식투자에서 온갖 속임수와 사기가 난무하는 시스템"이라고 비난했다. 기업에 대한 비판은 더욱 원색적으로 변해 에드먼드 버크Edmund Burke는 동인도회사를 언급하며 "이 저주받은 회사는 마치 독사처럼, 초창기부터 자신을 키워준 국가를 결국에는 파멸시킬 것이다"라고 했으며 최근에는 맷 타이비Matt Taibbi 기자가 골드만 삭스를 가리켜 "인간의 탈을 쓴 거대 흡혈 오징어처럼 돈 냄새가 나면 무엇이든 무자비한 흡혈판을 찔러 넣는다"라고 비판했다.[3]

그러나 가장 오래되고 영향력이 큰 비판은 기업이 이익을 이용해 민주주의라는 제도 자체의 기반을 약하게 만든다는 주장이다. 기업은 정치인에게 뇌물을 주고 정부 계약을 따내기도 하고 로비스트를 고용해 여론을 왜곡시키기도 한다. 선거자금을 기부하고 그 대가로 규제완화를 약속받기도 한다. 시어도어 루스벨트Theodore Roosevelt 대통령만큼 그 폐해를 제대로 표현한 사람은 없었다. 그는 1910년 캔자스주 오사와투미시의 존 브라운 기념공원 연설에서 '공평정책the square deal'을 발표했다. 이는 '특정 집단의 사악한 영향력'으로부터 국가를 보호하기 위한 정책이었다. 루스벨트는 이런 영향력을 행사하는 사람이 누군지 대놓고 까발렸다.

정치적인 목적을 가진 기업의 자금이 유입되면서 정치가 부패하는 주요 원인이 되었습니다. 기업은 국가의 주인이 아니라 하인이라고 주장하는 사람이야말로 진정한 보수이자 기업의 진정한 친구입니다. 기업은 자신을 만든 인간의 주인이 아니라 하인이 되어야 합니다. 미합중국의 시민들은 자신들이 창조한 이 막강한 기업 세력을 효율적으로 통제해야 합니다.

루스벨트 대통령은 기업이 정부보다 더 큰 권력을 가질까 봐 걱정한 맨 처음 사람도 아니고 마지막 사람도 아니었다. 윌리엄 셰익스피어도 〈리어왕〉에서 이렇게 직설적으로 지적했다. "죄악에 황금 갑옷을 입히면 날카로운 정의의 창도 상처를 내지 못하고 부러진다. 그러나 누더기를 입히면 난쟁이의 지푸라기에도 뚫린다."

기업이 정치 무대의 주요 등장인물로 떠오른 것은 당연한 결과다. 민주주의 정부에는 자신이 대표하는 사회의 이해관계와 호불호 그리고 야망이 반영되어 있다. 기업이 점차 사회의 중요한 세력으로 부각됨에 따라 기업의 이해관계가 정치분야에서 영향력이 커질 수밖에 없었다. 솔직히 말해서 만일 정부가 국내 거대 기업의 이익에 적절히 대응하는 방향으로 정책을 선회하지 않았다면 그 충격은 더 컸을 것이다. 기업 때문에 민주주의가 바뀐 것은 확실하다. 현시대의 가장 긴급한 문제는 과연 기업이 얼마나 많은 분야에서 어떤 방식으로 민주주의 운영방식에 영향을 주었느냐다. 이에 대해 기업의 무자비한 권력을 내부에서 직접 목격한 사람들을 포함한 많은 사람의 답은 매우 부정적이다. 국력과 국가의 부를 키우려고 만든 기업이 오히려 국가를 지배하고 수탈하고 있다.

냉소적인 사람은 이렇게 말할지 모른다. "기업이 다른 사람들의 고통 속에서 부유해졌고 그 돈으로 정치인에게 뇌물을 주어 민주주의 체제를 타락시킨 건 당연한 순서다. 그 이상 무엇을 기대한 것인가?" 하지만 기업의 역사를 돌이켜보면 그렇게 섣부른 판단은 금물이다. 기업의 부패사건이나 착취사건이 발생할 때마다 사회는 이에 대응하여 해결방안을 마련했다. 징세청부업자들이 로마의 속주에서 강압적인 방식으로 세금을 징수한다는 것을 알게 된 아우구스투스 황제는 그 일을 국가가 맡아서

하도록 변경시켰다. 지분 시스템 때문에 직원들의 내부 다툼이 심해지자 동인도회사는 영구주$^{permanent stock}$를 발행해 분열을 막았다. 1929년에 발생한 월스트리트 대폭락으로 주식거래에 사기행위가 만연했다는 것이 밝혀지자 미 의회는 증권법 및 증권거래소법을 제정해 대중에 대한 자본가들의 사기행위를 금지시켰다. 이는 자본시장에 엄청난 변화를 초래했지만 우리는 그 영향을 간과하는 경우가 많다. 오늘날 우리는 기업이 아니라 정부가 세금을 징수하고 기업이 주주들에게 기업정보를 공개하는 걸 당연히 여긴다. 또한 개별 프로젝트 단위별로 이익을 분배하는 시스템이 아닌 영구주 시스템을 당연하게 여긴다. 하지만 늘 그랬던 것은 아니다.

이 책의 근간에서 가장 중요하게 다루는 한 가지 주제가 있다. 기업은 오로지 이익 추구라는 목적을 달성하기 위해 존재하는 영혼 없는 독립체라고 생각하는 사람들이 많다. 더 나아가 이익 추구는 당연하고 그것이 기업의 의무라고 생각하는 사람도 있다. 하지만 이런 생각은 모두 틀렸다. 기업은 원래 공공선을 함양할 목적으로 만들어진 조직이다. 고대 로마 시대부터 르네상스 시대의 피렌체와 엘리자베스 시대의 영국까지 기업은 국가를 건설하고 각종 기반시설을 유지하는 일꾼 같은 역할을 했다. 기업은 공적인 목적을 지닌 공공단체로서 국가의 발전에 기여하리라는 정부의 믿음을 바탕으로 특별한 권한과 특권을 부여받았다. 이 목적에 부합하지 않는 경우가 많기는 했지만 공공선을 향상시키는 능력이 있었기 때문에 기업이 태어나고 존재해왔다.

자본주의의 아버지로 일컬어지는 애덤 스미스는 이를 잘 알고 있었기에 실제 읽어본 사람은 많지 않은 《국부론》에서 자본주의를 마치 만병통치약처럼 생각하지 말라며 보이지 않는 손에 대해 경고하였다. 즉 보이지 않는 손의 역할이 완전무결하지 않다는 뜻이다. 그는 이렇게 적고 있다. "자신의 생산품이 최고의 이익을 달성하도록 기업을 운영하는 과정에서 다른 많은 경우와 마찬가지로 보이지 않는 손에 이끌려 의도치 않았던 목표를 달성하게 된다. 의도치 않았다고 해서 사회에 나쁜 영향을 끼치지 않는다. 의도적으로 공공선을 증진하려 할 때보다 오히려 자신의 이익을 추구할 때 사회의 이익이 증진되는 경우가 꽤 있다." 여기서는 그가 하지 않은 말에 주의를 기울여야 한다. 애덤 스미스는 그런 경우가 꽤 있다고 했지 항상 그렇다고는 하지 않았다. 그가 이익 추구는 단순한 수단이지 그 자체로 목적이 아니라는 점을 분명히 했다는 사실이 더 중요하다. 기업이 이익을 창출하면 결국 우리 모두에게 도움이 된다고 믿기 때문에 기업의 이익 추구를 허용하는 것이다. 그는 기업의 존재 목적이 공공선을 추구하는 것이라고 보았다.

기업과 공공선의 연결 관계는 오늘날보다 과거에 훨씬 더 명확했다. 처음에는 기업이 군주나 정부에 허가권을 청원했다. 국가는 기업이 하고자 하는 일이 수익이 날 뿐 아니라 국가에도 도움이 된다는 확신이 설 경우에만 허락했다. 동인도회사는 1600년 엘리자베스 1세에게 "교역의 증가뿐 아니라 영국의 영광을 위해" 활동하겠다고 약속했다. 미국의 철도 회사 유니언 퍼시픽이 남북전쟁 와중에 의회로부터 철도의 허가권을 승인받을 당시 명분도 대륙횡단철도가 분열된 국가를 하나로 연결하리라는 기대감이었다.

지난 100년간 우리는 기업의 진정한 정신을 잃어버렸다. 이익 추구는 수단에서 목적으로 격상되었다. 이렇게 된 데는 법의 영향도 컸다. 20세기가 되자 기업은 더 이상 군주에게 청원할 필요가 없어졌고 대신 지방

징부에 설립양식을 제출했다. 자신의 존재 이유를 설명하지 않아도 되었다. 중요한 사실은 정치가 이 변화를 주도했다는 점이다. 공산주의와 냉전으로 존재 위기가 닥치자 서방 국가들은 자본주의의 장점을 대대적으로 홍보했다. 기업은 더 이상 결함 있는 조직이 아닌, 애덤 스미스가 주장한 것처럼 인간의 노력을 투입하기 좋은 유용한 조직으로 보였고, 미개한 공산권 국가와 구별해서 서구권의 특징을 정의하는 존재가 되었다. 민주주의와 자본주의는 동의어가 되었고, 그 결과 기업은 도구에서 영웅으로 격상되었다. 기업이 우리를 규정하고, 우리는 그 대가로 기업을 우상화하게 되었다.

그러나 이렇게 기업의 역사에서 발생한 혁명적인 변화의 결과는 바람직하지 못한 파급효과를 초래했다. 기업은 점점 커지고 다양해졌지만 어떤 공적인 이유로 그런 결정을 했는지 누구도 더 이상 묻지 않게 되었다. 시장의 도덕성보다는 효율성이 우선시되었다. 어떤 기업이 수익성이 있다면 효율적이라는 뜻이고 그 효율성은 곧 우리가 추구하는 선이다. 이런 믿음이 사회 전반에 만연해 있고 기업의 리더들도 이런 믿음을 갖게 되었다. 효율성에 대한 지나친 강조로 기업은 사회적 문제에 관심을 갖기보다는 이익 창출을 더 중요시하기에 이르렀다. 이런 풍조는 제품생산보다 금융공학을 더 중요시하는 금융자본주의의 탄생에 기여했다. 실리콘밸리에서 통용되는 '빠르게 움직여 낡은 틀을 파괴하라'와 같은 정신을 창조하여 책임감 있는 행동보다는 기술의 빠른 발전을 더 중요시하도록 만들었다. 기업의 리더들은 공공의 이익을 수호하겠다고 입에 발린 말을 하지만 몇몇 예외적인 경우를 제외하고는 점점 그로부터 멀어지는 것 같다.

기업의 세계사

오늘날 거대 기업과 이를 움직이는 경영자는 동인도회사가 탄생했을 때와는 거의 비교 불가할 정도로 엄청난 부와 권력을 누리고 있다. 그러나 사회 발전의 초석이라는 기본적인 목적을 망각한 지금은 기업의 역사에서 위태로운 시기라고 할 수 있다. 기업이 커나감에 따라 양심 없는 경영자들은 이익을 짜내기 위해 '시스템 조작' 방법을 터득하게 되었다. 기업의 원래 목적으로 회귀할 수 없다면 막대한 대가를 지불한 채 이익 극대화의 늪에 빠져 돌이킬 수 없게 되고 세계경제의 발전은 타격을 입을 것이다.

이 책은 내가 일생을 바쳐 연구한 기업의 세계를 다루고 있다.

나는 하버드 법학대학원을 졸업한 후 설리번 앤드 크롬웰^{Sullivan & Cromwell:} ^{S&C} 법무법인의 인수합병 파트에서 변호사로 일을 했다. S&C는 월스트리트에서 가장 유명한 로펌 중 하나로 파나마운하 건설과 US 스틸의 창립에 자문을 했으며 미국의 대법관과 CIA 국장, 국무장관 등을 배출했다. 이 회사는 오늘날 전 세계에서 가장 큰 기업들에 자문서비스를 제공하고 있다. 내가 S&C에서 일할 때도 그런 대형 프로젝트를 맡아서 했던 기억이 있다. 비록 로펌을 떠나 대학으로 왔지만 그곳에서 일하는 동안 내부자의 관점에서 기업이 움직이는 방식과 기업활동의 원동력 그리고 기업이 가고자 하는 방향을 잘 알 수 있는 기회를 얻은 것에 감사한다.

솔직히 말하면 이 책을 쓰겠다는 생각도 로펌에 있을 때 생겼다. 평일 새벽 1시에 나는 S&C 빌딩의 36층 사무실에 앉아 있었다. 책상 위에는 회사 비용으로 배달시켜 먹고 남은 타이 음식이 어지럽게 펼쳐져 있고 내 머리 뒤로는 마크 로스코^{Mark Rothko}의 그림이 걸려 있었다. 직원들이

나 퇴근하고 난 사무실은 이상하리만큼 고요했다. 몸은 피곤하고 스트레스로 머리가 아팠지만 대충 갈겨쓴 미결 업무 리스트를 보니 퇴근하려면 아직도 몇 시간 더 일해야 한다는 걸 깨달았다. 이러다 과로사할 수도 있겠다는 생각이 들자 일어나서 창가로 갔다. 저 멀리 자유의 여신상의 불빛이 보였고 아래를 내려다보니 변호사들을 퇴근시키려고 검은색 세단이 줄을 서 있었다. 이 모든 상황에 어떤 장엄함과 동시에 압박감을 느꼈다.

'어떻게 이런 상황이 만들어진 걸까?' 하고 자문했다. 똑똑하고 양심적인 젊은이들이 깨어 있는 모든 시간을 바쳐 회사의 이익을 추구하도록 만드는 원동력이 무엇인가? 그리고 이 상황이 우리에게 시사하는 점은 무엇인가? 그 순간에 나는 이 책을 써야 할 이유를 깨달았다. 우리는 기업의 이야기를 알아야 한다. 역사적 맥락에서 기업을 바라보고 오늘날까지 좋은 방향이든 아니든 어떤 식으로 진화해왔는지를 보여주는 책이 필요하다고 느꼈다.

결국 나는 로펌을 떠나 교수가 되었고 지금은 상법, 인수합병 그리고 국제경영 등을 가르친다. 수업하면서 로펌에 있던 시절의 일화를 들려주기도 하고 냉혹한 기업의 세계에서 살아남는 방법에 대한 이야기도 해준다. 그러나 나는 단 한 번도 마음속에서 맴도는 보다 큰 질문을 잊어본 적이 없다. 매 학기 초 상법 강의 첫날에 학생들에게 이런 간단한 질문을 던진다. "기업의 목적은 무엇입니까?" 거의 대부분의 학생은 '이익 창출'이라고 대답한다. 보다 구체적으로 말해달라고 하면 '주주를 위한 이익 창출'이라는 답이 돌아온다. 학기 내내 배우는 상법에서는 이 대답이 정답이라고 할 수 있다. 법원은 계속해서 CEO에게 그 무엇보다 주주들의 이익을 보호해야 할 의무가 있으며 주주들의 최대 관심사는 이익 극대화라는 내용의 판결을 내려왔다. 그러나 역사적인 관점에서 보면 이는 완전히 틀렸다. 동인도회사의 사업권을 승인하면서 엘리자베스 여왕은 이로 인해 런던의 몇몇 상인들만 배가 부를 것이라고 생각하지 않았다. 소수 보스턴 자본가들의 배만 불린다고 생각했으면 링컨 대통령은 유니언 퍼시픽의 철도 독점권을 승인하지 않았을 것이다. 그들은 보다 크고 중요한 것, 즉 국가를 위한 공공선을 추구했다.

나는 이 책이 일종의 가이드북 역할을 했으면 한다. 이 책은 긴 시간 동안 기업이 어떻게 진화해서 오늘날 우리가 아는 기업이 되었는지를 보여줄 것이다. 기업의 번영과 추락, 품격과 타락도 들여다볼 것이다. 그러나 디킨스가 지적한 대로 가장 중점적으로는 '위대한 자유시민의 부와 행복, 안락함, 자유 그리고 생존'을 창조하고 유지하는 데 있어 기업이 차지하는 복잡하면서도 서로 상충되고 변화무쌍한 역할을 탐구할 것이다.

1장

한니발 전쟁의 숨은 공신,
고대 로마의 소치에타스

기원전 215년, 제국은 전쟁 중이었다. 지중해의 강력한 세력인 로마와 카르타고는 치열한 패권 투쟁을 벌이고 있었다. 이 장대한 전쟁은 스페인 해안부터 그리스 본토와 튀니지의 사막지대를 배경으로 벌어졌고 갈리아, 누미디아, 마케도니아 그리고 시라쿠스의 사람들까지 여기에 휘말렸다. 전쟁의 승자는 유럽, 아프리카, 아시아의 광대한 지역을 차지하는 반면, 패자는 지구상에서 영원히 사라질 수도 있었다. 서반구의 미래를 결정하는 싸움이나 마찬가지였다.

　전쟁은 수십 년간 지속되었으나 바야흐로 뛰어난 지략가인 한니발 장군의 지도력에 힘입어 카르타고가 거의 승리를 확정 지으려 하는 순간이었다. 기원전 218년, 중장갑 보병과 기병대 및 코끼리부대를 앞세운 한니발군은 위험을 무릅쓰고 알프스를 넘어 이탈리아로 진격해서 그를 저지하러 출동한 로마군을 연이어 격파했다. 트레비아 전투와 트라시메네 전투에서 카르타고군은 거의 손실 없이 로마를 상대로 일방적인 승리를 거두었다. 그다음에는 칸나에 전투에서 역대 로마군 중 가장 큰 규모인 8만 6,000명을 상대로 엄청난 승리를 거둔다. 이 전투에서 로마군은 7만 6,000명이 전사하고 1만 명은 포로로 잡혔다. 전체 원로원 의원 300명 중 80명 역시 이 전투에서 전사하는 등 로마 전체 가용 병력의 20퍼센트가 단 하루 만에 몰살했다. 승리를 거둔 한니발은 이탈리아 남부를 휩쓸고 다니며 국토를 유린했고 들에서는 곡물을, 도시에서는 남자들을 차출해갔다. 카르타고군이 승리하는 것을 보자 로마의 우방들은 떼를 지어 로마에 등을 돌렸다. 생긴 지 얼마 안 된 공화국이 위기에 빠진 것이다.

로마가 이 패배를 극복하고 한니발을 이탈리아에서 몰아내 결국 카르타고를 대패시킨 이야기는 고대사를 공부한 사람이라면 누구나 잘 알 것이다. 로마군은 그 유명한 파비우스 전략을 구사하여 과거에 로마군이 큰 피해를 보았던 대규모 전투를 피하고 오직 소규모 국지전으로 카르타고군을 계속 잡아두어 피곤하게 만들었다. 로마의 유능한 장군 스키피오 아프리카누스는 스페인에서 적을 무찌른 다음 한니발군과 맞서지 않고 배를 타고 아프리카로 가 카르타고를 직접 공격했다. 한니발은 조국을 지키기 위해 어쩔 수 없이 카르타고로 돌아갔고 결국 자마 전투에서 대패한다.

그런데 이 과정에서 로마가 전쟁을 계속할 수 있게 한 숨은 공신인 자본가의 역할은 잘 알려져 있지 않다. 한니발이 이탈리아 남부지역을 휩쓸고 다니던 기원전 215년에 스키피오 아프리카누스의 아버지인 푸블리우스 코르넬리우스 스키피오는 원로원에 나쁜 소식을 전했다. 보급품이 다 떨어져서 더 이상 군대를 먹이지 못하고 급료도 지불할 수 없다고 호소했다. 식량이 제때에 도착하지 못하면 병력을 모두 잃고 스페인에서도 후퇴해야 할 거라고 했다. 그러나 로마의 국고가 거의 비어 있었기 때문에 원로원은 그의 요구를 들어줄 수 없었다. 마지막 수단으로 원로원은 로마 시민들에게 스키피오의 군대에 의복과 식량 및 장비를 공급해주면 나중에 국가재정에 여유가 생겼을 때 보상해주겠다고 발표했다. 그러자 총 19명으로 구성된 세 개의 회사, 라틴어로는 소치에타테스^{societates}가 군을 돕겠다고 자원했다. 그 대가로 병역을 면제해줄 것과 해상 운송 중 태풍이나 적의 습격으로 화물을 분실할 경우 로마가 손실을 보전해줄 것을 요구했고(육상 운송에 대해서는 언급이 없는 것으로 미루어 로마의 도로는 제대로 보호되고 있었음을 알 수 있다) 원로원은 이를 승낙했다.

이 회사들은 끝까지 약속을 지켰다. 역사가 리비우스^{Livius}는 《로마사》에 이렇게 기록했다. "충분한 물량의 계약이 이루어지고 공급이 되어 보유물량이 풍부하므로 그 전과 마찬가지로 병사들에게 풍족하게 공급되었다." 식량을 확보하자 스키피오 형제는 다시 공세를 강화했다. 여러 전투에서 한니발의 동생인 하스드루발^{Hasdrubal}의 군대를 물리치자 거의 모든 스페인 사람들이 카르타고가 아닌 로마의 편을 들었다. 리비우스는 사기업이 이익을 취하기 위한 저열한 욕망이 아니라 국가에 대한 의무감에서 로마군에게 물자를 공급한 이 사건을 시민정신의 승리라고 기술하고 있다. "모든 로마 시민에게는 지위 고하를 막론하고 국가에 대한 의무감과 애국심이 뿌리박혀 있다"라고 리비우스는 주장했다.[1]

그러나 로마 시민의 특징과는 별개로 이 사건은 당시 로마의 또 다른 중요한 측면인 경제와 사기업에 대해 알려준다. 단지 세 개의 회사가 스페인에 주둔한 스키피오 군대에 필요한 물품을 공급할 수 있었다는 사실에서 이 회사가 상당한 규모였으며 자본, 곡물, 의류, 선박, 선원 및 기타 필요한 물자를 조달할 능력이 있었음을 알 수 있다. 또한 로마 원로원이 공급계약을 맺은 것으로 보아 이 회사들은 로마 사회에 깊게 뿌리를 내리고 있었음에 틀림없다. 그들의 개입이 전쟁의 판세를 뒤집었다.

이 사건은 로마 공화국의 역사에서 중요한 계기가 되었다. 붕괴 위기에 처한 정부가 일단의 강력한 기업에 의해 구제된 것이다. 결국 리비우스가 기록했듯 가장 위태로운 시기에 "로마 공화국이 민간기업의 지원으로 살아난" 것이다.[2]

◆ ◆ ◆

오늘날 주식회사는 특징적 요소를 갖춘 독립단체를 가리킨다. 우선 주주가 있다. 영구적으로 존재한다. 주주는 유한책임을 진다. 법적으로 사람과 동일한 취급을 받아 자기 책임하에 거래할 수 있다. 심지어 연방대법관인 앤서니 케네디^Anthony Kennedy는 시민연합 대 연방선거위원회 간의 소송에서 주식회사에게도 헌법으로 보장되는 언론의 자유가 있다고 판결했다. 주식회사는 이름만 들어도 즉각 알아볼 수 있는데, 즉 'Inc', 'Corp', 'Co'라는 단어가 뒤에 붙는다.

로마의 회사는 오늘날의 회사와 매우 달라 도로건설, 세금징수, 군수지원 등의 업무를 정부와 독점계약을 맺고 시행했다. 이 일은 로마의 기사 계급만이 담당했는데 문제가 생겼을 때 이들의 개인재산은 보호받지 못하는 경우가 많았고 너무 호전적이라는 평을 듣기도 했다. 또한 간부들이 로비를 해서 로마의 침략전쟁을 부추겼다는 비난을 듣기도 했다.

그러나 로마의 기업을 자세히 보면 기업이 이렇게 오래 살아남은 이유와 오늘날과 같은 형태를 갖추게 된 이유를 알 수 있다. 로마 시대의 정부와 기업은 상호 협조하여 사회의 번영과 발전을 추구하는 대의명분이 있는 일을 했다. 공화국에 대한 기여의 대가로 기업은 특권과 특혜를 받았으며, 특혜를 누린 기업은 보다 효율적이고 안정적으로 사업을 운영했고 그 결과 사회에 대한 기여도도 더 높아졌다.

단테 알리기에리^{Dante Alighieri}는 그의 저서 《제정론^{De Monarchia}》에서 로마에 대해 이렇게 기술했다. "고상하고 성스러우며 영광스러운 로마의 시민들은 사회에 해가 될 만한 모든 탐욕을 억누르고 평화와 자유를 추구했다. 그 정신이 너무나 숭고해 인류의 전반적 안녕을 위해 자신들의 혜택을 희생할 정도였다." 그가 천재인 것은 맞지만 이 부분은 잘못 알고 있었다. 역사적으로 로마는 놀랄 만큼 일관되게 부와 사치를 추구했으며 다른 한편으로는 폭력성과 잔인함을 보여주었다. 정복자로 유명한 율리우스 카이사르는 갈리아 지역의 어떤 마을이 저항 끝에 항복하자 모든 젊은 남자들의 손목을 잘라버렸다. 가장 부자였던 마르쿠스 리키니우스 크라수스^{Marcus Licinius Crassus}는 사설 소방대를 운영하면서 화재가 난 집 앞에서 소유주가 싼 값에 집을 넘기기 전에는 불을 꺼주지 않았다. 대 카토^{Cato the Elder}는 이웃 도시국가인 카르타고의 번창을 보고 난 다음부터는 그 주제가 무엇이던 카르타고는 망해야 한다는 말로 연설을 끝냈다. 로마인들이 모든 욕망을 억누르고 전 세계 시민의 안녕을 위해 희생했다는 단테의 믿음은 순수한 상상력의 소산이었다.[3]

하지만 로마에 대한 단테의 시각 중 사람들은 잘 모르지만 맞는 것도 있었다. 탐욕과 욕심은 사라지지 않았지만 이를 공공선을 위해 사용했다는 점이다. 로마 시대의 기업과 정부의 관계는 너무나 밀접해서 어느 시점에 가서는 그 둘의 차이가 완전히 사라져 버린다. 리비우스의 기록에 따르면 제2차 포에니전쟁 후에는 개인들의 자금을 통해서만 로마의 명맥을 유지할 정도였다. 기업은 로마가 전쟁을 수행하는 데 필수 불가결한 역할을 한 것이 맞지만 때로는 전쟁을 부추기기도 했다. 시간이 지나면서 기업과 로마 정부의 관계가 극도로 정교하고 세련된 수준에 이르자, 기업이 자신의 이익을 추구하면 동시에 국가에도 도움이 될 정도였다. 오늘날 우리는 언어부터 정부 시스템, 법률까지 많은 분야에서 로마의 영향을 받았다. 따라서 로마로부터 기업의 유래를 찾는다고 전혀 놀랄 일이 아니다.

로마 시대 기업의 역할에 대해서는 논란의 여지가 있다. 우선 고대 로마의 조직에 현대의 용어를 붙이는 게 맞느냐는 문제다. 당시의 소치에타스가 오늘날의 기업과 똑같을까? 아마 아닐 것이다. 법인설립증을 발급해주는 정부기관도 없었고 유가증권, 주주대표소송 및 이사의 책임 등을 다룬 포괄적인 상법 같은 것이 존재하지 않았다. 그러면 로마의 소치에타스는 오늘날 기업이라고 부르는 조직과 기본적인 특성이 동일할까? 그런 것 같다. 특히 소치에타테스 푸블리카노룸^{societates publicanorum}이라는 특별한 소치에타스의 경우는 거의 동일하다(라틴어 societates는 societas의 주격 복수형이며 publicanorum은 publicanus의 소유격 복수형이다 - 옮긴이). 두 번째 문제는 로마 기업의 구조와 기능이다. 어떤 학자들은 로마 시대의 기록을 보면 대량으로 활발한 거래가 이루어지는 주식시장이 존재했다는 것을 알수 있다고 주장한다. 마치 오늘날의 주식시장처럼 대중이 로마 기업의 주식을 거래할 수 있었다고 한다. 하지만 이들의 주장이 과장되었다고 생각하는 사람들도 많다. 여기서 누가 맞는지 따져볼 생각은 없다. 다만 고대 로마의 경제생활에 대해 여러 가지 면에서 상당한 의견 차이가 있다는 점은 분명히 알아둘 필요가 있다.[4]

이런 사항을 염두에 두고 우리는 이제 로마의 사업 관행에 대해 지금까지 우리가 밝혀낸 것을 다루려고 한다.

전설의 로물루스와 레무스 쌍둥이 형제가 로마를 건국한 기원전 753년부터 아우구스투스 황제가 제국을 선포한 기원전 27년까지 고대 로마에는 충격적인 사실이지만 거대 국가다운 모습이 전혀 없었다. 테베레 강둑의 작은 마을에서 생겨나 스페인의 고원지대부터 시리아 해안까지, 사하라사막부터 프랑스의 해안지역에 이르기까지 로마 공화국은 최소한의 관료와 소수의 공무원으로만 유지되었다. 행정부는 원로원 의원과 그들이 임명한 공무원이 힘들게 꾸려나갔다. 점점 증가하는 일상적인 행정 수요를 담당할 민간조직이 없었다는 사실에서 당연히 의문이 생긴다. 로마는 점점 팽창하는 제국을 과연 어떻게 유지했을까? 공화정이 제정으로 바뀌어 행정조직이 완비되기 전까지는 민간기업을 이용해서 정부의 업무를 하도록 했고, 그중 가장 유명한 조직이 소치에타테스 푸블리카노룸이었다.

소치에타테스 푸블리카노룸은 '푸블리칸의 단체'라는 뜻이다. 그러면 푸블리칸publican은 누구일까? '세리'를 뜻하는 이 단어는 기독교인들에게 단연코 부정적인 의미를 지닌다(로마의 세리를 영어로 publican이라 불렀다 – 옮긴이). 성경에는 세리가 수차례 언급되는데 긍정적인 시각은 결코 찾아볼 수 없다. 예컨대 누가복음에는 예수가 레위라는 세리를 만나 그의 집에서 열린 잔치에서 다른 세리들과 함께 음식을 먹는 대목이 있다. 예수가 세리들과 함께 있는 걸 보고 바리새인들이 "어찌하여 세리와 죄인들과 어울려 먹고 마시는 것입니까?"라고 트집을 잡자 "건강한 사람에게는 의사가 필요하지 않으나 병자에게는 필요하다. 나는 의인을 불러 회개시키러 온 것이 아니라 죄인들을 불러 회개시키러 왔다"라고 예수가 대답했다고 한다. 이렇듯 세리를 죄인으로 보는 시선은 항상 존재했다.[5]

그러나 로마 시민들은 세리를 달리 보았다. 로마 공화정 내내 이들은 존중받는 계급에 속해 있었다. 명칭 자체에서 국가와 관련되어 있음을 알 수 있다. 푸블리카는 '공공'이라는 뜻이 있으며 레스 푸블리카res publica는 '공공의 것', 즉 공화국republic을 뜻한다. 이들은 기본적으로 정부의 도급업자였다. 즉 정부와 협의하여 공공업무를 수행하는 민간인이라는 뜻이다. 그런 일을 할 별도 조직이 없으므로 정부로서는 이들에게 의존해서 국가를 운영할 수밖에 없었다.

푸블리칸은 로마 공화국 초기부터 나타난다. 법학자 블랙스톤은 로마의 전설 속 왕인 누마 폼필리우스Numa Pompilius가 이런 직업을 최초로 만들었다고 주장했다. 그러나 이들에 대한 최초의 언급은 할리카르나소스의 디오니시오스Dionysius of Halicarnassus가 쓴 역사서에 나타난다. 그는 이 책에서 서기 493년에 로마 정부가 농업과 풍요를 관장하는 아벤티노 3신인 케레스, 리베르, 리베라 등의 신들을 기리기 위한 신전 건축을 이들에게 위임했다고 한다. 플리니우스Plinius는 이들이 원형극장에 말을 공급하고 카피톨리누스 언덕에서 거위를 기른다고 기록했다(거위 사육이 별거 아닌 것 같지만 기원전 390년 갈리아인이 로마를 침범했을 때 이들의 접근을 경고하는 거위 울음소리 덕분에 로마를 구할 수 있었기에 매우 중요하고 심지어 숭고한 행위로 간주되었다).[6]

기원전 3세기가 되자 이들은 로마의 국정운영에 더욱 깊이 관여하게 된다. 제2차 포에니전쟁이 벌어졌을 때 충분한 자금력으로 로마 정부에 로비를 해서 사원의 개보수와 전차용 말 공급까지 계약을 추진했다. 이들은 당시에 이미 많은 분야까지 진출해 있었다. 공공사업과 공공물품의 공급 서비스 그리고 광산이나 채석장 같은 공공재산의 개발에도 관여했다. 경이로운 고대 로마 도시의 창의성은 푸블리칸의 솜씨다. 이들은 도시, 성벽, 사원, 시장, 대성당, 조각상, 극장, 수로, 공동하수시설, 원형극장 등 길거리에서 볼 수 있는 거의 모든 것을 건설하고 유지·관리했다. 물론 로마군의 승리 역시 음식, 의복, 말 그리고 각종 장비를 공급한 이들의 도움이 컸고, 이는 한니발의 공격 이후에도 계속되었다.[7]

그러나 이들의 명성이 가장 높았던 분야는 세금징수라는 다소 떳떳하지 못했던 사업이었다. 세금징수는 푸블리칸의 가장 큰 수입원이었고 이들은 이 업무에 점점 깊이 관여하게 되었다. 사실 라틴어 푸블리카누스publicanus를 단순히 '세금징수원' 또는 '징수 대리인'이라고 번역하는 경우도 많았다. 오늘날에는 조세징수도급이라는 개념이 낯설지만 고대에는 자주 시행되었다. 조세징수는 로마 제국에게 있어 필수적인 자금조달책 중 하나였다. 어쩌면 유일한 자금조달책이었을 수도 있다. 카이사르는 이렇게 말했다. "국가의 주권을 창조하고 보호하며 강화하는 두 가지는 군인과 자금인데 이 둘은 상호의존적이다." 로마에는 여러 형태의 세금이 있었지만 일반적으로 점령지 주민들은 무거운 세금을 감당해야 했다. 예를 들어 시칠리아나 아시아 지역의 농부들은 매년 수확량의 10퍼센트를 세금으로 내야 했다. 전쟁이나 합병으로 로마의 새로운 속주가 되면 로마에 세금을 내야 했지만 로마에는 방대한 행정조직이 없어 세금을 강제하고 징수할 능력이 없었다. 제국의 영토가 전 유럽 대륙으로 확장되면서 이 문제는 더욱 심각해졌다. 원로원은 조세징수도급세를 도입해 이 문제를 해결했다. 즉 징수권을 경매에 부쳐 개인사업자에게 판매하면 이들이 세금을 징수하고 나머지를 이익으로 취하는 시스템이었다.[8]

경매에서 징수권을 판매하는 과정은 공식적인 절차에 따랐다. 경매는 광장에서 인구조사와 정부재정을 담당하는 행정관인 감찰관의 주관하에 이루어졌다. 경매는 법령에 의해 로마 시민이 보는 앞에서 공개적으로 이루어져 투명성을 유지하도록 했다. 감찰관이 미리 도급계약의 조건 등을 공표하고 이를 경매에 부쳤다. 여러 소치에타스의 우두머리가 손을 들어 경매에 참여할 의사를 표현했다. 도급계약을 낙찰받은 소치에타스는 재무부에 일정 금액을 내야 했다(전액을 선불로 납부하는 경우도 있고 도급계약의 진행에 따라 분할 납부하기도 했다). 그리고 그 대가로 각 지역으로 내려가 주민들로부터 세금을 징수하여 자기 것으로 취했다. 주민들은 반기지 않았겠지만 이는 로마 제국과 소치에타스 모두에게 이익이 되는 시스템이었다. 로마 재정부서는 행정조직의 규모가 작아 직접 징수할 능력이 없었는데 세금징수를 위한 복잡한 행정절차를 거치지 않고도 정해진 금액을 확실하게 받을 수 있었다. 소치에타스는 징세 지역이 부유해서 징수만 제대로 한다면 투자금의 몇 배를 회수하는 것도 가능했다. 점차 이들 조직은 특화된 기능을 인정받아 경매에서 계속 낙찰을 받게 되었다.[9]

소치에타스는 빠른 시간 내에 로마 안에서 부유하면서도 중요한 구성원의 지위를 차지했다. 이들의 업적은 당시 연설에서 자주 언급되기도 했다. 마르쿠스 툴리우스 키케로Marcus Tullius Cicero는 공화국 유지에 기여하는 이들의 역할을 여러 번 칭찬했다. 그는 공무원인 플란시우스가 뇌물죄로 기소되자 그가 유명한 푸블리칸의 아들이라며 이렇게 변호했다. "명예를 추구하는 사람치고 이 사람들(푸블리칸)이 얼마나 로마에 도움이 되는 일을 했는지 모르는 사람이 있는가? 이들은 로마 기사들에게 바치는 꽃, 국가의 장식물부터 공화국의 강력한 보루 건설까지 모든 것을 다 하고 있다." 키케로, 카이사르, 아우구스투스의 시대에 푸블리칸들은 막강한 정치·경제적 세력으로 떠올랐다.[10]

그러나 기원전 1세기경 이들이 권력과 부에서 최고의 지위에 오른 데는 사업구조에 중요한 발전이 있었기 때문이다. 이들은 혼자 행동할 때보다 뭉쳤을 때 훨씬 막강해진다는 것을 알았다. 개인의 힘으로 군대에 물자를 보급하고 사원을 지을 정도의 자금을 축적하는 것은 불가능했다. 개별적으로 보면 이들은 질병, 부상, 죽음의 상황을 피할 수 없는 하찮은 존재에 불과했다. 다만 뭉쳤기 때문에 강해졌던 것뿐이다. 로마 정부의 입장에서 볼 때 푸블리칸이 조직을 만들어 국가의 대소사를 책임진다는 개념은 환영할 만한 일이었다. 어떤 한 푸블리칸의 사망으로 공공서비스가 중단되거나 정부의 수입원이 차단되면 곤란하기 때문이었다.

여기서 특별한 권리와 특권을 가진 소치에타테스 푸블리카노룸이라는 개념이 발전했다. 이 단체는 오늘날의 주식회사와 놀랄 만큼 유사하다. 우선 소치에타스는 소유주와 별개의 독립체로 인정받았다. 이는 다른 직원의 행동에 무한 책임을 지는 기존의 로마식 파트너십과는 커다란 차이가 있었다. 만일 어떤 직원이 기한 내에 대금을 지불하지 못하면 다른 직원이 농장을 팔아 지불해야 했다. 그러나 소치에타스는 소유주가 아니라 조직의 자격으로 다른 사람들과 협상하고 계약을 맺을 수 있었다. 즉 소유주와 별개의 독립체로 로마법대전이 규정하듯 '법인'으로 인정받았다.

또한 소시우스^{socius}라고 불린 구성원이 사망하더라도 소치에타스는 계속 존재할 수 있었다. 두 번째 특징으로 소치에타스는 파르테스^{partes}라고 불린 주식으로 소유권을 나타냈고 다른 소유주에게 주식을 사거나 회사로부터 직접 구입하는 것이 가능했다. 주식의 가격에는 변동이 있어서 키케로는 지나치게 비싼 주식에 대해 글을 쓰기도 했다. 세 번째는 주주들이 직접 회사의 운영에 관여하려 하지 않았기 때문에 오로지 회사를 운영하는 경영자계급을 별도로 만들었다. 주주와 경영자의 분리로 이 둘의 관계를 규정하는 새로운 조치가 필요했다. 경영자들이 공금을 들고 도주하는 사태를 예방하기 위해 수입과 지출을 알 수 있는 회계보고서를 제출하도록 했다. 심지어 주주와 경영자가 모여 회사의 사업방향에 대한 토의를 하는 주주총회도 있었던 것 같다.[11]

소치에타스의 계층구조 역시 현대 기업의 구조와 비슷하다. 정점에는 망켑스^{manceps}가 있었다. 이들은 회사를 대표해 직접 경매에 참여하는데 보통 토지 같은 개인재산을 담보로 제공해야 했다. 회사가 계약을 이행하지 못할 경우 정부는 담보를 처분해서 부족분을 만회했다. 망켑스 외에 소치이^{socii}라고 불린 파트너도 있었는데 이들도 자금을 대고 때로는 담보자산을 제공하기도 했다. 망켑스와 소치이는 공동으로 회사를 만들어 감찰관에 등록했다. 소치이는 오늘날의 주주처럼 회사 운영에 직접 관여하지 않고, 이사회에 해당하는 마기스트리^{magistri}에게 운영을 위임했다. 마기스트리는 매년 선거를 통해 선출되었으며 교체되는 일이 빈번했다.[12]

이렇듯 복잡한 구조로 인해 소치에타스는 제멋대로 뻗어 나갔고 그 수입은 엄청났다. 기록에 의하면 기원전 2세기 토가나 튜닉 같은 의상과 말의 공급 관련 계약액은 약 120만 데나리온으로 이는 군인 1만 명의 연봉과 맞먹는 액수였다. 마르키아 수도교 건설 계약액은 4,500만 데나리온 으로 로마 최대의 부호로 알려진 마르쿠스 크라수스^{Marcus Crassus}의 재산 가 치와 비슷했다. 스페인의 광산부터 미트리다테스(아르메니아의 군주 - 옮긴이) 의 영토까지 로마 제국의 영역이 늘어나자 이들은 빠르고 효율적인 배달 시스템을 개발해서 수천 킬로미터에 걸친 영토 구석까지 연결되게 만들 었다. 이 시스템하의 배달원들은 그 속도와 신뢰도로 명성이 높아서 로 마 제국도 때때로 이들을 이용해 메시지를 전달했다.[13]

소치에타스의 고위직에게는 많은 특전이 따랐다. 엄청난 재산 외에 막 강한 정치적·사회적 권력이 따랐고 이에 맞는 대우를 받았다. 이들에 게는 맥시미^{maximi}(매우 훌륭한), 오나티시미^{ornatissimi}(매우 명예로운), 앰플리시 미^{amplissimi}(지위가 높은), 프리미 오디니스^{primi ordinis}(최고 등급의) 같은 칭호가 부 여되었다. 기원전 129년에 원로원은 14석의 원형경기장 VIP 좌석을 이 들에게 할당하는 법률을 제정하기도 했다.[14]

그러나 고위직들만이 이런 혜택을 누린 건 아니었다. 로마의 일반 시 민도 국가의 수입 증가뿐 아니라 직접적인 주식거래로 이득을 보았다. 로마의 예산을 보면 그 규모를 짐작할 수 있는데 기원전 3세기 로마의 수 입은 400만에서 800만 세스테리티우스 사이였으나 기원전 150년경에는 5,000만에서 6,000만 세스테리티우스로 증가했다. 소치에타스의 전성기 라고 할 만한 기원전 50년경에는 무려 3억 4,000만 세스테리티우스로 치 솟을 정도였다. 이렇게 국가의 부가 증가함에 따라 로마는 도로, 사원, 수 도관, 하수로 그리고 원형극장 등을 엄청난 규모로 건설하기 시작했다. 로마 시민들 역시 소치에타스의 주식을 소유하여 보다 직접적으로 이익 을 보았다. 주식보유는 로마 사회에 광범위하게 퍼진 것으로 보인다. 역사가 폴리비오스^{Polybios}는 "거의 모든 사람이 이런 정부계약과 여기서 나오는 수익과 관계가 있었다"라고 기록했다. 대개는 광장의 카스토르 사원에서 로마 시민들 간에 자유롭게 주식이 거래되었다. 폴리비오스는 소치에타스의 광범위한 사업영역을 이렇게 묘사한다. "이탈리아 전역에서 셀 수 없을 정도로 많은 계약이 이루어져 공공건물의 건설과 수리가 진행되었다. 그 외에도 하천, 항구, 정원, 광산, 토지 등 로마의 영토를 구성하는 거의 모든 것을 도급계약을 받아 운영했다." 현대의 역사가 중에는 가용한 증거들을 확대해석하여 로마에 진정한 의미의 자본시장이 존재했다고 주장하는 사람도 있다. 경제사가인 윌리엄 커닝햄^{William Cunningham}은 그의 저서 《서양 문명 소고^{Essay on Western Civilization}》에서 "대형 건물이 있는 광장은 모든 종류의 금융투자가 이루어지는 거대한 증권거래소라고 불러도 좋을 것이다"라고 했으며, 또 다른 역사가는 "수많은 군중이 징수대행사의 주식과 채권을 사고팔았으며 외상이든 현금이든 여러 종류의 상품을 포함해서 로마 각 지역의 농장과 토지, 주택, 상점, 선박, 창고, 노예와 가축까지 거래하느라 북적댔다"라고 기록하고 있다.¹⁵

그러나 규모와 파워 면에서 소치에타스가 점점 커지자 동시에 위험도 커졌다. 그 하나는 사기와 부패였다. 《로마사》에는 제2차 포에니전쟁 와중에 두 명의 푸블리칸이 벌인 사기사건에 관한 대목이 있다. 당시 로마는 전선에 나가 있는 군대에 물품을 보급하기 위해 공급계약을 맺었는데, 이 약삭빠른 푸블리칸들은 계약조건에 허점이 있는 것을 파악했다. 보급품이 항해 중 유실되면 정부는 별도의 검증 없이 푸블리칸의 요구를 수용하는 것으로 되어 있었다. 기회를 잡았다고 생각한 이들은 곧 무너질 것 같은 배에 싸구려 물품을 싣고 나가 바다에 침몰시켜버렸다. 그리고 정부에 금액을 부풀려 청구했고 엄청난 이익을 취할 수 있었다. 하지만 원로원이 결국 사기를 눈치채고 이들을 기소했다. 관심 속에 재판이 열렸지만 동료의 재판에 반대하는 동료 푸블리칸들이 재판정을 습격하는 바람에 엉망이 되어버렸다. 원로원은 굴하지 않고 다른 날짜를 잡았지만 그사이에 이 두 명의 푸블리칸은 재판을 피해 국외로 탈출했다.[16]

문제는 사기만이 아니었다. 이들은 잔인한 사업 방식으로도 유명했다. 기원전 104년 로마는 동맹국인 비티니아의 니코메데스 3세에게 국경의 게르만 부족을 상대할 지원군을 요청했지만 "국민 대부분이 푸블리칸에게 노예로 끌려가" 여유 인원이 없다는 응답을 받았다. 이에 충격받은 원로원은 그 시간 이후로 푸블리칸이 동맹국의 시민을 노예화할 수 없도록 칙령을 발표했다. 하지만 놀라운 점은 그 전까지는 푸블리칸이 시민을 노예로 데려가는 것이 전혀 불법이 아니었다는 점이다. 사실 이들은 공개적으로 시민을 노예화해서 많은 이익을 취했다. 카르타헤나의 은광산 한 곳에만 4만 명의 노예가 있었다. 이들의 처참한 삶을 그리스의 역사가인 디오도로스 시쿨루스^{Diodorus Siculus}는 이렇게 기록했다.

> 채굴작업에 동원되는 노예들은 주인에게 엄청난 이득을 가져다주지만 밤낮으로 계속된 중노동에 지쳐 죽는 경우가 많았다. 휴식 없이 감독의 채찍질에 시달리며 끔찍한 고통을 겪다가 사망하는 사람이 태반이었지만 타고난 신체적 건강이나 강한 의지로 오랜 기간 이를 이겨내는 사람도 있기는 했다. 그러나 이들 역시 고통이 너무 심해 차라리 죽기를 바랐다.[17]

이들의 학대는 예나 지금이나 혹독한 비난을 피할 수 없었다. "푸블리칸이 있는 곳에는 법도 없고 시민의 자유도 없었다"라고 리비우스는 기록하고 있다. 하버드대학교의 에른스트 바디안Ernst Badian 교수는 푸블리칸을 "정복국의 저주와 비난의 대상이며 로마 시민들이 로마를 싫어하게된 주요 원인 중 하나였고 로마 공화국이 무너지는 단초를 제공했다"라고 주장했다. 이제 로마는 사기업이 잘못된 방향으로 나아가면 얼마나위험한지를 처절하게 느끼기 시작했다.[18]

로마 공화국이 소치에타스 때문에 멸망했을 수도 있다는 바디안의 주장은 꽤나 대담하다. 다른 원인은 잘 알려진 대로 심한 빈부갈등, 군부의득세, 카이사르의 지나친 야망 그리고 원로원의 지나친 의심 등이지만좀 더 자세히 들여다보면 거의 모든 원인에 소치에타스가 관련되어 있음을 알 수 있다.

소치에타스의 행보를 추적하다 보면 기원전 1세기경 공화정이 무너지고 제정이 탄생할 때까지의 혼란스러웠던 시기가 보다 명확해지고 때로는 놀라움도 느껴진다. 당시 로마 갈등의 뿌리는 부유한 원로원 귀족과가난한 평민의 충돌이었다. 이 두 집단의 세력다툼은 엎치락뒤치락하며기원전 1세기 내내 계속되었다. 대중의 인기를 업은 그라쿠스 형제는 권력을 잡자 원로원의 권한을 견제하기 위해 에퀴테스equites, 즉 기사계급에새로운 권한을 부여하면서 원로원의 권한을 축소한다. 이들이 내린 가장중대한 조치 중의 하나는 가장 부유한 속주인 아시아의 세금징수권을 소치에타테스 푸블리카노룸에게 허가한 것이다. 이 덕분에 기업은 계속해서 엄청난 이익과 권력을 소유하게 되었고 원로원의 힘은 더 약해졌다.원로원 의원은 소치에타스에 참여할 수 없었기 때문이다.[19]

유명한 연설가이자 철학자 겸 정치인이었던 키케로는 소치에타스의 환심을 사서 평생 엄청난 이익을 챙겼다. 그 자신도 에퀴테스 출신이었고 원로원을 대상으로 한 그의 초기 연설은 대부분 소치에타스에 유리한 내용이었다. 기원전 66년 폰토스의 미트리다테스와 전쟁이 발발하자 그는 저 유명한 '폼페이우스의 지휘권에 대하여'라는 연설에서 노련한 장군인 그나이우스 폼페이우스 마그누스^{Gnaeus Pompeius Magnus}에게 전쟁과 관련한 전권이 주어져야 한다고 주장했다. 그는 자신의 이익을 보호하기 위해 소치에타스가 했던 대형 투자를 강조했다. 만일 전쟁에서 패배하면 이 투자는 무용지물이 될 수도 있었다. 그렇게 소치에타스가 망하면 로마 공화국도 같이 망하는 거라고 키케로는 주장했다.

가장 영예롭고 완성된 푸블리칸들은 자신의 모든 자원과 재산을 그 지역에 투자했으므로 그것들은 장군의 특별한 보호를 받는 것이 당연합니다. 솔직히 이들의 수입이 바로 공화국의 수입이므로 이들을 모든 집단의 중추이자 대들보라고 부르는 것이 맞습니다. 그러므로 수많은 시민들에게 불행한 일이 생기지 않도록 조치하는 것이 가장 인간다운 일이며 시민들의 불행이 공화국의 불행이라는 것을 미리 아는 것이 가장 현명한 일입니다. …… 우리는 이 전쟁 초기에 아시아 속주와 미트리다테스로부터 배운 교훈을 잊어서는 안 됩니다. 당시에 로마에서는 많은 외상거래가 무효화되고 지불이 유예되었습니다. 한 시민이 재산을 잃으면 그 도시의 수많은 사람들 역시 재앙의 소용돌이로 같이 빠져들게 되어 있습니다. 이 공화국이 다시는 그런 불행을 겪어서는 안 됩니다. 내 말을 믿어주시기 바랍니다. 당신들도 이 말이 맞는 걸 몸소 느꼈을 겁니다. 로마와 공공 광장에 형성되어 있는 현재와 같은 금융시장은 아시아 속주에 유치한 투자금과 연동되어 있어 분리될 수 없습니다. 아시아에 대한 투자가 무너지면 여기 로마의 투자금도 같이 사라지게 되어 있습니다. 그러므로 이 전쟁에 전심전력을 바쳐 당신의 명예와 동맹의 안전, 당신의 부와 동료 시민들의 재산을 마치 공화국을 보호하듯 해주기를 기원합니다.

키케로는 소치에타스와 로마의 관계가 너무나 밀접해서 만일 잘못되면 수많은 사람들이 '재앙의 회오리'에 빠진다는 걸 잘 알고 있었다. 공화국에서 이런 일이 발생하도록 놔둘 수는 없었다.[20]

동시에 그는 소치에타스의 문제도 잘 알고 있었다. 지역을 어떻게 다스려야 하는지에 대해 동생에게 쓴 편지에 이렇게 기록했다.

이제 너의 의지와 노력에 커다란 장애물이 남아 있다. 바로 푸블리칸들이다. 그들에게 반대하면 우리 자신 및 국가와 사이가 멀어질 것이다. 우리는 그들에게 많은 신세를 지고 있으며 이는 공공의 이익에 부합한다. 반면에 계속해서 그들을 용인하면 생존과 이익을 위해 우리가 돌보아야 하는 사람들이 몰락하는 것을 못 본 척해야 한다. 아시아 속주가 우리 제국에 편입되지 않았다면 전쟁이나 불화로 인한 재앙에 시달렸을지도 모른다는 점을 명심해야 한다. 제국은 세금 없이 유지될 수 없으므로 아시아 속주는 평화의 대가로 수입의 일부를 내는 것을 억울해해서는 안 된다.

기업의 세계사

키케로는 소치에타스가 지역 주민들을 혹사한다는 걸 알았지만 그래도 이게 낫다고 생각했다. 그에게 있어 최고의 선은 로마 제국이었고 이를 지탱하는 것이라면 그 무엇도 참을 수 있었다. 그는 친구에게 이런 편지를 보냈다. "내가 푸블리칸들을 어떻게 다루는지 궁금한 것 같군. 그들이 해달라는 대로 다 해주고 경의를 표하며 찬사로 한껏 띄워준다네. 그렇게 해서 그 누구에게도 피해가 가지 않도록 하는 걸세."[21]

카이사르의 가장 친한 친구였던 폼페이우스와 크라수스 역시 소치에타스와 긴밀한 관계를 맺고 있었다. 명망 있는 폼페이우스 장군은 그를 옹호하는 키케로의 웅변 덕분인지 미트리다테스와의 전쟁에서 총지휘권을 얻어 비티니아, 폰토스 그리고 시리아 왕국을 점령했고, 그 과정에서 소치에타스가 사업을 벌일 수 있는 영토도 늘어났다. 그 결과 이들은 폼페이우스가 정치적 역량을 펼치는 데 최대의 후원자가 되었다. 이렇게 되면 토머스 페인Thomas Paine이 《인권The Rights of Man》에서 "무역이 최대로 활성화되면 전쟁도 없어진다"라고 한 주장이 무색해진다. 부자로 알려진 크라수스 역시 원로원 의원들 앞에서 소치에타스의 이익을 대변해서 그들의 지지를 받았다. 옥스퍼드대학교의 찰스 오만Charles Oman 교수는 "엄청난 재산 증식과 재계에서 차지하는 위치로 인해 크라수스는 모든 푸블리칸의 주인이자 왕 역할을 했다"라고 기록했다. 그는 심지어 소치에타스에 지분도 있었다.[22]

카이사르가 집정관으로 선출되기 1년 전인 기원전 60년에 벌어진 한 사건을 통해 우리는 소치에타스가 공화국이 기울어지는 시기의 로마 정치권에 휘두른 막강한 영향력을 충분히 파악할 수 있다. 소아시아에서 거둘 수 있는 세금을 과다 계산하는 바람에 경매에서 너무 많은 대금을 주고 징세권을 낙찰받아 만회가 불확실해지는 사건이 발생했다. 그 결과 계약서대로 이행된다면 엄청난 손실이 예상되는 상황이었다. 크라수스는 업자들을 보호해야겠다고 생각해서 이 문제를 원로원에 제기했고 키케로는 현란한 용어로 이렇게 상황을 설명했다.

오늘날 우리가 사는 로마는 너무나 허약하고 통탄스러우며 불안정합니다. 우리의 친구인 기사들이 원로원과 사이가 안 좋다는 것을 아마 다들 알고 계시리라 생각합니다. 원로원 최종 권고안에 의거하여 뇌물 받은 배심원들을 조사한다는 결정이 나오자 기사계급은 매우 분노했습니다. …… 대중 앞에서는 아무렇지도 않은 척했지만 속으로는 이 조치를 매우 불쾌하게 생각한다는 것을 알았으므로 나는 매우 진지하고도 유려한 연설로 약간은 건방지게 원로원에 충격을 줄 만한 반격을 가했습니다. 그런데 이제 기사들이 지지를 받기 어려울 것 같은 또 다른 애로사항을 들고 왔습니다. 나는 그것을 들어줄 뿐 아니라 지지연설을 해주어야 할 것 같습니다. 감찰관으로부터 아시아 속주 지역의 세금징수권을 낙찰받은 푸블리칸들이 사업권을 따내고 싶은 마음이 크다 보니 높은 가격으로 계약한 뒤 뒤늦게 이를 깨달아 취소를 요구하고 있습니다. 나는 크라수스 빼고 그들의 가장 열렬한 지지자였습니다. 그는 이들을 부추겨 이런 대담한 취소 요구를 할 정도로 열심이니까요. 참으로 부당하고 불명예스러우면서 그들의 부주의함을 여실히 드러내는 말도 안 되는 요구죠. 하지만 이 요구가 거절된다면 원로원과 이들 사이가 완전히 벌어지게 되어 로마에 커다란 위험이 닥칠 수 있습니다. 그래서 어쩔 수 없이 제가 다시 끼어들게 된 겁니다.

이렇듯 키케로는 이들 자본가를 도와주지 않으면 로마의 운명이 위태로울 수 있다고 주장했지만 원로원을 설득하지는 못했다. 원로원 의원들은 푸블리칸의 요구를 거절하고 엄격한 도덕주의자인 카토의 말에 따라 계약조건을 철저히 이행해야 한다고 발표했다.[23]

원로원의 결정은 이들에게 커다란 타격이었으며 카이사르, 폼페이우스, 크라수스 등이 연합해서 상호 정치적 이익을 증진하고 결국에는 공화정을 무너트린 삼두정치체제의 협상에도 영향을 미쳤다. 1년 후인 기원전 59년에 카이사르는 집정관이 되자마자 원로원의 결정을 무효화하고 계약내용을 수정하여 이들을 구해주었다. 그의 결정 동기에 대해 자세한 것은 알 방법이 없으나 아마도 소치에타스에 지분이 있어서 자신의 재산을 보호하려 한 것으로 추정된다. 한번은 키케로의 연설 내용 중 전직 호민관이 "카이사르와 푸블리칸으로부터 매우 고가의 주식을 강탈했다"라고 은연중에 언급한 적이 있었다. 어쩌면 카이사르는 막강한 권한을 가진 유권자들의 비위를 맞춰준 것인지도 모른다.[24]

삼두체제의 탄생에 푸블리칸이 관련되어 있었다는 점은 많은 학자들이 알고 있었다. 예를 들어 사회학자인 막스 베버Max Weber는 카이사르의 성공을 푸블리칸의 영향력 때문이라고 보았다. 《고대문명의 농경사회학The Agrarian Sociology of Ancient Civilizations》에서 그는 기업의 필요에 따라 로마가 전쟁을 벌였고 이에 따라 로마의 생활양식에도 변화가 있었다고 주장한다. "영토 확장은 원래 자본가들이 시작한 것이다. 귀족 관료들은 외교정책에서 현상을 유지하고 싶어 했기 때문에 전쟁을 하지 않으려 했다. 하지만 상인들과 푸블리칸 그리고 토지임차인들의 세력이 너 강력했기 때문에 로마의 힘을 이용해 카르타고, 코린트, 로도스 등의 고대 무역거점을 모두 없애버려 자신들의 이익을 극대화했다." 베버는 로마의 공화정 시대를 제대로 이해하기 위해서는 원로원을 지배한 로마 귀족들과 회사를 가진 중산층의 '첨예한 이익투쟁'을 알아야 한다고 생각했다. "원로원 의원들은 똘똘 뭉쳐 기사계급인 중산층을 통제하는 데 전력을 기울였지만 로마의 정복사업 결과 국가의 수입이 늘어나고 이에 따라 중산층의 경제력이 강화되었다. 이들은 로마에 현금을 미리 제공할 능력이 있었고 국가의 수입을 관리하는 데 필요한 사업을 해본 경험이 있었기 때문에 국가의 재정수입에 없어서는 안 될 존재였다"라고 베버는 주장했다. 또한 그는 푸블리칸의 지위가 향상되면서 고대 자본주의의 '전성시대'가 도래했다고 믿었다. 두 계급 간의 갈등은 피할 수 없었고 원로원에서 기업의 권한을 제한하는 개혁안이 통과되자 중산층은 자신을 지원해줄 다른 세력을 찾다가 마침내 삼두정치에서 그 답을 얻었다. "원로원이 기업의 권한을 제한하는 정책을 펴자 중산층은 카이사르를 지원하게 되고, 그 결과 이들은 군사적인 권력뿐 아니라 경제적인 권력도 획득하게 되었다."[25]

아이러니한 점은 비록 카이사르가 기업과 자본가 세력의 힘을 바탕으로 집권했지만 조직으로서의 푸블리칸에 대해 심한 반감이 있었다는 것이다. 정치경력 내내 카이사르는 돈 많은 푸블리칸과 대척점에 있는 속주의 시민들에게 동정심을 보였다. 그가 유명해진 계기는 속주의 총독에 대한 고발로부터 시작했다. 기원전 77년 불과 23세의 카이사르는 전직 집정관인 그나이우스 코르넬리우스 돌라벨라Gnaeus Cornelius Dolabella를 마케도니아 총독 시절의 권력 남용으로 고발했다. 코르넬리우스의 막강한 영향

력 때문에 비록 재판에서는 패했지만 카이사르는 탁월한 웅변실력과 탄탄한 논리로 유명해졌다.[26]

삼두체제가 무너지고 로마에 내전이 발생하면서 기업은 장기간 내리막길을 걷는다. 내전 기간 동안 이들의 재산과 부동산은 상대 진영에 몰수되고 사업은 망했다. 카이사르는 이 전쟁에서 최종 승자가 된 후 기업의 권한을 제안하는 일련의 개혁안을 법제화했다. 아시아 속주와 시칠리아 지역에서는 대리 징수를 없애거나 지방정부의 관료에게 권한을 넘겨주어 기업의 대리 징수권을 박탈했으며 징세권이 유효한 다른 지역에서는 징수 가능 한도액을 축소했다.[27]

기원전 44년 3월 15일 카이사르가 암살되자 기업 권력은 더욱 약해졌다. 아우구스투스 황제는 일련의 세제개혁안을 도입해서 그동안 많은 이익을 취해온 소치에타스를 점차 로마 제국의 관료인 프로쿠라토르 아우구스티procuratores Augusti로 대체해나갔다. 또한 소치에타스가 합법적으로 할 수 있는 활동을 제한하는 다른 법률도 제정되었다. 2세기가 되자 소치에타스는 거의 사라져버렸다. 정부의 관료가 민간기업을 몰아낸 것이다.

◆ ◆ ◆

고대 로마의 사례는 기업이 무엇이고 어떤 목적으로 존재하는지를 우리에게 가르쳐준다.

우선 두 번째 질문인 기업의 존재 이유를 생각해보자. 로마의 기업은 문제를 해결하기 위해 생겨났다. 로마는 너무 빠른 속도로 멀리까지 팽창했다. 정복사업은 잘했지만 이제 행정도 잘할 필요가 생겼다. 그런데 관료가 너무 적었기 때문에 제대로 된 서비스를 제공하기 힘들었다. 누가 로마의 시민들에게 빵과 원형극장을 제공할 것인가? 다리와 도로는 또 누가 건설할 것인가? 군대의 보급품은 누가 공급할 것인가? 세금은 또 누가 징수할 것인가? 바로 소치에타테스 푸블리카노룸이 문제를 해결했다. 공화국이 갑자기 행정조직을 만드느니 개인 자본가들이 이미 보유하고 있는 자본, 인력, 기술을 활용해서 국가의 주요 기능을 대신하도록 했다. 국가의 지원이 없었다면 기업이 이런 일을 할 수 없었기 때문에 둘은 서로 원원하는 관계였다. 이는 매우 창의적인 해결책이었다. 기업은 인간의 능력을 조직화해서 집중적으로 투입하는 데 뛰어난 능력을 보여주어 곧바로 국가의 기간 조직으로 자리를 잡았다. 달리 말해 기업은 로마 공화국의 선을 추구할 목적으로 만들어졌다고 할 수 있다.

그러면 첫 번째 질문, 즉 기업이란 무엇인가로 돌아가 보자. 다시 말하지만 국가의 필요에 의해 기업이 작동하는 방식이 결정되었다. 그들의 서비스에 대한 보답으로 이들에게는 다른 분야에서는 보기 힘든 특별한 권한이 주어졌다. 즉 계속성이 주어져 소유주가 사망하더라도 계속 활동을 할 수 있었다. 또한 매매 가능한 주식이 있어서 주식의 소유주는 유한책임하에서 이익을 향유할 수 있었다. 기업활동과 거래에 있어 별도의 인격으로 대우받았다.

조금만 생각해보면 이런 특징들이 발달하게 된 이유를 알 수 있다. 가장 필요할 때 사라지는 단명 기업보다는 장수 기업이 보다 믿을 수 있기 때문이다. 유한책임과 주식거래제도로 인해 기업은 쉽게 자금을 모을 수 있었고 이 돈으로 정부로부터 세금징수권을 살 수 있었다. 기업을 인격체로 대우하면서 모든 면에서 사업하기가 더 간단해졌다. 고소, 피고소,

거래체결 등 모든 행위가 여러 사람일 때보다 한 사람일 때 더 쉬워졌던 것이다.

한마디로 기업은 하나의 전제 위에 성립한다. 즉 개인을 통합하여 단지 관념적인 단계를 넘어 법적으로 하나의 독립체로 만들면 혼자 기업행위를 할 때보다 훨씬 많은 것을 이룰 수 있다. 이 전제는 기업이 왜 존재하는지 그리고 기업이란 무엇인지를 설명한다. 기업은 국가의 선을 추구하기 위해 만들어졌다. 그리고 협동하면 좋다는 걸 알았기 때문에 기업이 오늘날과 같은 형태를 띠게 되었다.

그러나 로마의 기업은 우리에게 충고를 준다. 이들은 결국 로마 공화국의 멸망에 일조했다. 이익만 추구하다 보니 소치에타스는 속주의 시민들을 억압하고 새로운 정복전쟁을 요구했다. 지나치게 위험부담을 무릅쓴 투자를 하면서 로마의 재무상태가 어려워졌고 기업의 탐욕이 정치를 타락시켰다. 국가의 영광을 위해 민간기업을 고용하는 것이 위험하다는 것을 로마는 깨달았다. 로마 제국하에 정부조직에 대규모 수술이 이루어지면서 소치에타스는 중요성이 줄어들고 결국 완전히 사라졌다.

그럼에도 기업이라는 존재는 결코 없어지지 않았다. 그 뒤로 한참 동안 로마법이 영향을 미친 것처럼 로마 시대 기업의 특징은 전 유럽에 걸쳐 나타났다. 그러나 진정한 의미의 기업은 약 1,000년 뒤 로마에서 북쪽으로 200~300킬로미터 떨어진 곳에서 재탄생한다. 이번에는 더욱 강력한 형태로 돌아왔다. 돈을 벌기보다 만들기 시작하면서 새로운 투기의 시대를 연 것이다.

2장

최초의 대형 은행,
르네상스 메디치 은행

1478년 4월 26일 로렌초 데 메디치^{Lorenzo de' Medici}는 수많은 피렌체 사람들의 열광 속에 추기경과 함께 피렌체 대성당에 들어섰다. '일 마그니피코^{il Magnifico}', 즉 '위대한 자'라는 명성에 걸맞게 장엄한 장면이 연출되었다. 로렌초는 추기경의 방문을 기념해 그와 함께 두오모 대성당의 대미사에 참석하고 고딕양식의 장엄한 조토^{Giotto di Bondone}의 종탑과 브루넬레스키^{Filippo Brunelleschi}가 최근에 완성한 돔을 둘러보았다. 그다음에는 영주와 귀족, 사절단들을 메디치 궁전의 화려한 연회에 초대해 전 세계에서 수집한 태피스트리, 물병, 보석, 시계, 이국적인 의복, 중국의 도자기 등 예술품을 감상할 수 있도록 했다. 작품 중에는 보티첼리^{Sandro Boticelli}의 그림 두 점, 조토의 작품 세 점과 프라 안젤리코^{Fra Angelico}의 그림 여섯 점도 포함되어 있었고 마당에는 도나텔로^{Donatello}의 다비드상이 서 있었다.[1]

당시 로렌초는 23세에 불과했지만, 오늘날 우리가 르네상스적 인간이라고 부르는 특징인 타고난 재능과 지적 호기심을 다 갖추고 있었다. 그는 이탈리아에서 가장 강력한 도시국가인 피렌체공화국을 다스리는 인기 있는 군주였다. 또한 교활한 외교관으로서 교황과 왕, 귀족들을 상대하면서 때로는 이들을 능가하는 역량을 보여주기도 했다. 진정으로 예술작품의 가치를 알았으며 미켈란젤로, 다빈치, 보티첼리, 기를란다요[Domenico Ghirlandaio] 등 역사상 가장 위대한 예술가들의 후원자로 명성을 날렸다. 승마와 창술에도 뛰어났으며 시간이 날 때마다 시를 쓰고 철학을 공부했다.

또한 그는 증조부인 조반니[Giovanni]가 80년 전에 설립해서 유럽에서 가장 큰 금융기관으로 성장한 메디치 은행도 소유하고 있었다. 은행은 유럽 전역에서 고수익을 창출하여 그 덕에 메디치 가문은 별 존재감 없는 가문에서 출발해 왕실에 버금가는 영향력을 지닌 집안으로 떠올랐고 네 명의 교황과 두 명의 프랑스 왕비를 배출했다. 피렌체 지역에서 갖가지 학문과 예술, 문학, 건축을 감독하고 후원하면서 이탈리아가 경제적 · 예술적으로 한 단계 성장하는 계기를 만들었고 그 영향은 오늘날까지 미치고 있다. 유럽 전체로 보면 중세에서 벗어나 새로운 번영의 시기로 진입하는 길을 닦았다고 할 수 있다.

그러나 당시는 여러 도시국가 간에 전쟁이 빈발했고 이들 간의 동맹도 항상 변하는 시기였으므로 메디치 은행의 성공은 다른 가문의 질투와 분노를 불러일으켰다. 특히 파치 가문과 앙숙이었다. 파치 가문은 제1차 십자군원정에서 예루살렘 성벽을 최초로 오른 파치노 데 파치[Pazzino de' Pazzi]를 배출한 유서 깊은 가문이었다. 이들도 은행을 운영했지만, 메디치 은행의 영향력이 커지면서 상대적으로 위축될 수밖에 없었다. 옛 위상을 되찾으려 노력했지만, 그때마다 메디치 가문의 멈추지 않는 사업 위세에 눌려 실패했다. 당연히 파치 가문은 메디치 가문에 복수의 칼을 갈았고 누구보다 메디치 은행의 몰락을 기원했다.

로렌초가 모르는 사이에 파치 가문은 경쟁 세력과 연합해서 메디치 가문을 멸망시킬 계획을 세웠고, 로렌초는 그 함정에 걸려들었다.

◆ ◆ ◆

모든 은행의 기본은 예금과 대출이다. 은행은 이자를 주겠다는 약속을 하고 예금을 받아 필요한 사람에게 대출해준다. 대출이자가 예금이자보다 높기만 하면 은행은 수익을 낼 수 있다.

여기까지는 이해가 된다. 하지만 지급하는 것보다 더 많은 금액을 다른 사람에게서 받는 것은 전혀 특별할 게 없다. 이건 모든 사업에서 일어나는 평범한 방식이다. 은행이 다른 점은 돈이 회전하면서 발생하는 결과 때문이다. 예금을 받아 대출을 해주면서 은행은 사실 새로운 돈을 '창조'한다. 예금자가 은행에 예금을 하면 은행은 그의 계좌에 신용한도를 발행한다. 동시에 은행은 대출자의 계좌에도 신용한도를 발행한다. 이제 두 개의 계좌가 생겼고 각각 이 계좌를 통해 물품 대금을 지급할 수 있게 되었다. 보라! 은행이 이렇게 화폐를 창조하지 않았는가? 경제학자인 존 케네스 갤브레이스^{John Kenneth Galbraith}는 이 현상을 다음과 같이 표현했다. "은행이 돈을 창조하는 과정은 너무나 단순해서 믿기 어려울 정도다. 그렇게 중요한 일이니 당연히 보다 심오한 원리가 있을 것처럼 보인다."[2]

자본주의 세계에서 은행은 두 가지 중요한 기능을 한다. 첫째로 은행이 존재하는 한 언제 어디서나 주위의 경제 상황에 엄청난 영향력을 미친다. 은행은 여유가 있는 사람으로부터 돈을 조달해서 필요한 사람에게 융통해준다. 은행이 이 기능을 제대로 하면 자본이 가장 필요한 곳으로 흘러가게 된다. 은행은 수익성이 좋은 곳에 돈을 회전시키므로 전망이 좋지 않은 사양산업은 갈수록 대출받기 어려워지지만, 전도유망한 산업은 자금을 융통하기가 쉬울 것이다. 경제학자들은 효과적인 자본의 이용처를 찾는 이 과정을 '자본배치capital allocation'라고 이름 붙였다. 영국의 언론인 월터 배젓Walter Bagehot은 이렇게 표현했다. "영국의 자본은 마치 물이 아래로 흐르듯 가장 필요하고 최대로 이용할 수 있는 곳으로 가장 빠르고 확실하게 흘러간다." 번창하는 경제에는 반드시 은행 시스템이 원활하게 작동하는 법이다. 한마디로 누가 돈을 받을 자격이 있는지를 결정함으로써 은행은 어떤 사업이나 산업, 심지어 사람을 죽이거나 살릴 수도 있다는 뜻이다. 그러므로 은행업은 단지 돈을 이용한 비즈니스 이상의 존재로서 시장을 움직이는 역할을 한다.[3]

은행의 두 번째 영향은 더욱 위험한 것이다. 은행에는 본질적으로 결함이 있기 때문에 불안정하고 따라서 위험하다. 은행은 예금자가 요구하면 언제라도 예금을 돌려준다고 약속하는 한편 이 예금을 이용해 다른 사람에게 대출을 해준다. 물론 일부를 적립금으로 따로 떼어놓기는 하지만 총 예금액에는 훨씬 못 미치는 수준이다. 그 결과 갑자기 많은 예금자가 동시에 돈을 돌려달라고 하면 문제가 생긴다. 모든 예금자에게 돌려줄 만큼 충분한 적립금을 보관하지 않기 때문이다. 점점 더 많은 예금자들이 이를 눈치채고 공포에 질려 은행으로 달려가 예금을 인출해서 유동성 위기를 발생시킨다. 즉 뱅크런이 발행한다. 이런 사태에는 자기실현적 예언이 나타나는 경우가 많다. 은행이 망할까 봐 걱정하면 실제로 망한다는 것이다. 은행의 첫 번째 영향, 즉 광범위한 경제 안에서 얽히고설킨 관계 때문에 은행의 위기는 밖으로 파급효과가 미쳐 모든 곳에서 공포와 위기감을 조성한다. 지난 세기에 시행했던 대부분의 금융규제책이 이런 식의 시스템적 문제를 해결하기 위한 것이었다는 주장은 절대 과장이 아니다.

은행의 대두는 기업의 역사에서 중요한 분기점이 되는 사건이었다. 이로 인해 기업의 권한이 증가했지만 동시에 위험도 커졌으며 긴밀히 연결된 기업이 국가의 운명에 어떤 영향을 미치는지도 알게 되었다. 은행은 기업이 성장할 수 있는 발판 역할을 했지만, 은행이 바로 기업인 경우도 많았다. 메디치 은행이 가장 대표적인 사례다.

메디치 가문은 무엇보다도 은행 가문이었다(이름 때문에 오해하기 쉽지만 의사 집안이 아니다). 이들은 은행을 매개체로 교황, 왕족, 귀족들과 관계를 맺었다. 은행을 이용해 각 대륙에 전초기지를 설립해 유럽의 신흥시장과 연결했고 은행을 통해서 막대한 부를 축적했고 이를 바탕으로 미술가와 건축가를 후원해서 세계에서 가장 아름다운 예술작품을 탄생시켰다. 르네상스의 토대를 알기 위해서는 우선 피렌체의 은행을 알아야 한다.

피렌체의 역동적인 은행 시스템은 혼돈 속에서 탄생했다. 오늘날 이탈리아라고 부르는 지역은 교황청의 영향력하에 사이가 좋지 않은 도시와 왕국이 드문드문 존재했던 지역이다. 베네치아, 제노바, 피렌체 등 3대 주요 도시를 중심으로 국제무역이 발생했지만 이들 간에는 영토를 두고 분쟁이 끊이지 않았다. 베네치아와 제노바는 자신들의 도시로부터 출발하는 해상무역로를 개척해서 번성했지만 피렌체는 1406년에 피사와 그

항구를 점령하고 새로운 무역로를 개척하려 했다. 한편 로마교황청은 이탈리아 중부지역 곳곳에 산재한 '교황령'을 유지하면서 모든 수단을 동원해 이를 확대하려 했다. 남쪽 지역에서는 양시칠리아왕국의 앙주 가문과 아라곤 가문의 내부 대결이 더욱 격해지고 있었다.[4]

당시 이탈리아 전역은 흑사병의 후유증에서 막 벗어나고 있었다. 이 끔찍한 전염병은 14세기 중부 유럽을 강타해서 모든 지역을 전부 초토화시켰지만 특히 피렌체의 피해가 컸다. 여러 차례에 걸쳐 전염병이 돌았고 거의 3분의 2에 달하는 주민이 몰살당했다. 그 결과 1338년에 9만 5,000명이던 인구는 1427년이 되자 겨우 4만 명으로 줄어들었다. 하지만 이 역병에서 영감을 받은 피렌체의 시인 보카치오는 전염병이 덮친 피렌체를 떠나 교외로 피난 가는 남녀의 이야기를 다룬 걸작《데카메론Decameron》을 쓰기도 했다. 이 작품에서 보카치오는 흑사병이 창궐한 기간 동안 피렌체에서의 삶에 대해 묘사한다. 하루에 수천 명씩 병에 걸려 길거리에는 사람들이 죽어 나가고 시체 썩는 냄새로 숨을 쉬기 어려울 정도였다고 한다. 교회에 시체가 너무 많아 묘지가 부족해지자 커다란 구덩이를 파고 그곳에 시체를 층층이 쌓았다. "도시 전체가 무덤이나 마찬가지였다"라고 보카치오는 기록했다. 정신적, 육체적인 충격이 감당하기 힘들 정도로 컸다. 실제로 메디치 은행의 설립자인 조반니 디 비치 데 메디치Giovanni di Bicci de' Medici 역시 1363년에 흑사병으로 친부를 잃었다.[5]

하지만 15세기 피렌체 주민들이 자부심을 가질 만한 것도 있었다. 이탈리아의 가장 위대한 시인인 단테와 1320년에 탄생한 그의 걸작《신곡Divina commedia》이 있으니 말이다. 또한 경제는 번창했고 화폐로 쓰였던 플로린 금화는 유럽 전역에서 인기가 높았다. 비록 주민들은 어려움을 겪었지만 피렌체는 독립적인 체제를 유지할 수 있었다. 반면에 나폴리, 시칠리아, 사르데냐, 피에몬테 등 이탈리아 다른 지역은 외세의 수중에 떨어졌다.

이렇듯 피렌체가 정치적 독립을 유지할 수 있었던 이유는 세련된 선거 제도가 존재했고 이에 따라 메디치 가문이 부상할 수 있었기 때문이다. 선거는 두 달에 한 번씩 추첨방식으로 이루어졌다. 도시의 가장 중요한 상업 분야에 종사하던 무역인과 상인들로 구성된 단체인 길드에서는 30세 이상 모든 회원의 이름을 쪽지에 적은 다음 아코피아토리^{accoppiatori}라는 선거 감독관이 여덟 개의 가죽 가방에 집어넣는다. 두 달마다 여덟 개의 가방에서 한 명씩 무작위로 선발한 다음 이들이 피렌체 정부의 장으로 봉사하게 된다. 또한 역시 무작위로 선출된 곤팔로니에르 델라 지우스티지아^{gonfaloniere della giustizia}라는 고위 공직자와 함께 일하게 된다. 이 새로운 통치자들은 도시 한가운데에 위치한 팔라조 델라 시뇨리아^{Palazzo della Signoria}로 들어가 60일 동안 같이 살면서 피렌체의 시정을 이끌었다. 이렇게 두 달이 지나면 다시 새로운 사람들로 공직자가 구성되어 이 과정이 반복된다. 이런 식의 복잡한 정부 조직으로 인해 길드는 상당한 권력을 획득하여 피렌체의 정치 경제에 결정적인 영향력을 행사하게 되었다.

가장 유서 깊으면서 권한이 막강한 길드는 은행업을 하는 아르트 델 캄비오라는 길드였다. 15세기가 되자 피렌체는 활발한 금융업으로 명성을 얻었고 거의 은행과 동의어로 취급되어 피렌체의 은행원들이 긴 의자^{banco}에 앉아 업무를 보는 습관에서 뱅크^{bank}라는 단어가 만들어질 정도였다. 피렌체는 금화인 플로린과 은화인 피치올리 등 두 개의 화폐를 동시에 사용했는데 은행이 정한 환율의 변화에 따라 두 화폐 간의 교환이 빈번했다. 길드는 은행에 엄격한 규율 준수를 요구했다. 회원들은 메르카토 누오보 근처의 오르산미켈레시로 알려진 지역 한구석에 자신들의 테이블을 펼치곤 했다. 이들은 붉은 가운을 입고 금화와 각종 동전으로 가득 찬 커다란 가방을 들고 다녔다. 녹색 천으로 덮인 테이블 위에는 장부가 놓여 있어서 그날그날의 거래를 자세히 기록했다. 길드의 규율은 매우 엄격해서 회원들이 은행 업무를 하는 방식까지도 규제했다. 즉 복장을 갖춘 채 지갑과 장부를 지참하고 테이블에서 업무를 보아야 한다고 일일이 통제했다. 또한 모든 거래는 고객이 보는 앞에서 장부에 기록되어야 하며 장부의 내용을 지우거나 조작하면 길드에서 추방되었지만 규정을 제대로 지키는 회원은 환전으로 많은 수익을 낼 수 있었다. 바르디^Bardi 가문이나 페루치^Peruzzi 가문처럼 은행업을 기반으로 성공한 경우가 많았다.

피렌체에서 은행이 발전했다는 사실은 아이러니다. 로마와 바티칸 그리고 교황은 사실 160킬로미터 이상 떨어져 있었지만 그들의 종교적 권위는 막강했고 대출을 통한 이익 창출은 절대 불가하다는 확실한 입장을 견지했다. 당시는 대출을 고리대금업이라고 불렀는데 교회법에 의거해 중대한 죄로 간주되어, 위반할 경우 심한 벌을 받았다. 1179년에 열린 제1차 라테란공의회에서는 고리대금업자에게 교회장을 해서는 안 된다는 결론을 내렸다. 《신곡》의 '지옥편'에서 단테는 고리대금업자를 동성애자와 같은 급으로 취급하고 있다. 프란치스코 수도회는 고리대금업을 "화폐 사이의 간통으로 태어난 존재"라고 특이하게 규정하고 있으며 수도사였던 펠트르의 버나딘^Bernadine은 흑사병을 고리대금업자에게 신이 내리는 벌이라고 주장하기도 했다. 교황청 역시 고리대금업을 금해야 할 것으로 규정했다. 고리대금업에는 높은 이자를 강탈해 간다는 의미가 있지만 교황청은 꼭 이자가 높지 않아도 조금이라도 이자를 붙이면 고리대금업이라고 정의했다. 따라서 대출을 발생시켜야 하는 은행으로서는 교회법에 저촉되지 않으면서도 수익을 낼 수 있는 방법을 고민해야 했다.[6]

아마도 영원히 무시무시한 벌을 받을지 모른다는 공포 때문에 피렌체의 은행들이 색다른 방법을 찾았을 것이다. 규제는 혁신을 낳는 법이다. 그 이유가 무엇이든 교황청도 최초의 대형 은행인 메디치 은행의 탄생을 막지는 못했다.

1397년 로마에서 은행 매니저로 일하고 있던 온순한 성격의 조반니 디 비치 데 메디치는 처와 두 아이와 함께 고향으로 돌아가 자신의 은행을 세울 생각을 하고 있었다. 증조부는 피렌체에서 곤팔로니에르라는 고위 공직을 지냈고 조부는 베네치아 대사를 했지만, 그는 별로 물려받은 유산이 없어 자수성가해야 했다. 비아 라르가 지역에 단출한 집을 구하자마자 피렌체 은행 길드에 자신의 신설 은행을 등록하러 나섰다.

마침 피렌체에는 바르디 가문과 페루치 가문에서 운영하던 은행이 문을 닫았기 때문에 타이밍은 더할 나위 없이 좋았다. 이 두 집안은 14세기에 최대의 전성기를 누렸지만 백년전쟁에서 자금이 필요했던 영국의 에드워드 3세에게 거액을 빌려주는 실수를 저지르고 말았다. 왕은 1345년에 채무불이행을 선언했고 그 결과 두 은행은 파산했다. 이로 인해 피렌체의 은행산업에는 공백이 생겼고 조반니는 그 틈을 이용하려 했다. 그렇다고 해도 여전히 경쟁자는 있었다. 은행 길드 자료에 의하면 1399년 피렌체에는 모두 71개의 은행이 있었으며 메디치 은행의 최대 전성기였던 1460년대에도 여전히 33개의 은행이 영업을 하고 있었다고 한다. 경쟁이 매우 심한 시장이었다. 그러나 조반니는 경쟁자들을 물리칠 수만 있다면 엄청난 이익을 볼 수 있다고 생각했다. 피렌체는 이미 금융업의 성지로 전 유럽에 명성을 떨치고 있었고 그곳의 은행은 중요한 대형거래를 깔끔히 잘 처리한다는 평가를 받고 있었다.

조반니는 로마에 있을 때 고리대금업과 관련된 교회법에 정통하게 되었고 자신의 은행을 설립할 때 그때 배운 지식을 활용했다. 사실 교회법과 충돌을 피하기 위해 정교한 여러 방법을 고안한 덕분에 메디치 은행이 국제적인 은행으로 발전할 수 있었다. 그중 가장 뛰어난 묘안은 환어음bills of exchange이었다. 바티칸은 최초 빌린 돈의 액수보다 더 많은 금액을 돌려주는 모든 대출을 고리대금이라고 정의했다. 라틴어로는 이를 'quidquid sorti accedit, usura est(대출원금보다 크면 모두 고리대금이다)'라고 한다. 그러므로 최초 대출금보다 더 많이 돌려받아서는 안 된다. 그러나 조반니는 이 조항이 대출에만 해당된다는 점을 간파했다. 따라서 대출의 형태만 아니면 고리대금이 아니었고 그는 이 허점을 잘 이용할 줄 알았다. 돈을 대출해주고 나중에 이자를 붙여 갚으라고 하지 않고 돈을 빌려주고 다른 곳에서 다른 화폐로 돌려받는 방식을 취했다. 이렇게 되면 이 거래는 대출이 아니고 환전이 된다. 돌려받는 날짜와 두 화폐 간의 환율을 조정하면 적정 수준의 이익을 얻을 수 있었다. 또한 대출이 아니었으므로 수수료를 받는 것도 가능했다.[7]

메디치 은행이 이용한 이 환어음 방식은 완전한 사기도 아니고 새로운 것도 아니었다. 사실 이 방식은 갓 태어난 유럽의 경제에서 중요한 역할을 하고 있었다. 외교관, 성직자 그리고 순례자들이 유럽 다른 지역의 시장이나 교회 또는 주요 목적지로 이동할 때 은행에 이런 방식을 요구하는 경우가 많았다. 당시의 여행자들은 당연히 벨트나 안장주머니에 많은 돈을 담고 언제 변할지 모르는 유럽의 국경을 넘는 걸 꺼렸고 메디치 은행의 환어음은 이들에게 좋은 대안이었다. 돈을 들고 다니는 대신 메디치 은행으로부터 교환각서를 받아놓으면 목적지에 도착해서 현지 화폐로 돌려받을 수 있었다.

그러나 이 완벽한 방식을 제대로 운용하려면 복잡한 과정이 필요했다. 발행지점, 즉 어음발행인remitter이라고 불리는 개인으로부터 현금을 받은 지점은 그 사람에게 환어음을 발행해주는데 여기에는 자세한 내용이 기재된다. 발행인의 신분, 받은 금액(현지 화폐 표시), 돌려받을 금액(외화 표시), 돌려받을 날짜와 장소, 돌려줄 사람(보통은 메디치 은행의 해외 지점장) 그리고 어음수취인beneficiary(다른 장소에서 외화로 돈을 돌려받을 사람으로서 어음발행인과 반드시 동일 인물일 필요는 없다) 등으로 이 모든 정보는 발행지점의 장부에 꼼꼼히 기록되었다. 만기일이 되면 수취인은 해외의 메디치 은행 지점에 환어음을 제출하고 현지 화폐로 지불할 것을 요구한다. 따라서 환어음이 제대로 지급되었는지 파악하기 위해 모든 지점의 장부는 정기적으로 점검이 필요했다. 또한 장부에 정확한 내용을 기록하기 위해서는 여행 소요 기간, 해외 상인의 신용도 그리고 환율 등의 자세한 정보가 필요했다. 보통 최초 어음발행일과 만기일 사이의 기간을 어음기간usance이라고 하는데 예를 들면 피렌체와 런던 사이에는 90일이라는 긴 기간이 적용되는 것이 관례였다. 따라서 그사이에 환율이 큰 폭으로 변화하면 은행이 손해를 볼 가능성이 상당히 높았다. 게다가 해외 각 지점 간의 교환수지가 항상 일정하지 않았기 때문에(예를 들어 벨기에의 브루게 지점은 어음 발행금액보다 수취

금액이 많은 것으로 악명 높았다) 은행은 항상 리밸런싱^{rebalancing} 작업을 해서 각 지점이 충분한 자금을 보유하도록 해야 했다. 이 모든 과정이 너무나 복잡했기 때문에 메디치 은행은 직원들을 교육할 목적으로 장대한 업무표준서를 제작했다. 1417년에 은행의 한 직원은 업무표준서의 초안을 작성하면서 끝에 다음과 같은 충고를 달았다. "환어음과 환업무에 종사하는 사람은 항상 불안하고 걱정에 시달린다. 이에 라자냐와 마카로니의 레시피를 제공하니 위안을 삼기 바란다."[8]

해외여행자들만 메디치 은행의 환어음을 이용한 것은 아니었다. 피렌체와 다른 지역에서도 현금이 필요하다는 요구가 끝없이 계속 이어지자 이에 부응하고자 '건식환전^{dry exchange}'이라는 보다 복잡한 거래방식을 고안해냈다. 이 방식이 기존의 환어음 방식과 다른 점은 해외가 아니라 국내에서 그것도 두 번 환전한다는 점뿐이다. 대출자가 영국 파운드로 갚겠다고 약속하고 메디치 은행으로부터 네덜란드 화폐 플로린으로 돈을 빌린다. 상환일이 가까워지면 다시 파운드로 돈을 빌리고 플로린으로 갚겠다는 다른 거래를 튼다. 결국 그는 최초에 빌린 플로린으로 상환하면 끝나는 식이다. 영국 파운드는 아무런 역할도 하지 않고 실제로 아무런 거래도 발생하지 않는다. 이런 방식으로 은행은 환차익과 수수료를 통해 적정 이익을 챙기지만 엄밀히 말해 이는 환전, 엄밀히 말하면 두 번의 환전이지만 대출은 아니기 때문에 교회법을 위반하지는 않았다.[9]

환어음이 활성화되면서 메디치 은행은 설립 초기부터 해외 사정을 정확히 알고 있어야 했다. 막 생겨난 환전업무로 인해 점차 국제무역에 깊숙이 관여하게 되었다. 환율을 책정하기 위해 다른 국가와 도시, 마을의 상황을 알아야 했으므로 직원을 파견해서 유럽 전 지역의 경제상황과 정부정책, 화폐의 가치 등을 파악해야 했다. 각국의 군주와 상인들과 관계를 맺기 위해 지점을 설립했다. 각 지점들은 정기적으로 국가 상황에 대한 보고서를 피렌체로 보냈으며, 이 보고서는 여러 도시의 문화와 경제 상황에 대한 귀중한 정보로 가득 차 있었다.

이자 문제를 피하는 또 다른 방법은 소위 '재량예금^{discretionary deposit}'을 이용하는 것이다. 여기서 재량이란 돈을 맡긴 사람에게 추가금액을 지불할지를 은행이 결정한다는 뜻이다. 이 방법 역시 예금자에게 이자를 지불하는 방법 중 하나지만 이자라고 하면 교회법에 어긋나므로 대놓고 이자라고 할 수 없었다. 따라서 이 예금의 이자는 은행의 재량에 따라 예금자에게 줄 수도, 안 줄 수도 있는 선물이었다. 그러므로 고리대금이 아니었다. 이는 교회법을 피하는 뛰어난 방법으로서 은행과 예금자 모두 반겼다. 문제는 재량예금이기 때문에 은행이 선물을 안 주기로 결정할 수 있다는 점이다. 그러나 그런 일이 생기면 파급효과가 엄청나기 때문에 거의 발생하지 않았다. 그런데 1489년 메디치 은행의 리옹 지점이 부유한 프랑스 외교관이자 역사가인 필립 드 코민^{Philippe de Commines}에게 2만 5,000 에퀴의 예금에 대한 선물을 주지 않기로 결정한 사건이 터졌다. 리옹 지점에 예금을 한 뒤 코민은 프랑스의 샤를 8세에 대한 반란죄로 체포·구금되어 감옥에서 몇 년을 보내야 했다. 1489년 자신에게 부과된 무거운 벌금을 지불하고 출옥하기 위해 은행을 찾아가 예금을 돌려달라고 했다. 그러나 당시 리옹 지점은 부실경영과 악성부채의 증가로 인해 매우 힘들었기 때문에 선물 없이 원금만 돌려주었다. 화가 난 코민은 로렌초에게 직접 편지를 보내 은행이 부당한 대우를 하고 있다고 주장했으나 로렌초는 자신이 도와줄 수 있는 게 아무것도 없다고 답장했다. 한마디로 은행

의 손실이 너무 컸다는 것이다.[10]

환어음, 건식환전, 재량예금, 환율변동, 지점인출 등 여러 거래에는 말할 것도 없이 꼼꼼한 기록이 필수다. 메디치 은행은 사업을 확장하고 계속해서 교회법을 피하기 위해서는 장기간에 걸쳐 국경을 초월해서 자산과 부채를 추적해야 했다. 이 목적을 달성하기 위해 오늘날까지도 널리 사용 중인 장부기입방식인 복식부기를 도입했다. 이 방식에서는 개별 거래를 장부의 차변과 대변에 각각 기입한다. 따라서 차변과 대변의 합계 금액이 맞지 않으면 오류가 발생했다는 것을 쉽게 알 수 있으므로 기록의 정확성이 보장된다. 당시에 피렌체의 다른 은행들이 복식부기로 기장을 했고 제노바에서는 이미 1340년부터 시행했다는 증거들이 있는 걸로 보아 메디치 은행이 복식부기를 만든 것은 아니지만 이를 완성했다고 할수 있다. 메디치 은행은 모든 거래를 하나도 빼놓지 않고 기록했기 때문에 은행이 존재했던 기간에 각 지점이 매해 기록한 손실과 이익을 현대에도 정확히 알 수 있다. 이는 메디치 은행의 금융기법이 매우 세련되었음을 나타내는 뛰어난 증거다.

조반니는 정교한 시스템과 구조를 보유하고 있더라도 고객이 없다면 아무 의미가 없다는 것을 잘 알고 있었다. 따라서 사업 초기부터 고객발굴에 힘썼다. 우선 교회를 공략해서 커다란 승부수를 던졌다. 1390년대 말에 바티칸에는 나폴리 출신의 발다사레 코사Baldassare Cossa라는 젊은 부주교가 떠오르고 있었다. 나폴리와 이스키아 중간에 있는 프로치다라는 섬의 몰락한 귀족집안에서 태어난 코사는 젊은 시절에는 형제들과 함께 해적질도 했으나 관두고 법을 공부하기 위해 볼로냐대학교에 입학했다. 공

기업의 세계사

부를 마친 후에는 성직자가 되었다. 그는 해적질을 할 때 터득한 기술인 시의적절한 협박을 잘 이용해서 출세가도를 달렸다. 주교들을 '설득해서' 교회에 많은 기부금을 내도록 하는 불가사의한 능력 덕분에 교황 보니파시오 9세의 총애를 받았다. 그가 즐겨 사용한 방법은 돈을 내지 않으면 주교들을 이슬람 지역으로 발령 내겠다고 협박하는 것이었다. 정확히 언제인지는 모르지만 그가 한창 두각을 나타내던 시절에 조반니를 알게 되었고 이 둘은 곧 자주 연락하는 친구가 되었다. 1402년에 코사가 추기경으로 최종 낙점받기 위해 돈이 필요하게 되자 조반니는 1만 플로린을 빌려주었다. 현재 가치가 어느 정도인지 정확히 알 수는 없으나 엄청난 금액이었음에 틀림이 없다. 당시 공사장 인부의 주급이 대략 1플로린 정도였으니 이런 인부 1만 명을 일주일간 고용할 수 있는 금액이었다. 1404년에 코사에게 대출해준 금액이 8,937플로린으로 장부에 기록되어 있는 것으로 보아 계속적으로 대출을 받고 상환하는 관계였던 것을 추측할 수 있다. 이 둘의 관계는 매우 좋았던 것 같다. 당시에 코사가 보낸 편지에는 조반니를 '가장 소중한 친구'라고 표현할 정도였다. 얼마 후에 조반니의 투자가 결실을 맺어 1410년 볼로냐의 교황 선거에서 코사가 마침내 교황에 선출된다. 코사는 곧바로 메디치 은행을 교황청의 주거래 은행으로 선정했다. 즉 공식적으로 하느님의 은행이 된 것이다. 메디치 은행은 이제 교황 요한 23세가 된 코사에게 교황권을 굳건히 확보하기 위한 자금으로 10만 플로린을 지원했다.[11]

그 이후로 교황청은 메디치 은행의 가장 큰 고객이자 든든한 수입원이 되었다. 은행은 유럽 전역에서 걷은 십일조와 세금이 바티칸으로 갈 수 있도록 도와주었다. 이 과정은 복잡한 실행계획을 거쳐 광범위한 지역을 담당해야 하기 때문에 메디치 은행은 더욱 해외 지점을 확장해야 했다. 또한 교황청 재무부의 '전담은행' 역할도 했는데 이는 교황청으로 들어오는 모든 자금은 메디치 은행에 예치된다는 의미였다. 이 모든 것들이 동시에 작용하면서 메디치 은행은 엄청난 수익을 낼 수 있었다. 1434년까지 계속해서 메디치 은행 전체 수익의 절반 이상이 로마 지점에서 나왔다. 조반니는 콘스탄츠, 바젤, 로마 등 교황이 머무르는 곳에는 무조건 지점을 설립하도록 했다. 메디치 은행의 기록에 의하면 로마 지점은 '바티칸궁전에 딸린 지점'이라는 명칭으로 불렸다고 한다.[12]

메디치 은행의 주요 고객은 교회 이외에 왕과 군주, 귀족들로 이루어져 있었다. 이들은 르네상스 기간에 전쟁자금을 조달하고 성을 건축하며 귀중품을 사느라 항상 돈이 모자랐고 메디치 은행은 이들의 든든한 전주 역할을 했다. 제네바 지점의 고객들 중에는 프랑스 국왕, 사보이아 공작, 부르봉 공작 등이 포함되어 있었고 밀라노 지점에는 밀라노 공작 프란체스코 1세 스포르차Francesco I Sforza가 있었다. 런던 지점은 영국의 국왕과 귀족들을 대상으로 거래를 했다. 이 때문에 대량의 금이나 은을 믿을 만한 운반책에 맡겨 전 유럽 대륙을 거쳐 수송하는 것이 큰일이었다. 또한 부유한 고객을 관리하기 위해 비단이나 보석 또는 희귀한 향신료 등을 증정하기도 했다. 한번은 부르봉 공작부인에게 기린을 선물하려 했는데 운송 중에 죽는 바람에 은행직원들이 낙담했다는 기록이 있다.[13]

그러나 통치자에 대한 대출에는 위험이 따르게 마련이다. 일반인과 달리 통치자가 상환을 거절해도 은행에서 별로 대응할 방법이 없었다. 14세기에 피렌체의 유력 은행이었던 바르디 은행과 페루치 은행이 망한 것도 결국은 에드워드 3세가 대출금을 갚지 못했기 때문이었다. 조반니는 이러한 디폴트 가능성을 예방하기 위해 귀중품으로 담보를 제공해달라고 요청했다. 요한 23세는 주교들이 쓰는 뾰족한 모자를 제공했고 인노첸시오 8세는 자신의 교황관tiara을 담보로 내놓기도 했다. 오스트리아 대공은 부르고뉴 백합 문양의 보석으로 장식된 무게 9킬로그램의 성유물함을 제공했다. 담보물 확보는 새로운 관행이 아니었다. 피렌체에는 유대인이 운영하는 전당포가 많았고 이들은 교회법의 적용을 받지 않았으므로 담보를 받고 대출을 해주었다. 그러나 메디치 은행 덕분에 이 관행이 한 단계 높은 것으로 승격되었다. 그것은 르네상스 시대에 최고 지위에 있는 사람들과의 거래로부터 얻는 보너스 같은 것이었다.[14]

그러나 조반니의 천재성은 신중한 방법으로 고리대금업의 굴레를 벗어나 고관대작 같은 고객을 발굴한 데서 그치지 않았다. 그는 창의적 영감으로 메디치 은행의 조직을 법률적, 정치적 통찰력의 결정체로 만들었다. 공식적으로 메디치 은행은 왕가 및 그 일족들과 파트너 관계였다. 그러나 유럽의 가장 부유한 가문 중의 하나로서 메디치가는 복수의 칼을 가는 군주나 상인들의 손쉬운 목표가 될 수 있다는 것을 누구보다 잘 알고 있었으므로 가문을 보호하기 위해 오늘날의 금융지주회사와 유사한 구조를 만들어 메디치 은행에 적용했다. 이 구조에서는 메디치 은행을 정점으로 가족들은 단독 혹은 공동으로 파트너 신분을 유지하게 되어 있다. 그러나 유럽 전역에 퍼져 있는 아홉 개의 지점은 이들과 별개의 파트너로 존재했다(즉 유한책임회사의 초기 형태인 합자회사 형식을 취해 파트너를 법적으로 보호했다). 통상적으로 메디치 은행이 지점의 주요 파트너이고 지점장은 주니어 파트너가 되는 구조였다. 이 혁신적인 구조로 인해 지점장에게는 열심히 일해야 할 동기가 생겼다. 파트너로서 이익과 손실을 분배받았기 때문에 지점의 성공에 전력투구했다. 또한 파토리^{fattori}라고 불린 일반 직원들의 근무의욕을 자극하기 위해 파토리 중에서 지점장을 선발하는 것을 인사원칙으로 삼았다. 따라서 실적이 좋으면 언젠가는 파트너가 될 수 있다는 희망을 갖게 만들었다. 최종적으로는 메디치 은행이 유한책임회사라는 구조의 덕을 보도록 설계되어 한 지점에 문제가 생겨도 그 지점의 자산만 압수가 되고 전체 메디치 은행의 자산은 보호되었다.[15]

이런 식의 위험분산 정책은 엄청난 효과가 있어서 불만 고객들의 요구로부터 은행을 보호할 수 있었다. 1455년 밀라노에 사는 다미아노 러피니라는 사람은 메디치 은행 런던 지점으로부터 아홉 단의 양모를 구입했지만 포장에 문제가 있어 브루게 운송 도중 파손되었다. 이 상인이 브루게 지점에 손해배상을 청구하자 지점장은 브루게 지점과 런던 지점은 완전히 다른 회사이므로 손실배상을 할 수 없다고 주장했다. 브루게 법원역시 원고에게 브루게가 아닌 런던 지점을 상대로 손해배상을 청구해야 한다고 판결했다.

그러나 이런 식으로 분리되어 있지만 메디치 은행은 각 지점을 철저하게 통제했다. 조반니는 각 지점들이 메디치 은행의 이익을 위해 열심히 일하도록 하기 위해 본사에 지점관리 책임자를 지정해서 전 지점에 업무를 지시하고 지침을 수립하도록 했다. 이 관리자는 지점의 회계장부와 기록을 검토해서 부실채권이 발생하지 않도록 지도해야 한다. 현대 기업의 CEO처럼 메디치 은행의 관리자는 은행 역사상 가장 중요한 책임을 떠맡았고 이들의 성과에 따라 은행의 성공과 실패가 결정되었다. 가장 유명한 관리자로는 금융업무에 타고난 재질을 갖춘 조반니 디아메리고 벤치^{Giovanni d'Amerigo Benci}를 들 수 있는데 그는 가장 수익성이 좋았던 1440년 대와 1450년대에 메디치 은행을 이끌었다. 반면에 그의 후계자였던 프란 체스코 사세티^{Francesco Sassetti}는 전혀 능력이 없는 사람으로서 메디치 은행 몰락의 한 원인으로 지적되기도 한다. 그러나 그는 자신의 재산을 불리 는 데는 능력이 뛰어나 한때 5만 2,000플로린의 현금과 피렌체의 저택, 다수의 농장, 몬투기 지역의 별장, 보석, 개인 도서관 그리고 메디치 은행 투자금 4만 5,000플로린을 보유하고 있었다.

지점 직원들은 철저한 감시를 받았고 엄격한 행동지침을 준수해야 했 다. 지점장은 통상 4~5년의 임기 동안에는 지점 소재지를 떠나서는 안 되었다. 단, 업무협의차 피렌체로 출장을 오거나 주요 거래를 성사시키 기 위해 출장하는 것은 예외였다. 또한 왕족에 대한 대출은 지점 차원에 서 결정하지 못하도록 했다. 정치적으로 민감한 사안이기 때문에 메디치 가문에서 직접 결정했다. 최상위부자나 권력자가 아닌 일반인들은 메디 치 은행과 거래를 할 수 없었다. 하지만 수완을 인정받은 직원에게는 많 은 보상이 따랐으며 하급 직원이 승진하는 경우도 많았다. 메디치 가문 에서는 이런 직원들을 인간적으로 대우해주었다. 코시모 데 메디치^{Cosimo de' Medici}는 직원이었던 폴코 포티나리^{Folco Portinari}가 1431년 사망하자 그의 아 이들을 데려다 자기 아이들처럼 돌보기도 했다. 아마도 그 아이들이 단 테가 짝사랑했던 베아트리체와 먼 친척이라서 그랬을지도 모른다.[16]

이렇게 모든 조치를 시행한 끝에 조반니는 역사상 가장 성공적인 회사 를 건설했고 은행은 수십 년간 어마어마한 이익을 기록했다. 아울러 메디치 가문 역시 막대한 재산을 모을 수 있었다. 1397년부터 1420년 사이에 조반니 자신은 메디치 은행으로부터 11만 3,865플로린의 개인 소득을 얻었다. 연평균 4,950플로린이었으며 뒤로 갈수록 계속 늘어났다. 1427년에 피렌체 등기소에 제출한 소득세신고서에 의하면 조반니는 은행가이자 개인적 라이벌이었던 팔라 스트로치Palla Strozzi에 이어 피렌체 두 번째 부자였다. 1457년에 그의 아들인 코시모 데 메디치는 비아 라르가에 두 채의 대저택을, 카레기, 카파지올로, 트레비오 지역에 여러 채의 별장, 그리고 피사와 밀라노에도 각각 주택을 보유하고 있었다. 1469년 메디치 가문의 총자산은 무려 22만 8,000플로린으로 추정된다. 1480년도에 연간 70플로린이면 네 아이를 둔 가정의 생활비로 넉넉했다는 기록으로 추산해보면 당시 메디치가의 자산은 꽤 큰 다가구 가정이 3,000년 이상 넉넉하게 사용할 수 있는 생활비와 맞먹었다.[17]

그러나 단지 자신의 안락함을 위해 이 재산을 사용했다면 르네상스의 후원자로서 명성을 남기지 못했을 것이다. 오늘날 메디치가는 은행업에서 이룬 업적보다는 피렌체의 미술, 조각, 학문 등의 분야에 대한 헌신과 지원으로 더 유명하다. 15세기 내내 미켈란젤로부터 다빈치, 보티첼리, 브루넬레스키, 프라 안젤리코, 기를란다요 등의 피렌체 예술가들에게 엄청난 후원을 했다. 조반니는 가난한 화가들에게 자신의 집 벽화를 그리도록 하였고, 1419년에는 브루넬레스키에게 용역을 주어 오스페달레 델리 인노첸티라는 이름의 고아원 건물을 설계하고 건축하도록 했다. 한편 그의 아들 코시모는 마르실리오 피치노Marsilio Ficino에게 의뢰하여 플라톤의 모든 작품을 최초로 라틴어로 번역했다. 고전으로부터 배우는 지혜에 특히 관심이 많았던 코시모는 리비우스의 미발표 작품이 시토 수도회에 보관되어 있다는 소문을 듣고 대리인을 시켜 찾아보도록 했으나 실패했다. 그러나 그 과정에서 플리니우스의 희귀본을 발견하기도 했다. 로렌초 '일 마그니피코'는 미켈란젤로를 집으로 데려와 아들처럼 키우기도 했다. 이렇듯 예술과 학문에 대한 메디치 가문의 헌신은 피렌체의 위상을 크게 격상시켰다. 이탈리아의 시인인 폴리치아노^{Poliziano}는 "아테네는 야만족에게 망한 것이 아니라 단지 피렌체로 옮겼을 뿐이다"라고 말했을 정도다. 코시모는 피렌체에 대한 헌신을 인정받아 파터 파트리에^{Pater Patriae}, 즉 조국의 아버지라는 경칭을 부여받았다.[18]

기타 분야에서도 메디치 은행은 사람들이 화폐를 이용해서 교역하는 방식을 근본적으로 변화시켰다. 이로 인해 유럽의 경제는 농업 위주의 봉건제도에서 벗어나 금융과 무역을 기반으로 한 근대 자본주의 사회로 나아갈 수 있었다. 유럽 전역에 메디치 은행의 믿을 만한 지점망이 생겨 거래 장벽이 무너졌고, 상인들은 현지 화폐 이용 시 예상되는 환차손이나 화폐가치 하락으로 인한 손실을 걱정하지 않고 자유롭게 필요한 상품을 사고팔 수 있게 되었다. 또한 육상 및 해상 운송망으로 신시장을 개척해 향신료, 비단, 의류, 직물, 양모, 공단, 금사, 보석, 명반, 올리브유, 감귤 등의 귀중품을 유럽 전역의 대도시로 수송할 수 있었다. 메디치 은행의 국제 지불 시스템으로 15세기 국제금융시장이 더욱 확장되었으며 르네상스 시대의 가장 중요한 경제 혁신으로 인정받았다.

왕이 되는 것보다 킹메이커로 남는 것이 항상 안전하다. 15세기 중순까지 메디치가는 이 교훈을 잘 알고 있었다. 정치권력의 색채를 띠지 않고 정세의 변화에 맞추어 안정적인 이익을 추구하는 데 초점을 맞추었다. 설립자인 조반니는 정치적 야심을 멀리하고 은행 이익을 유지하기 위해 애쓰고 있었다. 피렌체는 제비뽑기로 정부대표를 선발했기 때문에 그도 공무원으로 봉사를 해야 했고 1421년에는 곤팔로니에레^{gonfaloniere}(중세 이탈리아 도시국가의 명목상 도시 통치자 - 옮긴이)가 되기도 했다. 그러나 그의 기본 생각은 가난한 사람들의 이익에 헌신하는 것이어서 역진적 인두세를 누진적 재산세로 바꾸기도 하고 귀족이 행정관 자리에 오르는 제안을 거부하기도 했다. 또한 정치적으로 명예가 될 만한 기회는 모두 거절했다. 1422년에 교황 마르티노 5세가 몬테베르데의 백작 지위를 제안했으나 그는 공손하게 거절했다. 정치는 멀리해야 한다는 입장이었다. 이는 그가 임종할 때 자식들에게 한 유언에도 잘 나타난다.

> 절대로 시민들의 기대에 반하는 행동을 해서는 안 된다. 만일 그들의 생각이 잘못되었다면 거만한 지시가 아니라 정중한 반대 표시를 이용해 바로잡아야 한다. 오라고 하기 전까지는 절대로 먼저 정치인에게 접근하지 말고 가더라도 공손한 태도를 유지하고 허세를 부리지 마라. 사람들과 평화롭게 지내고 말썽을 부리지 마라. 법적인 분쟁에 휩싸이지 마라. 법을 이용하는 자는 법으로 망하게 되어 있다. 사람들의 관심을 끌지 말고, 내가 한 실수를 반복하지 말기 바란다.[19]

조반니의 아들인 코시모는 1420년에 가업을 물려받아 아버지의 유지를 잘 따랐다. 흠잡을 데 없는 경영인으로 1464년 사망할 때까지 메디치 은행의 최고 전성기를 책임졌다. 이 기간 동안 로마, 제노바, 베네치아, 나폴리 등의 지점부터 런던, 피사, 아비뇽, 브루게, 밀라노, 뤼베크 등 유럽 전역으로 지점망을 넓혔다. 이익도 큰 폭으로 상승해, 1397년부터 1420년 사이에 평균 6,500플로린에서 1420년부터 1435년 사이에는 1만 2,500플로린으로 이익이 증가했으며 1435년부터 1450년에는 평균 2만 플로린을 기록했다. 상업적 통찰력과 인간적 매력으로 인해 피렌체뿐 아니라 유럽 곳곳에서 존경받았다. 마키아벨리 Niccolo Machiavelli 는 그의 저서 《피렌체사》에서 코시모를 이렇게 설명했다. "대단히 신중한 성품에 진지하고 예의 바른 태도와 매우 자유롭고 인간적인 사고방식을 겸비하였다. 시민들과 통치자의 뜻에 거슬리는 일을 하지 않았고 항상 관대한 태도를 보였다. 늘 너그러운 성품으로 계급에 상관없이 모든 시민의 열렬한 지지를 받았다." 16세기 이탈리아의 역사학자인 프란체스코 구이차르디니 Francesco Guicciardini 는 "로마 제국이 멸망한 이후 그 누구도 이런 명성을 누린 사람은 없었다"라고 기록했다. 코시모 스스로는 성공의 원인을 겸손이라고 생각했다. "정원에 있는 화초에는 물을 주어야 하지만 절대로 주어서는 안 되는 식물이 하나 있다. 그건 시기심이라는 잡초다"라고 말하기도 했다. 하지만 코시모도 때로는 사업의 진행을 위해서 로비를 하기도 했다. 가장 대표적인 것으로는 이자가 붙는 대출처럼 보여 논란이 많았던 '건식환전'을 합법화한 것이다. 이로써 메디치 은행은 엄청난 수익을 낼 수 있었다.[20]

정치와 거리를 두려는 노력에도 불구하고 코시모 역시 구설수를 피하지는 못했다. 1430년대 초반에 피렌체는 비옥한 토스카나 지역을 차지하기 위해 루카 및 밀라노와 전쟁을 벌였다. 전쟁 비용이 급증하자 피렌체는 유명한 건축가인 브루넬레스키를 현장으로 보내 세르키오강의 흐름을 루카로 돌려서 홍수를 발생시킬 계획을 세웠다. 그러나 루카 시민들이 먼저 계획을 알아채고 운하를 파괴해서 하구의 평야를 범람시키자 피렌체는 철수할 수밖에 없었다. 코시모는 이 비싼 프로젝트에 메디치가의 자금을 지원할 계획이었으나 사실은 전쟁에 엮이는 것을 좋아하지 않았으므로 결국에는 지원을 중단했다. 이 일로 인해 피렌체의 유력한 가문이자 전쟁을 주도했던 알비치 집안과 사이가 틀어졌다. 자신에게 호의적이었던 분위기가 바뀐 것을 눈치채고 코시모는 은행의 이익을 보호하기 위한 조치에 착수했다. 1433년에 피렌체의 현금을 은밀하게 로마와 나폴리 지점으로 빼돌렸고 막대한 양의 금을 산미니아토알몬테 성당과 산마르코 대성당에 숨겼다. 항상 그랬듯 그는 선견지명이 있었다. 1433년 9월에 베키오궁으로 들어오라는 소환장을 받고 들어갔다가 바로 체포되어 종탑에 있는 '작은 여인숙'이라는 이름의 방에 감금되었다. 알비치 가문은 그가 "다른 사람들을 무시하고 지배하려 한다"라는 혐의로 재판에 회부하였다. 그러나 피렌체 시민 200여 명으로 구성된 위원회인 발리아balia는 이를 거부했다. 메디치 은행의 최고 고객들이 그를 옹호하는 탄원을 한 것도 도움이 되었다. 메디치가와 긴밀한 관계를 유지했던 베네치아 공화국과 교황청은 그를 지원하기 위한 사절을 보내기도 했다. 결국 위원회는 코시모에게 10년간 추방을 명했고 그는 베네치아로 이주했다. 하지만 자산을 해외로 이전한 선견지명 덕분에 메디치 은행은 큰 문제 없이 계속 운영되었고 1년 후에 코시모는 다시 피렌체로 돌아왔다.[21]

그런데 1464년 코시모가 사망한 뒤 은행에 문제가 생기기 시작했다. 별명이 '통풍 환자'인 아들 피에로Piero가 은행을 물려받았지만 그는 금융에 대해서는 문외한이었고 여러 실수를 저질러 메디치 은행을 위기에 빠

기업의 세계사

트렸다. 그중 하나는 채무자들에게 대출금을 즉시 상환하도록 요구한 것이다. 이로 인해 단기적으로 은행의 재정 상황은 좋아졌지만 결국은 가망고객이 발길을 돌렸다. 이 조치로 많은 피렌체 상인들이 채무를 상환하지 못해 파산했다. 여신액을 줄이겠다고 공언했지만 오히려 위험한 투기성 사업에 대한 투자액은 늘어나기만 했다. 피에로는 그하블린느 지역의 세금징수권을 획득했고 성질 급한 샤를 1세 드 부루고뉴 공작에게 대출을 해주기도 했으나 둘 다 결과가 좋지 못했다. 그는 닥친 위기를 헤쳐나가기 위해 정부에 많은 공을 기울였으나 결국 부하였던 프란체스코 디 토마소 사세티Francesco di Tommaso Sassetti에게 경영권을 넘긴다. 사세티는 자신의 재산을 불리는 데는 뛰어났으나 기울어진 은행의 운명을 되돌리려는 노력은 별로 하지 않았다.[22]

피에로가 죽고 나자 그의 아들 로렌초 '일 마그니피코'가 모든 것을 승계받았다(왕실과 마찬가지로 경영권도 장자계승이 원칙이었다. 물론 경우에 따라 새로운 파트너 계약이 필요한 경우도 있기는 했다). 프란체스코 구이차르디니에 따르면 로렌초는 "상업이나 개인적인 일에는 관심이 없었다". 대신 시를 쓰고 철학을 공부했으며 1469년 산타크로체 광장에서 열린 창술대회에서 1등을 차지하기도 했다. 또한 청춘에 바치는 아름다운 작품〈바쿠스의 노래Canzona di Bacco〉 같은 시는 오늘날에도 여전히 사랑받고 있다. 그러는 사이 은행 경영은 점점 소홀해졌다.[23]

로렌초의 관심은 정치에 있었다. 그는 젊을 때 외교사절단을 이끌고 바티칸, 볼로냐, 베네치아, 밀라노 등 이탈리아 전역을 순회했고 외교술과 통치술을 배웠다. 1469년 가업을 물려받자 재빨리 지배력을 강화했다. 코무네comune나 포폴로popolo 같은 시민 위원회를 없애버려 자신의 권력을 방해하는 마지막 기관마저 제거해버렸다. 한편 국제적으로는 밀라노의 스포르차 가문과 동맹을 추진하고 신임 교황 식스토 4세와 좋은 관계를 유지하려 애썼다. 그는 자신의 정치 행보를 두둔하며 "통치권이 없으면 피렌체에서는 부자로 살기 어렵다"라고 주장하기도 했다. 구이차르디니는 그가 "마치 군주가 곤봉을 휘두르듯 피렌체를 완전히 장악했다"라고 기록했다.[24]

로렌초는 사업에 관심을 가지기도 했지만 그때마다 결과가 좋지 않았다. 그중 하나는 명반무역이다. 명반은 모직을 염색하는 데 쓰이는 일종의 다목적 광물로서 로렌초는 이 사업의 수익성을 높이 평가했다. 1460년에 치비타베키아 지역의 톨파라는 마을에서 대규모 명반광산이 발견되자 로렌초는 서둘러 교황청으로부터 채굴권을 구입했지만 오스만제국으로부터 수입되는 물량 때문에 이 투자는 수익성이 거의 없었다. 이스키아 지역에서 새로운 명반광산이 발견되자 메디치 은행은 추가적인 가격 하락을 막기 위해 어쩔 수 없이 수익공유 협정을 맺어야 했다. 볼테라시에서 발견된 광산의 채굴권을 다른 업자한테 넘기자 그곳 사람들이 반란을 일으켰다. 메디치가는 유명한 용병인 우르비노 공작 페데리코 다몬테펠트로Federico da Montefeltro를 보내 폭동을 진압했고 이로 인해 로렌초의 명성은 큰 타격을 받았다. 한편 1470년대 들어 교황청과 관계가 틀어지자 손실은 더욱 커졌고, 마침내 1476년 교황 식스토 4세는 메디치가와의 계약을 파기하고 경쟁사인 파치 은행과 새로운 계약을 맺었다. 로렌초의 명반 투자는 값비싼 대가만 치른 실패작이었다.

유럽의 복잡한 권력 지형 속으로 빠져들수록 로렌초는 자신의 정치적 야망을 달성하기 위해 메디치 은행을 레버리지로 사용하고 싶은 유혹을 뿌리칠 수 없었다. 갈수록 은행의 네트워크를 이용하여 우호 세력을 도와주고 적대 세력을 배척했다. 교회처럼 믿을 만한 채무자에게는 상환을 요구하고 불같은 성격의 샤를 1세처럼 신용도가 의심스러운 채무자에게 대출을 해주는 실수를 저질렀다. 부실채권이 발생하고 지점의 손실이 커지면서 은행의 경영은 악화되어만 갔다. 그리고 얼마 안 있어 최악의 사태가 발생한다. 조반니나 코시모처럼 노련한 경영인도 정치와 사업 사이에서 적절한 균형을 유지하기가 힘들었는데 로렌초는 이를 함부로 다루다 보니 위험한 화약고가 되어버렸고, 마침내 1478년 4월 26일 터지고 말았다.

파치 가문의 음모는 오랜 기간 준비된 것이었다. 로렌초가 메디치 은행을 경영했던 10년 동안 그에게는 자신이 수집한 예술작품처럼 많은 적이 생겼다. 1478년이 되자 피렌체의 가장 유력한 세력들이 모두 포함될 정도였다. 파치 은행을 소유했던 프란체스코 데 파치^{Francesco de' Pazzi}는 오랜 기간 메디치 가문에 복수의 칼을 갈았다. 메디치 은행에 시장을 내주었기 때문이다. 피사의 주교였던 프란체스코 살비아티^{Francesco Salviati}는 로렌초가 자신의 임명을 방해했다는 이유로 그와 사이가 안 좋았다. 비교적 사이가 좋아서 볼테라 폭동을 진압하는 데 도움을 주었던 페데리코 다 몬테펠트로 공작과의 관계도 최근에 냉랭해졌다. 그러나 가장 큰 적은 로마의 왕좌에 앉아 있는 교황 식스토 6세였다. 처음에는 관계가 원만했으나 교황이 가족을 위해 이몰라 지역의 영지를 구입할 때 융자를 거부한 뒤부터 급격히 악화되었다. 알고 보니 그 영지는 로렌초가 점찍어 놓은 것이었다. 결국 파치 은행이 대신 대출을 해주었고 교황은 재정고문으로 메디치 은행을 파하고 파치 은행을 선정했다. 그러나 파치가는 이 작은 승리에 만족하지 않고 메디치 은행을 피렌체 금융계에서 영원히 제거하려 했다. 그렇게 하기 위해서는 결국 메디치가의 구성원을 없애는 수밖에 없었다.[25]

그 음모는 1478년에 최종적으로 실행되었다. 피사의 살비아티 주교와 우르비노 공작의 지원을 확약받은 상태에서 파치가의 식구들은 식스토 교황을 만나 메디치가를 없애겠다는 계획을 보고했다. 당시 모든 음모 사건에 그렇듯 교황은 애매모호하게 대답했다. "인명 손실 없이 정권만 교체하도록 하라. 로렌초 집안은 항상 우리에게 저항하는 저질스러운 악당들이니 피렌체 정치에서 바로 제거되어야 한다. 그런 연후에 우리가 원하는 인물을 내세울 수 있을 것이다." 잠시의 주저도 없이 교황은 파치에게 지원군을 약속했다. 이제 메시지는 명확해졌다. 교황이 계획을 승인한 것이다.

4월 26일 로렌초가 두오모 대성당에 미사를 드리러 입장할 때만 해도 그는 주위에서 벌어지고 있는 음모를 전혀 눈치채지 못한 채 기분이 좋았다. 제단 근처에 동생 줄리아노와 마주 보고 앉아 있었다. 〈하느님의 어린 양〉이라는 미사곡이 연주되던 중 갑자기 습격이 시작되었다. "칼을 받아라, 이 배신자야!"라는 외침이 울리며 두건을 쓴 암살자 두 명(그중 한 명은 프란체스코 파치였다)이 줄리아노에게 덤벼들었다. 줄리아노는 19번이나 칼에 찔려 현장에서 즉사했다. 다른 두 명의 성직자는 칼을 빼들고 로렌초를 덮쳤다. 칼날은 로렌초의 목을 스쳤고 그는 성가대석으로 몸을 피했다. 친한 친구이자 은행가인 프란체스코 노리가 필사적으로 달려들어 막았지만 그 역시 살해되었다. 그의 희생 덕분에 로렌초는 귀중한 시간

을 벌 수 있었고 성구보관실로 피신하여 청동문 뒤에 몸을 숨겨 살아남았다.[26]

한편 바깥에서는 음모의 나머지 부분이 진행되었다. 파치가의 중년들로 구성된 다른 무리가 용병과 함께 말을 타고 달리면서 '자유'를 외치면 시민들이 동조해 메디치 가문을 전복시킬 것으로 생각했다. 그러나 이는 오히려 역효과를 내서 분노한 군중들은 "팔라, 팔라(메디치 가문의 문장에 있는 빨간 공을 가리킨다)"를 외치며 반격했다. 이들은 파치 사람들과 궁사들을 공격해 죽여버렸다. 그다음 프란체스코 드 파치와 살비아티 주교를 베키오궁으로 끌고 가 교수형에 처했다.

적의 공격이 실패로 돌아갔음을 알게 되자 로렌초는 성구보관실에서 나와 복수의 칼을 갈았다. 이후 몇 주간은 그가 군림하던 기간 중 가장 잔인한 시간으로 기록되었다. 모든 파치 가문의 일족과 공범들을 잡아내 죽여버리라는 명령을 내렸다. 일부는 베키오궁 창문에서 교수형에 처해지기도 하고 때로는 옥상에서 그냥 던져서 살해한 경우도 있었다. 파치가의 우두머리였던 야코포 데 파치 Jacopo de' Pazzi 는 고문 후 교수형에 처해졌고 하수구에 버려진 다음 그 시체를 시내 곳곳으로 질질 끌고 다녔고 그의 머리는 파치 가문의 저택 대문에 매달려 문고리 역할을 했다. 로렌초의 매부였던 굴리엘모 데 파치 Guglielmo de' Pazzi 를 제외한 파치 가문의 모든 남자들이 살해되었으며 파치가의 모든 여성들은 결혼이 금지되었다. 피렌체는 보티첼리에게 베키오궁에 벽화를 그려 메디치 가문에 저항한 사람들이 당한 일을 그리도록 했다. 지금은 소실된 이 거대했던 벽화는 벽에 걸린 모반자들의 시체를 섬뜩하리만큼 자세하게 묘사했다고 한다.

파치 가문에 대한 로렌초의 복수는 신속하고 잔인했다. 그러나 다른 측면에서 보면 파치의 음모는 성공한 것도 있었다. 즉 메디치 은행의 몰락을 가속화한 것이다. 로렌초의 폭력성 때문에 우호 세력은 멀어졌고 반대 세력은 분노했다. 파치 은행의 자산을 압류한 후 피렌체 행정관은 로렌초를 "베드로 자리에 앉아 있는 유다"라고 비난하는 내용의 편지를 식스토 교황에게 보냈다. 격노한 교황은 로렌초를 파문하고 메디치 은행의 창고에 보관되어 있는 명반을 포함해 로마와 나폴리에 있는 메디치 은행의 모든 재산을 압류했다. 그리고 나폴리와 연합하여 피렌체에 선전 포고를 하였다. 은행의 자산이 줄어들고 현금이 필요해지자 로렌초는 피렌체 재무부로부터 7만 5,000플로린에 달하는 금액을 강탈했다. 그 뒤부터 로렌초의 폭력성과 집착은 더욱 심해졌다. 그는 비상위원회를 만들어 거의 무제한의 권력을 휘둘렀고 12명의 무장군인들로부터 경호를 받았다. 사망하기 전까지 로렌초는 오직 외교와 정치에만 전념하고 은행은 거의 돌보지 않아 재무상태는 악화일로를 달렸다.[27]

15세기 후반이 되자 메디치 은행은 어렵게 명맥을 유지하고 있었다. 채무는 눈덩이처럼 늘어났고 지점들은 하나씩 문을 닫기 시작했다. 1492년 로렌초가 사망하자 메디치가의 가세는 더욱 기울었다. 그러다 1494년 프랑스의 샤를 8세가 토스카나를 침략하자 로렌초의 아들 피에로가 침략자의 요구사항을 수용하는 수치스러운 행동을 하면서 완전히 무너졌다. 분노한 피렌체 시민들은 반란을 일으켜 메디치가를 추방했다. 새로운 정부가 메디치 은행의 모든 재산을 압수하면서 은행은 영원히 사라졌다.

르네상스 시대를 풍미했던 메디치 은행이 마침내 사라지면서 피렌체 시민들은 지롤라모 사보나롤라라는 광신적인 수도사에게 빠져들었다. 그는 부자들을 비난하고 피렌체 광장에서 '허영의 소각'이라는 행사를 열어 서적, 거울, 악기, 그림 같은 사악한 사치품을 불에 태워버리기도 했다. 그러나 메디치 은행의 전통은 오늘날까지 유지되고 있다. 교황청의 엄격한 고리대금 규제를 회피하기 위한 수단으로 고안된 이 창의적인 금융상품은 유럽 경제의 지형을 바꾸었다. 허브 앤드 스포크^{hub-and-spoke} 방식(자전거 바퀴살이 중심축으로 모이는 것처럼, 중심이 되는 거점에 물량을 집중시킨 후 개별 지점으로 다시 분류하는 방식 – 옮긴이)의 사업구조는 금융지주회사의 원조격이었으며 정교한 회계 시스템은 오늘날에도 전 세계에서 사용되고 있다. 아울러 조반니 디 비치, 코시모, 로렌초 데 메디치의 예술과 건축에 대한 헌신 덕분에 미켈란젤로, 도나텔로, 다빈치, 보티첼리 등 거장들의 작품이 꽃을 피워 역사상 유래를 보기 힘든 예술의 황금기를 맞았다는 점도 잊어서는 안 될 것이다.

◆　◆　◆

우리가 메디치 은행으로부터 배울 수 있는 흥미로운 교훈은 아무런 기반 없이 정교하고 현대적인 금융 시스템을 구축한 방식이다. 르네상스 시대의 피렌체는 정부 체제가 분열되고 격변했던 시기로 전쟁과 질병 그리고 여러 음모가 난무했고 법률에 의한 지배 같은 것은 존재하지 않았다. 은행업은 심각한 죄악으로 간주되었지만 메디치가는 단순한 은행이 아니라 유럽 대륙을 아우르는 최고의 조직을 만들어 평등한 조건하에서 파트너와 사업을 크게 벌였다(때로는 평등하지 않은 경우도 있기는 했다). 은행은 100년 가까이 살아남아 설립자에게 엄청난 부를 가져다주고 피렌체를 위해서 비교하기 어려운 수준의 아름다움을 창조했다. 은행이 필요한 시기에 메디치가가 화답했다. 메디치 은행은 또한 기업의 구조에 대한 새로운 이정표를 세우기도 했다. 피렌체 소재의 단일 법인이 소유하고 운영하는 구조가 아니라 금융지주회사 구조를 갖추어 피렌체에 본점이 있고 별도의 법인이 유럽의 다른 지역에 존재하는 구조였다. 이들 개별 법인들은 회사명과 대표자가 달랐고 회계 결산도 분리했지만 정기적으로 피렌체에 있는 지주회사에 실적을 보고했다. 이런 구조로 인해 지점장이 지점의 소유권을 일부 가지므로 이익을 최대화하기 위해 노력했다. 또한 한 지점의 위기 때문에 다른 지점이 영향을 받는 일이 없으므로 전체 은행이 안전하게 보호될 수 있었다.

그러나 메디치 은행의 실패 사례는 우리에게 금융의 위험성에 대한 교훈을 준다. 사람들은 금융기관이 어떤 결정을 내릴 때는 합리적인 근거가 있다고 생각한다. 예를 들어 가장 필요한 사람에게 대출하여 가장 효율적으로 자본이 배분된다고 생각하는 것이다. 그러나 결정은 은행이 아닌 사람이 한다. 사람은 친절하고 관대한 행동을 할 수도 있지만 잔인하고 무능력하며 나태한 행동을 할 때도 있다. 때로는 로렌초 데 메디치처럼 이 모든 행동을 동시에 하기도 한다. 그 결과 은행이 항상 이성적으로 행동하지는 않는다. 편견에 사로잡히거나 실수도 하며 위험한 결정을 하기도 한다. 이렇게 비효율적인 행동은 은행 자체뿐 아니라 사회에도 좋지 않은 영향을 미친다. 오늘날 아무도 월스트리트가 잘못했다고 해서 교황이 군대를 보내 정부를 전복시킬까 우려하지 않는다. 하지만 금융 시스템이 내부적으로 제대로 돌아간다고 마음 놓고 있을 수만도 없다. 시장의 효율성이 어떻게 바뀔지 모르기 때문이다.

은행의 발전은 기업의 역사에서 한 분수령을 장식했지만 어딘지 모르게 부족한 요소가 있었다. 메디치 은행은 정세를 재빨리 파악하고 권력의 균형을 이용하여 임기응변식으로 기업의 틀을 짜 맞추는 데 급급했다. 그러나 기업이 허술한 조직에서 사회의 가장 강력한 조직으로 변화하는 빅뱅의 순간은 한 세기 후 엘리자베스 여왕 시대의 영국에서 발생했다. 주식회사가 전 세계에 주식이라는 근원적인 요소를 전파한 것이다.

3장

주식회사의 기틀을 다진
대항해시대 동인도회사

1613년 8월 존 저데인^{John Jourdain}은 들뜬 마음을 안고 자바섬으로 항해 중이었다. 동인도회사의 수석상인인 저데인은 선원들을 이끌고 향료 제도^{Spice Islands}(인도네시아 소재 말루쿠 제도의 옛이름 – 옮긴이)에서 귀한 정향을 싣고 6개월 만에 돌아오고 있었다. 배를 수리하느라 반탐^{Bantam}에 잔류했다가 다른 선박과 합류하기로 되어 있었는데, 만으로 진입하자 이상한 광경을 목격하게 된다.[1]

동인도회사의 기함인 트레이즈 인크리즈호^{Trade's Increase}가 해안가에 정박해 있었는데 이상하게도 갑판에 아무도 보이지 않았다. 이 배는 당시 영국에서 가장 큰 상선으로 4년 전 조선소에서 진수할 때도 어려움을 겪을 정도로 거대했다. 그는 배에 대고 소리치기도 하고 선원을 시켜 허공에 총을 쏘기도 했으나 아무런 응답이 없었다. 해변을 살펴보아도 역시 인기척이 없었다. 혹시 있을지도 모를 원주민의 습격에 대비해 선원들에게 전투 준비 명령을 내렸다. 바로 그때 멀리서 조그만 배가 나타나 저데인

쪽으로 다가왔다. 배에는 동인도회사 소속의 선원 네 명이 타고 있었으나 어쩐지 정상적으로 보이지 않았다. 마치 귀신을 본 사람들 같았다.[2]

그들은 배에 올라타더니 반탐에 전염병이 돌아 많은 영국인이 죽거나 쇠약해졌다고 말하며 살아남은 사람은 자기들뿐이니 육지에 상륙하지 말라고 했다. 하지만 저데인은 그 말을 믿지 않았다. 얼마나 아프면 단 한 사람도 해안에서 신호조차 보내지 못한단 말인가? 그는 선원들을 추궁했고 그중 한 명이 그를 잡아끌더니 사실을 이야기했다. "선원들은 당신이 돌아오는 걸 좋아하지 않아요. 원정대장으로 인정하지도 않고요."[3]

그가 항해 중이던 6개월간 전쟁이 나기는 했지만 자바인들과의 전쟁은 아니었다. '주식'이라는 새로운 경제개념을 두고 분쟁이 발생한 것이다. 저데인 같은 무역상이 정향, 후추, 육두구 같은 신기한 상품을 찾아다니던 1600년대 초는 동인도회사가 아직 '전 세계에서 가장 강력한 상인들의 연합'으로 부상하기 전이었다. 애덤 스미스와 카를 마르크스의 저서가 나오기 수십 년 전이며 1773년 보스턴 차 사건이 터져 그린핀 부두에서 차를 버리기 한참 전이다. 동인도회사는 전 세계 무역시장의 틈새시장을 필사적으로 공략해보려고 영국 상인들이 만든 조그만 회사에 불과했다. 1600년 12월 31일에 엘리자베스 1세의 허락을 얻어 설립되었으며, 첫 번째 항해는 손해는 아니었지만 그렇다고 엄청난 수익을 거두지도 못했다. 그러나 동인도회사는 다른 회사에 비해 훨씬 좋은 점이 있었다. 바로 주식회사joint stock company라는 점이었다. 주식회사는 영국 상법에 새로 등장한 개념이지만 대항해시대에 특히 잘 들어맞았다. 한마디로 주식회사는 자사의 주식을 투자자에게 판매할 수 있었고 투자자는 현금을 미리 주고 주식을 산 다음 향후 발생하는 이익을 나누어 받았다. 초기비용

(항해 준비에는 많은 인력과 자본이 필요하다)이 높고 이익은 몇 달 혹은 몇 년 후에 운이 좋아 배가 돌아오면 발생하기 때문에 동인도회사로서는 매우 유리한 시스템이었다. 주식회사는 세계 무역의 새로운 시대를 열었다.

그런데 한 가지 문제가 있었다. 주식의 운용범위가 명확하지 않았다. 주주들은 미래의 이익을 모두 가져갈 권리가 있을까? 아니면 일부에만 권리가 있을까? 회사의 운영에 간섭할 수 있을까? 아니면 배당금을 받는 것으로 만족해야 할까? 당시에는 이에 대해 명확한 해석이 없었기 때문에 회사마다 다른 방식으로 처리했다. 동인도회사는 '개별 항해' 방식을 택해 주주들은 항해별로 참가를 신청했다. 이렇게 하면 위험이 줄어든다. 배가 언제 돌아오느냐에 따라 다르지만 보통 1년 후에는 이익을 분배받았다. 그런데 이런 구조로 인해 또 다른 문제가 생겼다. 서로 다른 항해의 주주들이 서로 싸우기 시작한 것이다. 같은 회사라도 항해에 따라 이익이 달라지므로 주주끼리 협조할 필요가 없었다. 갈등이 발생하는 경우가 많았고 자신의 항해에 유리하도록 외국 상인과 이면거래를 한다든가 다른 항해에 관한 나쁜 소문을 퍼뜨려 새로운 주주의 참여를 방해하기도 했다.

저데인이 항해하는 동안 여섯 번째 항해의 선원들은 마을의 위쪽에, 여덟 번째 항해의 선원들은 아래쪽에 자리 잡고 서로 싸웠다. 그들은 창고에 보관한 물건이 자기 것이라고 주장하면서 귀국할 때 더 많은 이익을 가져가기 위해 갈라져 싸우고 있었다. 그가 상륙해서 양측을 중재하는 과정에서 총칼을 이용한 다툼이 발생하기는 했지만, 다행히 아무도 다친 사람 없이 합의에 도달했다. 그러나 저데인과 선원들은 한 가지를 깨달았다. 바로 이런 식의 주식 운영은 문제가 많다는 것이었다.[4]

1614년 동인도회사는 개별 항해 시스템을 버리고 공동출자[joint stock] 시스템을 채택해 주주들이 회사 일부가 아니라 전체를 소유하도록 했다. 그러자 동인도회사의 부는 순식간에 증가해서 그다음 두 세기 동안 전 세계에서 가장 부유하고 막강한 기업의 지위를 누렸다. 또한 시끌벅적한 주식거래 골목이 생겨 골목 안 커피숍에서는 주가를 게시했고, 주식중개인과 은행 등이 등장하면서 런던 금융시장이 생기는 계기가 되었다. 이 모두는 존 저데인의 이야기처럼 과감하게 집에서 수천 킬로미터 떨어진 곳으로 모험을 떠나 때론 실수를 저지르고 공포와 탐욕과 싸워가며 어떤 것이 자본주의에 가장 잘 맞는지를 몸으로 배운 덕분이다.

◆ ◆ ◆

오늘날 주식은 우리 생활에 너무나 중요해서 그것이 없는 세계는 상상하기 힘들 정도다. 신문이나 케이블 뉴스 채널에는 매일매일 주가의 오르내림과 기업공개 또는 상장지수 펀드, 경기의 호황과 불황 등에 대한 보도가 끊이지 않는다. 수천 명에 달하는 투자회사 직원들과 헤지펀드 종사자들은 주식을 사고팔면서 생계를 유지한다. 노동자들은 어렵게 번 돈을 연금펀드에 투자하거나 주식시장에 투자하면서 언젠가는 그 투자가 은퇴 후의 편안한 노후를 보장해주리라 기대한다. 주식에는 우리의 희망과 꿈이 담겨 있다.

주식은 기업에 의해, 그리고 기업을 위해 탄생한 단순한 개념이다. 주식은 소유권에 대한 지분을 나타낸다. 어떤 기업의 주식이 100주인데 어떤 사람이 그중 50주를 보유하고 있다면 그 회사 소유권의 절반을 가지고 있는 셈이며, 이는 소유자의 권리 절반을 갖고 있다는 뜻이기도 하다.

주주의 권리와 의무는 복잡한 법적 문제를 포함하고 있어 이를 다룬 논문들이 넘쳐나지만 우리는 두 가지만 기억하면 된다. 하나는 회사의 이익을 나눠가질 수 있는 경제적인 권리이며, 두 번째는 회사의 운영에 관해 결정하는 의결권이다. 이렇게 말하면 그저 평범하고 따분하게만 들릴 것이다.

그러나 주식에는 커다란 장점과 단점이 하나씩 있다. 장점은 주주가 유한책임만을 진다는 것인데 이는 엄청난 위력을 가진 조항이다. 한마디로 회사는 소유하지만 책임은 지지 않는다는 뜻이다. 애플이 만든 휴대전화에서 불이 나더라도 이에 대한 책임에서 자유로우며 애플이 저작권을 침해해도 피해자에게 배상할 책임이 없다는 뜻이다. 또한 애플이 채무를 상환하지 못하더라도 주주가 대신 상환할 필요가 없다는 의미다. 돈을 불릴 기회를 노리고 있는 자본가의 입장에서 보면 주식보다 더 매력적인 것은 없다. 책임은 없는 반면 모든 것을 누릴 수 있으니까.

정확히 말하면 모든 것은 아니더라도 상당 부분 누릴 수 있다. 주식회사의 가장 큰 단점은 소유와 경영이 분리되어 있다는 점이다. 주주들이 명목상의 소유권을 가지고 있기는 하지만 일상적인 경영은 문제의 그 이사진이 한다. 앞에서 주주들에게 회사 운영에 의결권이 있다고 했지만 완전히 그렇지는 않다. 주요 사항에 대한 의사결정권이 있기는 하지만 모든 것을 결정하지는 않는다. 사실 주주들은 1년에 한 번씩 있는 이사회 선출 시에만 의결권이 있을 뿐이다. 이사회 선출이 완료된 다음에 주주가 할 일은 그저 뒤로 물러나 초조하게 엄지손가락을 문지르며 일 년 뒤를 기다리는 수밖에 없다. 당연히 그동안 회사의 실제 운영에 대해서는 간섭할 방법이 거의 없다. 사실 이 방식은 실제 민주주의 운영방식과 비슷하다. 우리가 민주주의에 대해 이야기할 때 국민에 의한 정부라고 흔히 표현하지만 실제로 오늘날 운용되는 민주주의는 정기적인 선거에 의해 선출된 대표에 의한 정부라고 할 수 있다. 이와 마찬가지로 기업의 주인이 주주라고 하지만 실제 주주의 권한은 매우 한정적이기 때문에 주주들이 한 번도 본 적 없고 존재하는지조차 모르는 전문경영인의 결정에 의지하는 수밖에 없다. 즉 주주들이 기업을 소유하고는 있지만 주주들은 기업과 관계가 별로 없다고 할 수 있다.

그렇다고 해서 주주들이 주식에 관심이 없다는 건 아니다. 오히려 주가에 대한 관심이 너무나 지나쳐 이런 집단적 망상의 효과를 설명하기 위해 효율적 시장 이론^{efficient markets theory}이라는 학설이 출현했을 정도다. 이 이론에 의하면 어떤 기업에 대해 얻을 수 있는 모든 정보는 주가에 반영되어 있다는 의미다. 이는 놀라운 개념으로서, 일부 정보도 아니고, 대부분의 정보도 아닌 모든 정보가 어떤 식으로든 즉시 주가에 투영되어 나타난다는 이야기다. 애플의 수익이 작년보다 높다고? 이미 주가에 반영되어 있다. 9월에 보다 크고 막강한 성능의 아이폰을 출시한다고? 이미 주가에 포함되어 있다. 팀 쿡이 오늘 아침에 머리가 아파 이메일에 답을 하지 않고 있다고? 이미 반영되어 있다. 이 이론의 가장 중요한 결과는 어떤 투자자도 미래에 주가가 올라갈지 내려갈지를 예측할 수 없다는 점이다. 의심할 여지 없이 투자자가 알고 있는 그 어떤 것도 정보에 포함되므로 다른 정보와 마찬가지로 이미 주가에 고려되어 있다는 것이다. 이 이론에 반대하는 사람들도 많다. 모든 정보를 반영하기는 불가능하다고 주장하는 사람도 있고 그렇게 빨리 정보가 반영될 수 없다는 사람들도 있다. 어떤 학자들은 주가는 희망과 공포 또는 편향성 같은 다른 요소로 인해 등락이 결정된다며 이는 이성적인 정보 유포와 별 관계가 없다고 생각한다. 그러나 이런 이론이 존재하며 경제학자들로부터 폭넓게 인정받는다는 사실이야말로 우리의 사고에 주식이 미치는 영향력을 여실히 보여주는 증거라고 생각한다. 주식시장이야말로 모든 것을 보고 모든 것을 알고 자본주의를 감시하는 존재인 것이다.

주식이 우리에게 미치는 영향은 매우 중요하지만 그 결과는 예측 불가능하다. 자본주의를 운용하기 위해서는 주식과 주식시장이 꼭 필요하다고 생각하기 쉽다. 그러나 우리는 논리가 아니라 경험을 통해 현재와 같은 시스템을 가지게 되었다. 우리가 어떻게 여기까지 왔는지를 가장 잘 이해할 수 있는 방법은 어떤 독특한 주식회사의 일생을 들여다보는 것이다. 이 회사는 그 어떤 조직보다 인류에게 미친 영향이 컸으며 여러 국가의 운명을 좌지우지했다. 바로 동인도회사다.

런던 필포트 골목에서 몇 명의 상인이 만든 조합이 "가장 위대했던 상인들의 단체"로 성장한 이야기는 기업의 역사에서 가장 주목할 만한 사건이다. 1600년에 설립되어 1874년에 해체될 때까지 동인도회사는 전 세계 모든 사람의 생활과 긴밀하게 연관되어 있었다. 영국인들이 차를 마시게 된 것도 동인도회사가 수입한 차 덕분이었다. 자유의 아들들[Sons of Liberty]이라는 단체가 보스턴 차 사건을 일으켜 바다에 내버린 차도 동인도회사의 차였다. 중국에서 아편전쟁을 발생시킨 아편 역시 동인도회사의 아편이었다. 막 태어난 런던 주식시장의 불황과 호황을 결정했던 주식도 동인도회사의 주식이었으며, 익스체인지 앨리에 우후죽순으로 생겨난 커피숍에서 마시던 커피 역시 동인도회사가 수입한 커피였다. 뱅골 지역을 점령해서 100년 이상 인도를 지배하도록 한 것도 동인도회사 소속 군인들이었다. 애덤 스미스, 카를 마르크스, 나폴레옹 보나파르트 같은 사상가들이 책을 쓰게 된 동기도 이 회사가 일으켰던 문제와 스캔들 때문이었다. 어지러울 정도로 급격히 성장했던 동인도회사에 대해 에드먼드 버크만큼 정확히 표현한 역사가도 없었다. "동인도회사의 시작은 상업이었지만 끝은 제국이었다."[5]

공식적으로 동인도회사의 역사는 1600년의 마지막 날 엘리자베스 1세 여왕이 "동인도제도에서 무역하는 런던 상인들의 조합"에 허가권을 부여한 날부터 시작되지만, 사실 이 회사의 뿌리는 대항해시대 초기까지 거슬러 올라간다. 1498년 포르투갈의 탐험가 바스쿠 다 가마는 아프리카 최남단의 희망봉을 돌아 인도의 해변에 도착한 뒤 "기독교인과 향신료를 찾으러 왔다"라고 선언했다. 이 항해는 유럽 역사의 새로운 장을 연 사건으로서 이때부터 탐험가들이 부를 찾아 바다 건너 전 세계를 탐험하기 시작했다. 포르투갈은 동양과의 무역을 통해 후추, 육두구, 정향 등 진기한 상품을 유럽 시장으로 수입하면서 16세기 내내 무역의 강자로 자리잡았다.[6]

영국의 상인들은 향신료 무역이 돈이 된다는 것은 알았지만 정확히 어느 정도 수입이 가능한지 1587년 포르투갈의 무역독점권이 깨질 때까지 알지 못했다. 당시 정부가 지원한 해적이었던 프랜시스 드레이크^{Francis Drake}는 스페인 해안을 약탈하고 펠리페 2세의 무적함대를 무력화시키려 하고 있었다. 5월에 드레이크는 카디스만을 습격해 정박해 있던 무적함대의 상당수를 격침했고 이 사건을 "스페인 왕의 수염 그슬리기"라고 놀렸다.

영국으로 귀환 도중 드레이크는 포르투갈 상선 상필리프호^{São Filipe}가 인도에서 엄청난 보물을 싣고 돌아오고 있다는 소문을 듣고 이 배를 추적하기로 결심한다. 모잠비크에서 겨울을 나고 다시 리스본으로 출발했다는 보고를 받은 드레이크는 아조레스 제도를 수색하기 시작했다. 운이 좋았는지 상미겔섬 근처를 항해하다 상필리프호를 발견하고 추격하여 나포했다. 그리고 이 배를 영국의 플리머스항으로 끌고 와 배에 실린 화물을 조사했다. 그 엄청난 리스트는 오늘날까지 내려오는데 옥양목, 퀼트, 호박단, 비단, 인디고 나무, 후추, 계피, 정향, 육두구 껍질, 도자기, 초석, 밀랍, 육두구, 상아까지 매우 다양했다. 보물상자 안에서는 더욱 진귀한 물건들이 나왔다. 금목걸이와 팔찌, 다이아몬드, 루비, 수정벨트, 진주반지, 혈석 등이었다. 드레이크는 보물상자를 별도로 운반해 "여왕 폐하께 직접 전달했다". 상필리프호에 실려 있던 상품의 총가치는 10만 8,049파운드로서 오늘날 화폐가치로 약 2,500만 달러에 해당한다.[7]

드레이크가 벌인 이 사건은 런던의 상인들에게 충격을 주었다. 역사가이자 학자인 리처드 해클루트^{Richard Hakluyt}는 이렇게 묘사했다. "포르투갈 무장 상선의 나포는 영국 사회에 두 가지 특별한 충격을 주었다. 첫째, 무장 상선이 쉽게 잡을 수 있는 벌레 같은 존재가 아니라는 점이고 둘째, 동인도에 숨어 있는 엄청난 부와 보물에 대해 아주 구체적으로 깨닫게 되었다는 점이다. 이로 인해 항해에 능하면서도 포르투갈 선원 못지않게 용감한 영국 및 네덜란드 사람들도 동인도에서 나오는 보물을 쟁취하러 나섰다."[8]

동인도에서 엄청난 이익을 얻을 수 있다는 것이 알려지자 런던의 상인 몇 명이 모여 동인도제도에서 무역하는 런던 상인들의 조합이라는 새로운 회사에 대한 허가권을 엘리자베스 여왕에게 요청했다. 당시는 군주 또는 의회에 청원해야만 회사를 설립할 수 있었다. 엄밀히 말하면 허가권이 아니라 독점권이었다. 여왕은 1600년 12월 31일 저녁에 이를 허가하고 218명의 상인들을 "명목상, 실제상 하나의 통일된 법인"으로 인정했으며 이들에게 영국과 동인도 지역의 무역 독점권을 부여했다. 이 권리로 인해 동인도회사는 동인도 지역을 포함해 희망봉 동쪽부터 남미대륙 최남단의 마젤란 해협 서쪽까지 아시아와 아프리카의 모든 국가와 항구, 섬, 피난지, 도시, 하천, 마을과의 독점 교역권을 얻게 되었다. 한마디로 동인도회사는 아프리카 최남단의 희망봉 동쪽부터 남미대륙 최남단의 마젤란 해협 서쪽에 위치한 모든 국가와의 독점무역권을 얻은 것이다. 서명 하나로 200명의 런던 사람들이 지구상 거의 모든 지역의 무역권을 획득했다.

이 엄청난 특혜의 대가로 동인도회사는 잉글랜드를 위대하게 만드는 데 일조하도록 명문화되었다. "잉글랜드의 영광과 해양 영토의 확장 그리고 상품교역의 활성화"를 위해 여왕이 상인들에게 허락한다고 되어 있다. 이 둘의 유대 관계는 동인도회사의 상징에도 잘 나타나 있다. 동인도회사의 로고에는 두 마리의 황금사자가 잉글랜드 국기를 휘날리는 세 척의 배를 받들고 있으며 밑에는 "신이 우리를 이끄는데 그 누가 막을쏘냐"라는 글이 적혀 있다. 이처럼 명백한 연관관계에 대해 윌리엄 블랙스톤은 그의 저서 《영국법 주해》에서 동인도회사는 "국민의 이익을 위해 설립되었다"라고 기술했다.[9]

동인도회사를 설립한 사람들의 출신은 다양했다. 초대 총독을 지낸 토머스 스미스Thomas Smythe는 비단과 벨벳 무역으로 큰돈을 벌고 정치에 입문해서 런던시의 장관을 지냈으며 필포드레인에 있던 그의 집은 회사 설립 초기에 비공식적인 본사 사무실로 이용되기도 했다. 부유한 선주였던 존 와츠John Watts는 스페인 무적함대를 무찔러 주잉글랜드 스페인대사로부터 "잉글랜드 최고의 해적"이라는 말을 듣기도 했다. 에드워드 미셸본Edward Michelborne이라는 사람은 군인이자 탐험가로서 동인도회사가 나서는 첫 항해의 총사령관이 되기를 간절히 희망했지만 거절당하자 경쟁회사를 설립하여 "조합원으로서의 자유와 특권을 박탈당했으며 이로 인해 어떤 이익이나 혜택도 받지 못하게 되었다". 이들 외에도 다양한 배경의 상인들과 무역업자들이 많았다.[10]

설립한 지 얼마 되지 않아 이 신생 회사는 새로 '획득'한 영토를 탐험하러 나섰다. 독점권을 받은 지 불과 한 달 반 만인 1601년 2월 13일에 동인도제도, 구체적으로는 인도네시아의 후추가 많이 난다고 알려진 지역을 향해 첫 배를 출항시켰다. 이 배의 모험은 마치 조너선 스위프트Jonathan Swift의 소설에 나오는 이야기 같다. 선단은 헥토르호, 수잔호, 어센션호, 레드 드래건호(원래는 '악의 저주'라는 이름이었으나 상선의 이름으로는 어울리지 않는다는 지적에 따라 개명) 등 네 척의 배로 구성되었다. 이들 배에는 480명의 선원과 무려 38문의 대포가 장착되어 있었다. 선단의 총책임자는 토머스 랭커스터Thomas Lancaster로서 그는 괴혈병을 예방하기 위해 레몬주스를 레드 드래건호에 실을 정도로 경험 많은 선장이었지만 다른 배들은 그렇지 못했다. 그 결과 이들이 희망봉에 도착했을 때 이미 100여 명의 선원이 사망했고 나머지 선원들 상당수 역시 건강이 안 좋은 상태였다.

결국 선단은 휴식을 취하고 건강을 회복하기 위해 남아프리카의 살다나만에 잠시 정박해서 원주민들에게 물건을 주고 식량을 구하려 했다.

이 사건에 대해 우리가 가진 정보는 영국 측의 이야기에 한정되어 있고 이런 경우가 늘 그렇듯 무지와 편견으로 가득 찰 수밖에 없다. 아마도 전부터 그 지역에 살았던 목축민인 코이코이족을 만났던 것 같다. 한 선원은 일기장에 "이곳 원주민들은 황갈색 피부에 키는 별로 크지 않은데 발이 빨랐으며 좀도둑질에 능했다. 이들은 말할 때 목구멍으로만 소리를 내고 혀를 너무 빨리 움직이기 때문에 선원 중 아무리 언어에 재능 있는 사람이라도 여기 머물렀던 7주 동안 단 한마디의 말도 배울 수 없었다"라고 썼다. 해결 방법을 찾기는 했다. "선장이 바벨탑 사건 이후 사라졌던 가축의 언어로 원주민과 소통했다. 이 언어로 소는 '모아스'였고 양은 '바'라고 했는데 원주민들은 어떤 통역도 필요 없이 바로 이해했다." 그곳에서 몇 주간 푹 쉰 후 다시 출발하여 1602년 6월 5일 영국을 떠난 지 16개월 만에 마침내 인도네시아의 아체^{Aceh}에 도착했다.[11]

아체의 술탄 알라우딘 샤$^{Ala-uddin\ Shah}$는 화려한 반주 속에 코끼리를 타고 나타나 성대한 만찬을 베풀었으며 호랑이가 싸우는 장면을 보여주기도 하였다. 선단은 이곳에서 후추, 정향, 육두구 등의 향신료를 구입했고 자바섬과 향신료 제도에 소위 '공장', 즉 무역 전초기지를 설립하기도 했다. 인도에서부터 직물을 잔뜩 실은 포르투갈 상선이 인근 해역을 지나간다는 것을 듣고는 이 배를 나포하러 출동하기도 했다. 이 소식을 들을 술탄은 다음에 올 때는 "아름다운 포르투갈 처녀"를 바치라고 요구했으나 랭커스터 선장은 "진상할 만큼 가치 있는 처녀가 없다"라며 정중하게 거절했다. 레드 드래건호는 방향타를 분실하고 희망봉 앞바다에서 거친 파도에 침몰 위기를 겪는 등 온갖 어려움을 겪고 출발한 지 2년 6개월 만인 1603년 9월 11일에 마침내 영국으로 귀환했다. 480명의 선원 중 182명이 사망하는 엄청난 대가를 치렀지만 이익도 커서 투자자들의 수익률은 모두 합해 300퍼센트에 달했다.[12]

순조로운 출발을 보이자 회사는 그 뒤로 더 많은 배를 동인도제도로 보내 이익 증대를 꾀했다. 레드 드래건호는 1607년에 시에라리온 앞바다 에서 셰익스피어의 〈햄릿〉 공연의 함상무대가 되기도 하는 등 1619년 네 덜란드 해군에 의해 침몰할 때까지 총 다섯 번의 항해에 참여했다. 동인 도제도와의 무역은 전반적으로 수익성이 높았다. 현지에서 낮은 가격으 로 구입해서 런던에서 구입 가격의 몇 배에 팔 수 있었다. 예를 들어 반다 섬에서는 육두구 5킬로그램을 반페니에, 그리고 육두구 껍질 5킬로그램 은 5펜스에 구입할 수 있지만 런던으로 가져오면 각각 1.6파운드와 16파 운드에 팔리니 수익률이 무려 3만 2,000퍼센트였다. 초기 투자자들은 꾸 준히 돈을 벌었다. 1601년부터 1612년 사이 자본수익률은 155퍼센트였 다. 3차 항해로 들어온 정향의 수익률은 200퍼센트를 넘기도 했다. 1613 년부터 1616년 사이의 수익률은 87퍼센트였다.[13]

그러나 향신료 무역에는 네덜란드 동인도회사라는 보다 막강하고 악 랄한 경쟁자가 항상 훼방을 놓았다. 이들은 영국보다 앞선 1596년에 동 인도제도에 진출해서 뒤에 들어온 영국 동인도회사를 배제하고 기회가 있을 때마다 교역을 방해하는 등 격렬하게 관할구역을 방어했다. 이들의 교역방식은 대놓고 폭력적이었다. 1614년 얀 피터스존 쿤[Jan Pieterszoon Coen] 총독은 회사의 운영방식에 대해 다음과 같은 문서를 본국의 이사회로 보 냈다. "전쟁 없이는 무역이 없고 무역 없이는 전쟁도 없다." 하지만 영국 동인도회사는 이런 막무가내식의 경쟁에 익숙하지 않아 네덜란드와의 싸움에서 지는 경우가 많았다. 마지막으로 결정적인 사건은 1623년에 발생했다. 현재의 인도네시아 지역인 암본^{Ambon}의 네덜란드 동인도회사에 고용되어 있던 일본 낭인(주군 없는 사무라이)이 네덜란드 측에 알려주기를, 영국 상인들이 네덜란드의 무역기지를 공격하려 한다는 것이었다. 네덜란드가 선수를 쳐 영국 동인도회사 직원 10명을 붙잡아 고문한 뒤 학살한 이 암본 학살사건은 영국 동인도회사에 일종의 경고 역할을 했다. 회사는 어쩔 수 없이, 네덜란드에 반격할 별다른 방법이 없으며 향신료 무역 전쟁에서 승리할 가능성이 거의 없다는 결론을 내렸다.[14]

그러나 동인도회사는 이에 굴하지 않고 잠재성이 더 크다고 판단한 새로운 지역인 인도로 눈을 돌린다. 무굴제국은 모직산업을 크게 발전시켜 세계 최고 수준의 비단과 옥양목, 면직물 등을 생산하고 있었고 황제는 적극적으로 외국 기업과 교역을 추진했다. 동인도회사는 신속히 수라트, 캘리컷, 뭄바이, 첸나이, 마술리파트남, 콜카타 등의 해안도시에 공장을 건설했다. 1620년에 수라트에서 영국으로 수출하는 옷감은 22만 점이었지만 1684년에는 176만 점으로 대폭 늘었다.[15]

인도로부터 갑자기 많은 제품들이 쏟아 들어오자 영국 사회에는 언어부터 패션, 정치에까지 많은 변화가 생겼다. 반다나^{bandana}, 캘리코^{calico}, 친즈^{chintz}, 던거리^{dungaree}, 시어서커^{seersucker}같이 인도어에서 온 제품명이 사용되기에 이른다. 인도 옥양목인 캘리코는 너무나 인기가 좋아 여왕도 입고 다닐 정도였다. 《로빈슨 크루소^{Robinson Crusoe}》의 저자이자 평소 영국 문화에 대해 날카로운 비평을 했던 대니얼 디포^{Daniel Defoe}는 당시 영국 사회에 나타난 현상을 다음과 같이 지적했다. "인도산 제품에 대한 사람들의 집착이 지나쳐 전에는 누비담요나 하층민 아이들의 옷감으로나 쓰던 옥양목마저 염색하여 애용할 정도며 심지어 귀부인조차 이것들을 착용한다.

유행의 힘이 너무나 대단해서 전에는 하녀들이나 입던 인도 제품을 이제는 지위가 높은 사람들도 입고 다닌다." 존 블랜시 John Blanch 는 인도산 제품이 "여자 몸으로는 견뎌낼 수 없다"라며 "우리 여성들을 인도인의 통제로부터 구해내자"라고 촉구했다. 이런 사례에서 알 수 있듯 모든 사람이 동인도회사의 사업을 지지한 것은 아니었다. 특히 영국 모직업계의 반대가 가장 심해서 이 분야 노동자들은 인도산 고급직물의 수입으로 일자리를 잃을까 우려했다. 방직공, 직조공, 염색공 그리고 양치기들은 연합하여 동인도회사가 국내 모직산업의 기반을 약화하고 일자리를 빼앗는다며 비난했다. 17세기 후반 내내 정치적 압력이 지속되다가 1696년에 인도로부터 비단과 옥양목의 수입을 금지하는 법안이 하원에서 발의되었다. 하지만 상원에서 부결되자 분노한 수천 명의 런던 직조공들이 웨스트민스터까지 항의 행진을 하였다. 이 과정에서 시위대가 동인도회사의 정문을 부수고 부총독의 관사를 약탈하자 다른 관리들의 집을 보호하기 위해 경찰을 동원해야 했다. 결국 직조공이 승리해서 1700년 의회는 옥양목의 수입을 금지하는 새로운 캘리코법 Calico Act 을 제정했다.[16]

급격히 사세를 확장하면서 동인도회사는 고대 로마의 소치에타테스 푸블리카노룸과 피렌체의 메디치 은행이 개척했던 기업 활성화의 요인들을 재발견했다. 전 세계 거의 모든 지역을 망라하는 거대한 상업제국이지만 런던의 본사에서 소수의 인원이 운영하기 때문에 각 지역에 퍼져 있는 직원들이 회사의 이익을 위해 열심히 일할 수 있도록 견제와 균형 시스템이 필요했다. 이사회는 이스트인디아 하우스 East India House 라고 명명한 런던 본사에서 정기적인 회동을 가졌으며 해외 주요 거점에 관리자와 직원들을 파견해 방만한 운영을 감시하도록 했다. 또한 종합적인 회계장부 기록 시스템을 개발해 창고에 보관된 상품의 자세한 거래원장과 계약 조건을 기록하도록 했다. 당시가 17세기였다는 것을 감안할 때 이는 매우 앞선 운영방식이었다.

그러나 동인도회사가 이룬 혁신 중 가장 중요한 것은 주식에 대한 생각을 바꾼 것이다. 동인도회사가 영국 최초의 주식회사는 아니지만(가장 오래된 주식회사는 1550년대에 출현했다) 가장 성공한 주식회사였던 것은 확실하다. 주식회사는 일반적인 합자회사와 비교할 때 세 가지 장점이 있다. 첫째, 투자자들에게는 유한책임만 있기 때문에 회사가 발생시킨 손실에 대한 책임이 없었다. 둘째, 누구나 자유롭게 주식을 사고팔 수 있으므로 많은 사람으로부터 자금을 조달할 수 있다. 마지막으로 자금조달 방식이 안정적이기 때문에 회사가 오랫동안 존재할 수 있다. 이 세 가지 특징 모두 동인도회사에 필수적인 조건이었다. 동인도 지역으로 항해할 선박을 준비하고 보급품을 공급하는 데 막대한 초기 자금이 필요하지만 2년 또는 그 이상 동안 아무런 수익을 돌려받지 못할 수도 있다. 이런 이유로 여왕에게 제출한 초기 회사 설립을 위한 요청서에는 "이렇게 먼 오지에서 이루어지는 교역은 주식회사 형태가 아니면 관리가 불가능합니다"라고 명시해놓았다.[17]

'주식회사'의 개념이 동인도회사에 확실히 매력적인 것은 사실이었지만 이를 실제로 구현하는 데는 꽤 많은 시간이 필요해서 여러 시행착오와 소란스러운 사건들을 겪어야 했다. 한 예가 앞선 존 저데인과 선원들의 이야기다. 또 다른 문제는 주주와 경영진의 관계를 어떤 식으로 정립하느냐의 문제였다. 주주들이 회사를 소유한 것은 맞다(이는 주주회의를 원래

기업의 세계사

'소유자들의 모임'이라고 했다는 사실로부터도 명확히 알 수 있다). 그러나 일반적으로 주주들은 경영에 관여하지 않았다. 대신 이사들의 모임, 즉 '위원회(이사회가 아니라 위원들의 모임)'에 경영을 위임했는데 여기에는 근본적인 문제가 있다. 매일매일 업무와 관련된 결정은 경영자들이 하지만 이로부터 파생되는 이익의 대부분은 주주들에게 돌아가는 구조였다. 그렇다면 주주들은 경영자들이 열심히 맡은 바 소임을 다하고 자신들의 재산을 충실히 불리는지 어떻게 확신할 수 있을까? 반대로 경영자들은 자신들의 노력에 합당한 보상을 받을지 어떻게 확신할 수 있을까?

처음에는 독특한 방식으로 이 갈등을 해소했다. 일반적으로 500파운드 이상의 주식을 가진 주주에게는 이사를 선출할 권한이 있었다. 500파운드나 1,000파운드나 1만 파운드나 행사할 수 있는 표는 단 하나였다. 그러면 예상하듯이 500파운드 단위로 주식을 나누어 친구나 가족 또는 동료의 이름으로 구매해서 투표에서 자신을 영향력을 최대로 키우는 것이 가능했다. 반면에 위원회의 위원들은 24명의 이사로 구성되어 있으며 이들은 최저 2,000파운드 이상의 주식을 가진 대주주 중에서 선발되었다. 이사들은 총독(사실상 이사회 의장)을 선출했다. 동인도회사가 커지면서 이사들은 회사뿐 아니라 영국 사회 전체에 엄청난 영향력을 갖게 된다. 이들의 후원 여부에 따라 한 집안의 운명이 좌지우지될 정도였고 이를 이용해 친구나 동료 또는 친척에게 도움을 주었다. 부정부패로 연결되는 것을 막기 위해 4년 연임까지만 가능했고 그 기간이 끝나면 최소 1년은 이사가 될 수 없었다.

특이해 보이기는 하지만 이 방식은 주주들의 불안을 해소하는 데 큰 도움이 되었고 동인도회사의 이사들은 매우 질서정연하게 회사를 이끌어나갔다. 통상적으로 리든홀가에 있는 본사 건물에서 매주 수요일에 주간 회의가 열렸다. 회의를 주관하는 의장은 통신, 재무, 재고관리, 회계 등의 분야별 이사에게 주요 현안을 분배했다.

이사진에서 구체적인 대응 전략을 수립하면 해외 지사에 서한을 보내 구체적으로 어떤 물품을 어느 가격으로 구매할지를 지시했다. 각 무역기지, 이른바 '공장'에는 본사의 지시를 수행하는 지사장이 있었다. 하지만 본사의 지침을 이행하는 것은 전적으로 지사장의 재량에 맡겼으며, 하기에 따라서는 막대한 개인 재산을 축적하는 것도 가능했다. 1687년부터 1692년까지 첸나이 지사장을 지낸 엘리후 예일Elihu Yale은 수상한 거래를 통해 회사보다는 자신의 개인 재산을 축적했다. 노예무역에 관여했다는 소문도 있었고 회사의 공금을 이용해 개인적인 투자를 하기도 했다. 결국 그는 해임되었으나 이미 상당한 재산을 모은 뒤였다. 런던으로 돌아올 때는 엄청난 재력을 보유한 상태였다. 1718년에는 얼마 전 뉴헤이븐에 설립된 대학에 많은 책을 기증했고, 이를 기려 대학 이름이 예일대학교로 바뀌었다.

해외 지사의 부정행위를 방지하기 위해 동인도회사는 모든 거래를 꼼꼼하게 기록하라는 지침을 내렸다. 지사장은 통상적으로 여섯 명에서 아홉 명으로 고위 경영진에 해당하는 위원회를 만들어 경영에 관한 의논을 했다. 첸나이 지사는 열대지방의 뜨거운 한낮의 열기를 피해 정확히 매주 수요일 오전 6시에 회의를 실시했다. 위원회의 결정사항은 〈업무일지 및 회의록〉이라는 제목으로 회사의 기록물에 보관되어 런던의 이사들이 정기적으로 열람하도록 되어 있었다. 이 회의록은 본사에서 지사를 파악하는 데 도움이 될 뿐 아니라 해외 생활에 관심이 있는 사람에게 커다란 도움이 되는 자료였다. 지사로 보내는 통신문에는 거침이 없었다. 1718년 본사의 이사회는 첸나이 지사로 보낸 서한에서 회사의 간부들이 공적인 회식 자리에서 술을 너무 많이 먹는다고 비난했다. "버튼 맥주를 사려고 금화 아홉 개를 주었다는 것은 생각만 해도 여러분 모두가 얼굴을 붉힐 만한 사치스러운 일입니다. 그렇게 높은 가격으로 음주를 즐기고 싶다면 회사 비용이 아닌 개인 비용으로 처리하기 바랍니다." 벵골 사무소로 보낸 또 다른 편지는 기록의 미흡함을 이렇게 지적하고 있다.

지난 몇 년간 쓸데없는 항목이 많이 늘어 경비지출대장의 양이 엄청나게 늘어났습니다. 게다가 직원의 편의를 위해 항목을 마음대로 신설하면서 더욱 복잡하고 혼란스럽게 변했습니다. 비열한 방식으로 내용을 복사하고 항목을 삭제하였으며 기록을 생략했고 갖가지 변칙을 적용한 것을 보고 우리는 당사자와 이를 검토하고 결재한 직원에게 분노하지 않을 수 없습니다. 또한 수법이 악랄하여 여러 곳에서 도저히 읽기 어려운 부분도 많았습니다. 인덱스가 생략된 경우도 많았으며 장부는 정확하게 기록되지 않았고 본사로 전달되지 않았습니다. 한마디로 벵골 지사의 업무처리는 너무나 엉망이고 태만해서 우리를 믿고 거래하는 기업조차 이를 수치스러워할 정도입니다. 지사장과 위원들은 질서를 정립하고 올바른 업무처리 방식을 수립하여 직원들의 모범이 되어야 할 것입니다. 직원들에게는 회사의 지시에 순종하고 맡은 바 업무를 충실히 이행하도록 교육을 시켜야 합니다. 태만한 근무 태도에는 경고를 주고 그래도 변하지 않으면 본사에서 만족할 만한 수준으로 해임조치를 해야 할 것입니다.[18]

그러나 수천 킬로미터 밖에 있는 직원들의 행동을 감시하기는 쉽지 않았고 온갖 종류의 비리와 부패가 발생하여 현지인들의 원망을 사고 본사의 이미지에도 좋지 않은 영향을 주었다. 인도의 세인트 조지 요새에 파견 나갔던 목사는 1676년 이사회에 편지를 보내 동인도회사 직원들의 막돼먹은 언행을 지적하고 도움을 요청했다. "하느님의 이름이 얼마나 더럽혀지고 모욕적인 대우를 받는지 안다면 그리고 고용된 현지 직원들이 얼마나 기독교를 비난하는지 안다면 눈에서 홍수처럼 눈물이 쏟아질 것입니다." 그는 해외 파견직원들의 수준을 높여달라고 적극적으로 호소한다.

> 이곳에는 수천 명의 살인자와 도둑, 가짜 기독교인이 판치며 독신이라고 주장하지만 영국에 부인을 두고 여기에서 다른 여자와 간통을 저질러 결혼하는 사람들도 많고 어떤 사람들은 부부라면서 건너왔지만 결혼한 사이가 아닌 것으로 보이는 경우도 많습니다. 또한 기독교인이라고 하지만 행실은 전혀 그렇지 않아 술을 마시고 카드놀이를 하고 술내기 놀음을 하며 나중에는 술을 너무 많이 마셔 짐승보다 못한 꼴을 보이기도 합니다. 다른 사람들에게 억지로 술을 먹여 인사불성이 되도록 한 다음 옷을 벗겨 나체 상태로 숙소까지 끌고 가는 것을 무슨 자랑으로 여기기도 합니다.[19]

직원들의 행실을 바로잡기 위해 동인도회사는 해외 지사에 엄격한 계급체계를 도입해서 품행이 좋은 직원에게는 급여를 인상해주고 더 많은 책임을 부여해서 승진시키는 제도를 시행했다. 신입사원은 '라이터^{writer'}(사실상 서기)라고 불렸으며 5년 후에는 팩터^{factor}로 승진할 수 있다. 다시 3년이 지나면 머천트^{merchant}가 될 수 있으며 운이 좋으면 위원회의 위원이 되거나 지사장까지도 오를 수 있다. 1764년에는 일종의 윤리규범을 만들어 일정 금액 이상의 선물 수수를 금지하기도 했다.[20]

점차 시간이 지나면서 동인도회사의 성장에 이런 계급체계와 조직화가 커다란 도움이 되었다는 것이 명확해졌다. 동인도회사는 꾸준히 사업 영역을 확장해 지구상에 존재하는 모든 것을 교역대상으로 삼았다. 후추, 계피, 육두구 같은 향신료 무역에서 시작했지만 시어서커, 비단, 캘리코 등 인도산 직물에까지 손을 대 영국의 패션산업과 영국인의 스타일을 완전히 변화시켰다. 얼마 뒤에는 차를 수입하기 시작해 1750년대에는 연 300만 파운드의 차를 들여오기도 했다(차 상인으로 유명했던 토머스 트와이닝^{Thomas Twining}도 한때 이 회사의 직원이었다). 그다음으로는 화약의 주원료인 초석과 커피도 수입하기 시작했다. 또한 노예무역에도 관여해 3,000여 명의 노예를 고아^{Goa}부터 세인트헬레나까지 실어 나르기도 했다. 이렇게 다양한 제품을 교역하기 위해서는 전 세계 곳곳에 방대한 조직을 구성해야 했다. 최초의 공장은 자바섬과 향신료 제도에 설치했으며 1700년대 초에는 인도 해안을 따라 여러 곳에 무역기지를 설치했다. 또한 일본, 중국, 싱가포르, 바스라(오늘날의 이라크 지역), 반다르아바스(현 이란 지역), 모카 등에 대표부를 두는 등 전 세계적으로 막강한 조직을 구축했다.[21]

한편 영국에서는 동인도회사로 인해 런던의 대표적인 기관인 증권거래소가 더욱 발전했다. 주식회사의 특징은 자본시장으로의 접근성, 즉 대중의 자본을 얼마나 유치할 수 있느냐로 결정된다. 이를 용이하게 하기 위해서는 대중이 주식을 쉽게 구매할 수 있어야 하는데 바로 그 역할을 증권거래소가 가장 잘할 수 있었다. 동인도회사 설립 초기에 주식거래는 왕립증권거래소에서 이루어졌고, 거래소는 상업 및 무역 회사들이 밀집해 있는 콘힐 스트리트의 웅장한 건물 안에 있었다. 하지만 주식을 사려는 사람과 팔려는 사람을 연결하기 위해 새로 생겨난 중산층인 주식중개인들의 소란스러운 행동이 두드러지면서 실제 거래는 익스체인지 앨리에서 이루어졌다. 이 거리에는 또한 많은 커피숍이 있어서 중개인들은 카페인과 알코올이 주는 짜릿함을 즐기기도 했다(당시 커피숍에서는 술도 판매했다). 커피숍에는 중개인뿐 아니라 일반 런던 시민들도 모여들었고 오다가다 들러 커피를 마시고 신문을 읽으며 각종 경제 현안에 대한 토론을 벌이기도 했다. 그중에서도 조나단 커피숍이 가장 유명해서 런던 자본시장의 중심으로 명성을 얻었고 1698년부터는 그곳에 정기적으로 주가가 게시되었다. 국제금융의 중심지로서의 런던의 전성기가 시작된 것이다.[22]

주식거래가 활발해지면서 어두운 그림자도 생겨났으니 바로 주가조작 문제였다. 가장 악명이 높았던 사람은 1670년대부터 1690년대 사이에 동인도회사의 최대 주주로서 이사와 의장을 역임했던 조사이어 차일드였다. 그는 원래 왕립아프리카회사를 설립해서 노예무역을 하던 사람이었다. 동인도회사의 이사가 되자 혹독한 업무추진으로 명성이 자자했다. 첸나이 지사에 보낸 경고 편지에서 그의 업무 스타일을 읽을 수 있다. "지금 우리가 가장 힘들어하는 부분은 귀하가 구태의연한 방식을 탈피하지 못하고 본사의 간단하고 직접적인 지시를 회피하고 무시하며 곡해하고 지연시키는 등 지사가 아니라 동등한 사업 파트너처럼 행동한다는 점입니다." 그러면서 한편으로는 부하들에게 욕설을 퍼붓고 주가를 조작하는 데 뛰어난 능력을 보여주었다. 대니얼 디포는 거짓 소문을 퍼뜨린 다음 대량으로 주식을 사들이는 수법을 다음과 같이 설명했다.

> 조사이어 차일드의 기법을 잘 아는 사람들이라면 그가 개인적인 인맥을 동원해 동인도회사로부터 온 편지로 위장해서 인도에 도착해야 할 배가 침몰해서 싣고 간 상품이 모두 소실되었다거나 실제로는 평화로운 상태를 유지하고 있음에도 무굴제국과 전쟁이 벌어져 십만 명의 벵골인들이 무역기지를 공격했다는 등 거짓 소문을 퍼뜨린 것을 잘 알고 있을 것이다. 이런 소문은 꼭 그가 주가를 올리거나 폭락시킬 필요에 맞추어 유포되었고 이에 따라 그는 주식을 싸게 사거나 비싸게 팔았다.[23]

17세기 말이 되자 정부는 내부자거래와 주가조작이 만연하는 상황에 직면하여 〈상거래 실태 보고서〉를 발행해 현 상황이 매우 혼란스럽다고 비판하며 주식의 탄생을 그 원인으로 꼽았다. 1696년 영국 무역협회의 보고서는 아래와 같이 실태를 비판했다.

> 최근의 악랄한 주가조작 기법은 기업이 이익을 추구하도록 설계된 목적을 너무나 왜곡시키기 때문에 최초 구매자에게 허용된 특권이 아무런 소용이 없게 되고 기업의 상태에 관한 헛소문에 유혹된 무지한 투자자들에게 이익을 보고 넘길 수밖에 없도록 만든다. 따라서 맨 처음 기업을 창립한 사람들은 수익을 예상하고 덤벼든 투자자들

에게 실제 가치보다 훨씬 높은 가격에 주식을 팔아버리고 떠나므로 경험이 없는 사람들에게 회사의 운영은 넘어가고 설립 초기 매우 유망했던 회사는 점점 쪼그라들어 사라지고 만다.

주식을 거래하게 되면서 기업의 본질이 바뀌었다. 국가의 명예와 번영을 위해 노력하는 대신 밀실에 있는 도박장으로 변해 무지하고 순진한 사람들의 돈을 빼앗는 능숙한 사기의 장소가 되어버렸다. 그리고 공정한 게임을 감시해야 할 감독자는 어디에도 없었다.[24]

이토록 전 세계적인 네트워크를 갖추고 자금조달에 문제가 없는 기업에 철학이 없으니 지나친 욕심을 낼 수밖에 없었다. 남은 문제는 어느 방향으로 그 힘을 발휘할 것이냐인데 동인도회사는 정치로 방향을 잡았다. 회사의 규모가 점점 커지면서 영국 정부를 주권국가가 아니라 마치 설득하고 내 편으로 만들어야 할 무역 파트너로 취급하고 무시했다. 그 대표적인 예가 여기서 다시 언급되는 조사이어 차일드다. 그는 1600년대 말에 적극적으로 뇌물을 뿌려 영국 정부의 환심을 사려 했다. 당시만 해도 국회의원들이 대부분 주식을 보유하고 있었으므로 그는 이들이 거부하지 못할 것이라는 점을 잘 알고 있었다. 호레이스 월폴Horace Walpole은 후에 이렇게 기록했다. "익스체인지 앨리부터 동인도회사 본사까지 마치 개미들의 통로처럼 우글우글했다." 1681년 차일드가 동인도회사의 총독이 되자 그는 바로 찰스 2세에게 1만 기니를 갖다 바쳤고 그 후 7년간 이를 반복했다. 동인도회사의 정관을 개정하면서 정치인들에게 뇌물을 주어 자신에게 유리한 방향으로 추진했다. 이를 보고 한 심사관은 이렇게 비꼬았다. "회사는 존재하지만 영혼이 없다고들 한다. 영혼이 없으니 양심도 없다." 차일드는 정부의 규제를 무시했기 때문에 대놓고 직원들에게 위반해도 된다고 지시한 적도 많았다고 한다. 동인도 지역에서 누구에게나 동일한 무역권을 주어 동인도회사의 독점권을 없애려는 법안이 의회에서 통과되자 그는 인도 지사의 직원들에게 서한을 보내 그 법을 무시하라고 명령했다. "기업과 해외무역에 대한 규제는 말할 것도 없고 훌륭한 정부를 만드는 법률에 대해 아무것도 모르는 무지한 시골 노인들이 만든 말도 안 되는 법"을 지키지 말고 자신의 지시를 따르라고 명령한 것이다.[25]

그러나 차일드가 남긴 가장 큰 유산은 동인도회사를 무역과 금전거래가 주력사업인 상인들의 연합에서 발전시켜 전쟁과 권력이 주력인 기업국가company-state로 만들었다는 점이다. 동인도회사는 기업 초기부터 대포를 잔뜩 실은 상선이 첫 항해에서 포르투갈 상선을 나포하는 등 폭력이 연관되어 있기는 하지만 실제 전쟁으로 커지는 것은 원하지 않았다. 이것이 동인도회사의 공식적인 회사정책이었다. 초기 대표 중의 한 명이었던 토머스 로Thomas Roe가 만든 소위 로 독트린Roe Doctrine에 의거, 해외에 나간 직원에게 모든 군사적 행동에 참여하는 것을 금지했다. "해상무역이든 물물교환이든 이익을 추구하는 어떤 형태의 교역에서건 인도 내의 기지와 육상전쟁에 영향을 미치는 행위를 금지하는 것을 규칙으로 삼아야 합니다. 왜냐하면 전쟁과 교역은 양립할 수 없기 때문입니다"라고 로는 주장했다. 1681년까지도 회사의 경영진은 인도에 주재하는 모든 직원에게 "모든 전쟁은 우리의 정강뿐 아니라 이익과도 대치되기 때문에 전쟁을 회피할 것을 수없이 강조할 수밖에 없습니다"라는 서한을 보낼 정도였

다.[26]

그러나 차일드가 총독이 되면서 모든 것이 바뀌었다. 전략이라고 부르기도 뭣한 그의 주요 사업지침은 무슨 수를 쓰든 벵골 지역에서 군사적 우위를 확보하는 것이었다. 그렇게만 되면 현지 통치자와 외국 기업의 손아귀에서 벗어날 수 있을 거라고 믿었다. 세인트 조지 요새의 지사장에게 편지를 보내 자신의 계획을 설명하면서 차일드는 동인도회사가 '단순한 무역회사'에서 탈피해 '막강한 군벌 세력'으로 성장해야 한다고 주장했다. 그의 목표는 "민간 및 군사 권력을 동시에 가진 정치조직을 만들고 육성하여 엄청난 수익은 물론이고 향후 인도에서 확실하고 우월한 영국의 입지를 구축하는 것"이었다.[27]

이를 위해 차일드는 1686년 전함과 병력을 인도로 보내 무굴제국과 전쟁을 벌였으나 차일드의 전쟁으로 알려진 이 해전에서 영국군은 비참할 정도로 완패한다. 19척의 전함과 600명의 병력은 400만 명으로 추산되는 무굴제국의 군대와 상대가 되지 않았다. 무굴 황제는 이 기회를 이용해 재빨리 허글리, 파트나, 카심바자, 마술리파트남, 비자가파탐에 있는 기지를 점령하고 뭄바이 공장을 포위했다. 동인도회사는 손실을 최소화하기 위해 갑자기 방향을 선회해 황제에게 용서를 구하고 교역권을 다시 돌려줄 것을 요청했다. 역사가인 윌리엄 윌슨 헌터^{William Wilson Hunter}는 이 일을 나중에 이렇게 묘사했다. "지리적 거리를 고려하지 않고 상대방에 대한 이해가 전혀 없는 상태에서 마련된 이 계획 중 단 한 가지도 제대로 이루어진 것이 없었다."[28]

그러나 인도 대륙을 정치적으로 지배한다는 생각이 본사 이사들의 뇌리에 박힌 이상 이는 쉽게 사라지지 않았다. 1700년대에는 인도에 회사

소속 군인들의 수가 서서히 늘어나기 시작하더니 1742년이 되자 첸나이에만 총 1,200명의 병력이 주둔했다. 무굴제국이 쇠약해지는 데 반해 회사의 군사력은 커지자 점차 힘의 균형이 바뀌기 시작했다. 1756년에 무굴제국의 새로운 황제가 동인도회사와 갈등을 겪을 때쯤에는 군사력이 거의 비슷해졌다.[29]

분쟁은 동인도회사의 인도 진출 중심지였던 벵골 지역에서 시작했다. 이곳은 영국에서 인기가 좋은 모슬린과 옥양목의 주산지로서 1720년에는 동인도회사 수입액의 절반 이상이 이 지역 특산물일 정도로 중요한 지역이었다. 동인도회사와 벵골 정부 사이는 원래도 별로 좋지 않았지만 1756년 시라지 우드 다울라^{Siraj-ud-Daula}가 왕위에 오르면서 더욱 악화되었다. 선왕의 손자였던 시라지는 잔인한 성격으로 유명했다. 그 당시에도 갠지스강에서 목욕하는 힌두 여인을 납치하거나 페리선을 들이받아 수영을 못하는 승객들을 놀라게 하기도 하고 마음에 안 드는 장관을 사적으로 처형하기도 하는 등의 악행으로 비난을 받았다. 동인도회사에는 안 된 일이지만 그는 인도 해안을 따라 구축된 서유럽 회사들의 기지에 대해 평소 불만이 많았다. 이들이 권한 밖의 행위를 하고 있다고 생각해서 그들을 추방하는 것을 자신의 사명이라고 여기고 있었다. 그리고 그에게는 그렇게 할 엄청난 재산이 있었다. 왕위에 오른 후 조사해보니 재산이 6억 8,000만 루피로 현재 가치로 약 18조 원이었다. 영국 언론에서는 그의 인도식 이름을 쉽게 발음하기 위해 서 로저 다울러^{Sir Roger Dowler}라고 불렀다. 또한 이 영어식 이름은 그의 엄청난 재산을 연상시키기도 한다.[30]

시라지는 권좌에 오른 지 두 달이 되는 1756년 6월 콜카타의 동인도회사 전초기지를 공격해 쉽게 함락시킨다. 기지의 방어는 너무나 허술했고 나중에 한 병사는 기지사령관에 대해 이렇게 말하기도 했다. "사령관이 가진 군인으로서의 능력에 대해 말하라면 나는 아무것도 아는 게 없습니다. 내가 할 말이라고는 그가 전혀 그런 능력을 보이지 않아 우리 모두 힘들었고 나를 포함한 그 누구도 기지의 사령관으로서 그 능력의 티끌만한 부분도 보지 못했다는 점을 말하고 싶습니다." 콜카타가 동인도회사의 사업에서 중추적인 위치에 있었기 때문에 기지의 함락은 커다란 타격이었다. 콜카타 공장은 아시아 수출 물량의 60퍼센트를 차지했으므로 함락 소식이 전해지자 주가가 폭락하여 주가 총액의 절반 이상인 225만 파운드가 사라져버렸다. 그러나 이보다는 그다음에 발생한 사건 때문에 역사에 영원히 치욕스러운 사건으로 기억된다. 기지를 함락시킨 뒤 뱅골군은 146명의 동인도회사 직원들을 길이 5.5미터, 폭 4.3미터에 불과한 블랙홀이라는 작은 토굴에 밀어 넣었다. 좁은 장소에 너무 많은 인원을 수용해 간수가 문을 닫기 어려울 정도였고, 두꺼운 쇠막대기로 막은 두 개의 창문으로 공기가 거의 들어오지 않아 산소가 부족해지자 죄수들은 하나씩 열사병과 호흡곤란으로 사망하기 시작했다. 살려달라고 애원했지만 아무런 대답이 없었고 다음 날 아침 6시에 문을 열어보니 온통 시체만 가득했다. 살아남은 사람은 단지 23명이었으며 나머지 123명은 모두 사망한 채 발견되었다.[31]

코로만델 해안지역에 있는 세인트 데이비드 요새의 부총독이었던 로버트 클라이브Robert Clive는 콜카타의 함락 소식을 듣고 신속하게 반격을 준비했다. 그렇다고 수천 킬로미터 떨어져 있는 본사의 이사회가 철저히 준비를 한 뒤 그 지시를 받고 공격을 준비했다는 뜻은 아니다. 뱅골에서 런던으로 편지가 가는 데 최장 1년이 걸리고 그 답장이 뱅골에 도착하는 데 또 1년이 소요되는 등 거리 차이에서 오는 통신의 어려움을 감안할 때 자세한 세부지침까지는 하달하고 수령하기 어려웠을 것이다. 하지만 놀라운 점은 이사회가 반격이 회사에 큰 이익이 되지 않는다고 생각했다는 것이다. 총독인 로버트 제임스$^{Robert James}$는 1767년 하원에서 이렇게 진술했다. "회사의 전반적인 취지는 공격하지 말자는 것이었습니다. 우리는 정복과 권력을 원하지 않습니다. 우리가 추구하는 것은 상업적 이익뿐입니다." 사실 이사회는 이런 사태가 발생하는 동안 상황을 전혀 파악하지 못하고 있었다. 제임스의 증언에 의하면 전쟁은 "모르는 사이에 점점 퍼져나가 그 확산을 전혀 알 수가 없었다."[32]

하는 수 없이 클라이브는 모든 결정을 스스로 해야 했다. 다만 전반적인 지침은 훨씬 남쪽에 위치한 세인트 조지 요새의 위원회로부터 수령했다. 그의 군대는 콜카타를 탈환하고 시라지와 수차례 협상을 벌였지만 실패한 후 망고 숲속에서 벌어진 플라시전투에서 시라지의 군대를 대패시켰다. 전투가 벌어지던 와중에 시라지의 가장 절친한 장군 중 한 명이 배신하는 바람에 클라이브의 승리에 큰 도움이 되었다. 이 전투의 결과로 동인도회사는 벵골 지역에 대해 완전한 지배권을 획득했으며 직접 왕을 선발해 권좌에 추대하기도 했는데 그가 바로 배신한 장군이었다고 한다. 이 승리는 또한 회사에 많은 이익을 가져다주었다. 동인도회사 소속의 군인들이 벵골 정부의 금고를 탈취해 가져온 금과 은을 100여 척의 배에 나누어 갠지스강을 따라 콜카타로 보냈는데, 그 가치는 약 250만 파운드로 현재 가치로 약 4,200억 원에 해당했다. 클라이브는 개인적으로 390억 원에 해당하는 23만 4,000파운드를 챙겼으며 이사들에게는 각각 2만 4,000파운드씩 선물로 주기도 했다. 그는 플라시전투의 결과로 동인

도회사가 "전 세계에서 가장 부유한 회사"가 되었다고 나중에 말하기도 했다.[33]

1757년에 발생한 이 승리는 동인도회사에게 새로운 지평을 열어주었다. 벵골 지역에 정치적 지배력을 확보하면서 전혀 새로운 방식으로 이익을 창출하게 된다. 1765년에 무굴제국의 황제는 동인도회사에게 디와니^{diwani}라는 지역세금징수권을 허가해서 사실상 벵골 지역에 대한 권리를 인정했다. 클라이브의 계산에 의하면 이로 인해 매년 2,500만 루피(약 350만 파운드)의 수입이 생겼다고 한다. 1765년 이전에 아시아 전역에서 발생하는 수출액이 약 100만 파운드였던 것을 감안하면 그 규모를 짐작할 수 있을 것이다. 또한 회사의 규모도 엄청나게 성장했다. 세금징수권 관련 소식이 런던에 도착하면 주가가 급상승할 것을 알고 클라이브는 서둘러 대행인에게 편지를 보내 회사 주식을 매집하라고 지시했다. 보안을 위해 암호로 작성된 이 편지에서 "공적자금이건 뭐건 내 이름으로 빌릴 수 있는 모든 한도를 동원해서 지체 없이 대출을 받아 동인도회사 주식을 구매하기 바랍니다. 이 대출과 관련하여 내 변호사에게 상세한 내용을 전달하고 대출금의 용도를 설명해서 가능한 한 빨리 해결하도록 종용하기를 바랍니다." 주가는 그다음 여덟 달에 걸쳐 두 배로 상승했고 그는 상당한 이익을 보았다.[34]

한편 이 군사적 승리로 인해 회사의 성격도 바뀌었다. 이익을 추구하는 경제단체에서 서서히 통치집단으로 변모했다. 이제 동인도회사는 세금을 부여하고 군대를 소집했으며 전쟁을 선포했다. 에드먼드 버크는 상황을 이렇게 묘사했다. "아시아에서 동인도회사는 겉만 상인이지 속은 국가다." 또 다른 비평가는 '동인도제도와 교역하는 영국 상인들의 조합'

이라는 회사의 공식 명칭을 언급하면서 이 회사의 직원들은 상인도 아니었고 무역을 한 것도 아니며 사병을 동원해서 공무원이 부과한 세금을 징수하는 데 치중한 하나의 제국이었다고 비꼬았다.

그러나 동인도회사의 기업국가 실험은 시작하자마자 문제가 생겼다. 벵골에서 이익 착취에만 몰두하면서 이미 헐벗은 주민들의 세금을 인상했다. 또한 벵골 지역 직조공의 작업 속도가 느리다고 판단해서 벌금을 부과하거나 감금하기도 하고 고통스러운 태형에 처하는 일도 빈번했다. 섬유산업의 작업 환경이 너무나 열악해서 고된 노동을 피하고자 작업자가 자신의 엄지손가락을 스스로 절단하는 일도 빈번했다. 식량비축, 용수공급, 식량생산 등에 신경을 쓰지 않은 결과로 1770년에 끔찍한 기근이 발생했다. 역사가 윌리엄 헌터William Hunter는 "1770년 숨 막히게 무더운 여름 내내 사람들이 계속해서 죽어 나갔다. 농부들은 가축을 팔았고 씨앗으로 쓸 곡식마저 먹어버렸다. 아이들을 하도 팔아 더 이상 살 사람이 없는 지경까지 이르렀다. 들판의 나뭇잎과 풀뿌리로 연명하는 사람도 많았다. 급기야 1770년 6월에는 죽은 사람의 시체를 먹었다는 보고도 있었다. 굶주리고 병든 빈민들이 대도시로 물밀듯이 유입되었다." 이 기근으로 200만 명에서 1,000만 명까지 사망한 것으로 추정된다.[35]

한편 인도 밖에서 동인도회사는 취급 품목에 대한 특혜를 획득하려 노력했지만 대부분 실패로 끝났다. 런던 보관창고에 찻잎의 재고가 쌓이자 의회를 설득해서 차법Tea Act을 통과시켜 수출관세 없이 북아메리카 대륙으로 직접 차를 수출할 권한을 획득했다. 그러자 저렴한 동인도회사의 차가 들어올 경우 타격을 우려한 보스턴 지역의 차 수입업자들은 폭동을 획책해서 모호크 인디언의 복장을 하고 영국 상선에 올라타 문제의 동인

도회사의 홍차 상자를 물속에 던져 버렸다. 이 보스턴 차 사건으로 미국
과 영국의 관계는 대전환점을 맞게 되고 동인도회사의 탐욕은 미국혁명
의 도화선이 되었다. 러스티커스Rusticus라는 가명으로 활동했던 정치가 존
디킨슨John Dickinson은 동인도회사가 아시아에서 벌인 행각으로 "이들이 국
가의 법률과 시민들의 권리, 자유 그리고 생명을 얼마나 하찮게 여기는
지 여실히 드러났다. 이들은 전쟁을 벌였고 폭동을 사주했으며 합법적인
국왕을 폐위시켰고 자신들의 이익을 위해 수백만 명을 희생시켰다. 이
막강한 제국의 엄청난 이익은 회사 금고에 차곡차곡 쌓였지만 이에 만족
하지 못하고 가장 야만스러운 방식으로 불쌍한 인도인들을 약탈해서 이
들의 빈곤과 파멸을 초래했다"라고 주장했다. 이제 이들은 미국으로 눈
을 돌렸다. "내가 감히 말할 수 있는 것은 이들의 차 수입 독점권은 미국
민을 수탈하려는 계획의 서막에 불과하다는 점이다"라고 디킨슨은 결론
내렸다.[36]

동인도회사는 또한 사상가 두 명의 관심을 받으며 그들이 국가와 경제
에 대한 새로운 이론을 발표하는 데 역할을 했다. 현대 자본주의의 아버
지로 불리는 애덤 스미스는 유명한 《국부론》을 통해 자유경쟁시장에서
개인이 자신의 이익을 추구하면 '보이지 않는 손'의 작용으로 보다 폭 넓
게 사회의 이익에 기여한다고 주장했다. 그러나 이 책의 덜 알려진 부분
에서 그는 기업의 능력에 대해서 의구심을 제기한다. 기업의 주식을 소
유한 자본가는 "개인으로서 이해관계가 공공의 이익과 절대로 같지 않기
때문에 대중을 속이고 심지어 탄압해서 이익을 추구한다"라고 주장했다.
그는 이어서 특히 문제가 많다고 생각하는 동인도회사에 대해서 길게 이
야기한다. 매니저들은 곡물의 공급부족을 초래하면 "엄청난 이익을 볼

것이 예상되기 때문에" 재배지를 전부 갈아엎도록 지시한다. 직원들은 "자신들이 관리하는 국가의 이익보다는 자신의 이익을 최우선으로 생각한다". 그 피해는 고스란히 영국 국민의 피해로 돌아가 "동인도회사가 추가로 얻은 수익을 대주는 것은 물론이고 그렇게 큰 규모의 회사를 운영하다 보면 반드시 발생하기 마련인 사기와 학대로 인한 손실비용까지 지불한다". 인도 역시 그런 식으로 당했다. 스미스의 관찰에 의하면 인도는 "매우 특이한 정부로서 행정부의 모든 공무원들이 국가를 탈출해서 가능한 한 빠른 시간 내에 정부와 모든 관계를 끊어버리고 싶어 하며 모든 재산을 국외로 빼돌리고 지진으로 국토가 완전히 파괴되어도 전혀 무관심하다"라고 주장했다. 그는 동인도회사를 비롯해 유사한 모든 기업은 "모든 면에서 해로운 존재이며 진출한 국가에서 문제를 일으키고, 그들의 통치를 받는 불운한 국가에는 파괴적인 존재"라고 결론 내렸다.[37]

애덤 스미스의 자본주의에 대항해 경쟁 사상으로 떠오른 공산주의 이론을 창시한 카를 마르크스는 그의 생애에서 처음으로 애덤 스미스와 완전히 의견이 일치한 적이 있다. 1853년 〈뉴욕트리뷴New York Tribune〉에 기고한 글에서 "영국의 모험적인 상인들이 만든 회사가 (중략) 돈을 벌기 위해 인도를 점령했다"라고 표현했다. 그러나 그 결과는 그야말로 대재앙이었다. "의심할 여지 없이 영구적인 재정적자, 빈번한 전쟁, 빈약한 사회기반시설, 가공할 만한 세금제도, 불공정한 사법제도 등 다섯 가지 요소야말로 동인도회사의 정강을 구성하는 핵심"이라고 주장했다. 그는 회사에 나쁜 사람이 있거나 경영자의 실수로 인해 이런 일이 발생하는 것이 아니고 주식의 구조상 반드시 발생한다고 생각했다. "이 비정상적인 회사의 구조를 깊숙이 들여다보면 기저에 이사회나 임원회보다 더 상위에 있으면서 책임은 없고 여론의 감시로부터 자유로운 제3의 세력이 있다는 것을 알 것이다." "리든홀 스트리트에서 누가 주인인가?" 동인도회사 건물을 염두에 두고 마르크스가 묻는다. "나이 먹은 부인들이나 허약한 신사들이 대부분인 2,000명의 주주들은 배당금을 받는 것 외에는 인도에 관심이 없다." 마르크스는 무언가 회사의 뿌리부터 잘못되었다고 생각했다.[38]

결국 영국 의회도 동일한 결론에 도달한다. 1769년 금융위기로 파산 위기에 몰리자 동인도회사는 정부의 구제금융을 신청했다. 지원을 받기는 했지만 그 대가로 배당금 지급을 규제하고 콜카타에 의회의 통제를 받는 새로운 위원회를 설립해야 했다. 1783년에 또다시 위기가 닥치자 이사회는 이번에도 의회에 지원을 요청했다. 의회는 지원을 해주는 대신 회사 전체의 경영권을 확보했다. 인도법the India Act을 통과시켜 정부가 운영하는 감독국Board of Control을 설립하고 회사의 모든 민간 및 군사 활동을 통제했다. 또한 인도에 주재한 지사장들을 해임할 수 있는 인사권을 확보했다. 이후로 7년간 동인도회사는 정상적인 활동을 하기는 했으나 1857년 세포이 항쟁을 발단으로 완전히 국유화되면서 민간회사로 활약하던 시기는 끝나고 영국 정부의 조직이 되었다고 보면 된다.

초기 동인도회사는 주식의 장점을 십분 활용해서 조그만 무역회사에서 완전한 제국으로 성장했다. 이는 물론 경이로운 발전이기는 했지만 동시에 많은 문제를 야기했다. 해외무역으로 이익을 얻으려는 모험에서 시작했지만 조직이 커지면서 인도에 해를 끼치기도 했다. 시간이 갈수록 갈등의 골이 깊어지면서 결국 전쟁으로 이어졌다. 에드먼드 버크는 "이 괘씸한 회사는 마치 독사처럼, 자신을 가슴에 품어준 국가를 배신하고

기업의 세계사

파괴했다"라고 비난했다. 그러나 동인도회사는 기업이 전 세계로 나아갈 수 있다는 가능성을 보여주었다. 주식회사와 이로부터 파생된 여러 형태의 회사들은 그 뒤로 몇 세기 동안 자본주의와 상업을 지배했고 신대륙의 식민지화를 촉진했으며 산업혁명 시대를 열었다. 그리고 곧 피할 수 없는 대세가 될 미국 경제의 확산과 성장을 촉진했다.

◆ ◆ ◆

주식과 주식 거래는 모든 자본주의 시스템의 요소다. 주식은 기업으로 하여금 자금을 모을 수 있게 해준다. 주식 거래는 대중에게 이익을 가져다준다. 동인도회사가 이를 알고 환호했듯이 이 조합은 엄청난 힘을 가지고 있다. 투자자들이 유망한 기업에 투자하면 기업은 새로운 사업에 그 자금을 투자한다. 투자가 성공해서 투자자들이 돈을 벌면 다른 유망 기업에 또 투자한다. 이익과 투자가 반복된다. 이를 제한하는 요소는 기업의 욕심의 크기와 대중의 주머니 깊이뿐이다.

그러나 주식과 주식거래는 기업에게 새로운 문제점을 유발했다. 주식으로 인해 이미 약해질 대로 약해진 소유주와 경영진 간의 연결고리는 완전히 단절되었다. 주주들이 명목상 소유주이기는 하지만 기업 경영에는 거의 관여하지 않는다. 경영자는 주주의 비용으로 자신의 호주머니를 배 불리고 자신의 급여를 인상하거나 큰 보너스를 주기도 하지만 그 어떤 책임도 지지 않고 문책도 받지 않는다. 물론 이들의 갈등관계를 줄이는 방법이 있기는 하다. 경영자에게 주식을 지급하여 주주와 이해관계가 일치하도록 하거나 회계사를 고용해 사기나 부실경영을 방지할 수 있다.

그러나 이것들은 모두 임시방편에 불과하다. 증상을 다소 감소시킬지 모르겠지만 원인을 제거하지는 못한다.

　주식거래 역시 기업에 혁명적 변화를 가져왔다. 주식거래 및 지분거래가 보편화되면서 주주들은 점점 더 주식을 보유하고 있는 회사와 거리가 멀어졌다. 이들은 주가 외에 회사가 어떻게 돌아가는지에 대해 관심이 없었다. 따라서 주가 상승 요구에 부응하기 위해 기업은 보다 공격적인 활동으로 수익을 추구한다. 또한 주식시장에는 온갖 이상한 일들이 많았다. 붐이 일었다가 꺼지기도 하고 거품이 끼었다가 터지기도 했다. 소문과 유언비어가 난무했다. 그 결과 주식거래는 추측 게임으로 변질되었다. 투자자들은 내가 산 회사가 무슨 일을 할지는 물론이고 경쟁사의 활동까지 예측해야 했다. 자본주의는 게임 안에서 하는 게임처럼 복잡해졌다. 주식시장은 한 번도 경험해 보지 못한 폭풍우 속으로 기업을 밀어 넣었고 그 안에서 기업은 변덕스러운 시장의 뜻에 따라 거칠게 이리저리 굴러야 했다.

　주식의 발행과 거래가 활발해지면서 기업은 더 많은 이익을 내기 위해 노력했다. 흩어져 있는 일반 투자자들은 평상시에는 기업이 무슨 일을 하는지 잘 알지도 못하고 관심도 없지만 연말 결산 시에는 얼마나 수익을 냈는지 예민하게 주시한다. 그것이 투자자의 수입이 되기 때문이다. 시간이 흐르면서 주주자본주의에 적응하게 되자 기업은 수익을 내는 확실한 방법을 발견한다.

4장

불공정한 독점의 시작,
유니언 퍼시픽 철도회사

1862년 7월 1일 링컨의 머릿속은 복잡했다. 그 유명한 칠일전투에서 북부연방의 포토맥군Army of the Potomac이 남부연합의 로버트 리Robert E. Lee 장군에게 대패했다. 조지 매클렐런George B. McClellan 장군은 링컨에게 전보를 보내 병력지원을 요청했지만 "병력이 100만 명이 있어도 장군에게 제때 도착하기는 어려울 거요"라는 답을 들었을 뿐이다. 링컨은 답신을 보낸 후 의회에 30만 명의 병력 증원을 요청했다. 링컨은 바로 얼마 전에 북부에서 노예제도를 불법화하는 법안에 서명했다. 두 달 후에는 노예해방 선언문을 발표해 남부의 모든 노예를 해방시켰다. 전국의 과수원과 들판에서 벌어지는 피비린내 나는 잔인한 전투에서 수천 명씩 죽어나가며 남북전쟁은 최고조를 향해 달리고 있었다.[1]

이렇게 중요한 시기인 만큼 의회에서 막 받은 법안을 놓쳤다고 해도 링컨이 크게 비난받지는 않았을 것이다. 그 법안은 '미시시피강에서 태평양까지 철도와 전선의 구축 및 이의 우편, 군사, 기타 목적을 위한 정부의 이용 지원법'이라는 길고 복잡한 이름이 붙어 있었다. 20개의 장으로 구성된 이 법안은 길이만 10쪽에 달했으며 자오선과 위도, 이자율 등에 관해 빽빽한 단서 조항을 달고 있었다. 이는 그날 링컨을 괴롭히던 여러 다른 현안들보다 덜 중요한 것처럼 보일 수도 있었다. 그러나 링컨은 그것의 중요성을 알아보았다. 그가 볼 때 이 법은 미국의 미래에 꼭 필요했다. 마침내 대륙횡단철도가 건설될 터였다.

링컨은 항상 철도를 소중하게 생각했다. 정치에 입문하기 전에 일리노이주에 있는 철도회사의 변호사를 지내며 회사의 이익을 위해 활동했다. 어떤 소송에서는 강을 가로지르는 철도를 증기선회사로부터 지켜내기도 했다. 단순히 성공보수만 보고 열심히 한 것은 아니었다. 그는 철도야말로 미국의 미래며 '공공의 효용'이 크다고 생각했다. 외진 곳의 빈곤한 지역 주민들에게 이동과 거래 그리고 소통의 기회를 주어 지역발전에 기여한다고 믿었다. 1832년 일리노이주 하원의원 선거에 출마해서는 "그 어떤 것도 효용성 면에서 철도의 발전으로 이룰 수 있는 것보다 더 뛰어난 것은 없다"라며 철도의 필요성을 주장했다.

대륙횡단철도는 잠재력이 더 크다. 동해안에서 서해안을 연결하는 철도는 안 그래도 빈약한 주 간의 통합에 필수적이라고 생각했다. 사실 그는 이 법안의 발의에 도움을 주었다. 철도회사의 중역인 그렌빌 M. 도지Grenville M. Dodge는 "링컨 대통령은 군사적인 필요성뿐 아니라 태평양 연안의 주들을 북부연방에 편입시키기 위해 법안의 발의와 통과를 주도했다"라고 말했다. 링컨은 또 다른 철도회사 사장인 코르넬리우스 부시넬Cornelius Bushnell에게 빨리 철도 공사를 끝내 퇴임 후에 기차를 타고 다닐 수 있게 해달라고 말하기도 했다. 그가 이 철도 공사를 승인하는 법안에 서

명했다는 사실은 "링컨의 일생에서 가장 자랑스러운 일"이었다.[2]

링컨에게 있어 철도는 국가를 구성하는 기본 구조물이자 물리적, 심리적으로 미국 전역을 엮는 장치였다. 테이블 위에 놓여 있던 법안은 전쟁의 승패만큼이나 중요했다. 따라서 철도건설에 대한 전략은 기습공격처럼 진행되어야 했다. 태평양철도법에는 정부가 나서서 철도를 건설한다는 내용도 없고 연방철도국을 설립해 작업을 감독해야 한다는 규정도 없다. 정부는 이 프로젝트에 일체 관여하지 않는다. 대신 유니언 퍼시픽 철도라는 '공공법인'을 설립해 아이오와부터 캘리포니아까지 '철도노선의 설계와 배치, 건설, 조달, 보전 및 지속적인 운영'에 대한 허가와 권한을 부여했다. 다른 조항에서는 주식발행과 이사회 선임, 이사회 운영방식 등을 규정하고 있다. 또한 이 법안은 이미 캘리포니아에 설립된 센트럴 퍼시픽 철도회사에 태평양 해안으로부터 동부로 철도를 건설할 허가권을 부여했다. 링컨은 대륙횡단철도의 건설은 기업이 한다고 결정했다.

그는 여생 내내 이 철도 공사의 진척에 깊은 관심을 보였고 그 내용에 대해서 잘 알고 있었다. 암살되기 3개월 전인 1865년 1월 20일에는 유니언 퍼시픽의 공사 지연 문제로 오크스 에임스$^{Oakes Ames}$ 의원을 만나 논의했다. "에임스 의원, 절대로 포기해서는 안 됩니다. 혹시라도 철도건설에 지원금이 부족하면 두 배로 올려줄 수도 있습니다. 그 노선은 반드시 건설되어야 하고 당신만이 할 수 있습니다. 계속 추진해야 합니다. 이 철도가 완성되면 당신은 우리 세대의 상징으로 남을 것입니다."[3]

오크스 에임스가 세대의 상징으로 남을 것이라는 링컨의 말은 틀렸다. 그 영광은 링컨에게 돌아갔다. 그러나 그의 말은 효과가 있었다. 링컨은 아직 허약한 미국에 철도가 매우 중요하다고 생각했다. 그리고 이를 기

업에 맡겼다. 하나의 철도노선, 하나의 기업에 미연방을 하나로 묶을 막대한 임무를 부여한 것이다.[4]

◆ ◆ ◆

기업이 초래할 수 있는 여러 문제점 중 항상 맨 앞에 오는 것이 독점의 폐해다. 모든 경제학자들은 독점을 가장 경계한다. 한 회사가 매우 크게 성장해서 그 분야의 유일한 기업이 되면 가격이 오르고 투자는 정체되며 품질은 낮아진다. 책임지려 하지 않는 기업은 소비자를 홀대하고 정부는 무력하게 바라보는 수밖에 없다.

하지만 아이러니하게도 이렇게 누구한테나 욕먹는 독점의 지위가 기업에는 성배와 같은 존재다. 모든 기업은 독점을 추구한다. 자본주의의 중심에는 경쟁 정신이 있다. 경제학은 모든 기업이 왕성한 경쟁을 통해 더 나은 제품을 만들어 보다 싼값에 판매한 뒤 가장 빨리 배달해서 편리하게 이용할 수 있도록 노력하면 더 좋은 세상이 된다는 기본 전제를 깔고 있다. 그러나 기업의 최종 목적은 경쟁이 아니다. 기업은 승리하기 위해 경쟁한다. 기업의 목적은 경쟁사보다 더 좋은 제품을 만들어 더 싼값에 판매하고 더 빨리 배달하는 것이다. 이를 달성하면 그토록 바라던 상이 기다린다. 시장을 완전히 장악해서 제품을 완판하고 결국 경쟁자를 퇴출할 것이다. 아무런 경쟁자가 없는 위치로 올라서게 된다.

이는 자본주의 이론가들에게 골칫거리였다. 어떻게 경쟁을 기반으로 만들어진 시스템에서 최종결과가 경쟁이 없는 상황이 될 수 있는가? 이는 비유하자면 미국 프로농구의 플레이오프전에서 셀틱스팀이 레이커스팀에 패배하면 셀틱스는 플레이오프리그에서 탈락할 뿐 아니라 NBA에서 영원히 제명되는 그런 시스템과 마찬가지다. 또한 레이커스팀이 NBA 결승전에서 승리하면 다른 모든 팀이 NBA에서 퇴출된다. 그렇게 되면 농구팬들은 레이커스팀이 자기들끼리 연습경기 하는 것을 훨씬 비싼 가격으로 보아야 한다. 말할 것도 없이 누구도 원하지 않는 상황일 것이다.

물론 기존 경쟁자를 물리친다고 하더라도 여전히 새로 진입하는 기업과 경쟁해야 한다고 주장할 수 있다. 계속해서 저렴한 가격에 좋은 제품을 공급하지 못하면 새로운 기업이 들어올 수 있다. 앞의 NBA를 예로 들면 리그에서 사라졌던 팀들이 자기들만의 새로운 리그를 만들어 레이커스팀과 시청률 경쟁을 하더라도 막을 수 없는 것과 같다. 하지만 그렇게 하지 못하도록 하면 어찌 될까? NBA가 엄청나게 높은 진입장벽을 설치해 다른 팀이 생겨나지 못하도록 막는다면 어떨까? NBA는 TV 방송국과 계약을 맺어 다른 리그의 경기 중계를 금지하도록 할 수도 있다. 또는 자금 사정이 넉넉하지 못한 소형 리그가 사라질 때까지 입장권 가격을 도저히 버틸 수 없을 정도로 후려칠 수도 있다.

독점 문제는 소비자뿐 아니라 사회에도 중요한 문제이다. 기업은 본질적으로 항상 시장지배권을 유지하려 한다. 기업이 일단 지배적인 지위에 올라서면 이를 유지하기 위해 여러 전략을 구사할 수 있는데 때로는 대중의 희생을 요구하는 경우도 있다. 독점이 이루어지는 상황과 그때 발생할 수 있는 사태를 가장 잘 보여주는 것이 대륙횡단철도의 경우다.

19세기 중반 미국에는 엄청난 변화의 바람이 불었다. 실제로 미국인들은 국가를 건설하느라 정신이 없었으며 동시에 국가가 분열되지 않도록 필사적으로 노력했다. 빠른 속도로 새로운 주들이 연방에 편입되면서 국경은 점점 넓어졌다. 1830년부터 1860년 사이에 미시건, 플로리다, 아이오와 등 아홉 개의 주가 늘어났다. 1846년에는 오리건과 영국령북아메리카 사이의 오랜 갈등이었던 경계선을 북위 49도로 확정 지어 타결했다. 1848년에는 멕시코-미국 전쟁의 결과로 텍사스, 캘리포니아, 애리조나, 네바다, 유타 등을 완전히 할양받았으며 1850년이 되자 현재 미국 본토에 해당하는 모든 지역의 통치권을 확보하게 된다.

그러나 영토가 확장되자 이를 어떻게 다스려야 하는지에 대한 문제가 대두했다. 이 문제들 중에는 바로 현실에 와 닿는 것들도 있었다. 어떻게 사람들을 새로운 영토로 이주시킬 것인가? 우편물은 무엇을 이용해 정기적으로 전달할 것이며 이 광활한 영토를 어떻게 지킬 것인가 하는 등의 문제였다. 다른 문제들은 도덕성과 연관해 미국의 정체성 뿌리까지 건드리기도 했다. 가장 격렬한 논쟁을 불러일으켰던 문제는 새로운 영토에서 노예의 지위에 관한 것이었다. 노예제가 합법이었던 남부의 노예주slave states들은 이 새로운 지역을 노예주로 편입시키려 했으나 북부의 자유주free states들은 이에 반대했다. 이 문제는 각 주의 경제력뿐 아니라 미국 내 권력의 균형까지 좌우할 중요한 문제였다. 새로운 주가 생겨나면서 상원의원과 하원의원도 늘어났기 때문에 의회의 주도권이 손쉽게 노예주 또는 자유주로 넘어갈 상황이었다. 1850년 타협Compromise of 1850은 캘리포니아를 자유주로 인정하고 뉴멕시코와 유타는 자유주와 노예주를 자체적으로 결정하도록 하며, 새로운 도망노예법Fugitive Slave Act을 제정하여 자유주로 탈출한 노예를 원소유주에게 돌려주도록 강제하였다. 그러나 이는 단기적으로 긴장을 완화한 것에 불과하며 근본적인 해결은 뒤로 미루어졌다.

이렇게 희망과 절망이 교차하는 상황에서 대륙횡단철도 계획이 널리 퍼지기 시작했다. 지지자들은 철도가 현실적, 도덕적으로 미국을 괴롭히는 문제를 모두 해결할 수 있다고 주장했다. 여기서 19세기에 여행이라는 것이 얼마나 힘들고 위험했는지 상기할 필요가 있다. 미국 동부에서 서해안까지 이동하는 것은 말할 수 없이 고된 일이었다. 루이스와 클라크의 원정대는 3년이나 걸려 서해안에 도착했지만 동부에서 서해안까지 배로 이동할 만한 강은 발견하지 못했다. 대륙횡단 방법은 두 가지, 육로 아니면 바닷길인데 어느 것도 쉽지 않았다. 육로를 선택하면 험난한 로키산맥을 넘고 대분지사막을 통과해 마지막으로 시에라네바다산맥을 통과해야 한다. 한편 해상로를 선택하면 남아메리카대륙 최남단을 돌아 폭풍우로 유명한 혼곶^{Cape Horn}을 통과해야 하며 6개월간 거의 3만 킬로미터를 이동해야 한다. 혼합식도 있는데 파나마까지 배로 이동한 뒤 파나마지협을 육로로 건너 다시 선박을 이용해 캘리포니아로 오는 경로다. 하지만 파나마지협의 고온을 이기는 것도 쉽지 않았고 여전히 35일이나 소요되었다. 그러나 이 모든 어려움에도 불구하고 미국인들은 탐욕에 끌리거나 절망의 늪에서 탈출하기 위해 또는 단순히 새로운 것을 찾아, 놀랄 만큼 빠른 속도로 서부로 이동했다. 1848년 캘리포니아 콜로마 금광의 발견으로 시작된 엄청난 인구 이동은 몇십 년간 계속되었다. 예를 들어 1840년에 캘리포니아에는 4,000명의 외지인이 있었지만 1850년에는 12만 명으로 늘었고 1860년에는 37만 9,944명으로 증가했다. 한편 전설적인 오리건 가도^{Oregon Trail}는 전 미국인의 상상력을 자극했다. 이 모든 것들이 합쳐져 서부와 동부를 연결할 철도의 필요성이 더욱 대두되었다.

철도만 연결하면 모든 문제가 해결될 듯 보였다. 게다가 증기기관차가 탄생하면서 철도는 보다 확실하고 빠르며 편리해졌지만 철도건설은 아직 초기 단계였다. 1834년에 미국의 철도망은 1,200킬로미터에 불과했지만 1844년에는 6,900킬로미터, 1854년에는 2만 5,000킬로미터로 늘어났다. 건설기술도 빠르게 발전했다. 1830년대에 로버트 스티븐스[Robert Stevens]라는 미국의 발명가 겸 철도회사 중역이 튼튼하고 내구성 있는 전철 레일[all iron rails]을 개발하면서 당시 많이 사용하던 목재 레일을 대체했다. 기차는 크기가 커지고 출력이 증가했으며 안전을 위해 기적과 엔진브레이크 장치가 추가되었다. 교량건설기술이 발달하면서 강과 계곡을 가로질러 철도를 건설하는 것이 가능해졌다. 또한 철로 위를 노니는 가축들이 기차를 두려워하지 않아 탈선의 원인이 되면서 이를 피하기 위해 쟁기 모양의 '배장기[cowcathers]'를 기차 앞에 달기도 했다. 잘 만들어진 배장기는 900킬로그램 나가는 황소를 10미터 상공으로 날려 보냈다고 한다.[5]

의견의 차이가 매우 큰 시기에도 대륙횡단철도에 대해서만은 생각이 동일했다. 공화당과 민주당 모두 찬성했으며 국민들에게도 인기가 있었다. 언제, 어떻게, 어디로 철도를 놓을 것인지만 결정하면 되었다. 1859년 언론인 호러스 그릴리[Horace Greeley]가 캘리포니아를 다녀와서 〈뉴욕부터 샌프란시스코까지의 육로 여행〉이라는 제목의 여행기를 발표한 후 사람들의 관심은 더욱 커졌다.

동포들이여! 태평양까지 철도를 놓기로 결정합시다. 그것도 빨리. 이는 쿠바를 12개 편입시키는 것 이상으로 나라의 부와 국력을 성장시킬 것입니다. 우리의 결속은 보다 단단해질 것이며 국가산업에 번영과 풍요로움을 가져다줄 것입니다. 새로운 제조업을 탄생시키고 기존 상품에 대한 수요는 늘어날 것입니다. 철도로 인해 개인과 국가 모두 새로운 열망을 품게 될 것이며 여론을 새롭고 건전한 방향으로 유도하여 방해물을 제지할 수 있습니다.

동시에 그는 이 일이 얼마나 어려운지에 대해서 경고했다. 인부들은 수백 킬로미터에 걸쳐 계속되는 황무지에 레일을 깔아야 했다. "꼴에 황량한 땅에 대해서 안다고 생각했는데 막상 거기 가보니 정말로 살아 있는 것은 아무것도 없었다."[6]

그러나 이 철도처럼 모든 사람들이 찬성하는 프로젝트도 정치적 논란 때문에 제대로 진전되지 못했다. 가장 큰 차이는 노선이었다. 남부 주들은 뉴올리언스를 출발해 텍사스를 거쳐 샌디에이고까지 연결하는 노선이 산을 적게 통과하고 겨울에 눈이 덜 온다고 주장했다. 반면에 북부 주들은 시카고에서 시작되는 북부노선을 밀었다. 다른 주들은 절충해서 국토의 가운데를 횡단하는 철도를 놓자고 했다. 1853년에 의회는 가능한 노선에 대한 연구를 의뢰하고 예산으로 15만 달러를 책정했다. 위원장은 미시시피 출신으로 나중에 남부연합의 대통령까지 지냈던 당시 육군 장관 제퍼슨 데이비스Jefferson Davis가 선출되었으며 최남단 멕시코부터 최북단 캐나다까지 가능한 노선을 탐험할 조사단이 대장정에 올랐다. 도시와 마을 그리고 주의 운명이 달려 있기 때문에 위원회가 어떤 결론을 내리느냐는 초미의 관심사였다. 위원회의 최종 보고서는 총 11권으로 지도와 그림, 조사 지역에 대한 설명으로 가득 차 있었다. 결론부터 말하자면 그는 시종일관 남부노선을 권고했다. 그러나 그의 주장은 받아들여지지 않았다. 북부 주들이 남부노선을 거부했기 때문이다.

1860년 대선에서 링컨이 승리한 후에도 의회는 의견 차이가 너무나 심해 도서히 합의에 이르지 못했다. 그러면서도 양당은 여전히 대륙횡단철도를 지지한다는 의견을 표명했다. 공화당과 민주당 모두 철도 관련 내용을 정강에 포함시킬 정도였다. 민주당 정강에는 "군사적, 상업적 그리고 통신적 관점에서 이 시대에 가장 필요한 것은 태평양과 대서양 간의 신속한 연결이므로 민주당은 가능한 한 가장 빨리 정부의 철도 공사를 물심양면으로 지원할 것이다"라고 되어 있다. 노선에 대한 초당적 의견 일치는 없었지만, 어느 한 당이 의회를 지배할 수 있는 지위에 오른다면 원하는 노선을 밀어붙이는 것이 가능했다.

마침내 그 순간이 남북전쟁 와중에 왔다. 남부 주들이 연방에서 탈퇴하고 의원직을 포기하면서 북부의 주들이 법안을 통과하는 데 가장 큰 걸림돌이 제거된 것이다. 의회는 재빨리 움직여 1862년 6월의 마지막 날에 태평양철도법안을 링컨에게 보냈다.

이 법안의 세부내용은 철도의 운명에 매우 중요했으므로 자세히 들여다볼 필요가 있다. 이 법안은 지나칠 정도로 구체적이면서 동시에 황당할 정도로 모호했다. 단순한 부분도 있고 복잡한 부분도 있었다. 유니언 퍼시픽 철도회사를 설립해서 미주리강부터 철도를 건설한다는 내용과 이미 설립된 센트럴 퍼시픽 철도회사는 새크라멘토부터 동쪽으로 공사를 한다는 내용은 명확했다. 그러나 그동안 계속 논쟁거리가 되었던 미주리강의 어느 부분부터 유니언 퍼시픽이 공사를 시작하는지 그리고 유니언 철도와 센트럴 철도가 어디에서 만나는지에 대해서는 언급이 없었다.

철도를 건설하는 회사의 노력에 부합하고자 정부는 후한 토지보상과 융자금을 지원했다. 건설한 철도 궤도 양쪽으로 60미터까지의 통행권과 바둑판 모양으로 교차하는 폭 16킬로미터의 토지사용권을 받아 철도 1킬로미터를 건설할 때마다 약 26제곱킬로미터의 토지를 받았다. 노선이 늘어날수록 이들이 받는 토지도 늘어났다. 총 3,000여 킬로미터에 달하는 철도 공사가 끝날 때까지 정부의 지원은 차곡차곡 두 철도회사에 쌓였다. 미국 동부에 이미 건설한 철도가 있었기 때문에 동해안 끝에서 서해안 끝까지 연결할 필요는 없었다. 토지보상 외에 건설한 노선의 난이도에 따라 채권으로 보상해주었다. 비교적 쉬운 평야지대는 1.6킬로미터당 1만 6,000달러, 로키산맥이나 시에라네바다 산맥의 고원처럼 힘든 곳은 3만 2,000달러, 산악지역처럼 극히 힘든 곳은 4만 8,000달러에 해당하는 채권을 받았다. 이 채권은 다른 모든 채권과 마찬가지로 결국은 대출이었고 나중에 이자와 함께 상환해야 했다. 그런데 법안에는 만기일이 구체적으로 명기되지 않았고 이는 나중에 논쟁의 대상이 된다.

엉터리 공사를 예방하기 위해 토지 및 채권보상은 정부의 감독관이 약 77킬로미터의 노선을 검수한 뒤 합격할 경우에만 주기로 했다. 그런데 다른 것들과 마찬가지로 검수기준이 너무 엄격할 때도 있었고 애매할 때도 있었다. 엄격한 규정의 예는 궤도에 투입한 철의 원산지였다. "철도의 레일과 장비에 들어가는 모든 철은 최고 품질의 미국산이어야 한다." 이 조항은 하원의원인 새디어스 스티븐스Thaddeus Stevens의 요청으로 삽입되었는데 그는 펜실베이니아에 주조공장을 운영하고 있었고 자기 회사 제품이 납품되기를 원했다. 하지만 1863년의 게티즈버그 전투가 있기 얼마 전에 남군이 그의 공장을 파괴하는 바람에 그의 희망은 이루어지지 못했다. 하지만 궤도의 폭에 대해서는 구체적으로 언급된 것이 없었다. 1860 년 낭시에는 통일된 궤도 폭이 없어 철도회사들이 나름대로 기준을 만들어 사용했는데, 이는 심각한 실수였다. 이리 철도회사Erie Railroad는 폭이 180 센티미터였고 미주리 퍼시픽 철도는 152센티미터, 새크라멘토밸리 철도는 161센티미터였으며 뉴욕 센트럴 철도는 144센티미터였다. 이 문제를 알고 있었으므로 법안에는 "전체 철도 궤도의 폭은 통일되어야 하며 이는 미합중국의 대통령에게 결정권이 있다"라는 조항을 삽입하였다. 이와 관련하여 링컨 대통령은 전체 내각회의를 소집하여 150센티미터로 결정하지만 최종적으로 의회가 거부하고 1863년에 154센티미터를 미국철도의 표준궤로 정하는 법안을 통과시켰다.

미국 의회는 과연 무슨 이유로 대륙횡단철도의 건설권을 민간기업에게 주었을까? 그 답은 두 가지다. 우선 정부보다는 민간기업이 그런 대규모 프로젝트를 더 잘 수행할 것이라고 생각했다. 기업은 자금모집과 경영자, 엔지니어 등 다양한 인력을 모집해서 공사에 투입할 수 있는 능력이 있다. 정부에게는 이런 기능이 없다. 두 번째는 연방정부의 권한이 확대되는 걸 두려워하는 분위기다. 제임스 뷰캐넌James Buchanan 대통령은 1859년 대국민 메시지에서 이렇게 말했다.

정부가 이 초대형 프로젝트를 직접 맡아 시행사를 지정하고 감독하며 통제한다면 부당한 처사가 될 것입니다. 시행사 중역의 전횡과 횡포가 난무할 것이며 정부의 통제를 벗어나 채용비리와 부정부패가 만연할 것입니다. 따라서 이 공사는 민간기업 또는 민간 시공사에 위탁하여 철저한 관리감독을 통해 기업과 민간의 이익 달성을 목적으로 추진하는 것이 가장 효율적이라고 생각합니다.

뷰캐넌이 연방정부를 불신하고 민간기업을 신뢰한 것은 당시 민주당의 강령과도 일치한다. 연방정부는 본질적으로 한계가 있으니 민간기업이 경제를 주도해야 한다는 점을 강령에서도 강조했던 것이다.[7]

태평양철도법은 기업의 장점을 믿고 커다란 모험을 한 것이었다. 호러스 그릴리는 1863년 4월 15일 이런 기고문을 썼다. "그러므로 이 두 철도회사는 우리 시대의 가장 위대하고 숭고한 기업일 뿐 아니라 가장 관대하며 수익성 높은 기업임을 도덕적으로 확신할 수 있습니다." 하지만 이를 달성하기 위해 연방정부는 이들에게 독점권monopoly, 아니 관점에 따라 복점권duopoly을 주기로 결정했다. 유니언 퍼시픽 철도에만 오마하부터 서쪽으로의 철도부설권을 주었고, 센트럴 퍼시픽에만 캘리포니아로부터 동쪽으로 나아갈 권리를 주었다. 드디어 독점기업이 탄생한 것이다.[8]

극도로 황량하고 접근하기 어려우며 변화무쌍한 지역에 수천 킬로미터에 걸쳐 철도를 건설하는 일은 정치적 수완과 자금조달능력 그리고 가장 중요한 요소인 뛰어난 기술력을 필요로 한다. 초창기 유니언 퍼시픽은 이들 중 어느 것도 보유하지 못했다. 광활하고 척박한 영토에 철도를 부설하는 방법은 물론이고 자금을 조달할 줄도 몰랐다. 이 문제들은 서로 연관성이 있는 난제였다. 공법 문제를 해결할 계획 없이는 자금을 모으기 어려웠다. 하지만 돈이 없으면 기술 문제를 해결할 수 없었다.

자금은 처음부터 부족했다. 태평양철도법에 따르면 투자자, 은행가, 정치인으로 구성된 설립위원회를 구성해 유니언 퍼시픽 철도회사의 조직과 경영에 대한 주요 결정을 내리도록 되어 있다. 법안이 통과된 지 두 달째 되는 1862년 9월 2일에 첫 회의를 했으나 절반 이상이 참여하지 않을 만큼 참석률이 저조했다. 위원회는 북부군 장성 출신인 새뮤얼 커티스Samuel Curtis를 회장으로 선발했다. 그런데 그는 "철도법의 지원이 엄청나기는 하지만 그래도 여전히 부족합니다"라면서 회사가 성공하지 못할 것이라고 했다. 회사의 초대 지도자가 할 말은 아니었다. 그렇지만 위원회는 대도시 위주로 주식청약을 받기로 하고 신문에 이를 공고해 자금모집에 들어갔다.[9]

주식 판매 실적은 비참했다. 주식의 가격은 1,000달러였고 목표는 총 10만 주의 수권주식 중 최소 2,000주를 판매해 본격적인 이사회 가동 전에 초기 운전자금을 확보하려 했지만 목표 근처에도 가지 못했다. 판매를 시작한 지 4개월이 지났지만 단지 11명의 투자자가 45주를 구입하는 데 그쳤다. 그나마 긍정적인 면은 유타에 있는 모르몬교의 지도자인 브리검 영Brigham Young이 다섯 주를 사주기로 한 것이다. 그는 새로 터를 잡은 솔트레이크시티로 철도노선이 통과하기를 원했으므로 주식을 사면 다소나마 노선 선정에 영향을 줄 수 있으리라 생각했다. 실망스럽게도 그가 바라던 일은 생기지 않았지만 그럼에도 말년에는 유니언 퍼시픽 철도의 열렬한 지지자가 되었고 철도건설에 상당한 도움을 주어 결국 솔트레이크에도 기차가 들어왔다. 하지만 본격적으로 건설을 시작하려면 한 사람의 도움으로는 턱도 없었다.

이 어려운 상황에 토머스 듀런트Thomas Durant가 등장해 능란한 권모술수로 철도 자금을 끌어모은다. 그는 1820년 매사추세츠에서 태어나 의학을 전공했지만 사업에 뛰어들어 삼촌의 무역회사에 합류했고 주식투자에도 손을 댔으며 마침내 철도회사의 중역으로 화려한 경력을 쌓았다. 그는 성질이 급하고 조작에 능했으며 매우 비윤리적인 면도 있었지만 타고난 선구안으로 사업 기회를 읽을 줄 알았고 한번 포착했다 하면 절대 기회를 놓치는 법이 없었다. 1863년에 그는 유니언 퍼시픽 철도회사의 가능성을 알아보았다. 회사는 고전하고 있었지만 곧 매력적인 투자처가 되리라 생각했다. 우선 자기 명의로 50주를 구입한 뒤 보스턴, 뉴욕, 필라델피아 등의 부유한 자본가들에게 이 회사를 알리고 투자를 권유했지만 반응은 썩 좋지 못했다. 한 친구는 이렇게 말하기도 했다. "황량한 사막과 높은 로키산맥을 횡단하는 철도를 놓는다고 하면 아마 미친 사람 취급을 받을 걸세." 그러나 그는 확신이 있었으므로 개의치 않고 주장을 밀고 나갔다. 때로는 투자자 대신 계약금을 미리 내주면서까지 자금유치를 위해 노력했다. 또한 이미 회사의 자금사정을 개선할 계획을 수립해서 추진 중이리며 고객을 설득하기도 했다. 태평양철도법에 금융지원조항이 충분치 않아 자금유치가 어렵다고 생각한 듀런트는 이를 개정하기 위한 로비에 들어간다. 이와 동시에 철도노선의 가치가 높다는 점을 강조하기 위해 지질학자를 고용해서 노선 주변의 광물 자원을 조사시켰다.[10]

그의 노력이 결실을 맺어 1863년 9월에 마침내 2,000명의 투자자를 어렵게 모집할 수 있었다. 이로써 유니언 퍼시픽 철도회사는 주주총회를 개최해서 이사회를 선임하고 임원을 선발해 건설을 시작할 수 있게 되었다. 총회에서 군인 출신으로 연방재무장관을 지냈던 존 딕스[John Dix]가 사장으로 선출되었으나 일종의 얼굴마담이었고, 실권은 부사장으로 선출된 듀런트에게 있었다. 그는 곧바로 자신의 원대한 계획을 달성할 단계를 밟아나가기 시작했다. 첫째로 유니언 퍼시픽 철도가 시작하는 '동부의 시발역'을 어디로 할지 결정해야 했다. 그는 개인적으로 카운슬 블러프스Council Bluffs에서 끝나는 미시시피 미주리 철도를 소유하고 있었으므로 만일 횡단철도가 그곳까지 오면 엄청난 수익이 예상되는 상황이었다.

그는 철도회사의 수석 엔지니어에게 전보를 쳐서 카운슬 블러프스를 시발역으로 지정하기 위해 링컨 대통령을 설득할 자료를 내놓으라고 압박했다. 그의 어투에서 철도회사 중역으로서의 급한 성격을 읽을 수 있다. "시발역을 지정하기 위한 조사 결과를 즉시 만들어 보고할 것. 지연될 경우 모든 책임을 져야 할 것임." 하지만 그는 이번에도 성공한다. 게티즈버그 연설 이틀 전에 링컨 대통령이 카운슬 블러프스를 시발역으로 한다는 내용의 행정명령을 발동했던 것이다. 이제 바라는 대로 되자 그는 다시 엔지니어에게 전보를 쳐서 공사를 시작하라고 지시했다. "이미 일정이 뒤처지고 있다. 수요일부터 바로 시작하라."[11]

그는 또한 의원들에게 로비를 해서 효과를 보았다. 1864년에 의회는 새로운 태평양철도법을 통과시켜 철도회사에 더 많은 혜택을 제공하도록 조치했다. 1킬로미터를 건설할 때마다 제공되는 토지가 26제곱킬로미터에서 52제곱킬로미터로 두 배 증가했다. 또한 회사 명의의 1순위 저당채권을 발행할 수 있는 권리를 부여받아 자금을 모집할 또 다른 수단까지 확보하게 되었다. 그리고 결정적으로 최초 법안에는 없었던 조항인, 정부에서 불하받은 토지에서 나오는 석탄, 철광석 등 모든 광물자원에 대한 소유권도 인정받았다. 듀런트가 고용했던 지질학자가 블랙힐 지역에서 석탄과 철광석을 발견했고 이는 나중에 회사의 엄청난 부의 원천이 된다. 듀런트는 또한 대담하게도 힘 있는 정치가들에게 회사채권을 뇌물로 주어 법안이 통과되도록 했다. 조지프 P. 스튜어트Joseph P. Stewart라는 로비스트를 고용해 윌리엄 테쿰세 셔먼^{William Tecumseh Sherman} 장군의 형인 찰스 T. 셔먼^{Charles T. Sherman}에게 2만 달러, 법안의 초안을 작성한 뉴욕 변호사 클라크 벨^{Clark Bell}에게 2만 달러 등 총 25만 달러를 제공했다.

유니언 퍼시픽은 이제 후한 지원과 꽤 많은 자본금 그리고 막강한 경영진을 모두 갖추었으므로 바로 공사를 시작할 수 있었다. 그러나 예상만큼 쉽지 않았다. 물류 측면에서 보면 공사의 시작단계부터 심각한 문제투성이였다. 우선은 노선을 정하는 것이 문제였다. 엔지니어들은 목적지까지 가능한 직선으로 철로를 부설하고 싶어 했다. 물론 목적지가 정해지지 않았으므로 어디로 가야 할지도 몰랐다. 당시의 철도기술로는 경사 2도 이상은 올라가기도 내려가기도 어려웠으므로 가급적 언덕이나 능선, 계곡은 피하려 했다. 그런데 동시에 급회전기술도 모자랐으므로 크게 돌아가는 노선을 선택해야 했다. 한편 증기엔진에는 많은 물이 필요하기 때문에 강과 가까운 곳을 지나가야 했다. 그렇지만 강 위로 교량을 건설하기 힘들었고 그렇다고 굽이굽이 강을 따라가기도 꺼려졌다. 손쉽게 식량을 얻기 위해 버펄로가 많은 지역으로 노선을 정하고 싶었지만 동시에 원주민과 너무 가까운 지역은 기피했다. 인디언들은 철도를 의심의 눈초리로 보거나 대놓고 적대감을 표시하기도 했기 때문이다. 어떤 노선 후보지에도 도시가 없었으므로 건설단은 모든 자재와 보급품을 가지고 움직여야 했다. 미주리강에 배를 띄우거나 마차를 이용해 수백 킬로미터를 이동했다. 그래도 시에라네바다산맥의 험한 봉우리를 지나야 하는 센트럴 퍼시픽보다는 사정이 나은 편이었다.¹²

이런 문제에 내부의 권력다툼까지 합쳐져 공사가 상당히 지연되었다. 철도법이 통과된 지 2년 반이 지난 1866년 초까지 유니언 퍼시픽은 겨우

65킬로미터의 철도를 부설하는 데 그쳤다. 듀런트가 아무리 자금 동원의 천재라고 하더라도 철도 부설에 필요한 기술이 절대적으로 부족하다는 사실이 점차 드러났다. 그에게 필요한 것은 측량술과 평탄화기술 그리고 첨단 철도건설기술에 정통한 엔지니어였다. 독보적인 사람이 딱 한 명 있기는 했지만 그는 전쟁 중이었다.

그렌빌 M. 도지Grenville M. Dodge는 대륙횡단철도 역사상 거의 전설 같은 인물이다. 매사추세츠 출신의 엔지니어로 당시 막 탄생한 철도산업에 뛰어들어 일리노이, 미시시피, 미주리의 철도회사에서 일을 배웠다. 그는 오랫동안 미국을 횡단하는 철도를 꿈꾸었고 20대부터 가능한 노선에 대해 연구했다. 디테일에 강했고 철도업계에 있으면서 뛰어난 철도를 만드는 데 필요한 모든 것을 배웠다. 이때의 연구와 경험을 바탕으로 지도를 만들었고 거기에는 지역별로 대륙횡단철도에 필요한 모든 것을 자세히 적어놓았다. 그의 표현에 따르면 이 지도를 보면 "어디에 여울이 있고 어디로 가면 물과 나무를 구할 수 있는지" 알 수 있으며 이 지도야말로 "그런 정보를 주는 미국 최초의 지도"라고 자랑했다. 도지는 수자원 접근성과 플레트강 계곡의 완만한 경사도를 감안할 때 가장 이상적인 동부 시발역은 카운슬 블러프스라는 결론을 내렸고 듀런트도 이에 동의했다. 심지어 1859년에는 카운슬 블러프스에 시찰 나온 링컨 대통령을 만나기도 했다. 대통령의 방문을 축하하기 위해 퍼시픽 하우스에서 열린 파티에서 도지와 링컨은 만찬 후에 현관 계단에 나란히 앉아 이야기했다. 대통령은 횡단철도에 대한 도지의 열정을 익히 들은 바 있었기에 그에게 조언을 구했다. "퍼시픽 철도가 서부로 가는 가장 좋은 노선은 어떤 것일까요?" 잠시도 망설이지 않고 도지가 대답했다. "이 마을에서 시작해서 플레트강

쪽으로 잡으면 됩니다." "이유가 뭐죠?" 링컨이 되물었다. 이 둘의 이야기는 한참이나 계속되었고 도지의 표현에 의하면 "대통령은 다정한 태도를 유지하면서도 내가 서부지역을 정찰하면서 얻은 모든 정보를 남김없이 빼갔습니다. 나중에 직원들한테 전수하려 했던 모든 비법을 말 그대로 '날로' 먹은 겁니다."[13]

듀런트는 도지야말로 유니언 퍼시픽에 절대적으로 필요한 사람이라는 것을 알았지만 1862년 철도법 통과 당시 도지는 북군에서 전투를 치르느라 정신이 없었다. 듀런트가 수차례 같이 일하자고 제안했지만 도지는 거절했다. 그가 가진 철도건설에 대한 노하우는 북군의 소중한 자산으로서 가는 곳마다 철도를 부설하고 수리하는 데 도움을 주었고 군의 최고 지휘관들 사이에서도 그 명성이 자자했다. 율리시스 S. 그랜트 ^{Ulysses S. Grant} 장군조차 자서전의 상당 부분을 할애해 그를 '매우 뛰어난 장교'이자 '노련한 철도 건설인'으로 묘사했을 정도다. 1865년 끝날 것 같지 않은 전쟁이 끝나자 듀런트는 드디어 유니언 퍼시픽의 마지막 퍼즐 조각을 맞췄다. 바로 수석 엔지니어 자리였다. 도지는 1866년 5월 최고기술책임자로 유니언 퍼시픽에 영입되었다.[14]

도지가 합류하자 유니언 퍼시픽은 마치 물 만난 물고기 같았다. 그는 가자마자 조직을 개편하고 제대로 훈련받은 인력을 투입시켰다. 잘 훈련된 제대군인들을 채용해서 측량, 평탄작업, 건설현장 등에 각각 배치했다. 그는 자금조달에는 전혀 관심이 없었으며 가장 적절한 노선을 찾아최고 수준의 철도를 건설하는 데만 온 정성을 기울였고 이로 인해 회사는 제대로 굴러가기 시작했다. 잭 케이스먼트^{Jack Casement}와 대니얼 케이스먼트^{Daniel Casement} 형제를 고용해서 건설감독을 맡긴 것도 회사 정상화에 엄청난 도움이 되었다. 잭 케이스먼트는 키가 150센티미터 조금 넘는 왜소한 인물이었지만 코사크 모자를 쓰고 가축채찍을 휘두르며 철로 위를 뛰어다니는 모습을 보면 대단히 크게 느껴졌다. 이제 유니언 퍼시픽 조직은 원활하게 돌아가기 시작했다.

〈필라델피아 불레틴^{Philadelphia Bulletin}〉 기사에서 보듯 철도건설 현장은 놀랄 만큼 조직화가 잘 되어 있었다.

> 계속해서 그들이 진입했다. 말 한 마리가 끄는 소형마차가 레일을 잔뜩 싣고 맨 앞까지 전진하면 인부 두 명이 두 개씩 레일 끝을 잡고 앞으로 나가고 다른 인부들은 뒤를 잡고 마차에서 레일을 모두 내렸다. 작업지시에 따라 레일을 똑바로 제 위치에 내려놓고 그 맞은편에도 똑같이 내려놓는다. 작업조가 레일 하나를 놓는 데 30초도 안 걸렸으니 잘하면 1분에 네 개까지 놓을 수 있다. 매우 빠르다고 하겠지만 여기 인부들은 정말 진지한 자세로 일하고 있다. 레일을 내려놓자마자 마차는 트랙 한쪽으로 기울여 다른 마차가 들어올 수 있도록 자리를 비워준다. 빈 마차가 다시 레일을 싣기 위해 50~60미터 떨어진 곳까지 젊은 마부의 지시에 따라 전속력으로 달려오는 광경은 장관이라 하지 않을 수 없다. 레일 작업조 바로 뒤에는 측량기사, 망치꾼, 볼트 체결공 등이 따라 들어와 힘차게 작업한다. 광활한 평원에 대형 망치들의 합창이 울려 퍼진다. 못 하나에 망치질 세 번이다. 레일 하나에는 못이 10개 필요하며 1.6킬로미터를 까는 데 레일이 400개 필요한데 샌프란시스코까지는 아직 2,900킬로미터가

남았다. 그러니 2,100만 번의 망치질이 필요하다. 미국의 위대한 작품을 완성하려면 정확한 위치에 망치를 2,100만 번 내리쳐야 한다는 뜻이다. 애틀랜타부터 사바나까지 휩쓸었던 셔먼 장군의 군대도 이들만큼 장엄하지는 못했으리라. 오마하부터 새크라멘토까지 이 건설의 역군들은 낯선 황야를 건너고 이름 없는 산을 넘어 그 어떤 장애물도 극복하면서 현대문명의 상징인 철도를 건설해 광활한 미국의 중심부를 하나로 엮었다.[15]

도지와 케이스먼트를 중심으로 철도 건설이 신속하게 진행되었다. 회사가 설립된 지 3년 반이 되는 1866년 4월까지 겨우 100여 킬로미터의 철도를 건설했지만 도지가 채용된 그해 6월 4일에는 160킬로를 돌파했고 7월 말에는 그랜드 아일랜드시까지 약 250킬로미터를 건설했다. 1866년 10월 6일에는 400킬로미터를 돌파해 중요한 이정표인 서경 100도를 통과하게 된다. 이를 기념해 듀런트는 상하원 의원과 투자자 및 기자들을 초청해 건설현장을 시찰하는 프로그램을 기획했다. 그는 조지 풀먼George Pullman이 만들어 유명해진 화려한 풀먼 침대차에 이들을 태우고 출발했다. 시찰단은 케이스먼트의 궤도건설팀이 철도를 부설하는 현장을 보고 프레리도그 서식지를 관광하거나 버펄로나 영양을 사냥하는 프로그램 중 선택할 수 있었다. 어느 날 아침에는 몸에 전쟁 페인트를 칠한 포니족 전사들이 고함을 지르며 시찰단의 캠프를 공격하는 일이 발생했다. 의원들은 공포에 질려 텐트 안에서 떨었지만 알고 보니 듀런트가 마련한 행사였다. 포니족 전사들은 전쟁춤을 추며 모의전투를 시연했고 가짜로 머리 가죽을 벗기는 장면을 연출하기도 했다.[16]

그러나 도시에서 한참 떨어진 오지에 철도가 들어서면서 점차 인디언의 영토를 침범했고 이는 극심한 저항을 불러왔다. 콜로라도의 포트세즈윅까지 철도가 부설될 때쯤에는 원주민들로부터 공격을 받는 일이 더욱 잦아졌다. 이들은 철도를 파괴했고 노무자들을 공격했으며 자재를 훔쳐가기도 했다. 도지는 직원들에게 총기를 소지하라고 지시했고 군대와 유사하게 조직을 구성해서 문제 발생 초기에 바로 대응할 수 있도록 했다. 문제가 심해지자 회사는 뉴스가 퍼지는 것을 사전에 차단해 인부들이 공포에 질려 대규모로 관두는 사태를 예방하려 했다.

가장 끔찍한 사태는 1867년 8월 네브래스카의 플럼크리크 인근에서 발생했다. 당시에 조지 암스트롱 커스터George Armstrong Custer 장군은 대초원 지대의 인디언을 소탕하는 원정 작전을 펼치고 있었다. 터키레그 추장이 이끄는 샤이엔족 전사들은 커스터 장군의 군대에 쫓겨 도망가다 처음으로 기차와 마주치게 되었다. 전에 한 번도 본 적이 없었으므로 산등성이에서 신기한 눈으로 바라보았다. 전사 중의 한 명이었던 포큐파인은 기차를 처음 본 경험을 이렇게 이야기했다. "멀리서 보면 아주 작아 보이지만 가까이 올수록 점점 커지며 연기를 내뿜는 모습이 마치 백인이 파이프 담배를 피우는 모습 같다고 우리끼리 이야기했다." "철로 만든 길"을 여기저기 살펴보고 어찌할까 이야기한 다음 샤이엔족은 다음에 오는 기차를 공격하기로 결정했다. 이들은 레일 위에 커다란 나무를 올려놓고 그 옆에 불을 붙인 다음 숨어서 지켜보기로 했다. 해가 진 후 유니언 퍼시픽 소속의 수동차handcar가 천천히 굴러왔다. 포큐파인에 의하면 "곧 그 소리가 점점 커지면서 어둠 속에서 조그만 것이 다가오는데 위에 있는 무언가가 위아래로 움직이는 게 보였다. 그들은 불빛과 인디언을 보자 속도를 올려 빨리 지나가려 했으나 나무에 부딪힌 뒤 높이 날아갔다. 기차에 탔던 사람들은 다시 일어나 도망가려 했지만 바로 잡혀 살해당했다." 인디언들은 나무로는 큰 기차를 막지 못할 것으로 생각하고 레일을 구부려놓았고 몇 시간 후에 기차가 탈선하자 뛰어들어 약탈했다.[17]

놀랍게도 수동차에 탔던 직원이 습격에서 살아남았다. 전신주 수리공인 윌리엄 톰슨이라는 이 영국인은 다른 동료 다섯 명과 함께 통신이 두절된 위치를 찾으러 나선 길이었다. 철로 위에 나무를 깔아놓은 곳에 도착하자 샤이엔족의 숲에서 튀어나와 공격하기 시작했다. 그는 전속력으로 도망쳤다.

한 인디언이 나를 잡으려고 달려왔다. 거리가 3미터 이내로 가까워지자 내게 총을 쏘아 오른팔을 관통했다. 그래도 도망치자 나를 쫓아와 개머리판으로 내리쳤다. 그러고는 칼을 꺼내 목을 찌르고 손가락으로 내 머리카락을 둘둘 말아 잡더니 머리 가죽을 벗겨내기 시작했다. 그 고통은 이루 말할 수 없었고 기절할 듯 어지럽고 매스꺼웠지만 참아야 했다. 거의 30분 후에 그는 관자놀이의 마지막 가죽을 잘라내려 했지만 덜렁덜렁 붙어 안 떨어지자 확 당겨서 떼었다. 그 순간 죽어라 비명을 지르고 싶었다. 어떻게 표현조차 못 할 정도다. 그냥 머리가 떨어져 나가는 것 같았다. 인디언은 말에 올라타고 가버렸지만 얼마 못 가 내 머리 가죽을 떨어트렸고 난 잽싸게 그걸 주워 챙겨놓았다.

톰슨은 어둠을 틈타 윌로우 아일랜드 역까지 기어가서 구조대를 만났다. 그는 혹시라도 다시 붙일까 하고 물에 빠진 생쥐 모양의 머리 가죽을 양동이에 담아 의사에게 가져갔다. 하지만 수술이 실패하자 카운슬 블러프스 도서관에 이를 기증했다. 도서관은 시험관에 이를 담아 사람들이 볼 수 있도록 했다.[18]

갈수록 관계가 악화되자 1867년에 앤드루 존슨^Andrew Johnson 대통령은 인디언평화위원회를 만들어 여러 원주민 부족과 대화했다. 슈속 및 샤이엔족과는 노스 플라트에서 만나 추가적인 폭력 사태를 예방하고 철도를 보호하기 위한 방안을 모색했다. 그러나 언어의 차이와 반감, 오해 등으로 협상은 엉망진창이 되었고, 도출된 협의안도 인디언의 공격을 막는 데별 효과가 없었다. 유니언 퍼시픽은 점차 군사적인 대응책을 강화해 엔지니어와 작업자들을 보호하는 군대를 배치했다. 한편 철도를 통해 많은 사람들이 이주했으며, 버펄로의 이동경로가 단절되기도 했다. 그리고 존 포프^John Pope 장군이 말했듯이 원주민에게는 곧 최악의 순간이 닥친다.

솔직히 인디언들에게는 더 이상 나라가 없다. 그들의 영토는 온통 백인들이 차지해버렸고 생계수단은 파괴되어 머물 곳도 없게 되었다. 굶어 죽거나 백인들과 싸우다 죽는 수밖에 없다. 백인들이 이렇게 파괴해 들어오면 인디언은 멸종하는 수밖에 없다. 이들이 원하는 것은 백인들이 자신들의 땅에서 물러나고 인디언의 생계가 달려 있는 사냥감을 죽이거나 몰아내지 않는 것이며 자신들의 영토에서 계속 살 수 있도록 해달라는 것이다. 어떻게 이들의 요구를 들어줄 수 있을까? 사람들의 이주와 정착을 금지해야 하는데…… 생각해보면 그 끝은 너무나 확실하고 두렵기만 하다.[19]

와이오밍과 유타 깊숙이 철도가 들어오면서 가속도가 붙기 시작했다. 철도 건설 내내 유니언 퍼시픽은 센트럴 퍼시픽의 진도를 우려스러운 눈으로 경계하며 캘리포니아를 향해 부지런히 나아갔다. 센트럴은 1867년 여름에 가장 어려운 관문이었던 시에라네바다산맥을 돌파한 다음부터 꾸준히 전진했다. 철도법에 따르면 이 두 회사는 건설한 거리에 따라 보상을 받게 되어 있는데 정해진 그 거리가 빠른 속도로 줄어들고 있었으므로 퍼시픽이 부설한 거리만큼 유니언이 받을 보상금은 줄어들고 있었다. 이는 거의 완전경쟁시장이나 마찬가지였다. 유니언은 이제 빨리 움직여야 했고 그 과정에서 엔지니어인 도지와 재무담당 듀런트 사이에 오래 내재되어 있던 갈등이 표면화되었다. 종착점이 가까워 오면서 듀런트의 지시사항은 점점 급해졌다. 그가 보내는 전보에는 터질 듯 급한 성격이 그대로 나타난다. "일일 1마일로 속도 증강 요망. 도대체 안 되는 이유가 뭐야?"[20]

반면에 도지는 다른 것을 희생하고 속도만 올리면 철도가 엉망이 될 거라고 생각했다. 듀런트의 지시사항을 이행하려면 절차는 생략하고 기준은 무시하며 직원의 과로를 피할 수 없었으니 당연히 사고가 나게 마련이었다. 1868년에 그는 듀런트의 지시에 대한 불만을 올리버 에임스 사장에게 편지로 알렸다. "수리도 제대로 하지 않고 부사장의 지시사항을 이행하기 위해 모든 절차와 과정을 생략하고 철도를 부설하면 다리는 기차의 무게를 이기지 못할 것이며 아무것도 이룬 것 없이 곧 겨울이 닥칠 것입니다. 엄청난 액수의 보조금은 배당금으로 전부 사라지고 말 것이며 그나마 회사의 명망 있는 인사들은 국민들에게 수치로 비춰질 것입니다." 1968년 7월에는 듀런트와 얼마 전 공화당 대선후보로 선출된 그랜트 장군이 팽팽한 가운데 회담을 했다. 여기서 그랜트는 도지의 책임하에 철도 건설이 이루어졌으면 좋겠다고 말해 도지에게 힘을 실어주었다. 그는 전쟁 중에 도지가 일하는 현장을 보았고 그 누구보다 뛰어나다는 걸 잘 알고 있었다. "정부는 이 철도가 납기를 준수하여 완공되고 도지 장군이 기술책임자로 끝까지 함께하기를 바랍니다." 이 메시지가 주는 의미는 명확했다. 듀런트가 도지를 제거하면 미합중국의 차기 대통령이 가만히 있지 않겠다는 것이었다.[21]

1869년 마침내 유니언 퍼시픽의 철도가 유타에 도착할 때쯤에는 모든 것이 원활하게 잘 돌아갔다. 초기에는 하루에 1.6킬로미터를 건설하기 쉽지 않았으나 유타에 도착할 때쯤에는 9, 10, 심지어 11킬로미터를 건설하기도 했다. 센트럴 퍼시픽은 경쟁심에 불타 1869년 4월 28일에는 16.1킬로미터를 건설하는 기록을 세우기도 했다. 양쪽에서 유타 깊숙이 들어왔지만 1869년 봄까지도 의회는 두 철도가 만나는 지점을 어디로 할지 결정하지 못했다. 몇 주간 두 회사는 때로는 나란히 때로는 엇갈리며 몇 미터를 사이에 두고 지반작업을 했다. 작업자들끼리 서로 도발하다가 센트럴 퍼시픽의 중국인 인부들이 아무런 통보 없이 발파를 하는 바람에 유니언 퍼시픽의 아일랜드 출신 인부들이 매장당했다는 도저히 믿기 어려운 소문이 돌기도 하였다. 마침내 1869년 4월 8일 도지와 센트럴 퍼시픽의 실세 부사장인 콜리스 헌팅턴^{Collis Huntington}이 워싱턴에서 만나 다음 날 새벽까지 이어진 회담을 통해 양 회사의 철도노선이 그레이트 솔트레이크 북쪽의 프로몬토리 서밋^{Promontory Summit}에서 만난다는 합의안을 도출했다. 곧바로 유니언 퍼시픽은 프로몬토리 서밋 서쪽면의 지반작업을 중단했고 센트럴 퍼시픽은 동쪽면의 작업을 중단했지만 두 회사는 이미 중복

해서 수백 킬로미터의 작업을 마친 상태였다.[22]

1869년 5월 10일 링컨 대통령이 철도법에 서명한 지 채 7년이 안 되는 시점에 두 선로를 연결하는 역사적인 순간이 왔다. 두 회사는 프로몬토리 서밋까지 철도를 건설했고 이제 이를 연결하는 마지막 못만 박으면 되었다. 유니언에서는 도지, 듀런트, 케이스먼트 형제들이 참석했고 퍼시픽을 대표해서는 릴런드 스탠퍼드Leland Stanford가 캘리포니아로부터 왔다. 인부들과 사진사, 기자, 군인, 고위인사 그리고 밴드까지 초청하여 연결식을 거행했다. 두 회사의 기관차가 달려와 서로 마주보며 자리를 잡았다. 두 노선의 철도를 연결할 마지막 못은 이날의 행사를 위해 특별히 금으로 제작되었다. 그런데 누가 못을 박을 것인가로 양측의 실랑이가 있었다. 센트럴은 대륙횡단철도를 처음 시작한 스탠퍼드가 해야 한다고 주장했고, 유니언은 자신들의 노선이 더 길므로 듀런트가 하는 게 좋다고 주장했다. 결국 양측이 같이 못질을 했는데 본 사람에 의하면 어느 누구도 정확히 맞추지 못했다고 한다. 그리고 스탠퍼드와 듀런트는 그랜트 대통령에게 합동보고를 했다. "각하, 마지막 레일을 부설하고 못을 박았습니다. 마침내 대륙횡단철도가 완성되었음을 보고합니다."[23]

대륙횡단철도는 감동을 불러일으키는 구조물이다. 사막과 산맥, 강을 통과해 국토의 황량한 오지까지 연결하는 장장 3,000여 킬로미터의 대역사였다. 월트 휘트먼Walt Whitman은 그의 시 〈인도로 가는 길The Passage to India〉에서 전 국민의 축하를 이렇게 표현했다. "노래하리라, 우리 시대의 위대한 업적을. 노래하리라, 건축가들의 견고한 작품을. 노래하리라,(고대 불가사의를 뛰어넘은) 현대의 불가사의를.(중략) 나는 본다, 모든 장애물을 극복하고 대륙을 달리는 퍼시픽 철도를. 나는 본다, 끝없이 이어지는 기차의 행렬

이 화물과 승객을 싣고 플라트강을 따라 구불구불 달리는 것을. 나는 듣는다, 돌진하는 기관차의 포효하는 소리를, 목이 쉰 기적소리를. 나는 듣는다, 가장 장엄한 경치에 울려 퍼지는 메아리 소리를."

그러나 축하는 축하고, 아직 할 일이 남아 있었다. 유니언 퍼시픽은 여태껏 돈을 쓰기만 했다. 이제는 수익을 내야 한다. 유니언 퍼시픽이 제공하는 서비스는 의심할 여지 없이 유일하고 가치가 높다. 철도가 놓이기 전 골드러시 시대에 동부에서 서부로 가려면 수백 달러 이상의 비용과 6개월 이상의 시간이 소요되었다. 철도가 완성된 후, 비용은 65달러로 줄었고 시간은 채 일주일이 안 걸렸다. 아울러 우편비용과 화물비용 모두 감소했다. 유니언 퍼시픽은 혁신적인 상품으로 여행을 보다 간단하고 편리하게 만들었다. 1868년에 조지 풀먼과 계약을 맺고 기차용 침대차를 도입했으며 그 이듬해에는 침대칸 외에 식당칸과 응접실, 라운지칸이 추가된 '호텔 열차Hotel Train'를 도입해서 식사를 위한 중간 기착 없이 여행을 가능하게 했다. 뉴욕-샌프란시스코 노선은 5일 반이 걸려 엄청난 성공을 거두었다. 1870년에는 약 15만 명의 승객을 실어 날랐다. 철도회사는 기차시간표를 발표했고 연방정부는 각 지역이 자체 시간을 수립하는 것을 막기 위해 표준시간대를 발표했다.[24]

여행객이 늘어난다는 것은 이주민들이 많다는 뜻이다. 완공 전에도 유니언 퍼시픽은 가는 곳마다 마을을 만들었다. 인부들에게 끼니를 제공하기 위해 철도공사 현장에 간이로 세워진 '헬 온 휠스Hell on Wheels' 천막촌의 악명은 순식간에 전국으로 퍼졌다. 공사 현장이 바뀌면 없어지는 경우가 많았지만 일부는 남아 있기도 했다. 그렌빌 도지의 측량기사들이 만들었던 와이오밍의 도시 라라미Laramie는 결투와 무법자 스티브 롱Steve Long 그리고 그가 운영했던 '피의 양동이' 술집으로 유명해졌다. 탕가니카 호수가에서 데이비드 리빙스턴^{David Livingston} 박사를 구조한 것으로 유명한 헨리 모턴 스탠리^{Henry Morton Stanley} 기자는 희한한 풍경의 '헬 온 휠스'를 보고 리빙스턴 박사를 발견했을 때보다 더 큰 충격을 받았던 것 같다.

걷다 보니 시적인 이름의 '킹 오브 더 힐스^{King of the Hills}'라는 무도장이 나타났다. 장식은 화려했고 조명은 빛났다. 어둑한 거리에서 갑자기 등불이 환한 건물로 들어오자 화려함에 눈이 멀고 시끄러운 소리에 귀가 먹었다. 1층을 꽉 채운 사람들은 요란하게 떠들며 마치 타락하려고 작정한 사람들 같았다. 여자들은 대단히 난폭해 보였고 남자들은 기꺼이 죄악의 소용돌이 속으로 몸을 던지려는 듯했다. 모닥불 빛이 마을 외곽의 광활한 벌판으로 퍼져나가는 동안 실내에서는 군인, 카우보이, 마부와 여자들이 춤추고 노래하며 놀음에 빠져 있다. 여기 이 사람들은 5달러만 주면 기꺼이 다른 사람을 죽일 거라고 확신한다. 근처에서는 주머니가 탈탈 털린 시체가 매일매일 발견된다.

하지만 모든 정착지가 이렇게 엉망은 아니었다. 특히나 자재공급창고가 있는 곳에는 철도를 따라 영구적인 도시가 생겼다. 네바다의 리노와 와이오밍의 샤이엔 및 에반스톤은 철도를 기반으로 생겨났다. 전에는 접근하기 어려웠던 광활한 지역이 갑자기 동서 어느 쪽에든 쉽게 왕래할 수 있는 곳이 되었다.²⁵

유니언 퍼시픽은 이주민들이 서부로 많이 움직일수록 수익성이 좋아졌다. 정부로부터 막대한 토지보상을 받아 유니언 퍼시픽은 웨스트버지니아주보다 더 넓은 약 4만 6,000제곱킬로미터를 연방정부 및 주정부로부터 불하받았다. 이 토지를 팔기 위해 엄청난 기회가 있는 땅을 저렴한 가격에 판매한다는 광고를 신문에 게재했다. 이 과정에서 횡단철도에 우호적이었던 호러스 그릴리의 "젊은이여, 서부로 가자 Go West, young man, go west" 라는 구호가 큰 도움이 되었다.[26]

사실 기차를 타고 서부로 가는 것이 썩 유쾌한 경험은 아니었다. 편안한 여행을 위해 철도회사에서 여러 노력을 했지만 고객불만이 넘쳐났다. 1869년에 유니언 퍼시픽 노선을 타고 여행했던 한 무리의 여행객들이 너무 놀라서 〈시카고 트리뷴 Chicago Tribune〉에 회사를 비난하는 투고를 했다. "정부로부터 후한 보조금을 받았으니 안전하고 견고한 철도를 지었겠지 하는 예상과 달리 철도여행은 너무나 위험했고 마치 길게 늘어진 인간 도축장 같다는 느낌을 지울 수 없다." 수하물 요금을 별도로 청구하는 회사의 정책에 대해서는 저주에 가까운 욕설이 쏟아졌다. "마치 가축 다루듯 화물열차에 달려 있는 승무원칸으로 옮겨 타라고 하더니 400미터나 걸어가서 10킬로그램이 넘는 수하물에 대해 추가요금을 내고 나서야 짐을 찾을 수 있었다. 심지어 담요와 코트에도 요금을 매기니 분통이 터지지 않을 수 없었다."[27]

이런 불편에도 불구하고 철도는 무역과 상업을 크게 촉진하는 수단이 되었다. 랠프 월도 에머슨 Ralph Waldo Emerson 은 이렇게 표현했다. "철도 레일은 마법사의 지팡이나 마찬가지다. 잠자는 대지와 하천을 깨어나게 하는 힘이 있다." 캘리포니아의 곡물과 광물자원은 철도를 이용해 동부로 수송했다. 그 효과는 동서를 연결하는 최초 노선에 국한되지 않았다. 덴버부터 솔트레이크시티, 네바다 등에 본선을 따라 여러 지선이 연결되었다.

1880년에는 철도를 이용해 5,000만 달러 상당의 상품을 수송했는데 이는 현재 가치로 1,000억 달러에 달한다. 철도회사 매출액은 대부분 화물 수송에서 나왔고 나머지는 여객과 우편수송이었다. 전 세계에서 가장 큰 내수시장이 열린 것이다.[28]

그러나 유니언 퍼시픽이 철도를 무사히 완성했다고 해서 언론이 봐주는 법은 없었다. 완성 직후부터 논란이 터져 나오기 시작했다. 후기 사장 중 한 명이면서 가장 심하게 회사를 비판했던 찰스 프랜시스 애덤스^{Charles Francis Adams}는 1869년에 유니언 퍼시픽이 "언젠가 전 세계에서 가장 강력하고 부유하지만 가장 부패한 회사가 될 것"이라고 말했다. 그의 예측은 둘 다 맞았다.[29]

유니언 퍼시픽을 거의 붕괴시켰던 크레딧 모빌리에^{Credit Mobilier} 스캔들의 씨앗은 회사 설립 초기에 이미 뿌려졌다. 이 사건으로 대륙을 횡단할 정도로 길고 엄청난 규모의 철도를 건설하는 것이 얼마나 어려운지 새조명되었다. 철도를 건설하려면 재료비, 인건비, 용역비 등 엄청난 비용이 들어간다. 문제는 이런 비용이 선불로 지급되어야 한다는 것이다. 여객운임과 화물운송운임 등 수익은 한참 뒤 철도가 개통되어야 발생한다. 그 사이의 시간 격차를 무엇으로 메울 것인가? 보통은 주식이나 채권을 발행해서 자금을 확보했다. 그러나 유니언 퍼시픽에 대한 투자는 위험한 것으로 간주되었으므로 앞에서 보았듯이 주식을 판매하기가 쉽지 않았다. 회사가 언제 배당금을 나눠줄지 알겠는가? 다른 방법은 대출을 일으키거나 채권을 발행하는 것이다. 채권은 이자율이 보장되므로 그나마 조금 안전했지만 워낙 사업 자체가 위험했으므로 역시 쉽지 않았다.

듀런트의 친구 중에 이름도 절묘하게 어울리는 조지 프랜시스 트레인 George Francis Train이라는 사람이 해결방법을 제시했다. 프랑스에 갔을 때 트레인은 프랑스 철도회사들이 자금을 모집하는 방법을 알게 되었다. 철도회사의 주요 주주들이 별도의 건설회사를 만들어 철도회사에 용역을 제공하고 그 대가로 철도회사로부터 주식이나 채권을 받아 금융시장에서 판매하거나 이를 담보로 은행에서 대출을 받는 방식이었다. 게다가 소유주가 같으므로 건설사가 비용을 부풀려 철도회사에 청구해도 아무런 문제가 없었다. 이런 구조는 듀런트의 마음에 쏙 들었다. 트레인과 듀런트는 망하기 직전의 펜실베이니아 금융회사 Pennsylvania Fiscal Agency를 산 다음 회사정관에 "철도 채권 및 기타 유가증권의 구입과 판매, 철도회사에 대한 현금과 신용의 선지급"을 추가했다. 프랑스에서는 이런 회사를 크레딧 모빌리에라고 불렀으므로 이 회사의 명칭을 '크레딧 모빌리에 오브 아메리카 Credit Mobilier of America'라고 개명했다. 듀런트가 사장을 맡았고 트레인은 이사가 되었다. 유니언 퍼시픽의 대주주들에게도 이 회사의 주식이 주어졌다. 의회의 자금추적을 피하기 위해 매사추세츠 출신의 하원의원 오크스 에임스에게도 많은 주식을 기부하며 "국민을 위해 가장 좋은 곳"에 써달라고 부탁했다. 한편 크레딧 모빌리에의 주주들은 엄청난 수익을 거둬들였다. 1868년에 이 회사는 투자금 1,000달러당 3,500달러의 배당금을 주식과 현금의 형태로 지급했다. 아직 철도는 완성되지도 않았고 부채규모는 더욱 커지는 상황이었다.[30]

별문제 없이 잘 진행되었지만 1872년 〈더 선 The Sun〉 지가 이를 알고 기사화했다. 여론의 반응이 엄청나자 의회와 법무부가 조사에 착수했다. 당시 매사추세츠 철도회사 사장을 하고 있던 찰스 프랜시스 애덤스는 이 회사의 구조가 얼마나 뻔뻔한지 국민 앞에 다 까발렸다. 크레딧 모빌리에는 미발행주식, 채권수익금, 국채, 철도운영 수익금 등 가용자산을 마음대로 주물렀다. 워싱턴, 뉴욕, 시카고의 부유하고 힘 있는 투자자들에게 월 40퍼센트라는 엄청난 수익을 분배했다. "워싱턴에서는 지원법안에 찬성하고, 뉴욕에서는 지원금을 받고, 서부에서는 건설비용을 쏟아붓고, 크레딧 모빌리에서는 수익금을 분배한다." 30명 이상의 정치인이 연루되었음이 밝혀졌고, 오크스 에임스는 징계를 받았다. 그러나 진정한 피해는 명성에 관련된 것이었다. 미국 산업의 위대한 우상이었던 유니언 퍼시픽은 이제 그 자리를 내놓아야 했다.[31]

이 스캔들이 유니언 퍼시픽에 큰 타격을 주기는 했지만 처벌은 흐지부지되어 형을 산 사람은 아무도 없었다. 가장 가벼운 처벌만이 내려졌을 뿐이다. 하지만 다른 형태의 문제가 발생해서 유니언 퍼시픽과 미국에 오랜 기간 영향을 미쳤다.

독점 문제는 그 뿌리가 깊다. 애덤 스미스는 동인도회사 같은 소위 '억압적 독점oppressive monopolies'의 형태를 비난했다. 철도회사는 사실 독점적 지위를 누리기에 가장 좋은 기업이다. 철도건설에는 엄청난 자본이 소요되므로 초기 고정비용이 많이 들어가지만 일단 노선이 구축되면 유지하는 데 많은 돈이 소요되지 않으므로 운영비용이 적게 들어간다. 또한 진입장벽이 높기 때문에 경쟁자가 별로 없다. 이는 이용자 입장에서는 철도회사가 제시하는 요금이 아무리 높더라도 받아들여야 하며 그게 싫으면 배제될 수밖에 없었다. 19세기의 부유한 자본가들은 이것이 고수익의 비결임을 잘 알고 있었다. 앤드루 카네기Andrew Carnegie, 코르넬리우스 밴더빌트^{Cornelius Vanderbilt}, J. P. 모건^{J.P. Morgan} 같은 재계의 거물들이 모두 철도산업에 뛰어들어 책략과 방조로 엄청난 배당금을 챙겼다. 철도산업이야말로 악덕 기업가들의 집합소였다.

누구나 최악의 기업가로 뽑는 기업인은 제이 굴드^{Jay Gould}라는 사람이었다. 그는 1860년대에 발생한 소위 이리 전쟁^{Erie Wars}에서의 역할로 악명이 높았다. 이 전쟁에서 그와 동업자인 대니얼 드루^{Daniel Drew}는 밴더빌트를 속여 별 가치가 없는 소위 '물탄주식^{watered shares}'을 그에게 떠넘겼다. 밴더빌트가 속았다는 걸 알고 판사로부터 굴드와 드루의 체포영장을 발부받자 이들은 배를 타고 맨해튼을 떠나 저지시티로 도망갔다. 그곳에서 호텔에 은둔하며 물가에 대포를 설치하는 등 공격에 대비했다. 하지만 뇌물에 넘어간 뉴욕시 의원들이 이들의 행동을 법적으로 정당화하면서 결국 싸움에서 이겼다. 몇 년 후 굴드는 아이러니하게도 자신을 속인 고든고든 경^{Lord Gordon-Gordon} 납치혐의로 체포된다. 굴드에게 '창백한 작은 족제비^{pasty-faced little weasel}'라는 별명이 괜히 붙은 게 아니었다. 그는 찰스 디킨스의 소설 속 인물인 유라이어 힙^{Uriah Heep}처럼 음흉하고 교활하면서도 날카로운 인물이었다.[32]

따라서 1874년에 굴드가 유니언 퍼시픽의 주식을 매입한다는 소문이 돌자 철도업계는 바짝 긴장했다. 철도회사의 중역, 주주 그리고 대중까지 그가 무슨 생각을 하고 있는지 궁금해했다. 사람들은 그가 산 회사는 곧 망한다고 생각했다. 버펄로의 한 은행가는 굴드와 그 일당들이 "가용한 모든 자산을 빼돌린 다음 엄청난 단기부채를 초래할 것"이라고 예측했다. 유니언 퍼시픽의 전임 사장이었던 올리버 에임스는 보다 낙관적인 의견을 내놓았다. "전반적인 정황으로 볼 때 굴드는 10만 주에서 12만

5,000주 사이의 주식을 가지고 있을 것입니다. 그런데 철도회사의 이익에 반하는 쪽으로 영향력을 행사하지는 않을 것 같습니다." 하지만 굴드의 숨은 전략을 파악하는 데는 시간이 꽤 걸렸다.[33]

몇 년 후 기자가 유니언 퍼시픽의 주식에 관심을 갖게 된 이유에 대해 물어보자 그는 아주 간단한 이유를 댔다. "거기에 이상하거나 신비스러운 이유 같은 건 없습니다. 어릴 때부터 유니언 퍼시픽을 좋아했고 다시 그때로 돌아간 것뿐입니다." 이 설명이 어느 정도 맞기도 하나 덜 낭만적인 다른 이유도 있다. 첫째로 밴더빌트의 사위이자 철도회사 중역인 호레이스 F. 클라크Horace F. Clark가 1873년에 철도여행을 하고 난 뒤 깊은 인상을 받았다. 그는 굴드에게 이 이야기를 했고 사업기회가 있다고 판단한 굴드는 35달러 미만에 나온 유니언 퍼시픽 주식을 사겠다는 주문을 넣었다. 그런데 얼마 안 있어 클라크가 세상을 떴고 그가 보유했던 상당수의 주식이 시장에 싼 가격에 나왔다. 굴드는 생각했던 것보다 훨씬 많은 주식을 긁어모을 수 있었다. 1874년 2월 21일 기준으로 13만 2,000주를 보유하여 최대 지주가 되었다. 그는 바로 회사를 지배하는 작업에 들어갔다. 친구이자 동업자였던 시드니 딜런Sidney Dillon을 유니언 퍼시픽의 사장으로 앉히고 자신은 뒤로 물러나 이사직에 올랐지만 딜런이 바지사장이라는 걸 모르는 사람이 없었다. 찰스 프랜시스 애덤스는 상황을 이렇게 표현했다. "딜런 사장은 모든 일을 굴드하고만 의논했다. 반면에 굴드는 사장에게 한마디 없이 지시를 내리곤 했다." 굴드는 최고기술책임자에서 물러났지만 여전히 이사회에 막강한 영향력을 행사하고 있는 그렌빌 도지의 호의를 사려 부단히 노력했다. 자신은 회사를 옳은 방향으로 이끌고 가고 싶으며 "초일류 기업으로 만드는 것"이 목표라는 확신을 도지에

게 주려 했다.[34]

굴드가 유니언 퍼시픽을 '초일류 기업'으로 만들려고 했던 것은 확실하지만 그 방법은 도지가 생각했던 것과 달랐다. 그의 최대 목표는 무슨 수를 쓰든 시장에서 경쟁자를 제거하는 것이었다. 첫 번째 목표는 파나마를 경유해 선박으로 화물을 운송하는 퍼시픽 우편선 주식회사[Pacific Mail Steamship Company]였다. 이 회사는 유니언 퍼시픽의 옆구리에 박힌 가시와 같은 존재로 철도를 대신하는 수송 수단을 제공해서 유니언이 가격을 함부로 올리지 못하는 가장 큰 원인이기도 했다. 굴드는 화물운임을 볼 때마다 이렇게 말하곤 했다. "그렇게 저렴한 요금을 받고 캘리포니아까지 수송하다니 말이 안 됩니다." 결국 1874년에 굴드는 작업에 착수한다. 퍼시픽 우편선이 사기 및 수뢰사건에 휘말렸다는 소문을 퍼뜨리자 의회는 이를 확인하기 위한 조사단을 구성했다. 소문이 완전히 거짓이 아니었으므로 결국 사장이 사임했고 이 소식으로 주가는 역대 최저치로 급락했다. 굴드는 기회를 놓치지 않고 헐값에 주식을 쓸어 담아 회사의 지배권을 확보했다. 유니언 퍼시픽에서 했던 대로 딜런을 사장으로 앉히고 자신은 이사가 된다. 이제 경쟁자가 없어지자 유니언 퍼시픽은 철도 요금을 인상했다. 굴드에 의하면 이 조치로 "주가가 10퍼센트 상승했으며 기타 모든 유가증권의 가치도 올라갔다".[35]

해상에서 경쟁자를 제거한 다음 그는 육상의 경쟁자인 다른 철도회사를 제거하는 작업에 들어갔다. 대륙횡단철도는 하나밖에 없었지만 각 지역에는 소형 철도회사들이 있었다. 이 회사들은 자신을 이용해주는 대가로 대형 물류회사에 특별가를 제공했으므로 가격 인하 경쟁이 심했다. 굴드는 이것이 산업 전체의 장기수익성에 타격을 준다고 생각해서 소형 철도회사를 제거하기로 마음먹었다. 우선 캔자스 퍼시픽 철도를 목표로 삼았다. 이 회사는 캔자스주를 동서로 연결하는 노선을 운영했고 이 노선은 그 지역에서 유니언 퍼시픽의 노선과 나란히 겹쳤다. 1875년 굴드와 동업자들은 캔자스 퍼시픽의 최대 주주가 되었다. 그는 1875년 11월 올리버 에임스에게 "우리가 최대 주주가 되었으니 다른 누구와 아무런 상의 없이 확실한 정책을 밀어붙일 수 있다"라고 말했다. 그 뒤로도 굴드는 워바슈 철도, 센트럴 브랜치 유니언 퍼시픽 철도, 텍사스 퍼시픽 철도, 미주리 퍼시픽 철도 등을 인수했다. 마지막으로 캔자스 퍼시픽 철도, 덴버 퍼시픽 철도를 유니언 퍼시픽에 합병시켜 전 세계에서 가장 큰 철도망을 보유하게 되었다. 1880년 1월 14일 저녁 유니언 퍼시픽의 이사진이 합병조건을 협상하기 위해 굴드의 집을 찾았다. 굴드는 당시에 유니언 퍼시픽 주식의 상당 부분을 매각한 뒤였지만 다른 철도회사의 주식은 보유하고 있었기에 과거의 동료들과 보다 좋은 조건을 위해 만난 것이다. 협상은 자정까지 계속되었지만 각 회사 주식의 취득가격에 대한 의견이 일치되지 않아 진전을 이루지 못했다. 하지만 결국 협상이 타결되어 보다 크고 새로워진 유니언 퍼시픽 철도회사가 탄생했고 3,700킬로미터에 달하는 노선을 보유하게 되었다. 이 거래로 굴드는 엄청난 수익을 챙겼다. 한 철도회사 중역은 굴드가 "이 합병으로 1,000만 달러를 벌었다"라고 주장했다.[36]

유니언 퍼시픽에 재직하는 동안 굴드는 소름끼칠 정도로 오직 수익만 추구했다. 리틀 빅혼에서 조지 커스터George Custer의 군대가 대패해 200명 이상의 군인들이 학살당했다는 소식을 듣고도 그는 냉정하게 이렇게 말했다. "최종적으로는 인디언들을 모두 몰살하고 빅혼과 블랙힐 지역을 개발하여 주민을 이주시키면 우리의 이익이 극대화될 될 것이다." 유니언 퍼시픽이 정부대출금에 대한 이자지급을 거부하자 연방정부가 운송료 지급을 보류한 적이 있었는데 굴드는 정부를 고소했고 쩨쩨하고 보복적인 성격의 이 소송을 4년이나 끌었지만 아무런 결론도 내지 못했다.[37]

이런 식의 공격적인 회사 운영이 계속되자 대중은 굴드의 이익을 위해 사회가 희생당한다는 의심을 품기 시작했다. 그가 새로운 철도를 부설하면 지방정부는 운임이 아무리 높더라도 굴드의 제시 조건을 그대로 받아들이는 수밖에 없었다. 안 그러면 열차가 정차하지 않고 그냥 지나칠 수 있기 때문이었다. 작가였던 헨리 조지 Henry George는 1883년에 이렇게 썼다. "강도가 피해자를 다루듯 철도회사는 작은 도시를 다룬다. 조건을 수용하지 않으면 노선이 수백 킬로미터를 돌아갈지도 모른다고 협박하는 것은 장전된 총을 겨누며 가진 걸 내놓으라고 협박하는 강도와 다를 게 없다. 철도회사의 위협은 단지 철도가 주는 혜택을 박탈하는 데서 끝나지 않고 철도가 없기 때문에 낙후된 지역으로 전락할지 모른다는 공포심을 조장한다."[38]

철도회사와 가장 적극적으로 맞섰던 이들은 농부였다. 이들이 땅을 사서 작물을 재배하고 가축을 키우는 데는 철도가 빠르면서도 저렴한 운송수단의 역할을 해서 자신들의 생산품을 시장으로 운반할 거라는 믿음이 있었기 때문이다. 그러나 재계의 몇몇 거물들이 철도를 장악하고 가차없이 운송요금을 인상하기 시작했지만 농부들에게는 저항할 방법이 거의 없었다.

이런 분노를 발판 삼아 옥수수, 면화, 밀을 재배하는 농민 등을 중심으로 1875년 그랜지 운동 Grange movement이 발생했다. 무려 미국 농부 10퍼센트에 해당하는 86만 명이 이에 동조했다. 이들은 철도회사와의 투쟁을 대외적 목표로 삼았으며 그 근거는 자유경쟁의 원칙이었다. 1873년에 일리노이주에서 열린 농업대회에서 채택된 결의안은 이렇게 적시하고 있다. "정부의 엄격한 규제와 감독하에 있는 몇몇 국가를 제외하면 전 세계의 철도회사들은 마치 중세의 영주처럼 임의적으로 터무니없이 높은 운임을 부과하여 주간 자유무역의 원칙을 무너트리고 있다." 1870년이 되자 이 단체 출신 의원들이 아이오와, 위스콘신, 일리노이주에서 당선되었고 이들은 철도회사가 부과할 수 있는 여객 및 화물 요금에 상한선을 책정하는 법안을 통과시켰다. 1875년 새로 제정된 네브라스카 주헌법에는 철도를 규제하는 조항이 포함되었다. 시민들의 저항에 놀란 굴드는 동료에게 보낸 편지에서 "이를 무산시키기 위한 조치를 취해야 한다"라고 했지만 그의 노력은 실패했고 이 헌법은 그대로 효력을 발휘했다.[39]

그러나 유니언 퍼시픽을 규제하기 위해 정부가 할 수 있는 대책은 거기까지였다. 미 헌법의 소위 휴면통상조항Dormant Commerce Clause에 의거, 각 주들은 로컬 업체를 보호할 목적으로 다른 주의 업체를 차별할 수 없기 때문에 철도회사의 정책을 규제할 방법이 거의 없었다. 즉 철도회사가 너무나 빨리 규모가 커져 더 이상 이들을 제어할 수단이 없다는 것이다. 철도개혁운동가인 찰스 프랜시스 애덤스는 이렇게 지적했다. "사실상 주에서 생겨난 토착기업 때문에 주 간 경계선이 없어졌다. 문명의 발달로 탄생한 기업이 국가 시스템을 초월해서 정부가 보유하고 있던 재산의 행사와 처분권을 무력화시켰다." 1800년대 말이 되자 정부가 반격에 나선다. 1887년 미 의회는 철도회사에 관한 총괄 법안인 주간통상법Interstate Commerce Act을 통과시켰고 철도회사의 운영실태를 모니터링하고 풀링pooling(경쟁사 간에 수익을 공유해서 서로 경쟁하지 않는 방식)과 가격차별(동일한 서비스에 대한 요금을 고객에 따라 차등을 두어 농부와 소규모 사업자에게 불리한 제도) 같은 악습의 반복을 중지시키기 위해 위원회를 조직했다.[40]

철도회사의 횡포가 계속되자 국민들은 독점의 폐해에 더 관심을 갖게 되어 1890년에는 최초의 독점금지법이 의회를 통과한다. 반독점법을 주도한 존 셔먼John Sherman은 독점의 제왕적 특권을 비판하고 독점이 대중에게 유해하며 "독점기업을 운영하는 사람은 범죄자로서 처벌을 받아야 한다"라고 주장했다. 그러면서도 독점행위를 비난하는 것이지 기업 자체를 규탄하는 것은 아니라는 점을 분명히 했다. "우리는 경험을 통해서 기업이야말로 현대문명의 혜택이 가장 잘 적용된 조직이며 과거에 막강한 정부만이 추진할 수 있었던 일을 개인들이 단합하여 시도해볼 수 있는 조직임을 잘 알고 있다." 그러나 양심 없는 기업들은 새롭고 위험한 형태의 독점기업을 만들어 기업의 진정한 정신을 파괴했다. 셔먼은 이렇게 주장했다. "독점은 이제껏 만들어진 그 어떤 형태의 기업보다도 훨씬 위험하다. (중략) 오늘날 우리가 왕에게 정치권력을 허락하지 않듯, 의식주에 필요한 상품의 생산, 이동, 판매에 왕이 있어서는 안 된다. 우리가 황제에게 복종하지 않듯, 독점기업에 굴복해서는 안 된다." 셔먼 반독점법은 아직까지도 미국에서 가장 중요한 독점금지법으로 이어지고 있다.[41]

이 법이 통과될 때는 굴드가 이미 오래전에 유니언 퍼시픽을 떠난 뒤였다. 한몫 단단히 챙겨 나간 것이다. 그의 투자는 이번에도 엄청난 수익을 안겨주었다. 1878년에 굴드는 전체 47만 5,000주 가운데 직간접적으로 20만 주를 보유하고 있었다. 1879년에는 이 중 17만 3,000주를 주당 47달러의 시세차익을 보고 매각했고 역시 주당 20달러의 배당금까지 합쳐 총 1,050만 달러를 벌었다. 한편 합병이 성사된 직후 굴드는 자신의 주식을 피합병된 회사에 팔기도 했다.[42]

1884년이 되자 의회는 유니언 퍼시픽의 불공정한 행위를 더 이상 두고 볼 수 없다는 판단을 내렸다. 철도회사에 대한 징벌적 법안의 통과를 유예하는 대신 의회는 찰스 프랜시스 애덤스 주니어를 회사 대표로 임명할 것을 요구했다. 애덤스는 자연스러운 선택이었다. 그는 오랜 기간 유니언 퍼시픽을 비판해왔고 전 세계에서 가장 부패한 기업이 될 거라고 맨 처음 예측했다. 그는 또한 철도감독기관에서 근무한 경력도 있었다. 의회는 애덤스야말로 유니언 퍼시픽을 정화하는 데 최적임자라고 생각했다. 그가 취임하자 딜런은 사장직을 관두었고 얼마 전에 많은 주식을 매입해 이사에 선임되었던 굴드 역시 사임했다. 애덤스는 취임사에서 회사의 역사에 새로운 시대를 열겠다고 약속했다.

그러나 그가 물려받은 회사는 너무나 문제가 많았다. 엄청난 부채에 시달리고 있었고 노동자들이 임금삭감 제안에 반대해서 파업에 돌입하는 등 극심한 노사갈등에 직면해 있었다. 지방정부의 정치인들과 주민들 모두 과연 그가 잘할 수 있을까 의구심을 품었다. 애덤스는 문제를 해결하기 위해 백방으로 노력했으나 상황을 역전시키기에는 너무 늦었으며 한마디로 역부족이었다. 노사문제의 해결책으로 퇴직연금을 도입하고 노동자 자녀를 위한 학교를 설립하겠다고 제안했다. "이 학교 출신들이 나중에 회사의 고위직이 될 것입니다"라며 노동자들을 설득했다. "직원들의 사기 진작에 힘쓰겠습니다. 비유가 맞는지 모르겠지만 직장의 사기도 군대의 사기만큼 중요하다고 생각합니다." 또한 "노동자도 경영에 목소리를 낼 수 있어야 한다"라고 주장했다. "직원들의 의견이 제대로 경영에 반영되지 않으면 신뢰하는 노사관계와 최고 수준의 사기는 달성하기 불가능합니다. 그 방법은 단 하나 노동자들의 대표를 선출하는 것입니다." 그러나 노동자로 구성된 노조대의원회를 만들어 사측과 직접 대화하도록 하겠다는 그의 구상을 다른 중역들은 비웃으며 맹비난했다. "근무태만 또는 다른 사유로 근무부서의 장이 노동자를 해고할 권한이 없다는 것을 알게 되면 노동자들이 더욱 나태해질 것"이라는 것이다. 노노갈등 역시 더욱 심해졌다. 1885년 록스프링스 광산에서 발생한 중국인과 백인 노동자 사이의 분규는 폭력사태로 확대되어 백인 광부들이 곤봉, 삽, 곡괭이, 총으로 중국인 노동자를 공격하기에 이르렀다. 결국 28명의 중국인이 살해되었고 나머지는 산으로 대피했다. 군대가 동원되어 중국인들을 호위해서 마을로 돌아온 뒤에야 작업을 개시할 수 있었다.[43]

자신을 기업가라기보다 학자에 더 가깝다고 생각했던 애덤스는 유니언 퍼시픽의 사장으로 재직했던 이 시기를 "풍랑에 맞서 쉼 없이 노를 저어야 했던 시기"라고 불렀다. 그의 관심사는 법률가이자 노예해방론자였던 리처드 헨리 다나Richard Henry Dana의 두 권짜리 전기를 집필하는 데 가 있었고, 결국 1890년에 완성했다. 어쨌든 애덤스는 문제해결에 실패했다. 1893년에 유니언 퍼시픽은 1,150만 달러의 회사채담보부증권과 520만 달러의 감채기금부회사채를 상환해야 했다. 당시 철도회사에서는 이런 식의 자금조달방식을 흔히 사용했다. 회사채담보부증권은 다른 채권이나 주식으로 상환을 보증하는 방식이고, 감채기금부회사채는 이익의 일정 부분을 충당금으로 적립하는 방식이다. 유니언 퍼시픽은 이렇게 엄청난 부채를 상환할 능력이 없었다. 그러다 5월에 1893년 공황으로 최후의 타격을 입었다. 연쇄 은행부도와 물가상승으로 교역은 급격하게 감소했고 이미 수십 년에 걸친 공급능력 확대로 철도 수요 역시 급감해서 더 이상 버티기 어려운 상황에 직면했다. 신임 사장인 사일러스 클라크^{Silas Clark}는 "서부로 가는 대륙횡단철도 사업에서 손익은 더 이상 의미가 없습니다"라고 한탄했다. 1893년 상반기 회사의 순수익은 전년 대비 80만 달러 하락했으며 이 시점부터 하락이 더욱 가속화되었다. 7월과 8월에는 전월 동기 대비 200만 달러 감소했다. 1893년 전체로 볼 때 총수익은 전년 대비 17퍼센트 감소한 800만 달러였다. 부도의 위기에서 아슬아슬하게 버텨나갔지만 경제불황으로 더 이상 버티지 못하고 1893년 10월 법정관리를 신청했다. 유니언 퍼시픽만 어려운 것이 아니고 미국 철도산업 전체가 붕괴되고 있었다. 전체 철도망의 3분의 1을 담당하던 총 153개의 철도회사가 그 뒤에 발생한 경제 위기의 여파로 파산했다. 철도 시대의 종말을 알리는 신호탄이었다. 곧이어 미국은 소비자에게 훨씬 많은 자유를 주는 새로운 형태의 수송에 열광하게 된다.[44]

유니언 퍼시픽은 기업의 역사에서 완전히 새로운 형태의 기업을 대표했다. 철도는 남북전쟁이라는 북새통 속에서 탄생해 분열된 국가를 다시 묶어줄 것으로 기대되었고, 수십 년에 걸쳐 사막과 평원, 산맥을 통과하는 엄청난 길이의 노선을 개척하며 전 국민의 상상력을 사로잡았다. 대륙횡단철도는 철도회사의 뛰어난 상상력을 장엄하게 구현한 것이었다. 그러나 그 엄청난 업적 속에 불행의 씨앗이 이미 싹트고 있었다. 독점기업이 되어 시민과 농민, 영세기업으로부터 최대한 이익을 착취하려는 악덕기업가 때문에 한때 국민의 영웅이었던 철도회사는 국민 악당으로 전락했다. 그 뒤로 미국 정부는 이 위험한 독점기업의 처리 문제를 놓고 고

심했고 결국 정부에게 독점을 해체할 권한을 주는 기념비적인 반독점법을 통과시켰다. 그러나 한번 알려진 독점의 폐해는 자본주의에서 결코 사라지지 않았다.

◆ ◆ ◆

사람들의 기대와 달리 독점은 불법이 아니다. 이론적으로 아무리 우리가 독점을 욕해도 현실에서는 여기저기서 독점기업을 볼 수 있다. 아마존, 페이스북, 구글 등은 갖가지 분야에서 독점기업의 지위에 올라 있다. (그들은 절대로 아니라고 부정하지만 솔직히 말해보자. 검색에서 빙^{Bing}을 사용하는 사람이 얼마나 될까?) 독점기업이 싫으면 그냥 금지하면 되지 않을까?

셔면 반독점법을 자세히 읽어보면 우리가 사실상 독점을 '금지했었다'는 것을 알고 마음이 놓일 것이다. 이 법률 제2조에는 "'독점하는 모든 사람' 또는 독점을 시도하거나, 1인 이상의 다른 자들과의 결합 또는 공모해서 '여러 주들 간에 또는 외국과의 거래 또는 통상의 일부'를 독점하는 모든 자는 중범죄자로 간주되어 유죄판결을 받는다"라고 되어 있다. 누구나 교역을 독점하면 중죄인이 된다. 따라서 모든 독점기업이 불법이라고 결론을 내리기 쉽다. 사실 1900년대 초 20년간 미국 정부는 교역의 제한 및 독점 혐의로 많은 기업을 재판대에 세워 1911년 당시 최대의 정유회사였던 스탠더드 오일^{Standard Oil}을 분할하라는 대법원의 기념비적인 판결을 얻어내기도 했다.

그러나 20세기를 거치면서 독점금지법과 독점을 허락하지 않는 분위기는 최초의 절대적인 독점금지에서 후퇴한다. 아이러니하게도 이렇게 전개된 단초를 제공한 것은 대법원이 스탠더드 오일 대 뉴저지주 대 미 연방정부 간의 소송에서 내린 판결이었다. 이 사건의 판결문에서 대법원은 독점의 범위를 매우 제한하는 해석을 내렸다. 즉 소위 합리의 원칙을 적용해 교역에 있어서 모든 거래제한이나 독점행위가 아니라 '불합리한' 거래제한이나 독점만을 위법한 것으로 보는 판결을 내렸다. 시간이 갈수록 보다 많은 거래제한행위가 합리적인 것으로 인정되었다.

오늘날의 독점금지법은 20세기 초에 제정된 법과 많이 다르다. 고^故 앤터닌 스캘리아^{Antonin Scalia} 대법관은 2003년 '버라이즌 대 트링코^{Verizon vs Trinko}' 사건의 판결문에서 독점을 이렇게 규정했다. "셔먼 반독점법을 위반하려면 관련된 시장 내에서의 독점권뿐 아니라 우수한 상품, 기업가적 통찰력 또는 역사적 사건으로부터 탄생하지 않은 독점권을 획득 유지하려는 적극적인 의사가 있어야 한다. 단순히 독점권을 보유해서 독점가격을 부과하는 행위는 불법이 아니며 오히려 자유시장경제의 중요한 요소다." 이 논조의 변화에 주목하기 바란다. 독점이 합법적이며 자본주의 시스템의 필수적인 요소라는 것이다. 독점 그 자체는 문제가 아니며 불공정한 독점이 문제다.

현대의 반독점법에 의거, 법을 잘 지키고 약탈적 가격^{predatory pricing}처럼 절대 해서는 안 되는 행위만 피하면 어떤 기업이라도 독점기업의 지위를 얻을 수 있다. 그 결과, 독점은 오늘날 재계의 불가피한 면이 되었다. 높은 시장점유율의 위력을 깨달으면서 기업들은 점차로 보다 빠른 시간 내에 커지려고 노력했다. '대형화' 과정에서 매우 중요한 사건이 1900년대 초 미국 디트로이트의 알려지지 않은 자동차회사로부터 발생한다.

5장

조립라인의 효율성과 비인간화,
포드 자동차

1914년 1월 5일 헨리 포드$^{Henry\ Ford}$는 갑자기 발표를 한다며 디트로이트의 기자들 몇몇을 공장으로 초대했다. 야심 있는 기자라면 누구나 이 초대에 응했을 것이다. 회사를 설립한 지 10년 만에 포드 자동차$^{Ford\ Motor}$ ^{Company}는 미국의 가장 대표적인 자동차회사가 되었다. 하일랜드 파크 공장에서는 저렴한 가격의 모델 T 자동차가 말도 안 되는 속도로 쏟아져 나와 단숨에 미국 전역을 덮어버렸다. 포드는 국민적 유명인사가 되었고 기자와 인터뷰할 때마다 서민들이 좋아할 만한 경구를 인용하고 직장의 미래에 대해 거창한 이론을 펴길 좋아하는 성향 때문에 미국의 가정과 사무실 모두에서 인기를 끌었다. 그날은 몹시 추웠지만 〈프리프레스^{Free} ^{Press}〉, 〈저널^{Journal}〉, 〈뉴스^{News}〉에서 나온 세 명의 운 좋은 기자들은 신문사가 밀집한 우드워드 에비뉴를 출발해 약속한 시간에 공장에 도착했다. 이곳은 천정과 벽면을 장식한 대형 유리 때문에 수정궁$^{the\ Crystal\ Palace}$이라는 별명이 붙어 있었다. 직원이 기자들을 공장 내 부사장 방으로 안내했고 그곳에는 헨리 포드가 "오늘 발표와 아무 관계가 없다는 듯" 조용히 창가에 서 있었다. 부사장은 기자들에게 2쪽짜리 발표문을 건네고 이를 읽기 시작했다.

내용은 충격 그 자체였다. 향후 포드 자동차에 근무하는 모든 직원은 기존의 두 배가 넘는 일급 5달러를 받게 된다고 했다. 게다가 산업평균인 하루 9~10시간의 평일 근무시간을 8시간으로 줄이겠다고 했다. 마지막으로 조만간 수천 명의 직원을 새로 고용하겠다고 했다. 부사장이 발표문을 다 읽은 뒤 포드가 이렇게 말했다. "공장 중역한테 많은 월급을 주어 백만장자로 만드느니 2만 명의 직원들을 안정되고 부유하게 만드는 게 더 가치가 있다고 생각합니다."[1]

기자들이 이 급여 인상의 대상이 누구까지냐고 물어보자 포드는 조용히 "공장 바닥을 청소하는 평범한 노동자도 5달러씩 받게 될 겁니다"라고 대답했다.

기자가 말했다. "그러면 내일 아침에 지원자가 한 5,000명은 올 거 같은데요!"

포드는 침착하게 응수했다. "아뇨, 그 정도까지는 아닐 겁니다."[2]

다음 날 아침, 실제로 공장에 몰려온 사람은 5,000명이 아니었다. 무려 1만 명이 지원했다. 인상된 급여가 지급되기 시작하는 그다음 주 월요일 아침에는 1만 2,000명이 모였다. 구직자들은 모든 사람이 탐내는 이 일자리에 지원하기 위해 영하의 추위 속에 전날 밤 10시부터 줄을 서서 대기했다. 너무나 많은 사람이 몰려 공장 입구로 노동자들이 출입할 수 없게 되자 경찰이 소방호스로 물을 뿌려 해산시켰고 이에 반발해 소규모 폭동이 일어날 정도였다. 미국 전역에서 매주 1만 4,000통의 지원서가 포드 자동차로 쇄도했다. 모든 미국인이 포드에 취업하고 싶어 하는 듯 보였다.

하지만 포드의 계획을 싫어하는 사람도 많았다. 가족이 경영하는 소규모 업체는 그런 임금을 감당할 수 없어 결국 파산할 것이라고 했다. 포드의 판매가 감소하면 임금부담을 견디지 못해 망할 것이라고도 했다. 어떤 사람들은 임금이 인상되면 차량 가격이 인상되어 그 부담은 오롯이 소비자에게 전이될 거라고도 했다. 노동자들이 늘어난 급여와 여유시간을 주체하지 못해 방탕과 타락에 물들 거라고 예언하는 사람들도 있었다. 〈뉴욕 타임스〉는 포드의 계획을 '유토피아적 발상'이며 '자동차 업계의 노동시장이 심하게 왜곡될 것'이라고 경고했다. "지원자들을 전부 고용할 수 없을 것이니 다른 자동차 회사 공장 직원들의 불평불만을 야기할 것이고 결국 임금이 같아질 때까지 파업과 소요가 계속될 것이다."[3]

거의 모든 사람이 포드의 계획이 너무 급진적이라고 입을 모았다. 전통적인 경제이론의 근간을 흔드는 것 같았다. 임금이란 노동시장에서 경쟁에 의해 결정되는데 이 경쟁의 기본은 기업이 가급적 임금을 조금만 주려는 것이다. 물론 우수 인재를 모집하기 위해 잘나가는 기업에서 임금을 조금 올려줄 수도 있지만 포드처럼 한 번에 두 배씩 인상하는 경우는 거의 없었던 것이다. 포드는 그의 계획을 "산업사회의 모든 임금제도 중 가장 혁신적"이라고 평가했다.[4]

그가 이런 결심을 한 배경은 복잡하다. 우선 하일랜드 파크 공장의 상태였다. 자동차를 조립하는 이동식 조립라인의 속도가 너무 빨라져서 이에 맞추어 직원이 더 필요했다. 두 번째는 회사 직원들의 사기였다. 퇴사율이 너무 높아 직원들의 애사심을 고취할 무언가가 필요했다. 자동차

업계의 인재확보 경쟁이 심해진 것도 한 원인이었다. 미국에는 많은 자동차회사가 있시만 모델 T의 인기가 압도적이어서 생산하는 족족 판매할 수 있을 것만 같았다. 그러나 일당 5달러 정책을 실시한 가장 큰 이유는 기업의 역할에 대해 헨리 포드가 품고 있던 독특한 비전 때문이었다. "오늘날 사업을 하는 사람들의 가장 큰 문제는 오직 돈만을 생각한다는 것이다. 그건 크게 잘못된 생각이다. 자신뿐 아니라 일반 대중과 종업원들에게 봉사한다는 마음가짐으로 사업에 뛰어든다면 성공은 확실히 보장될 것이다"라고 포드는 말했다.[5]

그의 전략은 시장에서 뛰어난 성공을 거두었다. 1913년에는 가까스로 17만 211대의 모델 T를 생산했지만 1914년에는 20만 2,667대, 1915년에는 30만 8,162대를 생산했고 1916에는 50만 대 이상을 생산했다. 1920년이 되자 도로에 굴러다니는 모든 차의 절반은 모델 T였다. 포드 자동차는 전 세계에서 가장 성공한 기업이 되었고, 각국의 기업가와 지도자들은 앞다투어 포드 공장을 방문해 성공 비결을 듣고 싶어 했다.[6]

그러나 포드의 일당 5달러 정책에는 어두운 면도 있었다. 단서조항이 있었는데 이 수준의 일당을 받으려면 회사에서 요구하는 도덕적인 생활을 해야 했다. 사규에는 이 일당을 수령하기 위해서 노동자는 "술을 먹지 않으며, 저축을 하고, 성실해야 하며, 부지런해야 하고, 급여를 방탕한 곳에 탕진하지 않는다는 것을 작업반장과 동료들에게 보여주어야 한다"라고 되어 있다. 이 규칙을 지키는지 감독하기 위해 포드 자동차는 '사회부 Sociological Department'를 신설해서 노동자들을 모니터링하고 심지어 직원을 집으로 보내 염탐하고 배우자와 아이들, 이웃에게 질문을 하는 무리수를 두기도 했다. 또한 직원들에게 초인적인 생산성을 요구해서 공장의 작업

기업의 세계사

환경을 악화시키고 육체적인 중노동을 강요했다. 대량생산은 소비자 문화를 바꾸는 데 직접적인 영향을 미쳤고 직업의 행태에 근본적인 변화를 가져왔다.[7]

그러나 어떤 비판을 받더라도 포드와 포드 자동차는 미국인의 생활에 당시 기준의 직업과 자동차 이상의 그 무엇을 가져다주었다는 점을 부인할 수 없다. 그건 바로 꿈이었다. 1931년 《미국의 서사시The Epic of America》라는 책에서 '아메리칸 드림American Dream'이라는 용어를 처음 만들어낸 제임스 트러슬로 애덤스James Truslow Adams는 이 책에서 특히 아메리칸 드림을 "단지 자동차를 소유하고 높은 임금을 원하는 꿈이 아니라 남녀 누구나 타고난 재능을 한껏 펼칠 수 있고 출생이나 지위 같은 배경과 상관없이 타인들로부터 본연의 모습으로 인정받을 수 있는 그런 사회질서를 동경하는 꿈이다"라고 정의했다. 저 차가운 1월의 어느 날 아침에 헨리 포드가 전달한 메시지는 명확했다. 부지런히 열심히 일하면 성공할 수 있다는 것이다.[8]

◆ ◆ ◆

효율성efficiency은 딱 잘라 정의하기 어렵다. 우리는 전반적으로 모든 것이 효율적이기를 원한다. 우리의 삶, 시장, 운동, 공항의 검색대 통과, 바리스타까지. 그러나 효율적이라는 말을 깊이 생각해보면 금방 심미적, 도덕적으로 진퇴양난에 빠질 것이다. 바리스타의 예를 들어보자. 당신은 바리스타가 모닝 카푸치노를 빨리 만들어주기를 바란다. 그러나 그가 우유를 데우지 않으면 보다 빨리 만들 수 있다고 말하면 아마 당신은 그건 효율적이지 않다고 대답할 것이다. 심지어 그건 카푸치노가 아니라고 말할 수도 있다. 전날에 미리 많이 만들어놓았다가 손님이 주문할 때마다 미지근한 카푸치노를 내놓으면 보다 효율적이지 않겠냐고 물어볼 수도 있다. 당신의 대답은 이번에도 마찬가지일 것이다. 신선한 카푸치노를 원하니 말이다. 또는 솜씨 좋은 어린이를 몇 명 고용해 거품을 내고 준비하는 데 도움을 주면 보다 빨리 카푸치노를 만들 수 있다고 한다면 어떨까? 그것도 효율적이지 않다고 대답할 것이다. 불법이니 효율적이지 않다고 답할 것이다. 만일 당신과 몇 마디 훈훈한 대화를 중지하고 화상의 위험에 노출되면서 과다한 노동에 따른 부상의 가능성을 감수한다면 몇 초라도 빨리 준비해줄 수 있다고 한다면 어떨까? 이것을 효율적인 카푸치노 제조 전략이라고 할 수 있을까? 당신은 이 모두가 보다 효율적이라고 생각할 수도 있고 반대로 모두가 더 비효율적이라고 생각할 수도 있다. 결국 우리 생각에 효율적인 것은 우리의 가치관에 따라 달라진다는 것이다. 효율성은 도덕성과 떨어져서 생각하기 어려우며 어떤 경우에는 상충되기도 한다.

독점지위를 포함해서 오늘날 기업이 가진 권력을 정당화하는 가장 흔한 방법은 기업이 효율적이라고 주장하는 것이다. 고대 로마에서 기업은 그 어떤 조직보다 확실히 세금을 거두었다. 르네상스 시대의 피렌체에서 메디치 은행은 그 어디서도 찾아볼 수 없는 수준의 사업 감각과 신중함으로 대출을 해주고 자본을 축적했다. 엘리자베스 여왕 시대의 영국은 비교 대상이 없는 자본과 전문성으로 전 세계의 미개척지와 교역을 했다. 이들 기업은 효율성 면에서 나름 대단한 면모를 보여주었다. 다른 누구보다 더 잘, 더 빠르게 그리고 믿음직스럽게 일을 처리했다.

기업의 세계사

기업이 교역과 상업에서 다른 어떤 조직, 심지어 정부와 비교해서도 보다 효율적인 이유는 여러 가지가 있다. 유한책임제로 인해 더 적은 비용으로 대중으로부터 자금을 모을 수 있다. 기업은 영속성이 있으므로 장기적인 비전을 생각할 수 있다. 전문경영제도를 활용해 업계 최고의 인재를 영입할 수 있다. 하지만 이것들은 다소 추상적이어서 이해하기 어렵다.

기업이 효율성을 어떻게 생각하는지를 물어보는 편이 더 좋을 것이다. 기업은 무엇을 중히 여기고 무엇을 무시하는가? 효율성에는 반드시 얻는 것과 잃는 것이 있다. 그러므로 기업의 효율성 제고에 대해 생각할 때는 기업이 효율성을 어떻게 정의하고 이를 달성하기 위해 어떻게 행동하는지를 검토할 필요가 있다.

이 질문을 이해하기 위해서는 생산성이 비약적으로 발전했던 초기 대량생산 시대에서 시작하는 것이 제일 좋을 듯하다. 대량생산이라는 개념은 공장생산의 속도를 늘리기 위한 작고 점진적 개선이 오랜 기간 쌓이면서 만들어졌지만 그 와중에 모든 것이 바뀌는 한순간이 있어 작은 발자국이 거대한 도약으로 바뀌었다.

포드 자동차의 역사는 지금껏 이 책에서 다루었던 기업들과는 달리 한 사람에 관한 이야기다. 포드 자동차는 헨리 포드가 창설해서 이끌었고 중요한 결정을 내렸다. 그가 기업에 주는 의미는 로물루스와 레무스 형제가 로마에 주는 의미와 같다. 창건 신화이자 우상이며 설립 이후 회사의 모든 것을 이끌었다. 그 자신이 이런 이미지를 만들었다. 말년에 그의 아들이 토의 중 그에게 반박하자 이렇게 말했다고 한다. "젊은 친구, 내가 현대를 만들었네." 과장이긴 했지만 지나친 과장은 아니었다. 누구도 부인할 수 없는 성공에 대중을 교화하려는 성향이 더해져 그는 산업과 코포라티즘corporatism 분야에서 현인 반열에 올라갔다. 소련은 트럭 공장을 건설하는 데 자문단을 보내달라고 요청하였으며 아돌프 히틀러의 폭스바겐 공장은 포드 공장을 모델로 삼았다. 대량생산, 표준화, 대량소비에 중점을 둔 기업전략이라는 의미로 '포디즘Fordism'이라는 단어가 생겼다. 올더스 헉슬리Aldous Huxley는 대서양 횡단 여객선에서 포드의 자서전을 읽고 충격을 받아 포드주의가 완벽하게 구현되면 어떤 세상이 될까를 상상해서 책을 썼다. 1932년에 출간된 〈멋진 신세계Brave New World〉는 포드를 신처럼 받드는 문화로 인해 변형된 사회를 묘사하고 있다. 이곳에서는 날짜를 포드력으로 표기하고 포드의 생일은 국경일로 지정되었다. 〈크리스천 사이언스 모니터Christian Science Monitor〉는 〈포디언 사이언스 모니터Fordian Science Monitor〉로 이름을 바꾸었다. 결과는 매우 디스토피아적이어서 시민들은 계급에 따라 나뉘고 약을 먹여 억지 행복감을 갖도록 만들며 책과 자연을 싫어하도록 세뇌된다. "자연을 사랑한다고 공장이 빨리 돌아가는 건 아니다"라고 정부는 설명한다.[9]

이런 일이 생기기 전, 포드는 미시간 디어본에 사는 한 소년에 지나지 않았다. 집안에서는 농장을 운영했지만 그는 농촌생활을 별로 좋아하지 않았다. 포드는 북군이 게티즈버그 전투에서 승리한 1863년 7월에 태어났다. 당시 미시간은 불과 26년 전에 연방에 가입한 국경지역으로서 인구의 대부분은 농업에 종사하고 있었지만 포드에게는 적성에 맞지 않았다. 그는 어릴 때 몇 번의 사고를 겪으면서 말을 두려워하게 되었다. 또한 끝없이 이어지는 농촌의 힘든 노동을 싫어했다. "몇 킬로미터씩 밭을 갈고 나면 얼마나 힘들고 단조로운지 잘 안다"라고 자신의 자서전《나의 삶과 일^{My Life and Work}》에서 불평하기도 했다. 그는 농사일 대신에 기계와 공학에 더 끌렸다. 한가할 때면 시계를 분해하고 땜질해서 수리했다. 1882년에 이웃에 사는 농부가 탈곡과 톱질을 할 수 있는 이동식 증기엔진을 구입했는데 포드는 완전히 이 기계에 매료되었다. 증기엔진에 대해 열심히 공부했고 곧 이웃 농부가 그에게 도움을 요청했다. 엔진에 얼마나 정통했던지 제조회사가 그를 고용해서 전국을 다니며 시연해달라고 부탁했을 정도다.[10]

이즈음 포드는 사람과 화물을 자체 힘으로 운송할 수 있는 "말 없는 마차"를 만들기 위한 실험을 시작했다. 그는 독일 기술자인 니콜라우스 오토^{Nicolaus Otto}가 만든 내연기관인 오토엔진을 본 후, 농장에서 자신의 엔진을 만드는 실험을 했다. 갖은 노력을 다했지만 그가 만든 엔진은 조잡했고 제대로 작동하지 않았으며 끝에 가선 꼭 실패했다. 전기에 관한 기초 지식이 부족하다고 느낀 포드는 1891년 디트로이트로 가 에디슨 조명회사^{Edison Illuminating Company}에 취직했다.

에디슨 조명회사는 미국에서 가장 유명한 발명가인 에디슨이 설립했다. 그는 당시 미국에서 명사로 대우받았다. '멘로 파크의 마법사'라고 불렸던 에디슨은 자동전신기부터 축음기 그리고 상용 백열등까지 세계를 변화시킬 만한 여러 발명품으로 유명했다. 신문은 그의 움직임을 열광적으로 취재했고 포드는 그에게 흠뻑 빠져들었다. 포드가 볼 때 에디슨의 가장 뛰어난 업적은 기업이 사회에 선한 영향력을 끼칠 수 있다는 사실을 보여주었다는 것이다. 그는 에디슨에 대해 "그의 발명품은 수백만의 새로운 일자리를 창출했을 뿐 아니라 경제적으로도 커다란 도움을 주었다. 그는 인류의 탄생 이래 그 어떤 개혁가나 정치가보다 가난을 몰아내는 데 커다란 역할을 했다"라고 평가했다. 에디슨의 회사에서 열심히 일한 덕에 포드는 입사 2년 만인 1893년에 수석 엔지니어가 되었다.[11]

그러나 에디슨 조명회사에서 근무하면서도 포드는 베글리 에비뉴에 있는 자기 집 뒷마당 창고에서 자동차 연구를 계속했다. 5년간 쉬지 않고 연구에 매진한 결과 1896년 6월 4일에 마침내 실제로 작동하는 시작품을 만드는 데 성공했다. 최종 완성하기 직전에 이틀 밤을 꼬박 새우고 새벽 4시에 최종 결과물을 내놓았다. 그는 이것을 "사륜차Quadricycle"라 부르며 자랑스러워했다. 오늘날의 눈으로 보면 보잘것없었다. 좌석은 마차에서 떼왔고 바퀴는 자전거 바퀴를 이용했다. 휘발유로 움직이는 엔진의 출력은 겨우 4마력이었고 기어는 저속과 고속의 2단밖에 없었다. 저속에 놓으면 시속 16킬로미터, 고속에 놓으면 시속 32킬로미터의 속도를 낼 수 있었다. 운전대라고 할 만한 것도 없고 오른쪽이나 왼쪽으로 방향을 전환할 수 있는 기다란 막대기가 있을 뿐이었다. 창고에서 사륜차를 밖으로 끌고 나오려 했지만 폭이 좁아 실패하자 망설임 없이 도끼로 벽돌을 깨고 나와 도로로 나섰다. 처음부터 그를 도왔던 제임스 비숍James Bishop이라는 친구가 앞에서 자전거를 타고 가면서 보행자에게 비키라고 주의를 주었다. 사륜차는 중간에 시동이 한 번 꺼지기는 했지만 그랜드 리버 에비뉴까지 무사히 왕복했다. 그다음 주에는 더 자주 사륜차를 몰고 다녔고 곧 디트로이트 시민들의 호기심을 끌기 시작했다. 그는 이 초기 자동차를 다음과 같이 표현했다. "요란한 소리를 내며 돌아다니면 소들이 놀랐기 때문에 사륜차는 성가신 존재였다. 심지어 교통 혼잡을 불러일으키기도 했다. 이 기계를 잠시 멈추었다 다시 출발하는 사이에 사람들이 몰려들었다. 짧은 순간이라도 자리를 비우면 누군가 올라타 운전을 해보려 했다." 결국 포드는 사륜차를 끌고 나올 때마다 사슬을 가지고 다녔고 차를 잠시 주차해야 할 일이 생기면 사슬로 가로등에 묶어두었다.[12]

  사륜차로 인해 포드는 유명해졌고 1896년에는 그의 초기 이력에 중요한 사건이 발생한다. 그해 여름 그가 여전히 에디슨 조명회사에서 일하고 있을 때 뉴욕 맨해튼 비치에 있는 오리엔탈 호텔에서 열린 에디슨 컨벤션에 초대받은 적이 있었다. 행사 마지막 날 포드는 에디슨과 같은 테이블에 앉았다. 화제는 자연스럽게 전기 마차로 넘어갔고 포드의 상사였던 알렉산더 다우Alexander Dow는 포드를 가리키며 "이 친구가 휘발유 자동차를 만들었습니다"라고 말했다. 귀가 안 좋은 에디슨은 포드에게 가까이 와서 자동차 이야기를 해달라고 부탁했고 포드가 오자 그에게 점화부터 피스톤 운동까지 여러 질문을 던졌다. 말보다는 그림이 낫겠다고 생각한 포드는 메뉴판 위에 그림을 그려가며 설명했다. 설명이 끝나자 에디슨이 매우 놀라 책상을 '탕' 치며 외쳤다. "젊은이, 바로 그걸세. 자네가 맞아. 절대 포기하지 말게. 전기차는 전원 근처에 있어야 하지. 배터리는 너무 무겁고 말이야. 증기차도 보일러와 불을 싣고 다녀야 하니 마찬가지로 어렵지. 자네 차는 동력원을 안에 싣고 다니면서도 불 없지, 보일러 없지, 연기 없지, 증기 없지. 자네 말이 맞네. 계속해보게." 자신의 우상이었던 에디슨으로부터 격려의 말을 들은 포드는 매우 감동했다. "수천 마디 말보다 그 탕 소리가 내게 엄청난 힘을 주었습니다. 그때까지 그 누구에게도 격려의 말을 들은 적이 없었죠. 내가 제대로 하고 있다고 생각은 했지만 때로는 의심이 들기도 했습니다. 그런데 어느 날 갑자기 발명의 천재가 나를 인정해주었습니다." 그는 다시 자동차 연구에 매진했다.[13]

에디슨의 말에서 알 수 있듯이 포드가 미국 최초로 자동차를 발명한 것은 아니었다. 찰스 두리에^{Charles Duryea}가 1893년에 최초로 휘발유를 동력으로 하는 '모터 왜건'을 시험한 적이 있다. 손수레나 자전거 또는 포장마차처럼 생긴 자동차도 나왔다. 외양이 어떻건 동력원이 필요했고 여기에는 세 가지 기본 유형이 있었다. 첫 번째는 증기자동차로서 엄청난 속도를 낼 수 있지만 증기를 데우는 데 시간이 필요하므로 출발이 느렸다. 두 번째는 전기자동차인데 시동 걸기가 쉬웠지만 속도가 느리고 주행거리가 짧았다. 마지막으로 휘발유 엔진 차량인데 시끄러운 데다 믿을 수 없기로 악명 높았다. 초반에는 증기차가 가장 인기가 좋아서 곧 최종 승자가 될 것 같았다. 그러나 오랜 기간에 걸쳐 휘발유 엔진의 성능이 개선되면서 휘발유 차량이 지배하게 되었고 이는 포드에게는 다행이었다.[14]

포드는 자신의 사륜차 성능을 1899년까지 상당히 개선시켰고 이를 주력 상품으로 회사를 설립해야겠다고 생각했다. 이를 위해 디트로이트의 목재 및 부동산 재벌인 윌리엄 머피^{William Murphy}에게 도움을 요청했다. 그는 '말 없는 마차'에 관심이 있어 포드의 행보를 관심 있게 지켜보았다. 그는 포드가 퍼트넘과 우드워드에 있는 자신의 집부터 그랜드 리버 에비뉴를 거쳐 파밍턴과 오처드 레이크까지 간 다음 폰티악을 경유해 다시 집으로 약 130킬로미터를 무사히 왕복하면 자금을 지원하겠다고 약속했다. 1899년 7월 어느 날 오후 포드는 머피의 집 앞에 차를 몰고 나타나 "모실 준비가 다 되었습니다"라고 말했다. 시험 운행은 이상 없이 잘 끝났고 머피는 약속을 지켰다. 디트로이트의 몇몇 자본가로부터 추가 지원을 받아 1899년 8월 5일 디트로이트 자동차 회사^{Detroit Automobile Company}를 설립했다.[15]

디트로이트 자동차는 처음부터 조직구조에 문제가 있었고 기타 여러 문제가 복합적으로 발생해 결국 실패로 돌아갔다. 포드는 실질적으로 회사를 운영하는 두뇌 역할을 하면서도 '기술 감독'이라는 낮은 직함을 받았고 투자가들에게는 온갖 거창한 보직이 주어졌다. 디트로이트시의 회계담당관이었던 클래런스 블랙Clarence Black이 사장을 맡고 투자자들이 이사회를 지배한 이런 구조는 바로 갈등을 불러일으켰다. 회사의 경영층은 포드가 최대한 빨리 차량을 만들어내길 원했다. 하지만 포드는 아무리 시간이 걸리더라도 최고 품질의 차를 출시하려 했고 이런 완벽주의 때문에 제품 출시는 계속 미루어졌다. 디트로이트 자동차는 회사가 설립된 지 1년이 넘은 1900년 가을까지 단 한 대의 차량도 생산하지 못했다. 투자자들이 차량을 빨리 출시하라고 압박할 때마다 포드가 반대했다. 그는 차량을 꺼내놓고 점검하다가 문제를 발견하고는 "안 되겠다. 분해해서 봐야겠다"라고 말하고 처음부터 다시 시작했다. 1900년 11월에 이사회는 더 이상 참지 못하고 회의를 소집해 포드에게 설명을 요구했지만 포드는 참석하지 않았다. 친구를 시켜 출장 중이라고 변명했다. 이 사건을 기회로 이사회는 회사를 폐쇄하고 직원들을 해고했으며 1901년 1월 공식적으로 폐업했다.[16]

포드는 이에 굴하지 않고 1901년 11월 30일에 헨리 포드 회사Henry Ford Company라는 이름으로 새로운 회사를 만들었다. 하지만 이번에도 포드의 완벽함에 대한 광적인 집착 때문에 진전이 더뎠다. 성급한 투자가들은 포드가 실제 작동하는 자동차를 만들어낼 능력이 있는지 의심했다. 이 회사에 투자했던 윌리엄 머피Willaim Murphy가 지역의 엔진 기술자인 헨리 릴런드Henry Leland를 고용해 포드의 자동차를 검토하도록 시켰고 이에 격노한 포드는 회사를 관두었다. 릴런드가 자동차 생산에 뛰어난 능력이 있는 것을 알아본 머피는 포드가 떠났음에도 회사를 계속 운영하기로 결정한다. 이 회사가 몇 년 후에 캐딜락 자동차 회사^{Cadillac Automobile Company}가 되어 그 뒤로 오랫동안 포드 자동차와 경쟁하게 된다.

초기에 이런 사건들을 겪고 난 후 포드는 평생 자본가와 주주들에 대해 좋지 않은 감정을 갖게 되었다. "부자들이 내게 이래라, 저래라 하도록 놔두지 않겠어"라고 말하곤 했다. 그들이 하는 일이라고는 시대를 앞선 사람의 의지를 꺾고 괴롭히는 것뿐이라고 확신했다. 자서전에서 포드는 주주를 탐욕스럽고 단순한 사람들이라고 폄하했다. "더 좋은 차를 만들어 대중에게 판다고 하면 아무도 자금을 대주지 않았다. 모든 생각은 어떻게 하면 높은 가격에 차를 판매할 수 있을까에 집중되었다. 중요한 것은 돈이었다. 기술자로서 내가 갖는 권위만 가지고서는 새로운 회사에서 나의 꿈을 이루기는커녕 단지 푼돈을 버는 수단밖에 되지 못한다는 걸 깨달았다."[17]

하지만 이러한 초기 실패에서 얻은 것도 있었으니 실험하고 배우는 시간을 벌었다는 점이다. 소비자가 자동차에 원하는 것은 단순하다고 믿었다. 저렴하고 신뢰성과 내구성이 있어야 했다. 1903년에 포드와 그의 공장 직원들은 이런 요구에 부합하는 차의 프로토타입을 만드는 데 성공하고 이를 모델 A라고 이름 붙였다. 운전석과 조수석 두 개의 좌석이 있으며 착탈식 버킷 시트를 선택하면 네 명까지 탑승 가능했다. 출력 8마력에 2단 기어를 채택했고 당시 차량으로서는 다소 무거운 560킬로그램이었지만 가격은 750달러에 불과했다. 이제 제품 준비가 되었으므로 다음 단계는 생산이었다. 1903년 6월 16일 포드 자동차 주식회사를 설립했다. 이번에는 자신이 최대 주주가 되어 회사의 운영을 위한 모든 결정을 스스로 할 수 있도록 했다. 전체 1,000주의 주식 중 255주를 보유하여 4분의 1이 조금 넘는 지분을 확보했다. 모델 A의 엔진을 만드는 공장을 소유했던 존 도지^{John Dodge}와 호레이스 도지^{Horace Dodge} 형제가 각 50주씩, 업무총괄을 맡은 제임스 쿠젠스^{James Couzens}가 25주를 출자했다. 디트로이트 출신의 능력 있는 은행가이자 사탕 공장을 운영했던 존 그레이^{John Gray}가 사장으로 취임했지만 주로 의전 역할에 머물렀고 실제 중요한 결정은 부사장인 포드가 했다.

포드는 잽싸게 생산준비를 해서 맥 에비뉴에 조립라인을 설치하고 일당 1달러 50센트를 주고 12명을 고용했다. 도지 형제는 조립된 엔진과 차체 부품을 공급했다. 공구 담당 직원인 헤럴드 윌스^{Harold Wills}라는 직원이 어릴 때 전화카드를 만들 때 사용했던 인쇄기 세트를 이용해 포드를 필기체로 쓰고 둘레에 둥그런 타원을 둘러 회사의 로고를 만들었고, 이것이 저 유명한 포드 자동차의 로고가 되었다.

모델 A는 단순하고 튼튼하며 무엇보다 저렴한 자동차를 목표로 했다. 750달러부터 시작하는 가격은 2,000달러가 넘는 패커드 모델 F 같은 차량과 비교하면 매우 저렴한 가격이었다. 회사를 설립하고 채 한 달이 안 되는 1903년 7월 15일 모델 A를 판매 개시하면서 포드 자동차의 역사가 시작되었다.

그다음 달부터 빠른 속도로 판매가 증가했다. 공장의 12명 직원은 하루에 15대를 만들 수 있었지만 수요를 따라가기 힘들었다. 1904년 봄이 되어 생산능력이 너무나 부족하다고 판단한 포드 자동차는 보다 넓은 부지를 구입했다. 판매 초기부터 이익이 나기 시작하면서 상당한 수익을 거두었다. 회사를 시작한 지 3개월 만에 현재 가치로 7,200만 달러에 해당하는 3만 7,000달러의 이익을 거두었고 1903년 10월에는 투자금의 2 퍼센트, 11월 21일에 10퍼센트, 1904년 1월에 20퍼센트 그리고 6월 16 일에 68퍼센트를 배당금으로 지급해 1년 만에 총 10만 달러를 지급했고 15개월이 지나자 초기 투자금과 맞먹는 배당금을 지급했다. 1904년 가을이 되자 월평균 매출은 6만 달러에 이르렀으며 1905년 봄에는 일 25대를 생산했고 직원은 300명으로 늘었다. 포드는 "마치 마술처럼 사업이 잘나갔다. 회사가 엄청난 속도로 성장했다"라고 당시를 표현했다.[18]

포드의 운영철학은 저렴한 차량을 가급적 빨리 만드는 것이었고 이는 매우 효과가 있었다. 그는 수요는 신경 쓰지 않았다.

> 시장은 걱정할 필요 없습니다. 제품만 좋으면 소비자는 사게 마련입니다. 대량으로 차를 만들면 제조비용이 적게 들어가 차량 가격이 내려가고 그러면 소비자는 보다 여유 있게 차량을 구입할 수 있습니다. 시장은 알아서 스스로 움직일 것입니다. 자동차를 만드는 방법은 핀 공장에서 나오는 핀이 모두 똑같듯, 성냥공장에서 나오는 성냥이 모두 똑같듯 자동차 공장에서 나오는 자동차를 모두 똑같이 만드는 것입니다.

그 뒤부터 포드는 새로운 차량을 출시할 때마다 성공을 거두었다. 1906년에는 신제품 모델 N을 8,423대 팔아 기록을 세웠지만, 이에 만족하지 않았다.[19]

포드의 원대한 꿈은 모든 미국인들을 위한 튼튼하면서 저렴한 차, 단순하지만 내구성이 있는 차, 즉 대중을 위한 차를 만드는 것이었다. 그는

이 차를 '유니버설 카'universal car'라고 이름 붙였다. 이 차를 만들기 위해서
아직 할 일이 많이 남아 있었다. 모델 A는 단순하기는 했지만 미국의 울
퉁불퉁한 도로 환경을 이겨내기에는 기대했던 것보다 부족하다는 평가
가 있었다. 보다 튼튼하고 가벼우면서도 오래가는 소재가 필요했다.

  1905년 포드는 내구성 문제를 해결할 수 있는 물질을 우연히 발견한
다. 플로리다 팜비치에서 열린 자동차 경주에서 끔찍한 사고를 목격하고
현장에 들렀는데 거기서 이상하게 생긴 금속 파편을 발견했다. 조사해보
니 밸브 스트립 스템이라는 부속이었는데 놀랄 만큼 가벼우면서도 튼튼
했다. 재질을 알아보려 했지만 아는 사람이 없었다. 하는 수 없이 직원에
게 부품을 넘기면서 "이것에 관해 전부 알아봐 주게. 우리 차에 이게 들
어가야 할 것 같아." 얼마 후에 이 부품이 바나듐Vanadium이라는 원소가 함
유된 프랑스산 강철로 만들어졌다는 것이 밝혀졌고 포드가 본 대로 이
소재는 매우 가벼우면서도 튼튼하고 뛰어난 내구성을 자랑했다. 바나듐
소재가 포드 자동차를 개선할 수 있다고 생각한 포드는 국내 공급자를
찾았지만 이를 취급하는 제철회사가 없었다. 포드는 하는 수 없이 영국
출신의 야금학자를 고용해 소재를 직접 생산하기로 결정했다. 바나듐 금
속은 일반 제철소보다 용광로의 온도가 더 높아야 하기 때문에 오하이오
칸톤에 있는 특수강 회사와 협력해서 바나듐철을 테스트하고 생산했다.
포드는 이 금속을 '우리의 으뜸 철'our principal steel'이라고 불렀다.[20]

  1908년에 포드는 마침내 유니버설 카를 출시했다. 모델 T야말로 수년
에 걸친 그의 땀과 노력의 결정판이었다. 20마력 엔진에 무게는 540킬로
그램이었고 최대 시속 72킬로미터를 자랑했다. 완전히 새로운 설계를 통
해 맞은편의 물체를 더 잘 볼 수 있도록 운전대를 왼쪽에 배치했다. 이전

의 오른쪽 운전대는 시골길의 도랑이 잘 보이도록 설계한 것이다. 시판 첫해에는 850달러라는 낮은 가격에 판매했고 그 뒤에 가격은 더 내려갔다. 모델 T는 포드가 바랐던 모든 것이 들어간 차였다. 이 차량을 발표하면서 그는 이렇게 말했다. "저는 대다수 사람들이 사용할 수 있는 차량을 만들 겁니다. 이 차는 가족 모두를 수용할 넉넉한 공간이지만 혼자 몰고 다니기에도 적당합니다. 현대의 공학기술이 제공할 수 있는 최고의 설계를 바탕으로 최고의 재질로 우수한 인력이 만든 차량입니다. 하지만 어느 정도 수입만 있으면 구입할 수 있을 정도로 합리적인 가격에 제공될 것입니다. 하느님의 넓은 공간 안에서 가족과 함께 행복한 시간을 보내시기 바랍니다."[21]

포드가 예상했던 대로 미국 국민들은 이 차에 매료되었다. 1908년 10월부터 1909년 9월까지 포드는 1만 대 이상의 차량을 생산해서 전부 다 팔아치웠다. 생산량의 대부분은 모델 T였지만 도저히 공급이 따라가지 못할 정도로 수요가 치고 올라왔다.

생산속도는 높이고 생산원가는 낮추는 방법을 모색하던 중 포드는 현대 자본주의에서 가장 중요한 요소를 발견한다. 그것은 대량생산과 그 필수요소인 조립라인이다. 전부터 대량으로 신속하게 제품을 생산하려는 시도가 있었지만 대부분은 더 많은 인원을 투입해서 해결했다. 금광 채굴량을 늘리려면 광부를 더 투입하고 직물생산을 늘리려면 직조공을 더 투입하고 철도노선을 늘리려면 인부를 더 투입하는 식이었다. 보다 효율적으로 생산방식을 변경하려 했지만 직감이나 전부터 내려오는 노하우에 근거한 사소한 개선에 그치곤 했다. 그러나 1800년대 말에 기업가와 기술자들은 객관적인 실험과 데이터에 근거하여 생산과정을 측정하고 시험하는 과학적인 방식을 도입했다. '과학적 관리scientific management'기법은 프레더릭 윈슬로 테일러Frederick Winslow Taylor라는 기계공학자가 창안했다. 그는 일평생을 공학의 원리를 산업에 접목하는 데 바쳤으며 근대산업이 비효율적인 이유는 합리적이고 실험 가능한 방법이 아니라 직관과 경험에 의존하는 생산방식 때문이라고 생각했다. 그는 '시간 연구time studies'를 도입하여 공장 운영의 작은 변화가 생산율에 어떤 영향을 미치는지 측정했다. 이 연구에서 그는 스톱워치를 이용해 공구와 작업방식을 바꿔가며 작업자의 작업시간을 체크한 뒤 이 결과를 이용해 가장 빠르고 효율적인 작업 동선을 찾아냈다. 그는 작업은 과학이라고 주장했으며 효율적인 방식과 그렇지 않은 방식을 테스트한 다음 작업 속도를 올리기 위해 최선의 작업방식을 표준화하는 것이 필요하다고 생각했다.

포드는 초창기부터 과학적 관리기법을 신봉해서 1910년 포드 자동차가 유명한 하일랜드 파크 공장으로 이전할 때도 이 기법을 기반으로 설계했다. 작업 공정별로 나누어 다른 건물에 배치하는 대신 모든 공정을 가장 큰 건물에 배치했다. 거대한 유리창과 채광창, 그리고 유리천장을 이용해 조명을 확보했으며, 이런 구조 때문에 이 공장은 수정궁이라는 이름으로도 불렸다. 생산라인을 합리적으로 배치하기 위해 차량이 조립되는 순서대로 설비를 배치했다. 조립에 필요한 부품을 담은 상자가 바로 옆에 있으니 작업자들은 그저 부품을 꺼내 조립하고 바로 다음 차로 가서 동일한 동작을 반복하면 되었다.

하일랜드 파크 공장으로 인해 조립라인이 엄청난 주목을 받게 되었다. 포드는 이 획기적인 개념을 이렇게 표현했다. "조립라인에서 첫 번째 단계는 작업자가 이동하는 게 아니고 작업할 대상물이 작업자에게 오는 것이다. (중략) 이렇게 되면 작업자 입장에서는 생각할 필요가 없어지고 움직임이 최소화된다. 하나의 동작으로 하나의 작업을 하게 되는 것이다.”

사실 포드는 1906년에 기초 수준의 조립라인을 설치한 적이 있었다. 공장장인 월터 플랜더스Walter Flanders가 모델 N을 조립할 때 각 작업자에게 특정 작업을 분배하고 조립 차량을 밀어서 움직일 수 있도록 했던 것이다. 그러나 진정한 의미의 혁신은 포드 자동차의 작업반장이었던 윌리엄 클랜William Klann이 스위프트 앤드 컴퍼니Swift & Co 육류포장 공장에서 직원들이 이동식 손수레에 담긴 돼지를 신속하게 해체하는 것을 본 것이 계기가 된다. 1913년 포드는 모델 T의 점화 장치를 구성하는 부품 중 하나인 플라이휠 자석을 조립하는 공정에 이동식 조립라인을 설치했다. 숙련된 작업자가 이 부품을 조립하는 데 평균 20분 소요되었지만 클랜은 이를 29개의 작업공정으로 분리해 29명의 작업자가 조립 순서대로 이동식 벨트에 서서 작업을 하도록 했다. 이 작은 변화가 기적 같은 결과를 낳았다. 갑자기 대당 조립시간이 20분에서 13분으로 감소했다. 작업자가 카트에서 부품을 꺼내느라 허리를 구부리는 시간을 아끼기 위해 카트의 위치를 높이자 다시 7분으로 감소했고 얼마 후에는 5분으로 줄었다. 조립공정을 표준화시켜 간단한 공정으로 나누자 생산량이 네 배로 늘어난 것이다. 이동식 조립라인은 곧 산업 전 분야로 확산된다. 1914년 여름이 되자 모델 T 한 대를 조립하는 시간은 12시간 28분에서 1시간 33분으로 획기적으로 감소했다.[22]

수정궁은 이제 전 세계에서 가장 효율적인 생산설비로 탈바꿈했다. 이동식 조립라인을 도입하기 전인 1913년에 포드는 6만 8,733대의 모델 T

를 생산했지만 도입 후인 1914년에는 17만 211대로 증가했다. 실험을 계속해 작업방식을 개선하면서 속도는 더욱 빨라졌다. 1915년에는 20만 대의 모델 T를 생산했지만 다음 해에는 30만 대, 그다음 해에는 50만대로 늘었다. 1918년에는 70만 대 이상을 생산하여 미국 전체 자동차 생산의 절반을 차지했다.[23]

외부에서 보면 수정궁은 화려한 자본주의의 성채처럼 보이지만 직접 목격한 사람들에게는 잔혹한 현장이었다. 작가 줄리언 스트리트Julian Street는 1914년 하일랜드 파크 공장을 방문하고 심한 충격을 받아 자신의 여행기 《집에서 해외여행Abroad at Home》의 한 챕터를 할애해 '모터의 메세나The Maecenas of the Motor'라는 제목으로 공장을 묘사한다. "공장은 약 8만 1,000제곱킬로미터 면적 위에 세워진 하나의 건물로 이루어져 있다. 그 엄청난 규모와 소음 그리고 바쁘게 돌아가는 모습은 도저히 인간이 만들었다고 믿기 어려울 정도다." 공장을 그렇게 건설한 데는 이유가 있겠지만 "윙 소리를 내며 돌아가는 샤프트와 휠, 천장을 지탱하는 기둥과 덮개, 휠라 이휠, 가죽 벨트, 고통스러운 듯 울부짖는 기계소리, 금속의 마찰소리, 망치소리, 벨트의 퍼덕대는 소리, 기름 냄새, 자욱한 연기와 야만인처럼 보이는 낯선 작업자들에 둘러싸여 마치 현실이 아닌 것 같았다"라고 표현했다. 그만큼 바쁘고 요란하고 혼란스러웠다는 것이다.

> 휠과 벨트, 이상하게 생긴 금속 덩어리, 작업자와 기계의 움직임, 거기에 상상할 수 있는 모든 소리를 더해보라. 다람쥐 100만 마리가 우는 소리, 수많은 원숭이가 싸우는 소리, 사자 떼가 포효하는 소리, 떼죽음당하는 돼지의 비명소리, 정글을 달리는 코끼리 무리의 발굽

소리, 소년들의 손휘파람 소리, 콜록콜록 기침소리, 지옥으로 끌려 가는 죄인들의 신음소리 등이 나이아가라 폭포의 우렁찬 물소리를 배경으로 동시에 난다고 상상해보라. 그러면 어렴풋이나마 공장에 대한 감을 잡을 것이다.[24]

사실상 포드의 공장은 인간에 대한 기계의 승리라기보다 인간의 기계화였다. 생산량 증가라는 측면에서는 좋을지 모르지만 인간에게는 확실히 불쾌했다. 또한 근로 의욕이 효율성에 미치는 영향이, 포드가 생각했던 것보다 훨씬 크다는 사실이 밝혀졌다. 테일러는 조립라인을 도입하면 생산성이 대략 두 배 증가할 거라고 예측했지만 사실 그 차이는 크지 않았다. 조립라인을 도입하기 전인 1909년 포드는 1,548명의 작업자가 월평균 1,059대의 모델 T를 생산해서 인당 생산성은 0.68대였다. 조립라인을 설치한 후인 1913년에는 1만 3,667명의 작업자가 1만 5,284대를 생산해서 1.12의 생산성을 보였다. 인당 생산성이 65퍼센트 증가했지만 이는 포드가 예상했던 수치에는 한참 모자랐다. 회사는 그 원인을 조사한 결과 두 가지를 지목했다. 하나는 무단결근이고 다른 하나는 이직이었는데, 이 두 가지 모두 직원들의 만족도와 관계가 있었다. 1913년 하일랜드 파크 공장의 일일 결근율은 10퍼센트였다. 이는 1만 4,000명의 직원 중 평균적으로 1,400명은 항상 나오지 않았다는 뜻이다. 결근의 가장 큰 이유는 병가였다. 이직률 역시 370퍼센트로 높아, 1년에 직원 1명당 3.7명씩 새로 뽑아야 했다. 결근과 이직은 회사에 많은 비용을 초래했다. 새로운 직원을 뽑아 교육시켜야 하고 보직을 순환시켜야 하기 때문이다. 또한 효율성을 떨어뜨리기도 한다. 결국 포드는 공장을 개선하려면 노동문

제를 해결해야 한다는 결론을 내렸다.[25]

그 결과 1914년 1월 1일 포드는 모든 중역을 소집시켰다. 회의에서 그는 최근에 아들과 함께 공장을 돌아본 이야기를 했다. 조립라인을 지나는데 작업자 두 명이 싸우는 걸 목격했으며 아들이 보는 게 창피스러웠다고 말했다. 이들이 '야만인'처럼 행동하는 이유는 생활여건이 미개하기 때문이며, 생활여건이 미개한 이유는 겨우 먹고살 만한 수준의 급여만 받기 때문이라고 말했다. 회사의 이익을 중역들이 나누어 가지고, 소비자들도 그 혜택을 보는데 왜 노동자만 제외되는가? 그는 칠판에 새해의 사업계획을 적기 시작했고 인건비 항목에 도달하자 이익 대비 임금이 너무 적다고 말하며 평균 임금 3달러를 제시했다. 그리고는 다시 3.5달러를 대입했다. 중역 한 명이 난색을 표했지만 무시하고 4달러, 4.5달러로 올렸다. 2인자였던 쿠젠스가 모든 걸 지켜보더니 넌더리를 내며 "다음은 4.75달러네요. 아예 5달러로 하지 그러세요." 이 말에 포드는 바로 그렇게 했다. 1월 5일 이사회를 소집하여 임금인상을 승인하고 그날 오후에 언론에 발표했다.[26]

고임금을 받는 노동자가 대량생산 방식으로 생산한 차량을 저가에 판매하는 포드의 새로운 시스템 덕분에 회사의 이익이 획기적으로 늘어났지만 동시에 예상치 못했던 문제들이 발생하여 완전히 기업의 형태를 바꾸었다. 주주, 소비자, 노동자 등 포드라는 회사를 구성하는 모든 요소에 심대한 영향을 미쳤다. 포드 자동차는 항상 수익성이 좋았다. 1916년 6,000만 달러의 흑자를 기록했는데 이는 현재 가치로 15억 달러에 해당하는 금액이다. 이렇게 이익이 많이 나니 회사의 주주들은 매우 만족하리라 예상되지만 사실 그들은 제대로 대접받지 못하고 있다고 생각했다. 1916년에 포드는 지난 5년간 정기적으로 지급해왔던 특별배당금을 지급하지 않기로 결정했다. 포드의 설명은 최신식 공장 설비를 갖추는 데 자금이 필요한데 배당금으로 낭비할 수 없다는 것이었다. 주주 중 존 도지와 호레이스 도지는 특히 화가 많이 났다. 이들은 1903년 회사 설립 때부터 합쳐서 전체 지분의 10퍼센트를 보유하고 있었다. 초기 1만 달러를 투자해서 배당금으로 550만 달러를 받았으니 이들의 투자는 대성공이었다. 하지만 이들은 1914년에 도지 자동차^{Dodge Brothers Motor Company}를 설립했고 운영자금이 부족했다. 그래서 1916년에 포드가 배당금을 줄이고 리버 루즈에 새로운 공장을 설립하겠다고 발표하자 도지 형제는 분노했다.[27]

도지 형제는 1916년 9월 28일 포드에게 배당금 정책에 대한 불만을 적은 내용증명을 보냈다. 이사회를 개최해 축적된 현금잉여분을 주주에게 분배해달라고 요청했지만 포드는 이를 무시했다. 형제는 1916년 11월 2일 미시간 법원에 소송을 제기했다. 법원에 공장확장계획을 중단하고 75퍼센트의 잉여금을 주주들에게 분배해달라는 가처분신청을 냈다. 포드를 더욱 치욕스럽게 만든 것은 이들이 소송을 제기한 날이 포드의 아들인 에젤 포드^{Edsel Ford}의 결혼식 바로 다음 날이었기 때문이다. 형제가 결혼식에 참석하고 바로 그다음 날 소송을 제기한 데 대해 포드는 당연히 격노했고 그 어느 측도 물러서지 않았다. 포드가 증인으로 나선다는 소식에 이 재판은 전 국민의 관심을 끌었다. 도지 측 변호사인 엘리엇 스티븐슨^{Elliot Stevenson}이 포드에게 기업을 어떻게 운영해야 하느냐고 묻자 포드는 이렇게 말했다. "여기서 확실히 말하겠습니다. 포드 자동차는 자동차 판매로 엄청난 이익을 거두어서는 안 된다고 생각합니다. 적정 수준의 이익은 상관없지만 지나치면 안 된다고 봅니다. 그러므로 생산이 가능한 수준 내에서 차량 가격을 항상 낮게 유지하고 그 혜택을 소비자와 노동자에게 돌려주자는 것이 저의 정책이었습니다. 그리고 나머지 이익은 회사로 유보시켰습니다." 그러자 변호사가 포드를 압박했다.

스티븐슨: 회사가 엄청난 이익이 나는 것에 불만이 많았다고요?

포드: 이익을 적게 내기가 어려웠습니다.

스티븐슨: 이익을 적게 내기가 어려웠다고요? 그러면 사장님은 적게 내려고 노력했나요? 그러면 포드 자동차는 이익 말고 다른 어떤 목적으로 회사를 운영합니까? 말씀해주시겠습니까? 포드 사장님?

포드: 관련된 모든 사람에게 어디서나 최대한 좋은 일을 하기 위해서 회사가 존재합니다.

스티븐슨 : 자동차 제조업이나 기타 어떤 제조업에서 사람들에게 좋은 일을 해야 한다고 법으로 정해졌나요?

포드: 나는 법에 대해선 잘 모르오.

그가 관련된 모든 사람에게 어디서나 최대한 선을 베풀기 위해서 회사를 운영한다고 한 진술은 판결에 매우 안 좋은 영향을 미쳤다. 도지의 변호사는 "포드가 주주의 희생하에 회사를 키우려 했다"라고 주장했다. 도지 형제가 원한 것은 포드 자동차가 회사를 운영해서 "가능한 한 최대한의 이익"을 내는 것이었다. "회사가 성장하면서 이익을 내지 않는 수준으로 운영하는 것은 불법이다"라고 도지 형제는 주장했다. [28]

투자자들을 무시하는 포드의 증언 때문인지 법원은 도지 형제에게 유리한 판결을 내렸다. 미시간 대법원이 내린 이 판결은 이후 회사법의 바이블과 같은 지위를 얻는다. 다른 무엇보다 회사의 이익 추구를 가장 중요하게 여기는 주주 중심의 판결을 내린 것이다.

> 기업은 주주의 이익을 위해 조직되고 운영되어야 하며 이사진의 권한은 이를 목적으로 행사되어야 한다. 경영자의 재량권은 이익을 극대화하는 방향으로 행사되어야 하며 이익을 축소하거나 주주에게 이익을 배분하지 않고 다른 목적으로 사용해서는 안 된다. (중략) 이사진이 공공의 이익을 위해 회사의 조직구성권과 운영권을 행사한다면 합법적이라고 간주하기 어렵다. 또한 피고 회사의 공공연한 목적이 주주의 이익에 반한다면 법원이 개입하는 것이 당연하다 할 것이다.

이 판결은 주주와 회사 간에 갈등이 발생했을 때 법원이 개입하여 주주들의 손을 들어준 매우 명확한 사례로 남아 있다.[29]

안 그래도 주주와 자본가의 역할에 대해 의구심을 가지고 이들을 '기생충'이라고 불렀던 포드는 이 판결로 완전히 돌아섰다. 판결 한 달 후인 1919년 3월 6일 그는 포드를 떠나 새로운 회사를 설립하겠다는 구상을 발표했다. 배당금만 요구하고 법원에 포드의 사업가적 판단에 의문을 제기하는 주주들과는 더 이상 상대하지 않겠다는 것이었다. 포드의 이 대담한 구상은 시장에서 먹혔다. 미래의 비전을 주던 회사의 리더가 떠난다는 소식에 주가는·폭락했고 포드는 차명으로 주식을 대량 매집했다. 1억 달러나 들었지만 충분한 가치가 있다고 생각했다. 귀찮은 주주들이다 떠나고 이제 회사는 오롯이 포드 것이 되었다.

포드는 노동자와의 관계도 안 좋았다. 일당 5달러는 악마의 거래 같은 것이었다. 좋은 보수를 받고 근무시간은 짧았지만 그 대가를 치러야 했다. 조립라인은 속도를 매우 강조했으므로 노동자의 작업 속도와 강도는 매우 높았다. "작업반장은 '빨리빨리'라는 말을 영어, 독일어, 폴란드어, 이탈리아어로 다 알아야 했죠"라고 하일랜드 파크 공장의 한 노동자가 증언했다. 일당 5달러 정책이 도입되고 얼마 후 조립라인에 배치되었던 찰스 매디슨Charles Madison은 엄청난 압박을 이렇게 표현했다. "작업반장은 전문가가 내 작업 분량을 측정해서 하루에 장착해야 하는 부품 목표가 나온 것이라고 했다. 내가 직접 시간을 재보니 할당량을 충족하려면 다른 문제가 생기지 않는 전제하에 꼬박 여덟 시간을 쉼 없이 일해야 한다는 결론에 이르렀다." 할당 목표를 달성하려면 휴식시간은 물론이고 점심시간이나 화장실 갈 시간도 없어야 했다. 결국 작업자들은 "샌드위치를 우적우적 씹으며" 작업을 계속해야 했다. 첫째 날 목표를 못 맞추자 작업반장은 그를 나무랐다. 다음 날 효율성 측정원이 그의 작업대로 와서 시간을 재며 그의 일을 관찰했다. 그는 마치 매가 감시하듯 몇 시간이고 그의 작업을 지켜보고 무언가를 적더니 작업반장에게 매디슨은 너무 느리며 개선하려는 의지가 안 보인다고 보고했다. 하지만 일당 5달러를 벌겠다는 희망으로 모든 걸 포기하고 이 비인간적인 목표를 달성하기 위해 전념했다. 그러나 급여를 받아보니 시간당 25센트에 불과했다. 작업반장은 "5달러를 받으려면 작업자가 6개월 이상 근무하고 목표를 달성할 능력이 있다는 것을 보여주어야 한다"라고 말했다.[30]

조립라인에서 일하는 것은 정신적, 육체적으로 매우 힘들었다. 작업자는 때로는 불편한 자세로 몇 시간이고 같은 동작을 빠른 속도로 반복해야 했다. 앤서니 하프Anthony Harff라는 직원은 자신이 취직시켰던 화가 친구에 대해 이렇게 이야기했다. "첫째 날 그 친구를 집까지 데려다주었는데 말도 못 하게 피곤해했다." 그는 자동차 펜더 밑에서 "쭈그려 앉은" 자세로 일을 했는데 끝나고 나서 제대로 일어서지도 못했다. "저녁때 집에 와서도 계속 앉아 있으려고만 하고 저녁 먹을 생각도 하지 않았다. 그 친구는 한참 동안 똑바른 자세로 앉아 있어야 했다. 너무나 피곤하고 아파서 몸을 움직일 생각조차 하지 않았다." 그는 결국 3일 만에 관두었다. 이런 식의 비인간적인 대우를 보고 존 스타인벡John Steinbeck 은 주로 자동차를 중심으로 한 이야기인 《분노의 포도The Grapes of Wrath》를 썼다. "나는 헨리 포드와 아무런 관계가 없어. 그 사람 안 좋아해. 한 번도 좋아한 적이 없어. 동생이 그 공장에서 일했지. 동생 이야기를 한번 들어봐야 하는데."[31] 소설의 한 구절이다.

포드 자동차가 임금을 인상하면서 노동자에게는 '훌륭한 도덕적 자질'을 요구했다. 5달러 정책을 시행하면서 회사에는 '사회부'가 신설되어 요구사항을 점검했다. 200여 명 이상의 조사관을 고용해 직원들의 개인적 습관과 가족, 집, 이웃에 대한 정보를 염탐했다. 직원 명단과 주소를 가지고 디트로이트 시내를 돌아다니며 직원들의 집 근처에서 정보를 수집했다. 아래는 전형적인 문답 사례다.

"조 폴리안스키가 여기 사나요?"
"예. 맞습니다."

"그는 어떤가요? 좋은 사람인가요?"

"그럼요. 훌륭한 사람이죠."

"저녁에는 뭘 하죠?"

"항상 가족과 보내고 일찍 잠자리에 듭니다."

"술은 마시나요?"

"웬걸요. 전혀 안 마십니다."

"그럼 돈 벌어서 뭐하죠? 저축은 하나요?"

"그럼요. 저축합니다. 고향에 계시는 부모님한테 보내고 남는 건 저축하죠."

"월급이 오르면 그걸로 뭐할 것 같아요?"

"저축해서 집을 사겠죠."

이들의 조사결과는 매우 중요했다. 만일 거짓말한 것이 탄로 나면 해고되었고, 검소하지 않거나 술을 먹는다고 판단이 서면 감봉처분을 받았다.[32]

이런 식의 가부장적이고 모든 걸 감시하는 방식이 꼭 나쁜 것만은 아니었는데 특히 가족들이 좋아했다. 여자들이 직장을 구하기 매우 어려운 시대였으므로 가족들은 전적으로 남자의 수입에 의지하는 수밖에 없었다. 사회부에 대해 포드의 한 직원은 이렇게 말했다. "이거는 확실합니다. 만일 어떤 직원이 이혼하고 나서 아이들을 돌보지 않고 양육비를 제때 지불하지 않으면 전 부인은 남편을 괴롭히는 대신 사회부에 말만 하면 양육비를 제외하고 급여가 나옵니다. 그 덕에 많은 아이를 양육할 수 있었죠." 포드 자동차는 또한 장기적으로 직원의 건강과 복지에도 신경을 써서 직원을 위한 여러 프로그램을 도입했다. 1913년에는 직원 저축 대부조합을 실립해 재산형성에 도움을 주었다. 법무부는 직원들의 주택구입, 시민권 획득, 부채탕감 등을 무료로 서비스해 주었다. 1920년 사내 병원에는 20개의 병실과 10명의 의사, 두 명의 치과의사, 두 명의 약사 그리고 마취과 의사가 있었다. 직원들 중에 이민자들이 많았으므로 어학원을 설립해 영어를 가르치기도 했다. 심지어 아이다 타벨Ida Tarbell 같은 공익신고자조차 이 프로그램을 "매우 가치 있고 진심으로 인간적인 방식"이라고 칭찬했을 정도였다. "판매부에서 목표를 포기하지 않으려 하듯 사회부에서는 사람을 포기하지 않는 것 같다." 타벨의 말이다.[33]

하지만 포드는 자신을 구세주 같은 존재로 생각했기 때문에 직원들의 불만에 쉽게 공감하지 못했고 자신이 창조한 대량생산 시스템의 비인간적인 측면을 전혀 이해하지 못했다. 그는 "우리는 일할 때 온전한 정신을 가지며 자존심을 유지할 수 있고 우리를 구원할 수 있다"라고 말하는 사람이었다. 1930년대 노동조합운동이 크게 일어나자 직원들에게 무슨 수를 써서라도 노동조합에 가입하지 말라고 했다. "어떤 형태든 노동조합에 가입하면 독립성을 상실하고 그 결과 고통에 시달리게 됩니다"라고 한 인터뷰에서 말했다. "업계의 경쟁은 노동자에게 정당한 임금을 보장해주지만 노동조합이 생기면 이 경쟁이 파괴됩니다." 포드는 노동조합을 노동자의 분노가 표출된 것이 아니라 부유한 자본가들의 장난질이라고 생각했다. 또한 유대인에 대한 반감도 한 역할을 했다. "노동조합의 배후에는 산업을 지배하고 경쟁체제를 없애려는 국제 자본가들이 있습니다. 이들이 모든 파업의 주범입니다." 그는 경영자와 노동자 사이에 갈등이 생길 수 있다는 점을 전혀 예상하지 못했다. "우리는 노동자를 다른

기업의 세계사

계층과 별도로 생각하고 '노동자'와 '경영자'를 완전히 반대되는 집단으로 간주하는 경향이 있습니다. 그러나 이 땅의 경영자 대부분은 노동자 출신입니다. 이들이 어디에서 왔나요? 저 역시 '노동자'입니다. 평생 노동에 종사했습니다." 그는 노동자의 이익을 돌려주는 가장 좋은 방법은 경영자에게 임금과 작업환경을 통제할 수 있는 전권을 주는 것이라고 믿었다. 시장의 보이지 않는 손이 작용하면 노동자에게 정당한 급여가 보장된다는 것이다. "경영자가 얼마나 이런 분위기를 조성하려 노력하는지 알게 되면 놀랄 것입니다. 이들은 그렇게 함으로써 그 어떤 상품보다 더 사회적 진보에 기여한다고 믿습니다. 만일 노동자에게 그들이 창출하는 수익보다 더 적은 임금을 준다면 경영자는 그 뒤에 일어나는 사태에 책임을 져야 할 것입니다. 작업 품질이 저하되면서 제품의 품질이 나빠지고 결국 시장에서 퇴출될 것입니다." 시간이 지나도 노동운동에 대한 포드의 사고방식은 변화가 없었다. 1937년에는 "노동조합은 이 세상에서 가장 나쁜 것입니다"라는 말을 하기도 했다.[34]

심판의 시간이 다가왔다. 1915년 포드는 하원 노사관계 위원회에 증인으로 불려 나가 포드 자동차 직원의 처우에 대한 질문에 답했다. 위원회는 포드 자동차 주식회사가 "공장의 작업환경뿐 아니라 노동자의 사회적, 도덕적 환경을 포함해 그렇게 많은 평가기준"을 가진 이유를 물어보았다. 또한 기업이 "그렇게 많은 통제 수단을 보유하는 것이 바람직한 일인지"에 대해서도 물어보았다. 포드는 자신의 목적은 "단지 종업원들의 재정적, 도덕적 수준을 상향시키는 것"이었다면서 즉답을 피했다. 그러나 대공황은 노사문제를 파경으로 이끌었다. 포드 공장의 작업조건은 이 시기에 더욱 열악해졌다. 일자리는 줄어들었고 남은 일자리는 조립라인의 악명 높은 '시간 단축speed-up'으로 더욱 힘들어졌다. 대신할 사람이 없으면 화장실도 못 갔으며 점심시간은 15분으로 줄어들었다. 한 노동자가 자신의 경험을 이렇게 처참하게 표현했다. "벨이 울리자마자 한 손을 뻗어 도시락을 낚아채고 다른 손으로는 기계의 작동을 중지시킨다. 다리는 곧바로 쭈그러뜨려 바닥에 주저앉았다. 도시락 뚜껑은 마치 마술처럼 열렸고 눈이 따라갈 수 없는 속도로 한 손에 샌드위치를 잡고 한 입 깨물고 씹기 시작한다. 곧이어 씹기를 멈추고 바로 음식을 삼켜버렸다." 지친 노동자들의 입에서는 조합 결성에 대한 이야기가 나오기 시작했다. 1930년대 전미자동차노조United Auto Workers는 미국 전역의 공장에서 일련의 파업을 계획했다. 포드는 낌새를 눈치채고 '서비스부'를 동원했다. 서비스부는 명목상으로는 경비를 담당했지만 실제는 노동자들을 겁주기 위한 폭력 집단이었다. 이들은 점심시간에 노동자들이 하는 대화를 염탐하고 다녔다. GM 공장에서 파업이 발생하자 작업반장들에게 비상대책반을 꾸려 파업에 참가하는 노동자들을 즉시 공장 밖으로 쫓아내고 서비스부로 넘기라는 지시가 떨어졌다. 그러면 서비스부는 이 노동자들을 알아서 처리했다. 한 포드 노동자는 "부풀어 오른 귀나 주저앉은 코"를 가진 사람들이 서비스부 직원이라고 설명했다.[35]

1930년대에 노조와 사측은 크게 두 번 부딪쳤다. 1932년 3월 7일 2,500명의 인원이 미시간 디어본의 리버 루지 공장에서 노동환경 개선과 해고자 복직을 요구하며 행진을 시작했다. 이들이 공장 정문에 도착하자 경찰과 포드 경비팀이 기다리고 있었다. 경찰이 최루탄을 쏘아 해산시키려 하자 시위대는 돌을 던지며 저항했다. 갑자기 소방차가 나타나더니 이들을 향해 물대포를 쏘기 시작했다. 경비팀장이 돌에 맞아 의식을 잃자 경찰이 엽총과 권총을 발포했고, 군중은 손에 든 각목과 파이프로 공격했다. 사태가 수습된 뒤 이 '디어본 학살'에서 다섯 명의 노동자가 사망했고 10여 명이 다쳤다. 5년 후 또 다른 폭력 사태가 발생한다. 1937년 5월 26일 전미자동차노조의 지도부가 기자와 사진기자 등을 대동하고 리버 루지 공장까지 행진했다. 이들은 포드 공장의 노동자들에게 친노조 성향의 유인물을 나눠줄 예정이었다. 이 소식을 듣고 경비팀은 인원을 보내 공장으로 들어가는 육교에서 이들을 저지하려 했다. 출입을 금지한 뒤 경비팀은 조합원들을 무자비하게 폭행하기 시작했다. "우리를 두드려 팬 다음 넘어지면 다시 일으켜 세워 또 때렸습니다"라고 한 조합원이 말했다. 이들은 노조위원장을 콘크리트 계단 아래로 던져버렸고 이 장면을 찍던 사진기자의 카메라를 박살 내버렸다. 한 명이 차로 도망가자 경비팀은 그를 추격했고 기자는 경찰서로 대피해야 했다. 이것이 바로 나중에 '육교 전투Battle of the Overpass'로 알려진 사건이다.[36]

노사갈등이 격화되자 연방정부가 나섰다. 1933년 프랭클린 D. 루스벨트Franklin D. Roosevelt 대통령은 국가산업부흥법National Industrial Recovery Act에 서명하여 고용을 장려하고 임금인상을 추진했다. 하지만 무엇보다 노동자들에게 노동조합을 결성할 권리를 보장하고 주요 산업 분야에 '공정경쟁규약codes of competition'의 초안을 만들어 임금과 노동시간, 그리고 근로환경을 정하도록 했다. 미국자동차상공회의소National Automobile Chamber of Commerce가 자동차 부문의 규약을 만들어 배포했지만, 포드는 이에 서명을 거부했다. 국가산업부흥법이 크게 효과가 없다고 판단한 의회는 한발 더 나아가 일명 와그너법Wagner Act을 발의해 노동자의 집단교섭권을 보장하고 강화하기 위해 노동관계위원회National Labor Relations Board를 설립했다. 이 위원회는 나중에 포드를 조사하여 와그너법을 위반했음을 밝혀낸다. 포드의 노동자들은 1941년이 되어서야 노조결성에 대한 투표를 할 수 있었다. 투표 결과는 압도적이었다. 97퍼센트가 노조결성에 찬성했고 반대는 단지 3퍼센트에 불과했다.

포드 자동차와 포디즘은 소비 지향적 문화의 부상과 함께 회사 바깥에서 훨씬 더 넓게 확산되는 것처럼 느껴졌다. 그는 항상 구매자의 필요와 니즈를 강조했다. 소비자의 욕구를 정확히 파악하는 통찰력이 있었기에 모델 T 같은 자동차를 구상할 수 있었다. 소비자가 어느 정도 지불할 의사가 있는지 알았으므로 1914년에 마침내 차량 가격을 500달러 이하로 책정할 수 있었다. 그러나 1910년대에 포드가 주창했던 대량생산이라는 혁신적인 시스템은 소비문화에서의 새로운 혁명을 필요로 했다. 대량생산을 하려면 대량소비가 이루어져야 한다. 포드에게는 공장에서 막 쏟아져 나오는 수십만 대의 차량을 사줄 소비자가 필요했다. 그런 생각을 하다 포드는 소비자가 이미 가지고 있는 니즈를 만족시키는 것으로는 부족하다는 판단을 했다. 새로운 니즈를 창조할 필요성을 느꼈다.

포드는 1926년에 주 5일 근무제를 도입하면서 노동자에게도 욕구를 충족할 여가시간이 필요하다고 주장했다. 그는 시간 여유가 생기면 무언가 하고 싶은 생각이 든다는 것을 잘 알고 있었다. "미국은 주 5일제를 도입할 준비가 되어 있습니다. 이를 실시해야 그 많은 생산량을 흡수하고 번영을 누릴 수 있습니다." 포드는 여가시간과 쇼핑 사이에는 절대적인 관계가 있다고 생각했다. "비즈니스란 재화의 교환인데 재화는 필요하다고 느낄 때만 구입합니다. 그리고 시간 여유가 있어야 필요하다고 느낍니다. 하루에 15시간, 16시간 일하는 사람에게 필요한 것은 몸을 누일 공간과 빵 한 조각뿐입니다." 그러나 포드는 소비와 라이프스타일의 연결 관계를 이해하는 데서 한 걸음 더 나아갔다. 소비 그 자체에 가치가 있다고 믿었고 "모든 사람이 원하는 것을 가질 수 있는 세상이야말로 완벽한 세상이다"라고 주장했다.[37]

포드 자동차에 대한 수요를 창조하기 위해 포드는 화려한 그래픽으로 뒤덮인 전국적인 광고캠페인을 실시해 미국인들의 소비 욕구와 믿음을 자극했다. 1924년의 광고에는 초원에서 붉은 낙엽을 수집하는 여인을 보여주며 "포드를 가진 여성의 자유"를 자랑한다. 이 광고에는 "포드를 가지면 새롭고 낯선 곳으로 모험을 떠날 수 있다"라고 적혀 있다. 또 다른 광고에는 차에서 내리는 젊은 여성을 도와주는 남성을 보여주며 "아름다운 여인과 캘리포니아의 멋진 경치"라고 적어놓았다. 이런 광고 문구도 있었다. "그는 차로 돌아다니고 여행을 하며 사냥을 나가고 산에 오르고 사막을 가로지른다. 더 많은 것을 시도할수록 차의 성능에 놀라게 된다." 하지만 수입이 넉넉하지 못한 가망고객이 많다고 생각한 포드는 신용거래 형태인 포드 주간 할부 프로그램Ford Weekly Purchase Plan을 개발했다. 포드는 말했다. "소비할 대상만 있다면 소비는 계속 이어집니다. 소비자의 정해진 소득 같은 것은 없습니다. 소비자의 수입이 한정되었다고 생각하면 시장포화점이 정해졌다고 생각하는 과거로 돌아가는 것입니다."[38]

포드는 자신의 전략에 확신이 있었다. 한 인터뷰에서 "보세요, 우리가 끊임없이 소비자들의 새로운 욕구를 창조하고 있죠? 한 집단의 욕구가 모두 충족되면 또 다른 집단이 요구사항을 들고 나타납니다. 욕구는 점점 커지고 그럴수록 기업의 사업 기회도 점점 커집니다. 그렇지 않나요?"라고 말했다. 포드의 전략을 가장 잘 이해한 사람은 포드 자동차의 판매와 마케딩 부서를 10년 이상 지휘했던 노벌 호킨스$^{Norval Hawkins}$였다. 그는 세일즈 이론을 다룬 그의 저서 《셀링 프로세스$^{The Selling Process}$》에서 세일즈맨은 소비자의 이성이 아니라 감성에 호소해야 한다고 주장했다. "생각이 아니라 감정이 소비자의 욕구를 통제한다. 아무도 이성적으로 설득당해 제품을 사지 않는다. 욕구란 필요다. 사람은 마음속으로 무엇이 필요하다고 느낀다. 부족하다고 느끼고 이를 채워줄 강한 필요를 느낀다. (중략) 우리 모두는 이를 잘 알고 있지만 과연 이를 판매 전략에 활용해 욕구를 설득하고 창조하는 노력을 했는가?" 호킨스는 이 원칙을 이용해 포드의 판매 확대에 지대한 공헌을 했다. 그의 광고를 이용한 정서 자극 방식은 업계의 표준이 되었으며 그가 만든 모토는 현대의 광고이론에도 반복되어 나타난다.[39]

포디즘으로 인해 소비자가 중심이 되는 새로운 세상이 생겨났다. 이곳에서 소비자는 반짝이는 새로운 물건을 하나 사면 궁극적으로 행복해진다는 메시지에 항상 집중적으로 노출된다. 드디어 소비의 시대가 열린 것이다. 1936년 20세기의 가장 뛰어난 경제학자 중 한 명인 존 메이너드 케인스$^{John Maynard Keynes}$는 "명확한 이야기를 한 번 더 하자면 소비야말로 경제활동의 최종 종착역이자 목표다"라고 매우 진지하게 이야기했다.[40]

우리가 앞에서 다루었던 다른 회사들과 달리 포드 자동차는 한 번도 망하지 않았다. 하지만 변화가 있기는 했다. 1903년 창립 때부터 1945년까지 포드 자동차는 헨리 포드라는 인물이 지배했다. 하지만 그사이에 경쟁사도 가만히 있지 않았다. 1930년대에 제너럴 모터스$^{General Motors: GM}$와 크라이슬러Chrysler가 판매 대수와 이익 면에서 포드를 따라잡았다. 1933년에 GM은 65만 대, 크라이슬러는 40만 대, 포드는 32만 5,000대를 판매했다. 추격이 성공한 데는 GM과 크라이슬러의 노력이 컸다. 포드의 대량 조립라인을 모방하면서 포드의 경쟁우위가 점차로 사라졌다. 하지만 회사의 리더십에 문제가 생긴 것도 한 원인으로 작용했다. 설립자 겸 CEO 헨리 포드에 대한 숭배에 가까운 기업문화 때문에 기업으로서의 포드 자동차는 개인으로서의 포드가 가진 편견과 잘못을 극복하지 못했다. 포드는 때로 융통성을 보여주지 못했고 경쟁사가 더 우수한 차량을 내놓을 때도 새로운 제품 개발이나 변화를 주저했다. 아들인 에젤 포드를 포함한 새로운 경영층의 의견은 무시되었고 회사를 현대화하려는 노력은 수포로 돌아갔다.[41]

1945년 82세의 나이에 포드는 마침내 경영에서 물러났다. 경영은 이제 중역과 이사진 그리고 매니저급에 맡겨져 현대적 기업의 면모를 갖추기 시작했다. 하버드대학교의 경제학자였던 존 케네스 갤브레이스John Kenneth Galbraith는 이 사건을 이렇게 표현했다. "포드 자동차는 관료화되어 있었다. 한 사람의 개성이 조직 전체에 넓게 드리워져 있었다. 하지만 이제 소유주에서 경영자로 그 주권이 넘어갔다."[42]

포드의 유산은 수십 년간 미국 문화 전체에 영향을 미쳤다. 잭 케루악Jack Kerouac은 비트세대를 다룬 소설 《길 위에서On the Road》에서 1937년산 포드를 몰았다. 〈이유 없는 반항Rebel Without a Cause〉에서 제임스 딘은 고성능 1949년산 포드 머큐리Ford Mercury를 몰고 다녔다. 뮤지컬 〈그리스Grease〉에는 1948년산 포드 디럭스Ford De Luxe가 나온다. 존 D. 록펠러John D. Rockefeller가 포드 자동차를 가리키며 "시대가 낳은 경이로운 기업"이라고 한 말은 결코

과장이 아니다.[43]

◆　◆　◆

조립라인은 기업의 효율성을 잘 보여주는 구체적인 사례다. 작업방식을 표준화하고 작업내용을 단순화하면서 조립라인은 즉각적이고 극적인 생산성의 증가를 보여주었다. 그런데 생산과정을 여러 개로 분리하여 단계별로 진행하면 더 빨리 보다 많이 생산할 수 있다는 생각은 크게 혁신적이라고 보기는 어렵다. 과연 분리하는 게 좋을까? 아니면 묶는 게 좋을까? 어느 쪽이든 그럴듯한 이론을 주장할 수 있지만 이론은 그저 이론일 뿐이다. 실제 운용이 더 중요하다. 기업은 실험을 통해 답을 발견했다.

오늘날 대량생산과 그로 인한 영향은 곳곳에 미친다. 자동차부터 휴대폰, 컴퓨터, 가전용품까지 소비재는 그 어느 때보다 풍부하고 저렴하다. 반짝이는 새로운 제품은 조립라인에서 나오자마자 상점의 진열대나 아마존의 물류창고에 믿을 수 없을 만큼 가차 없는 속도로 보관된다. 때로는 수리하는 비용보다 새로 구입하는 게 더 저렴할 수도 있다. 대량생산의 효율성에 비해 혼자 일하는 수리공이 더 비싸기 때문이다. 인류가 전에 경험하지 못한 수준의 생활수준을 누리게 된 것은 기업과 경영진의 사고방식이 창조해낸 선진적인 효율성 덕분이다. 대량생산이야말로 기업이 만들어낸 기적이라 할 수 있다.

그러나 기적이 모두 좋은 것만은 아니다. 적은 노력으로 보다 많은 것을 만들면 원원처럼 보인다. 포드도 그렇게 생각했음에 틀림없다. 그러나 대량생산은 회사의 안팎으로 여러 새로운 문제를 야기했다. 회사 내적으로는 힘들고 때로는 비인간적이며 잔인한 근로환경을 조성했다. 회사 밖에서는 소비 자체가 목적이 되고 사회 전체가 이를 추구하는 분위기가 조성되었다. 대량생산의 여파로 물질주의와 폐기물 처리, 환경파괴가 당면한 문제로 떠올랐다. 인류는 이로 인한 영향력을 제대로 이해하는 데 많은 시간이 걸렸지만 아직도 그 파급효과에서 벗어나지 못하고 있다.

조립라인 덕분에 기업의 생산성이 그 어느 때보다 증가했고 이에 맞추어 소비자의 수요도 늘어나면서 무역과 상업이 획기적으로 증가했다. 그러나 기업 형태가 새롭게 진화하면서 기업의 영역은 더욱 확장되었다. 다국적 기업은 전 세계를 하나의 시장으로 묶었다.

6장

국가보다 거대해진
다국적 기업 엑슨

시리아와 이집트군이 이스라엘에 대한 기습공격을 감행한 지 11일째 인 1973년 10월 17일 중동의 석유 장관들이 새롭고 과감한 군사전략을 감행하기 위해 쿠웨이트 시티에 모였다. 아랍 국가들은 오래전부터 막대 한 석유 매장량을 이용해 지정학적 목적을 이룰 방안을 고심해왔지만 드 디어 무기로서 석유를 활용할 날이 온 것이다. 여덟 시간의 회의 끝에 사 우디아라비아, 이라크, 이란, 쿠웨이트, 카타르, 아부다비 등 참가국들은 석유생산량을 감축하고 이스라엘의 최우방국인 미국으로의 석유 수출을 중단하겠다고 발표했다. 또한 이스라엘이 1967년 '6일 전쟁'으로 점령 한 지역에서 철수할 것과 미국이 이스라엘에 대한 군사적 지원을 중지할 것 등 자신들의 요구안이 해결되지 않으면 향후 더 큰 폭의 감산을 단행 할 것이라고 발표했다. 이란 국왕인 모하마드 레자 팔라비[Mohammad Reza Phalavi] 는 미국이 "싼 석유가격을 기반으로 쌓아 올린 엄청난 발전과 그보다 더 엄청난 수입과 부를 누리던 시대는 끝났으며 (중략) 결국 허리띠를 졸라매야 할 것이며, 식사 때마다 먹을 것이 넘치고, 자신의 차를 보유하고 테러리스트가 여기저기 폭탄을 투하하듯 버릇없이 행동하던 부유한 가정의 어린이들은 선진 산업국가로서 누리던 모든 것을 다시 생각해야 할 것이다"라고 선언했다.[1]

석유 금수 조치는 미국에 엄청난 시련을 주었다. 그 전 몇십 년간 국내외적으로 석유에 대한 수요는 엄청나게 증가했다. 거의 100년간 선진국의 주요 에너지원은 석탄이었지만 제2차 세계대전 후 석유가 그 자리를 대신했다. 석유의 장점은 여러 가지였다. 액체였으므로 수송하기가 더 쉬웠고 에너지의 밀도가 높았기 때문에 동일 무게로 다른 연료보다 화력이 좋았다. 또한 정제작업을 거쳐 손쉽게 다른 형태와 용도의 연료로 변환할 수 있었다. 비교적 청정연료로서 런던 같은 대도시의 공기를 완두콩 수프 색깔 같은 '죽음의 안개'로 만드는 일도 없었다. 이어진 오일붐^{oil} boom은 경제성장을 촉진하고 생활수준을 향상시켰으며 도시와 주택과 이동수단에 변화를 가져왔다. 미국의 석유생산은 수요를 따라가지 못했다. 시간이 갈수록 미국은 더 많은 석유를 수입해야 했다. 1972년 미국은 일일 원유 소비량 1,700만 배럴 중 38퍼센트에 해당하는 640만 배럴을 수입했다. 서유럽 국가들은 거의 90퍼센트의 석유를 아랍 국가들로부터 수입했다. 따라서 중동의 주요 국가가 석유생산을 줄이고 미국으로 수출을 중지하겠다는 발표는 큰 문제가 아닐 수 없었다. 석유 없이는 미국 경제가 돌아갈 수 없었다.[2]

리처드 닉슨 대통령에게는 전부터 여러 번 경고가 있었다. 아라비아-아메리카 석유회사Arabian-American Oil Company 아람코는 미국 행정부에 몇 달째 심각한 경고를 보내 언제 터질지 모르는 중동의 긴박한 상황을 전달했다. 아람코는 미국의 4대 석유회사인 엑슨^{Exxon}, 모빌^{Mobil}, 텍사코^{Texaco}, 스탠더드 오일로 구성된 컨소시엄으로 사우디아라비아에서 석유를 생산하기 위해 만들어졌다. 이 회사의 경영진은 미국 대통령에게 중동과 관련된 사안에 대해 조언하는 걸 당연하게 생각했다. 심지어 엑슨은 국무성에 직원을 상주시켜 중동 현안에 대해 항상 최신 정보를 관리들과 공유했다. 1973년 10월 12일 아람코 회장은 닉슨 대통령에게 서한을 보내 미국이 계속 이스라엘을 지원하면 보복의 "눈덩이 효과$^{snowballing\ effect}$"로 "석유공급에 심각한 위기가 닥칠 수 있습니다"라고 경고했다. "단지 이 지역에서 미국의 기업만이 위기에 처한 것이 아닙니다. 미국의 지위가 심각하게 손상되고 있으며 그 자리를 일본, 유럽, 어쩌면 러시아 회사들이 차지하면 미국의 경제와 안보에 심각한 영향을 미칠 것입니다."[3]

하지만 이 경고는 너무 늦었고 쿠웨이트 회의 이후 본격적인 금수조치가 단행되었다. 그 뒤 몇 달간 석유가격은 배럴당 3달러에서 12달러로 네 배 상승했다. 1973년 11월 7일 닉슨 대통령은 전국으로 생방송된 연설을 통해 "제2차 세계대전 이후 가장 심각한 에너지 공급난"이 닥쳤다고 말했다. 그는 국민들에게 국가를 위해 희생할 것을 요구했다. 실내온도를 낮추고 카풀을 이용하며 시속 80킬로미터 이하로 주행해달라고 부탁했다. 두 달 후인 1974년 1월에는 라디오 연설을 통해 에너지 사용을 줄이려는 실질적이고 상당한 노력에도 불구하고 여전히 석유공급이 부족하다며 또다시 협조를 호소했다. 문제의 심각성을 의심하는 사람들을 위해 닉슨은 윈스턴 처칠에 대한 일화를 소개했다.

에너지 절약, 에너지 배급량 감소로 인한 불편함은 만들어낸 것이 아닙니다. 그것은 실제로 존재합니다. 제2차 세계대전 중 처칠 총리에게 히틀러와 싸우는 이유를 물었습니다. 처칠은 "우리가 멈추면 그때서야 알 것이오"라고 대답했습니다. 만일 우리가 오일쇼크에 대응해 투쟁할 필요가 없다고 생각한다면, 만일 우리가 긴장을 늦추고 다시 과거처럼 에너지를 펑펑 쓴다면 미국인들은 에너지 위기의 영향을 가장 처절하게 온몸으로 느낄 것이며 그 누구도 위기가 실제인지 의심하지 않게 될 것입니다.[4]

당시 주요 석유회사들은 닉슨 대통령과 대중으로부터 비난의 표적이 되었다. 같은 라디오 연설에서 닉슨은 오일쇼크의 심각성을 설명하면서 "자신의 권한이 허락하는 한도 내에서 대형 석유회사와 에너지 공급사들이 이 사태를 이용해 비양심적인 이익을 취하지 못하도록 하겠으며 (중략) 국민의 희생하에 이익을 취하는 행위는 자유민주국가에서 절대로 용납해서는 안 된다"라고 선언했다. 아람코는 매우 곤란한 입장에 처했다. 사우디아라비아는 아람코에 금수조치를 실현할 방법을 강구해달라고 요청했다. 1973년 10월 21일 셰이크 아흐마드 자키 야마니 Sheikh Ahmed Zaki Yamani 사우디아라비아 석유광물자원부 장관은 아람코 회장 프랭크 융거스 Frank Jungers를 만나 수출 관련 규정을 검토했다. "토의를 계속할수록 사우디아라비아는 수출금지 조치를 실행하기 매우 어렵다는 것을 알게 되었지만 아람코가 교통정리를 해주기를 바랐다." 엑슨과 다른 석유회사들이 1973년에 최대 호황을 누린 것도 안 좋은 요소로 작용했다. 에너지 위기를 겪고 있는데 엑슨의 매출액이 전년 대비 59퍼센트가 증가했으니 좋을 리가 없었다.[5]

기업의 세계사

하지만 닉슨은 석유회사들이 오일쇼크로 인한 충격을 줄이는 데 중요한 역할을 한다는 사실을 언급하지 않았다. 위기를 해결하려는 닉슨의 노력은 별로 효과가 없었다. 중동 문제의 대표적인 협상가인 국무장관 헨리 키신저$^{Henry Kissinger}$는 석유시장에 관해 아무것도 몰랐다. "내게 석유 몇 배럴 어쩌고 하지 말게. 내겐 코카콜라 몇 병이나 마찬가지야. 석유는 전혀 모르겠어"라고 부하직원에게 말할 정도였다. 비축해놓은 석유를 소비자에게 공급하려는 노력도 실패했다. 금수조치가 발동되기 전 미국 정부는 각 지역에 공평하게 나눠주는 석유할당제를 도입했다. 그러나 융통성 없는 정부정책 때문에 수요가 더 많은 지역으로 석유를 공급하는 게 쉽지 않았다. 사는 곳의 주유소에 기름이 동날까 우려한 운전자들은 연료를 최대한 꽉꽉 채우기 시작했다. 주유소에는 블록 전체를 돌아 긴 줄이 형성되어 몇 시간이고 기다리는 일도 생겼다. 어떤 주는 석유배급제를 도입해 번호판 숫자에 따라 짝수일과 홀수일에만 주유를 할 수 있도록 했다. 시민들은 정부가 보내는 모순된 메시지에 점차 혼란해하며 화를 냈다.[6]

정부가 어쩔 줄 몰라 손 놓고 있는 사이 미국 최대의 석유회사인 엑슨이 잽싸게 움직이기 시작했다. 1970년 엑슨은 전 세계 일일 석유 및 천연가스 소요량인 4,000만 배럴의 15퍼센트를 생산했다. 중동에 여러 개의 프로젝트를 포함해 전 세계 여러 곳에 지사를 운영했다. 리비아, 카타르, 아부다비, 레바논에 자회사가 있었고 사우디 아람코의 지분 30퍼센트, 이란 컨소시엄 지분 7퍼센트, 이라크 석유회사 지분 30퍼센트를 보유했다. 엑슨의 전 세계 석유생산량의 거의 절반이 중동에서 생산되었다. 따라서 엑슨은 석유파동의 진앙지라 불릴 만했다. 처음부터 엑슨은 자신의 지위를 이용하여 전 세계에 금수조치의 영향을 최소화하려 노력했다. 욤키푸르 전쟁이 터진 지 이틀 후이자, 생산감축을 발표하기 이틀 전인 1973년 10월 8일 엑슨은 중동 담당 중역을 빈으로 보내 석유수출국기구^{Organization of Petroleum Exporting Countries: OPEC}의 대표단과 협상을 시도했다. 협상이 실패하자 엑슨은 서양의 여러 나라가 금수조치를 극복하려면 민간 석유회사들로부터 최고 수준의 협력이 필요하다는 것을 깨달았다. 그 뒤 몇 주에 걸쳐 엑슨은 소위 '7공주^{Seven Sisters}'라 불리는 다른 초대형 석유회사와 석유수송을 위한 협상을 벌였다. 결국 이들 석유회사는 '균등부담^{equal suffering}'(석유회사인 로열 더치 셸^{Royal Dutch Shell}은 그것을 '균등고통'이라 불렀다)이라는 이름의 복잡한 시스템을 적용하기로 합의를 보았다. 사실상 균등부담제는 위기가 발생하기 전 각국의 에너지 소비량에 비례하여 석유를 공급하는 방식으로 각국의 공급 감소 비율을 비슷하게 조정하여 어느 한 나라의 공급이 크게 줄어드는 것을 방지하는 제도였다. 목표에 합의한 후 이들 석유회사는 국가별로 위치, 공급 횟수, 금수 규칙을 감안하여 공급을 개시했다. 비아랍국가에서 생산한 석유는 금수조치가 내려진 곳으로 보냈다. 엑슨은 금수조치가 없는 지역인 이란, 나이지리아, 베네수엘라, 인도네시아산 석유의 미국 수출량을 늘였고 중동국가의 석유는 유럽으로 보냈다. 일본은 인도네시아와 아랍 국가로부터 많은 석유를 받았고 이란으로부터 받는 양은 줄였다.[7]

엑슨이 이처럼 복잡한 국제적인 조율을 할 수 있었던 배경에는 여러 국가에 사업을 운영하고 있었기 때문이다. 엑슨은 오래전부터 전 세계를 상대로 사업을 했고 원유의 채굴, 정제, 운송, 배분 등에 관한 정교하면서도 상호 연결된 시스템을 개발했다. 이 시스템은 식스 에비뉴와 포타나

기업의 세계사

인스 스트리트 사이에 있는 맨해튼 본사에 설치되어 있었다. 직원들은 65개국 사이를 움직이는 유조선 500여 대의 이동 경로를 수십 대의 스크린을 통해 모니터링한다. '로직스^{Logics}'라고 불리는 이 혁신적인 컴퓨터 시스템은 뉴욕의 엑슨 본사와 휴스턴에서 도쿄까지 아우르는 전 세계의 지사를 연결하며 뛰어난 성능을 발휘했다. 금수조치가 내려진 기간 중 주요 산유국으로부터 미국으로 수송된 원유량은 17퍼센트 감소했으며 유럽은 18.6퍼센트, 일본은 16퍼센트 감소했다. 엑슨이 원유수송량을 조절하지 않았다면 미국향 석유공급이 29퍼센트 감소했을 것이라는 추정도 있었다. 연방에너지청$^{Federal\ Energy\ Administration}$이 금수와 관련해 발간한 보고서는 "미국 석유회사들이 원유 공급물류를 조절했기 때문에 중동 석유무기의 예봉을 둔화시킬 수 있었고 전 세계적인 물량이 상당히 공평하게 분배될 수 있었다. 그 어떤 다른 분배 시스템도 공급량이 줄어든 에너지를 보다 공정하게 배분하지 못했을 것이다"라고 결론지었다.[8]

그러나 이 금수조치로 인해 국가에 대한 석유회사의 권력이 얼마나 커졌는지 여실히 드러났다. 이로 인해 석유회사는 정치 권력과 기업 사이에서 균형을 유지하기 힘들어졌다. 이 기간 동안 엑슨은 자기 나라와 우방을 잘 봐달라는 공격적인 부탁을 받았다. 연방에너지청장 존 소힐$^{John\ Sawhill}$은 미국으로 "최대한 많이 가져오라고" 했으며 헨리 키신저는 "네덜란드를 신경 써 달라"라고 요구했다. 일본의 통상산업상은 인도네시아산 원유를 미국으로 빼돌리려 한다는 정보를 입수하고는 석유회사를 불러 일본의 할당량을 다른 곳으로 분배하지 말라고 경고했다. 영국 총리 에드워드 히스$^{Edward\ Heath}$는 브리티시 페트롤륨$^{British\ Petroleum}$과 쉘^{Shell}의 회장을 총리 별장인 체커스^{Chequers}로 불러 에너지 쇼크 발생 전과 동일한 수준의 원유공급을 유지하라고 지시했다. "그건 기업활동이 아니고 정치활동이었어요"라고 엑슨의 중역이 당시의 경험에 대해 이야기했다. 앤서니 샘슨Anthony Sampson 기자가 엑슨이 전 세계를 지배하는 느낌이 들었냐고 물어보자 엑슨 직원은 "아뇨, 세계가 우리를 지배했죠"라고 대답했다.[9]

중동의 석유에만 의존하는 것이 미국의 소비자뿐 아니라 석유회사에도 위험하다는 것이 밝혀지자 엑슨은 이에 대한 조치에 나섰다. 이는 중동 이외의 다른 지역에서 원유를 발굴한다는 뜻이다. 그 뒤로 10년간 엑슨은 너무 외지에 있어 접근성이 떨어지거나 악천후 등을 이유로 대상에서 제외되었던 지역에서 원유를 찾는 노력을 배가해 알래스카, 호주, 말레이시아 및 북해 등에서 유전을 개발했다. 이 지역의 개발로 그 뒤 많은 배당금을 챙길 수 있었고 전 세계 석유 공급량도 늘어났다.

그러나 새로운 유전을 발견하기 전인 1973년의 5개월 동안 엑슨은 전 세계가 제대로 가동하도록 해야 했다.

◆ ◆ ◆

내 삼촌은 미시시피의 연못에서 새끼 악어를 발견하고 텍사스 오스틴의 집으로 데려와 애완동물처럼 뒷마당 풀에서 키웠다. 처음에는 작고 귀여웠으나 모두가 예상했던 대로 점점 커져 절대로 귀엽다고 할 수 없는 지경에 이르렀다. 어느 날 삼촌이 집에 와보니 악어가 사라져버렸다. 그 뒤로 우리는 한 번도 그 악어를 본 적이 없다. 다만 몇 년 전 오스틴 시내 타운 레이크에 갔다가 작은 악어와 마주친 적이 있는데 아마도 그때 달아난 악어의 먼 친척이 아닐까 싶다.

야생동물들은 주인보다 더 커지게 마련이다. 기업도 마찬가지다. 기업은 국가 덕분에 만들어진 기관이다. 국가가 창조해서 권한과 특권을 주었다. 그러나 20세기 초를 시작으로 제2차 세계대전을 거치며 기업이 국가보다 더 거대해지는 경향이 나타났다. 기업은 중세 말기의 전쟁 중인 왕국부터 대항해시대의 위험한 바다까지 항상 무역에 방해되는 존재들을 초월하려는 노력을 해왔다. 하지만 전통적으로 국제무역은 많은 비용이 들고 위험이 따르는 사업이었다. 제2차 세계대전이 끝나고 나서야 각국의 무역장벽이 해체되고 국제경제협약이 체결되면서 다국적 기업의 출현이 탄생할 상황이 조성되었다. 보다 자유로운 무역과 저렴해진 운송비 그리고 통신과 IT 기술의 발달로 진정한 의미의 글로벌 기업이 탄생해서 전 세계에 거미줄처럼 뻗어 있는 지사와 사업부를 통제하는 기업 제국으로 변모해나갔다. 동일 회사의 이름으로 한 국가에서 원자재를 확보해 다른 국가에서 생산하고 또 다른 국가에서 판매한다. 이들 다국적 기업은 비교우위comparative advantage라는 경제학의 기본 법칙을 충분히 활용한다. 즉 두 사람 또는 두 국가의 능력이 차이가 나더라도 상호 교류하면 모두 이익을 얻을 수 있다는 것이다. 다국적 기업은 전 세계적인 규모로 경쟁우위를 활용해 그 어떤 국가로부터도 이익을 얻을 수 있었다.

이들은 또한 세계화라는 새로운 현상을 일으키는 원동력이었다. 전후 공급망이 글로벌화 되면서 각국의 경제체제는 점차로 서로 의존하게 되었고 사람들은 유례없이 국경을 넘어 이동하기 시작했다. 이는 단지 국가 간 무역이 주는 경제적 이점을 이용한 데서 그치지 않고 전 세계의 우수한 인재를 끌어모은 다음 이들을 교육시켜 새로운 세계의 주역으로 자리 잡도록 도와줌으로써 이러한 변화를 더욱 촉진했다. 새로운 형태의 범세계적 자본주의가 형태를 갖추기 시작했다.

그런데 다국적 기업은 전 세계라는 무대에서 어떤 역할을 맡을 것인가? 국가라는 굴레에서 벗어났으니 지역사회를 삼켜버리는 무서운 포식자가 될 것인가? 아니면 표 나지 않게 지역사회로 스며들어가 다국적 기업을 더욱 살찌우는 역할을 할 것인가? 보다 직설적으로 표현하자면 너무 심한 규제를 피해 사업장을 해외로 옮기겠다고 하는 이들을 정부는 어떻게 규제할 것인가? 다국적 기업의 사업장을 역내로 유치하기 위해 기업의 책임이나 의무를 완화해주기 경쟁을 벌이는 통에 여러 국가가 바닥치기 경쟁$^{race to the bottom}$(과도한 완화로 환경, 복지, 편익이 감소하는 상황 – 옮긴이)에 빠지는 상황으로 몰릴 것인가? 다국적 기업은 새로운 종류의 기업이며 자본주의와 민주주의의 관계에 대한 근본적인 질문을 던진다.

최초이며 가장 막강한 다국적 기업의 하나였던 엑슨은 글로벌 기업의 전망과 위험을 예측하는 데 좋은 사례연구가 될 것이다.

2006년 언론인 토머스 프리드먼$^{Thomas Friedman}$은 잡지 〈포린 폴리시$^{Foreign Policy}$〉에 '석유정치의 제1법칙$^{The Fist Law of Petropolitics}$'이라는 제목의 글을 기고했다. 여기서 그는 "석유로 이룬 부는 민주주의를 방해한다"라는 냉혹한 주장을 폈다. 석유와 탄압은 불가분의 관계에 있다는 것이다. 석윳값이 오를수록 정치적, 경제적 자유는 감소하며 이 반비례 관계의 원리는 간단한다. 산유국의 지배계급은 석유 판매로 갑자기 얻은 부를 국가 경제발전이나 국민들의 교육 기회 증대에 사용하지 않고 변화를 원하는 사회집단을 돈으로 매수하거나 탄압하는 데 사용했다는 것이다. 따라서 원유 매장량이 풍부한 국가와 독재국가가 일치하는 것은 전혀 놀랄 일이 아니다. "석유가격과 자유는 항상 반대 방향으로 움직인다"라고 프리드먼은 주장했다. 그의 글은 정계에 커다란 파장을 불러왔고 안 그래도 이미지가 좋지 않았던 석유회사들은 또다시 비판에 직면하게 되었다.[10]

대형 석유회사들만큼 비난받는 기업도 드물 것이다. 많은 사람들이 석유회사 하면 탐욕과 부패, 환경파괴와 동의어로 생각할 정도다. 알래스카 해안에서 발생한 유조선 엑슨 발데즈Exxon Valdez의 원유 유출 사고와 멕시코만에서 발생한 딥워터 호라이즌Deepwater Horizon 기름 유출 사고 같은 재앙은 영원히 석유회사와 관련하여 기억된다. 이들은 원유를 채굴하고 그 대가로 전 세계의 도둑 정치인과 독재자를 지원한다는 비판을 받는다. 그런데 이 모든 문제에도 불구하고 이들은 무슨 수를 썼는지 여전히 가장 이익을 많이 내는 회사로 지구상에 존재한다. 이들을 비판할 근거를 찾기는 어렵지 않은데도 말이다.

그러나 정확히 말하면 석유회사가 나쁜 일을 해서 돈을 번다는 이런 비판이 너무나 강력하기 때문에 이들이 권력과 부를 누리는 위치로 올라선 이유를 제대로 보지 못할 수도 있다. 한마디로 말해서 석유회사는 사람들의 욕구를 충족시켰기 때문에 현 위치에 올라간 것이다. 사회는 에너지가 필요하고 석유회사는 이를 공급했다. 석유는 부존량이 풍부하며 수송이 용이하고 에너지 효율이 좋았다. 석유 덕분에 우리는 조명을 켜고 자동차를 굴렸으며, 경제가 돌아갈 수 있었다. 석유가 없다면 경제는 폭망하고 사람들은 고통을 겪겠지만 석유가 있다면 잘 살아나갈 수 있다. 석유회사들은 이런 기회를 일찍부터 알아보았고 이를 이용할 거대한 기업구조를 창조했다. 지질학을 연구해 전 세계의 숨겨진 유전을 찾았다. 새로운 굴착공법과 운송 및 정제기술을 발명했다. 여러 나라에 지사를 세워 물류와 마케팅 기지로 활용했다. 이 모든 조치는 지구상의 가장 소중한 자원을 계속 채굴해 만족할 줄 모르는 인류의 욕구를 충족시켜주기 위한 노력이었다.

석유와 에너지 그리고 다국적 기업이 오늘날 우리가 사는 세계를 형성하는 데 미친 다양한 영향을 이해하고자 할 때 엑슨만큼 적합한 기업은 없다. 이 회사는 오랜 기간 전 세계에서 가장 수익성 좋은 기업의 자리를 차지했었다. 매출액은 웬만한 중소 국가의 국민총생산을 능가한다. 수십억 배럴의 석유를 비축해놓았으며 수백 개의 지사가 전 세계에 퍼져 있다. 그런데 엑슨이라는 회사의 역사를 추적하는 것이 그렇게 쉬운 일이 아니다. 마치 나일강처럼 지류를 따라가다 갈라지는 곳을 만나 다시 흩어졌다가 때로는 다른 곳에서 다시 만나기도 한다. 이 회사는 시대에 따라 뉴저지 스탠더드 오일^{Standard Oil of New Jersey}, 소코니^{Socony}, 배큐엄^{Vacuum}, 험블^{Humble}, 에쏘^{Esso}, 엑슨 기업^{Exxon Corporation}, 엑슨모빌^{ExxonMobil} 등으로 불렸다. 형태에 커다란 변화가 있을 때 구별하기 위한 목적을 제외하고는 편의를 위해 이 회사를 그저 엑슨으로 부르겠다.

시작은 스탠더드 오일이었다. 1870년 당시 오하이오 클리블랜드 출신으로 30세의 사업가였던 존 D. 록펠러^{John D. Rockefeller}는 스탠더드 오일을 설립하고 잘나가던 석유정제업에 뛰어들었다. 1860년대 말 등유가 저렴하고 신뢰성 있는 조명 수단으로 떠오르면서 기존의 비싸고 잘 튀는 고래기름 램프를 대신했다. 등유는 1859년 펜실베이니아 타이터스빌의 지하 23미터에서 발견된 일종의 '바위기름'인 석유에서 추출했으며 그 뒤로 미국 전역에서 석유가 발견되었다. 록펠러는 등유가 곧 엄청난 인기를 끌 것이라고 생각했다. 대부분의 미국인들은 고래기름으로 램프를 밝힐 만한 여유가 없었기 때문에 보통 해가 지면 바로 잤다. 저렴한 등유 램프로 미국인들은 갑자기 늦게까지 안 자고 먹고, 마시고, 읽고 놀 수 있게 되었다.[11]

처음부터 록펠러의 야망은 거대했다. "스탠더드 오일은 언젠가 모든 석유를 정제하고 모든 석유를 보관할 것이다"라고 말했다고 한다. 그의 예언은 어느 정도 맞아떨어졌지만 그 방법에는 다소 문제가 있었다. 그는 경쟁사들을 협박하거나 달래는 방식으로 압박하여 회사를 팔거나 폐업하도록 만들었다. 이 과정에서 그는 상상할 수 있는 모든 전술을 동원해 소위 '파괴적 경쟁자'를 제거했고 그 과정에서 독점자본가의 전형이 되어버렸다. 철도회사와 협상해 스탠더드 오일의 석유를 보다 싼 운임으로 시장까지 수송했으며 심지어 경쟁사가 자체적으로 석유를 수송할 때도 철도회사로부터 돈을 받아내기도 했다. 시장가격 이하로 석유를 팔아 소규모 경쟁사들을 시장에서 퇴출시키고 바로 가격을 올리는 방식을 동원했다. 그는 명목뿐인 껍데기 회사를 이용해 경쟁사의 지분을 확보하기도 했으며 스파이를 고용해 경쟁 석유회사의 판촉활동과 요금을 캐내기도 했다. 그러자 스탠더드 오일은 촉수를 통해 뭐든 흡수해버린다고 해서 '문어'라는 별명이 붙었다. 1879년이 되자 이 회사는 미국 정유시설의 90퍼센트를 장악했다. 1891년에는 미국 전체 석유의 4분의 1을 생산했다. "결합의 시대가 왔고 향후 계속될 것이다. 독자적 기업은 사라져 다시 돌아오지 않을 것이다"라고 록펠러는 자랑스럽게 말했다.[12]

그러나 당시 철도회사가 그랬던 것처럼 스탠더드 오일은 지나치게 기만적이고 위협적인 기업 운영으로 곧 전 국민의 분노를 사게 되었다. 오랫동안 의원들과 시민들이 스탠더드 오일의 불공정한 기업관행에 불만을 표시해왔지만 회사의 방해로 큰 진전이 없었다. 한 중역이 1888년 록펠러에게 이렇게 말했다. "반독점운동이 유행처럼 번지고 있지만 우리는 품위 있는 태도로 이에 대응해나가야 하며 모든 질문에 사실을 피해가면서도 정직하게 답변해야 한다고 생각합니다." 그러나 1902년 스탠더드 오일은 호적수를 만나는데 바로 〈맥클루어 매거진 McClure's Magazine〉의 탐사전문기자였던 아이다 미네르바 타벨 Ida Minerva Tarbell의 폭로였다. 타벨은 미국에서 최초로 오일붐이 일었던 타이터스빌 출신으로 스탠더드 오일 때문에 아버지의 사업이 망한 악연이 있었다. 1902년 몇 개월에 걸쳐 회사의 내막을 조사한 뒤 타벨은 〈맥클루어 매거진〉에 시리즈로 기사를 내보내기 시작했다. 이 기사는 나중에 한 권의 책으로 발행되어 기만적인 사업 관행, 경쟁을 방해하는 합의, 의회를 상대로 한 공작 등 스탠더드 오일의 더러운 비밀을 낱낱이 파헤쳤다. 어느 기사에는 타벨이 어떤 고위 중역에게 의회공작을 한 적이 있느냐고 묻는 내용이 나온다. 그는 이렇게 답했다. "아, 물론이지. 우린 항상 그런 기회를 찾아다니지. 의원들이 회사를 찾아와서 캠페인 기금에 기부를 부탁하면 기부를 한 다음 우리의 이해와 상반되는 법안이 발의되면 그들에게 이렇게 말하는 거야. '이러저러한 법안이 올라왔는데 마음에 안 드니 우리한테 유리하게 처리 바랍니다.' 다른 사람들도 다 이렇게 하지." 다음과 같은 타벨의 혹독한 결론에 그 누구도 반박할 수 없었다. "록펠러 회장은 조작된 주사위를 가지고 체계적으로 시장을 농락했다. 1872년 이래 그가 단 한 번이라도 공정한 경쟁을 했는지 의심스럽다."[13]

시어도어 루스벨트는 1901년 반독점 공약에 힘입어 대통령에 당선된 뒤 역사적인 셔먼 반독점법을 충분히 이용하겠다고 공언했다. 그는 스탠더드 오일을 아주 안 좋게 생각했다. 1908년 중요한 한 연설에서 회사의 이름을 거명하며 "지난 6년간 기업 간의 공정한 경쟁을 보장하기 위한 모든 법안은 이 사람들의 반대로 통과되지 못하였으며 그 과정에서 거의 무제한의 자금을 살포하여 온갖 비양심적이고 잔인한 방법이 동원되었습니다"라고 말했다. 그는 스탠더드 오일에 대한 조사를 지시하였고, 1906년 연방정부는 스탠더드 오일이 반독점법을 조직적으로 위반했다는 혐의로 소송을 제기했다. 타벨이 이미 폭로한 뒤였기 때문에 스탠더드가 승소할 가능성은 없었다. 그리고 1911년 대법원은 스탠더드 오일을 분리하라고 판결했다.[14]

그러나 스탠더드 오일의 분할은 새로운 탄생을 의미했다. 1911년 당시에도 이미 거대한 회사였기 때문에 분리된 회사도 어느 기준으로 보나 거대한 규모였다. 대법원은 34개의 분리된 독립 기업으로 분사할 것을 명령하였지만 새로 생긴 회사들의 규모를 동일하게 유지하는 데까지는 신경을 쓰지 못했다. 가장 규모가 컸던 뉴저지 스탠더드 오일은 스탠더드 오일 지분 50퍼센트를 보유하며 엑슨이 되었다. 다른 회사들도 규모가 크기는 마찬가지였다. 9퍼센트의 지분을 보유한 뉴욕 스탠더드 오일은 모빌이 되었고, 스탠더드 오일 캘리포니아는 셰브론, 스탠더드 오일 오하이오는 브리티시 페트롤륨의 미국 자회사, 콘티넨털 오일은 코노코Conoco가 되었다. 이들 모두 막강한 석유회사가 되었다.

석유회사가 된다는 것은 엄청난 기회가 있다는 뜻이었다. 1900년대 초가 되자 석유에는 단순한 조명수단 말고도 여러 쓰임새가 있음이 밝혀졌다. 증기선, 기차, 자동차 등 다른 분야에서도 석유를 주요 에너지원으로 받아들이기 시작했다. 1903년에 헨리 포드가 자동차 회사를 설립하고 1908년에는 모델 T를 출시했다. 그로부터 10년간 자동차 대수는 폭발적으로 증가했다. 1914년부터 1920년 사이 미국의 자동차 등록 대수는 180만 대에서 920만 대로 늘었으며 1930년에는 2,310만 대를 기록했다. 자동차 붐은 오일붐으로 이어졌다. 1910년 휘발유 판매량이 등유 판매량을 앞섰고 그 추세는 계속되었다. 가장 큰 석유회사인 엑슨은 이런 변화의 추세를 가장 먼저 이용해서 미국이 강대국으로 거듭나는 데 기여했다.[15]

그러나 엑슨도 전쟁은 피해갈 수 없었다. 제1차 세계대전이 발발하기 전에 미국과 영국의 해군은 석탄에서 석유로 군함의 연료를 전환시켰다. 석유로 움직이는 군함은 석탄을 때는 군함과 비교해서 여러 장점이 있었다. 최고속도가 높았고 가속력이 뛰어났으며 수병들이 재와 연기를 뒤집어쓸 필요가 없었다. 또한 석탄을 보일러에 집어넣느라 많은 병력이 삽질할 필요도 없었다. 반면에 석유는 액체였으므로 사용이 편리했다. 1912년 해군장관이던 윈스턴 처칠은 향후 영국 해군은 석유로 움직이는 선박만 건조하겠다고 공표했다.[16]

그런데 1914년에 전쟁이 발발하자 이로 인해 문제가 생겼다. 영국은 군함의 추진체계를 석유로 변경했지만 막상 석유 한 방울 나지 않았다. 전량을 미국, 특히 엑슨으로부터 수입에 의존했다. 1914년에 미국은 전 세계 석유생산량의 약 65퍼센트인 2억 6,600만 배럴을 생산하고 있었다. 수출물량은 대부분 유럽으로 향했고 미국은 연합군 전시 석유의 80퍼센트를 공급했다. 그중 엑슨이 4분의 1을 차지했다. 그럼에도 석유는 모자랐다. 전쟁이 막바지로 치닫고 있을 즈음 독일은 미국의 석유 없이는 연합군이 버틸 수 없다는 것을 알고 대서양을 건너오는 엑슨의 유조선을 공격하기 시작했다. 1917년 5월부터 9월 사이에만 여섯 척의 유조선이 독일 잠수함에 의해 침몰당하면서 영국 해군은 석유가 모자라기 시작했다. 추가로 석유가 공급되지 않으면 영국 해군은 무용지물로 전락한다는 절박한 내용의 긴급 전보가 미국으로 발송되었다. 1917년 7월 주영 미국 대사는 "독일군이 승리하고 있다. 최근에 유조선 여러 척을 침몰시켜 이 나라는 곧 위험한 상태로 추락할 것 같다. 영국 주력함대조차 연료가 충분치 않다. 심각한 위험에 빠져 있다"라고 보고했다. 식민지장관이던 월터 롱(Walter Long)도 여러 차례 경고했다. "현 상태에서 석유보다 중요한 것은 없다. 병력과 탄약과 자금이 있어도 연료가 없다면 다른 것들은 중요치 않다."[17]

그러나 미국 정부는 연합군의 이런 긴급한 요구에 부응할 준비가 되어 있지 않았다. 미국의 석유생산량에 대한 정확한 정보도 없었고 석유운송 시스템에 대해서도 아는 것이 없었다. 대신 석유회사가 주관해서 연합군에 대한 연료공급을 맡도록 했다. 엑슨 사장인 앨프리드 베드퍼드(Alfred Bedford)가 새로운 전시석유공급위원회(National Petroleum War Service Committee)의 위원장을 맡아 필요한 곳으로 석유를 배정하는 업무를 조정했다. 1918년 2월 연합국은 한발 더 나아가 연합국 간에 석유의 공급과 수송을 조율하는 연합국간석유회의(Inter-Allied Petroleum Conference)라는 조직을 만들었다. 이번에도 엑슨이 주도해서 경쟁사인 로열 더치 쉘과 공동으로 회의를 이끌었다. 협력조직이 더욱 탄탄해지고 유조선에 대한 보호조치가 강화되면서 연합군은 석유 문제를 해결하고 승리할 수 있었다.

베르사유 조약과 함께 제1차 세계대전이 끝나자 엑슨은 다음 먹잇감을 찾기 시작했고 해외에서 그 기회를 찾았다. 양차 대전 사이에 석유에 대한 수요는 폭발적으로 늘었지만 엑슨은 항상 모든 수요를 맞추지 못해 점점 초조해졌다. 미국 정부 역시 마찬가지로 미국 땅에서 나는 석유로는 국내 수요를 감당 못 할까 봐 불안해했다. 1911년부터 1918년 사이 미국의 석유 소비는 90퍼센트 증가한 반면 생산은 50퍼센트 증가에 그쳤다. 엑슨은 따라갈 수 없었고 전망은 매우 어두워 보였다. 1919년 미국광산청US Bureau of Mines은 이렇게 예측했다. "미국의 석유생산은 향후 2년에서 5년 사이에 최고 실적을 보인 후 지속적으로 감소할 것이다." 결국 엑슨은 미국이 아닌 땅에서 석유를 찾기 시작했다.[18] 이 일을 맡은 새로운 사장인 월터 티글Walter Teagle은 대단한 사람이었다. 사장직에 오른 1917년 그의 나이 불과 39세였지만 록펠러 시대 이후 그 누구도 하지 못한 방법으로 회사를 신속하게 장악했다. 그는 190센티미터 장신에 130킬로그램의 거구를 자랑하며 좌중을 압도하는 카리스마가 있었다. 말투가 항상 직설적이고 간단했으며 다툼을 피하지 않았으므로 부하직원들은 그를 그냥 '보스'라고 불렀다. 그는 또한 매우 깐깐하기로 유명해서 "그는 모든 것을 그냥 넘어가는 법이 없었다"라고 동료가 평할 정도였다. "그는 계속해서 협상을 벌여 주고받았다. 회사의 공금이라면 5센트짜리 시가도 비싸다고 생각해 4센트에 사려 했다." 하지만 그는 석유산업에 상당한 전문 지식이 있었다. 코넬대학교 기계공학과를 졸업한 수재로 원유의 탈황이라는 주제로 졸업논문을 썼으며 대학에서는 그가 학교에 남아 학생들을 가르치길 바랐다. 하지만 그 제의를 거절하고 석유업계에 뛰어든다.[19]

엑슨의 사장이 되었을 때 그에게는 분명히 해결해야 할 문제가 있었다. 엑슨의 약점은 부족한 원유매장량이라고 생각하고 적극적으로 미국이 아닌 전 세계를 대상으로 유전발굴에 나서야 한다고 주장했다. 당시만 해도 이는 확실히 결정된 사안도 아니었기 때문에 다른 중역들은 너무 위험한 생각이라고 말렸다. "우리는 전 세계에 구멍을 뚫고 다니지는 않을 겁니다. 우리는 판매 회사니까요." 사실 원유생산은 엑슨의 전체 매출 중 16퍼센트에 불과했다. 하지만 워낙 완강했기에 결국 티글이 승리해 외국의 유전을 개발하기로 한 계획이 승인되었다. 1920년 스탠더드 오일의 창립 50주년을 기념해 엑슨의 새로운 지침을 발표했다. "현재 스탠더드 오일의 정책은 전 세계 어디든 유전개발에 관심을 기울이는 것입니다."[20]

미국 정부도 이런 엑슨의 노력을 적극 지지했다. 제1차 세계대전을 겪고 난 후 의회와 백악관은 미국의 국가안보에 석유가 얼마나 중요한지 깨달았다. 미지질조사국US Geological Survey의 조지 오티스 스미스George Otis Smith 국장은 "정부가 전 세계에 걸쳐 석유자원을 찾으려는 미국 기업들의 노력에 정신적 지원을 아끼지 말아야 한다"라고 주장했다. 국무성은 해외 영사관에 전문을 보내 "본국의 현재 및 미래의 수요를 충족시키기 위해 적정 수준의 광물자원 확보가 매우 중요하다"라고 강조했다. 외국 정부가 자국에 진출한 미국 석유기업을 폐쇄하려 하면 미국 정부는 해당 국가 기업의 미국 시장 진출을 막을 수도 있다며 협박했다. 1920년에 정부는 아예 광물임대법Minerals Leasing Act을 제정해 미국 기업을 차별하는 국가의 기업은 미국 광물자원 개발에 참여할 수 없다고 명시했다.[21]

티글의 모험은 엑슨의 해외 역량을 크게 개선했다. 첫 번째 성과는 베네수엘라에서 나왔다. 1919년 엑슨은 지질학자를 남미 국가로 보냈지만 별 소득이 없었다. 마라카이보분지를 조사했던 한 지질학자는 이렇게 보고하면서 투자를 반대했다. "현지에 오면 단 몇 주 만에 말라리아 또는 만성 간질환, 대장질환에 걸릴 확률이 매우 높다." 그러나 엑슨의 주 경쟁사였던 로열 더치 쉘이 베네수엘라에 수백만 달러를 투자하고 있다는 사실 때문에 티글은 지질학자의 말을 무시하고 투자를 감행했다. 처음에 이는 잘못된 결정인 듯 보였다. 다른 나라들은 베네수엘라에서 석유를 찾아냈지만 엑슨은 면적도 좁고 위치도 외진 곳에 겨우 시추할 땅을 얻었을 따름이었다.[22]

엑슨이 얻은 가장 큰 지역은 마라카이보호수 밑의 17제곱킬로미터였다. 혹시라도 석유를 찾는 데 실패하면 어업으로 전환할 수 있다는 자조 섞인 농담이 돌 정도였다. 현지에 엔지니어들이 가보니 겨우 소가 끄는 수레가 다닐 수 있는 길밖에 없었고 자동차 통행은 불가능했다. 정글이 있다고 한 지역에는 강이 있고 강이 있다고 표시된 곳에는 정글이 있는 등 지도도 전혀 맞지 않았다. 여기저기서 각종 환자들이 속출했고 적대적인 원주민들은 자주 기지를 공격했다. 시추공 한 명이 기지 식당 앞에 앉아 있다가 화살에 맞아 사망하는 사건이 발생하자 회사는 화살의 사거리 내 모든 나무를 베어버리라는 지시를 내렸다. 그러다 1928년 마침내 유전을 찾았다. 수중발굴기술을 개발해서 마라카이보호수 밑에서 엄청난 매장량의 원유를 발견한 것이다. 티글의 투자는 엄청난 수익을 거두었고 곧이어 멕시코와 볼리비아에도 지사가 설립되었다.[23]

그다음은 중동이었다. 1925년 엑슨은 영국-페르시아 석유회사Anglo-Persian Oil Company와 로열 더치 쉘과 합작으로 이라크에 지질학자를 파견한 결과 상당히 가능성이 높다는 결론을 얻었다. 특히 쿠르드 지역의 키루쿠크시 인근에 있는 바바구르구르Baba Gurgur가 특히 유전이 발견될 가능성이 높았다. 그곳은 옛날부터 땅속에서 천연가스가 타면서 거대한 불꽃이 올라오는 지역이었다. 플루타르코스Plutarch는 《영웅전》에서 현지 주민들이 알렉산드로스 대왕의 방문을 축하하기 위해 석유로 도로에 불을 환하게 밝혔다고 기록했다. 1927년 구멍을 뚫자 원유가 5미터 높이로 솟구쳤고 이를 막는 데만 8일이 걸렸다. 1928년 엑슨은 현재의 튀르키예, 시리아, 이라크, 카타르, 사우디아라비아, 예멘, 오만의 여러 지역을 망라하는 양허계약을 주요 석유회사와 맺었다. '레드라인 계약Red Line Agreement'으로 알려진 이 협정은 제2차 세계대전 이전 오스만제국의 영토를 손으로 그렸다는 점에서, 그리고 이 지역이 항상 전쟁이 끊이지 않았지만 동시에 석유로 엄청난 부를 쌓은 지역이라는 점에서 유명하다.[24]

티글은 소련과 독일에도 진출했다. 1920년에 엑슨은 러시아 혁명 도중 소련을 떠난 노벨 집안으로부터 러시아 석유회사를 사들였지만 이 투자는 실패했다. 블라디미르 레닌은 1921년 신경제정책을 발표하면서 서구 기업을 향한 유화책을 발표했다. "외국기업의 설비와 기술지원 없이 우리의 힘만으로는 무너진 경제를 일으켜 세울 수 없다." 소련은 '막강한 제국주의 기업연합'과 합작을 환영한다고 공표했다. 그러나 곧 레닌은 약속을 지킬 생각이 없음이 밝혀졌다. 소련은 양허계약을 준수할 의도가 없었으며 단지 석유를 탈취해서 팔아먹을 생각이었다. 속임수에 분노한 티글은 다시는 소련과 엮이기를 거부했다. "내가 이렇게 말하면 고리타분하다고 느낄지 모르겠지만 자기 집을 털고 재산을 훔치려는 사람과 잘 지낸다는 것은 살면서 단 한 번도 좋은 생각이라고 느낀 적이 없다." 레닌의 후계자였던 이오시프 스탈린은 서구의 석유회사에 훨씬 더 적대적이어서 젊었을 때 "석유회사에 대한 무한한 불신감"을 인민들에게 주입

하는 데 전력을 다했다고 말할 정도였다.[25]

독일의 상황은 티글에게 유리하게 전개되었다. 그는 1926년 독일의 대규모 화학공업단지인 IG 파르벤 공장을 방문하고 깊은 감명을 받아 "연구가 무언지 여길 가보고 알았다. 여기에 비하면 우리는 어린아이였다"라고 말했다. 파르벤 공장으로부터 배울 것이 많다고 생각한 티글은 석탄으로부터 합성오일을 추출하는 특허방식을 이용하는 계약을 파르벤과 맺었고 그 대가로 엑슨 지분의 2퍼센트를 주었다. 그 뒤로 20년간 두 회사는 연구분야의 협력을 강화하고 특허를 공유하기도 했다. 나중에 티글은 나치의 전쟁야욕에 영합하는 파르벤의 행위를 눈감아 주었다는 비판을 듣기도 했다. 또한 파르벤의 경영자들은 종전 후 공장 바로 옆에 있던 아우슈비츠 강제수용소 유대인들의 노동력을 착취한 혐의로 뉘른베르크 국제군사재판에서 유죄를 선고받았다.[26]

제2차 세계대전이 발생할 때쯤 엑슨은 완전히 변해 있었다. 더 이상 업무처리 절차가 엉망인 내수 위주의 '마케팅' 기업이 아니라 효과적인 중앙집중식 업무처리방식과 최고기술의 연구개발부서 그리고 전 세계 100여 개 이상의 지사를 자랑하는 진정한 의미의 다국적 회사로 탄생했다. 이는 자신의 비전에 따라 회사를 변화시키겠다는 티글의 결심이 반영된 결과지만 가장 큰 요소는 석유의 중요성이 더할 나위 없이 커졌기 때문이다. 내무장관이었던 해럴드 이커스[Harold Ickes]는 1935년에 "우리가 석유에 절대적으로 완전히 의존하게 된 것은 확실하다. 인류는 석기시대, 청동기시대, 철기시대, 산업혁명을 거쳐 석유의 시대에 살고 있다. 석유가 없었다면 우리가 아는 미국의 문명은 불가능했을 것이다"라고 말했다.[27]

제2차 세계대전이 발발하자 엑슨은 다시 한번 전쟁의 중심에서 정부를 도왔다. 군대를 움직일 석유가 부족해진 추축국은 이를 확보하기 위해 위험한 결정을 하고 행동에 옮긴다. 일본의 진주만 공습은 동인도제도의 유전을 확보하기 위한 노력의 일환이었다. 일본의 한 제독은 이렇게 말했다. "석유가 없다면 전함이나 기타 군함들도 단지 허수아비에 불과하다." 독일이 소련을 공격한 이유에는 캅카스 지역의 유전을 차지하려는 목적도 있었다. 독일의 군수장관을 지낸 알베르트 슈페어Albert Speer는 이 공격 결심의 "가장 커다란 동기는 석유를 차지할 필요성"이었다고 말했다. 독일의 유보트 선단은 미국 해안 근처에서 대기하다 영국으로 출항하는 유조선을 공격했다. 독일 장군 에르빈 롬멜Erwin Rommel은 이렇게 말했다. "아무리 용감한 사람이라도 총 없이는 아무것도 할 수 없고 총알이 없으면 총은 아무것도 아니며 기동전에서 자동차에 충분한 석유가 없어돌아다니지 못한다면 총이고 총알이고 아무 소용이 없다."[28]

한편 미국에서는 엑슨이 최대한 많은 양의 석유를 생산해 전쟁을 지원하고 있었다. 제1차 세계대전과 마찬가지로 제2차 세계대전에서도 연합군에게는 석유가 필수적이었다. 1941년 프랭클린 D. 루스벨트 대통령은 무기 대여 프로그램land lease program을 발표해 막대한 양의 석유를 연합군에 제공하기로 하고 해럴드 이커스를 전시 석유총괄담당으로 지정하였다. 이커스는 연합군의 상태가 심각하다고 느꼈다. 1941년 7월 그의 부하는 영국에 대한 석유 공급이 "매우 충격적이며 (중략) 매우 심각한 지경에 이르렀다"라고 보고했다. 해군은 단지 두 달치 비축량만을 보유하고 있었고 자동차용 휘발유는 5주면 동날 예정이었다. 이커스는 엑슨을 비롯한 미국의 주요 석유회사에 도움을 요청했다. 그는 내수용 석유 공급을 줄여 연합국을 지원하려는 계획을 세웠다. 법무부와 협의해 석유회사 간의 업무협력을 가능토록 반독점법 제외 조치를 내렸으며 유전의 발굴과 생산량 증대를 독려하기 위해 채굴비용에 세금공제혜택을 주었다.[29]

이런 노력은 효과가 있었다. 전쟁 기간 중 미국의 석유생산량은 상당히 증가했다. 1940년 미국의 석유회사들은 일 370만 배럴을 생산했으나 1945년에는 470만 배럴을 생산했다. 제2차 세계대전 중 미국에서 해외로 보낸 화물의 절반 이상은 석유였고 연합군이 사용한 석유 대부분은 미국이 공급한 것이었다. 1941년 12월부터 1945년 8월 사이에 연합군이 소비한 석유 70억 배럴 중 60억 배럴은 미국에서 수입한 것이었다. 엑슨은 옥탄가 100(휘발유외 특성을 나타내는 수치 중 하나로, 이상폭발에 대한 저항성을 의미 - 옮긴이) 휘발유를 정제하는 시설에 투자해서 연합군 전투기가 최고의 성능을 발휘하도록 했다. 그 결과 1940년 영국 본토 항공전에서 옥탄가 87 휘발유를 사용하는 독일 공군의 메서슈미트 전투기에 승리를 거둘 수 있었다. 석유는 연합군의 승리에 공헌했다. 스탈린은 한 연회에서 윈스턴 처칠을 위해 건배하면서 이렇게 말했다. "이 전쟁은 엔진과 옥탄가의 전쟁입니다. 미국 자동차산업과 석유산업을 위하여 건배!"[30]

제2차 세계대전에서 승리를 거두고 미국과 엑슨은 당당하게 복귀했다. 그 후로 20년간 미국 경제는 유례없는 속도로 GDP가 증가했고 생활수준이 높아져 전 세계의 부러움을 샀다. 1945년부터 1970년 사이에 국민총생산은 2,280억 달러에서 1조 1,000억 달러로 증가했고, 전후 경제 호황으로 미국의 중산층은 전례 없는 풍족함을 누렸다. 이들은 그 돈으로 큰 집과 큰 차 그리고 새로운 가전제품을 구입했고 결국 더 많은 석유 소비로 이어졌다. 1945년부터 1950년 사이에만 휘발유 판매는 42퍼센트 증가했으며 엑슨의 이익도 덩달아 늘었다. 엑슨의 이익은 1950년 4억 800만 달러에서 1957년 8억 500만 달러로 증가했으며 140여 국에 250여 개의 지사를 운영했다. 전 세계 주요 생산 및 소비거점에 네크워크를 설립한 것이다.[31]

거대한 제국을 운영하기 위해 엑슨은 회사 내부에서 인재를 발탁하는 제도를 채택했다. 소위 '엑슨 시스템'을 통해 대학이나 대학원을 갓 졸업한 학생들 중에서 가장 성적이 우수하고 똑똑하며 화학공학이나 석유공학 또는 토목공학을 전공한 엘리트 위주로 인재를 선발했다. 일단 입사하면 성과에 따라 연 2회 다양한 항목의 평가를 받는다. 또한 이들이 회사 내에서 다양한 분야를 경험하도록 근무지를 자주 변경시켰다. 엑슨에 근무하던 어떤 전무는 16군데를 옮겨 다녔다고 인터뷰에서 말했다. 이들은 주로 미래 지도자들을 교육하는 '사관학교'로 잘 알려진 배턴루지 정유공장으로 보내져 철저한 훈련을 받았다. 하지만 무엇보다 충성을 강요했다. 회사에 대한 충성심만 보이면 높은 수준의 급여와 장기근속이 보장되었다. 엑슨의 홍보담당 중역은 이렇게 말했다. "내가 여기 왔을 때 모빌은 요란하지만 엑슨은 조용히 실속을 챙긴다는 이야기를 들었다."[32]

1973년에 발생한 오일쇼크를 잘 넘길 수 있었던 이유는 엑슨의 뛰어난 인재와 전 세계적인 네트워크 때문인지도 모른다. 다국적 기업이었으므로 각 국가별 상황을 파악하고 상호 연결된 세계경제에서 석유를 분배할 수 있었다. 그러나 아무리 엑슨이라고 해도 결코 쉬운 일은 아니었다. 1975년 연례보고서에는 "'엑슨은 새로운 에너지원을 찾아 전 세계의 미개발지역을 탐색하는 데 노력을 경주한다"라고 되어 있다. 그러나 동시에 이 보고서는 "가능성 있는 지역이 대륙붕 너머 심해나 북극의 오지처럼 기술적으로 매우 어려운 지역에 분포되어 있다"라고 어려움을 토로한다. 한 중역은 1970년대 엑슨이 알래스카, 북해, 말레이시아, 호주의 배스해협 등을 개발하는 데 직원들의 엄청난 노력이 필요했다고 말했다. "우리는 책상 위에서 쪽잠을 자며 마치 큰 전쟁을 치르듯 일했다."[33]

푸르드호 베이 개발 사례를 보자. 알래스카의 노스 슬로프는 툰드라 지역으로 겨울에는 낮에도 해가 뜨지 않으며 기묘한 푸른 북극광과 순록 떼의 고향이다. 푸르드호 베이는 북방한계선에서 북쪽으로 400킬로미터 떨어진 해안에 위치하며 극한의 기후와 칼바람으로 유명하지만 이곳에는 북미에서 가장 큰 유전이 있다. 엑슨은 1967년 12월 26일 이 유전을 발견했으며 당일 기온은 영하 30도였다. 푸르드호 베이 유전의 매장량은 100억 배럴로 추정되며 이는 1977년 미국 전체 석유 매장량의 30퍼센트에 달하는 엄청난 양이다. 처음에는 동토의 땅 알래스카에서 원유를 채굴하고 수송하는 것이 불가능하다고 생각했다. 그러나 1973년 에너지 위기가 터지면서 미국 외의 지역에서 석유를 개발할 필요성이 절박해지자 엑슨은 이곳의 개발을 강행했다. 연구팀은 얼음섬을 자갈뚝방으로 연결해서 추운 지역에서도 원유를 시추할 수 있는 새로운 기술을 개발했다. 1977년 엑슨과 제휴사들은 푸르드호 베이부터 알래스카를 횡단해 남쪽 해안까지 연결하는 1,500킬로미터의 파이프라인을 완성했고 1986년이 되자 푸르드호 베이 유전은 엑슨의 최대 생산지가 되었다.

북해에서는 완전히 다른 문제와 씨름해야 했다. 어떤 선장은 "기상이 안 좋을 때 북해만큼 고약한 바다도 없다"라고 말하기도 했다. 불과 몇 분 사이에 폭풍우가 덮쳐 30~40미터의 파도가 배를 강타했다. 수면에 부딪치는 바람 소리는 마치 짐승이 울부짖는 소리 같았다. 북해에서의 삶은 항상 위험하고 예측이 힘들었다. 그러나 1970년대 초 석유회사들은 북해에 엄청난 양의 석유가 매장되어 있다는 것을 알았다. 브렌트 유전 한 곳의 매장량만 수십억 배럴로 추정될 정도였다. 문제는 그렇게 거친 환경에서 어떻게 석유를 채굴하느냐였다. 기상이 너무나 예측불가능해서 폭풍우가 오기 전에 작업자들을 대피시킬 수 없자 시추선에 실어 바다로 내보내는 고육지책을 택했다. 그러나 파도와 바람에 노출된 시추선의 용접 부분이 갈라졌고 1965년 영국 시추장비가 분해되면서 13명이 사망하는 사고가 일어났다. 엑슨은 노동자를 보호하기 위한 새로운 기술을 개발해야만 했다.[34]

심해채굴에서 가장 어려운 점은 물결과 바람에 따라 시추선이 움직이는 문제를 해결하는 것이다. 만일 채굴장비와 파도가 같은 속도로 움직인다면 금속 구조물에 엄청난 스트레스를 유발할 수도 있다. 엑슨의 연구팀은 해저면 바깥쪽으로 뻗어가는 긴 강철 케이블을 이용해 대양저에 직접 고정하는 컴플라이언트 타워 같은 새로운 종류의 시추구조물을 연구했다. 멕시코만에서 이 구조물을 시험할 때 엑슨의 직원은 그 규모를 이렇게 표현했다.

멕시코만이 테이블처럼 평평하다니 정말 특이한 날이다. 예인선, 발진대, 본부 바지선, 헬리콥터까지 모든 장비들이 다 출동한 것 같다. 정해진 시간에 신호가 떨어지면 버튼을 눌러 폭발 볼트를 터트린다. 컴플라이언트 타워가 미끄러져 내려가 물에 뜨면 거꾸로 세워 목적지로 끌고 가기로 되어 있다. 너무나 길고 빈약해서 조금이라도 틀어지면 휘어져 무너져 내릴 것 같았다.

설비는 이상 없이 설치되었다. 이런 혁신 덕분에 북해에 많은 석유회사들이 진출할 수 있었고 전 세계적으로 석유생산량이 크게 증가하는 계기가 되었다.[35]

전쟁이 끝난 후 엑슨은 유례없는 호황을 누리게 된다. 처음 50년간 《포춘Fortune》의 미국 500대 기업 리스트에 매년 4위 내에 포함되었으며 1위에 오른 적도 여러 번 있었다. 그러나 엑슨의 번영은 동시에 기업의 정의에 새로우면서도 위험한 변화를 가져왔다. 엑슨은 이익이 있는 곳 어디서나 사업을 벌이는 다국적 기업이라는 새로운 형태의 기업이었다. 엑슨의 사무실 곳곳에 전 세계를 대상으로 하는 국제적 기업임을 알리는 지구본과 세계지도가 있었다. 엑슨의 총생산은 교역국의 국민총생산보다 클 때도 많았다. 이렇게 기업이 국가보다 커지자 점점 국가에 매이지 않는 존재로 자신을 간주하기 시작했다. 엑슨은 더 이상 미국 기업이 아니었다. 전 세계적인 기업이었다. 그렇다면 어느 국가에 충성해야 하는가?

문제는 엑슨의 생산품인 석유가 전통적인 민주국가가 아닌 곳에서 발견되었다는 점이다. 전쟁이 끝난 뒤부터 엑슨은 소련과 중동 같은 독재국가와 사업을 한다는 비난을 지속해서 받아왔다. 가장 대표적인 국가가 사우디아라비아다. 1946년 엑슨의 고위관리가 사우디아라비아를 방문하고 '놀라서' 보고서를 보내왔다. "그는 항상 '코끼리를 쫓되 사소한 문제는 내버려두시오'라는 지시를 내리곤 했는데 그가 이건 진짜 코끼리라는 내용의 보고서를 보낸 것이다." 사우디아라비아에 투자해야 한다고 생각한 이사회는 존 수만John Suman이라는 중역을 보내 사우디아라비아의 이븐 사우드Ibn Saud 국왕을 개인적으로 만나도록 했다. 이 회의는 매우 유명하다. 어떤 보고에 의하면 "이 둘은 오랜 인디언 친구처럼 금세 친해졌으며 15분도 안 되어 상대방의 허벅지를 때리며 농담까지 했다. 수만은 그날 오후 아람코 주식의 구매 옵션을 행사하는 전보를 보내도 좋다고 신호를 보냈다." 1947년 엑슨은 사우디아라비아에서 생산된 석유를 수출하기 위해 아람코에 참여했다. 그러나 여기에서 나오는 엄청난 이익은 대부분 사우디 왕가로 흘러 들어가 서양의 가치관과 충돌하는 사회 및 종교 시스템을 유지하는 자금줄이 되었고, 그 후로 이슬람 세계에 극단주의를 전파하는 데 쓰인다는 비난을 받았다. 아이러니하게도 1947년 3월 12일에 아람코와 협정을 맺었는데 이날은 해리 S. 트루먼^{Harry S. Truman} 대통령이 "미국은 무력을 가진 소수의 집단이나 외부로부터의 압력에 복종하기를 거부하는 사람들을 지원한다"라는 내용의 트루먼 독트린을 발표한 날과 일치한다.³⁶

엑슨이 이런 불량정권과 사업도 하지만 이런 정권을 수립하는 데도 도움을 주었다고 주장하는 사람들도 있다. 광범위하게 나타나는 이런 현상을 자원의 저주^{resource curse}라고 한다. 즉 석유가 풍부한 나라가 경제개발이나 평등, 인권 등 다른 면에서 뒤처진다는 것이다. 토머스 프리드먼이 말했듯 석유산업이 민주주의를 약화시킨다는 것이다. 포퓰리즘 정책을 폈던 이란의 모하마드 모사데그^{Mohammad Mosaddegh} 총리는 1951년 집권한 뒤 영국이 투자했던 앵글로-이란 석유회사^{Anglo-Iranian Oil Company}를 국유화해 버렸다. 모사데그의 공산주의적 발언에 놀라 미국의 CIA와 영국의 M16은 쿠데타를 일으켜 그를 권좌에서 몰아내고 독재자 모하마드 레자 팔라비^{Mohammad Reza Pahlavi}를 내세웠다. 그 뒤로 이란에서는 누구에게 석유산업을 맡길 것인가라는 문제가 대두되었다. 미국 국방부는 만일 석유산업이 재

건되지 않는다면 이란이 소련의 세력권 내에 들어갈 것이라고 우려하였
다. 그러나 앵글로-이란 석유회사가 워낙 인기가 없다 보니 결국 그 역
할을 주도할 주체는 미국 석유회사밖에 없다는 결론을 내렸다. 국무장관
존 포스터 덜레스ᴶᵒʰⁿ ꜰᵒˢᵗᵉʳ ᴰᵘˡˡᵉˢ는 미국 석유회사와의 협상책임자로 허버트
후버 주니어ᴴᵉʳᵇᵉʳᵗ ᴴᵒᵒᵛᵉʳ ᴶʳ˙를 지목했고 후버는 엑슨이 이 일을 맡도록 설득
에 성공했다. 엑슨의 부사장이었던 오르빌 하든ᴼʳᵛⁱˡˡᵉ ᴴᵃʳᵈᵉⁿ은 덜레스 장관
에게 이렇게 서한을 보냈다. "순수하게 상업적인 측면에서 보면 그 기업
에 참여하는 데 큰 관심이 없지만 보다 큰 국익이 관련되어 있다는 점을
잘 알고 있습니다. 따라서 우리는 그에 걸맞은 수준의 노력을 기울이겠
습니다." 엑슨은 브리티시 페트롤륨, 로열 더치 쉘, 쉐브론 등의 기업과
함께 이란 석유 출자회사에 참여했다. 그 뒤로 20년간 이 회사는 이란 국
민의 동네북 역할만 하다가 1979년 이란혁명으로 국유화되었다.[37]

　엑슨은 더 이상 국가에 복종하는 기업이 아니었다. 오히려 국가보다
더욱 막강해졌고 더 오래 살아남았고 보다 부유했다. 변화에 빨리 대처
했고 결단력이 있었다. 미국처럼 막강한 국가조차 엑슨에게 지원을 요청
할 정도였다. 싸움닭으로 유명했던 리 레이먼드ᴸᵉᵉ ᴿᵃʸᵐᵒⁿᵈ 회장은 인터뷰에
서 이런 말을 했다. "정권은 바뀌지만 우리는 전 세계 여러 나라에서 사
람들이 생각하는 민주주의의 정의와 맞지 않는 오랜 기간 동안 사업을
벌였습니다. 그것이 이 업계의 성격입니다." 그러나 엑슨이 전 세계 여
러 곳에서 미국의 국익과 상충하는 활동을 한다고 생각하는 사람들이 점
점 늘어나고 있다. 엑슨은 너무나 커지고 국제적인 기업이 되었기 때문
에 그 어느 나라에도 충성할 필요가 없다고 보게 되었다. 워싱턴 DC에
서 열린 한 에너지 컨퍼런스에서 한 참가자가 레이먼드에게 미국의 휘발

유 부족 사태를 예방하기 위해 외국이 아닌 미국에 보다 많은 정유시설을 건설할 의사가 있느냐고 물었다. 그러자 레이먼드가 반문했다. "왜 그렇게 해야 하죠?" "그게 미국의 안보에 도움이 되니까요"라고 질문자가 대답하자 레이먼드는 이렇게 쏘아붙였다. "우리는 미국 회사가 아니라서 미국의 국익을 기준으로 결정을 내리지 않습니다."[38]

괴물 프랑켄슈타인처럼 엑슨은 주인의 속박에서 탈출했다. 아무런 저항 없이 전 세계를 돌아다니며 되는대로 이익을 추구했다. 그다음에는 정책입안자, 학자 그리고 규제기관이 한목소리로 엑슨이 매우 골치 아픈 문제를 유발하여 사회를 혼란스럽게 한다고 주장했다. 사회가 이 기업에 의존하지만, 통제는 못 하는 상황이다. 하버드대학교의 데틀레프 박츠[Detlev Vagts]는 다국적 기업을 이렇게 비판했다. "기본적으로 도덕적, 법적 책임에서 자유로우며 (중략) 금전적, 기술적 목표를 향해 무자비하게 전진해서 특히 후진국을 마음대로 뒤흔들며 마치 문어가 하듯 전 세계로 촉수를 뻗친다."[39]

그러나 구조적인 문제보다 더 문제 되는 것은 물질 그 자체였다. 정확히 말하면 끈적끈적한 검은색 물체인 석유다. 엑슨은 석유회사로서 석유를 판매했고 매우 잘했다. 아무도 그렇게 오랫동안 그렇게 많은 사람에게 석유를 판 기업은 없었다. 그러나 석유를 채굴해서 소비하는 행위가 전 세계와 환경에 미치는 영향에 대해서 정확히 아는 사람은 없었다. 적어도 초기에는 그랬다. 사실 20세기 내내 석유를 환경문제에 대한 해결책이라고 생각했다. 왜냐하면 석유가 석탄을 대부분 대체했는데 석탄은 산성비부터 죽음의 스모그까지 양산하는 오염된 연료였기 때문이다. 석탄을 안 쓰는 것만으로도 환경을 보호하는 것으로 생각했다. 그러나 결국 석유가 환경에 미치는 해로운 영향이 알려지게 되었다.

우선 문제로 떠오른 것은 기름유출이었다. 석유를 채굴하는 과정에서 일정량의 누출이 있다는 것은 전부터 알려져 있었다. 드릴이 지표면 밑에 있는 고압의 석유 매장지를 관통하면 시추공에서 석유가 터져 나와 공중으로 수십 미터까지 분출된다. 텍사스 스핀들탑에 있는 루커스 분유정에서는 하루에 10만 배럴의 석유를 뿜어내며 9일 만에 겨우 구멍을 막을 수 있었다. 엑슨이 1927년에 발굴한 바바구르구르 유전은 하루에 9만 5,000배럴의 석유가 흘러나왔다. 그러나 지표면으로 유출된 석유는 그곳에 그냥 있기라도 하지만 바다로 흘러나올 때는 완전히 다른 이야기가 된다. 1989년 푸르드호 베이로부터 알래스카 발데즈항까지 파이프로 운송된 석유를 싣고 있던 유조선 엑슨 발데즈호가 프린스 윌리엄 해협의 암초와 부딪히는 사고가 발생했다. 이 사고로 약 1,000만 갤런의 원유가 유출되어 빠른 속도로 퍼지면서 인근 해안 수백 킬로미터를 오염시켰다. 기름 범벅이 된 바다새와 수달의 사진이 TV로 송출되면서 어마어마한 피해가 알려졌고, 전 세계인이 해양오염의 위험성에 관심이 주목했다. 하지만 그게 전부가 아니었다. 2010년 브리티시 페트롤륨의 딥워터 허라이즌호는 2억 갤런의 석유를 멕시코만으로 유출시켰다. 2004년에 역시 멕시코만에서 발생한 테일러 에너지 기름유출 사고는 아직도 진행 중이며 완전히 멈추려면 약 100년이 걸린다는 보고서도 있다.[40]

더 큰 문제는 지구온난화다. 1960년대부터 석유 소비 급증으로 대기 중 이산화탄소 농도가 늘어나면서 과학자들은 농도 증가의 원인과 이로 인해 전 세계에 어떤 변화가 초래될지에 대해 고민하기 시작했다. 1962

년까지만 해도 엑슨의 자회사였던 험블 오일Humble Oil은 거대한 빙산의 사진과 함께 "험블 오일은 매일 700만 톤의 빙하를 녹일 만큼의 에너지를 공급합니다"라고 적힌 광고를 할 정도였다. 그러나 연구를 통해 화석연료가 탈 때 이산화탄소가 배출되어 공기 중 성분이 변화하면서 지구의 기후가 변한다는 것이 확실해졌다. 1979년 미국과학아카데미National Academy of Sciences는 이와 관련해 기념비적인 보고서를 발간하면서 이산화탄소의 방출이 지속되면 심각한 기후변화가 발생할 수 있다는 결론을 내렸다. 동시에 기후변화의 효과를 몸소 느끼려면 시간이 걸릴 거라고 경고했다. "지구의 기후가 워낙 거대하고 무거운 시스템이기 때문에 관찰할 수 있을 정도로 기후변화가 나타나려면 시간이 걸릴 것이며 (중략) 그리고 관망정책을 택하면 조치를 취하기에 이미 늦어버릴 수도 있다." 1981년 나사의 과학자 제임스 한센James Hansen은 〈사이언스Science〉 매거진에 기후변화가 석유 소비와 관계가 있을지도 모른다는 내용의 논문을 게재했다. 그는 지난 100년간 지구의 온도가 상승했으며 이는 대기 중 이산화탄소의 농도가 증가했기 때문인데 이런 변화는 자연적인 기후변화가 아니라 '인류의' 화석연료 소비 때문이라는 것이다. 그는 또한 화석연료 소비가 계속되면 가뭄부터 빙하의 해빙으로 인한 해수면 상승까지 엄청난 환경의 변화가 일어날 것이라고 경고했다. 1980년대 말이 되자 전 세계는 지구 온난화에 관심을 가졌고 기후변화에 관한 정부 간 협의체가 구성되어 이러한 현상을 연구하고 대책을 강구하게 되었다.[41]

엑슨은 이러한 상황의 전개를 조심스럽게 지켜보았다. 어차피 회사의 비즈니스 모델은 사람들이 석유를 구입하고 소비하도록 하는 것이다. 화석연료의 사용에 대한 규제가 강화될수록 심각한 위협상황이 된다. 이는 1963년의 대기청정법Clean Air Act이나 1975년의 에너지정책과보존법Energy Policy and Conservation Act에서 여실히 드러났다. 따라서 엑슨은 자체적으로 과학 연구를 지원하거나 기후변화에 대한 규제를 반대하는 로비활동을 하는 등의 조치를 취하기 시작했다. 미국과학아카데미의 논문이 나온 지 1년 후인 1980년 엑슨은 하버드대학교 출신의 천체물리학자인 브라이언 플래너리Brian Flannery를 영입해 기후변화를 연구하도록 하고 그 내용을 발표했다. 그는 기후변화의 과학과 이를 줄이려는 노력에 대해 의문을 가졌다. 요지는 이런 과학이 '불확실'하다는 것이었다. 1996년 석유회사 에쏘 이딜리아나의 지원들을 대상으로 한 연설에서 플래너리는 이렇게 말했다. "기후변화에 대한 과학적, 기술적, 경제학적 접근방법은 엄청난 불확실성으로 한계에 부딪혔습니다. 다소 정확성이 떨어진다거나 어떤 요소를 가감해야 하는 수준의 불확실성이 아니라 그냥 우리는 아무것도 모릅니다. 미래에 발생할 일에 대해서도 어떻게 표현해야 할지 모르겠습니다. 기후변화가 미칠 영향도 실험하기 어려운 가정으로 가득 찬 입증되지 않은 모델이나 순전한 추측에 근거합니다." 석유를 대체할 에너지에 대해서도 의구심을 제기한다. "아무리 많은 자금을 들여 장기간 연구를 해서 대체에너지를 개발한다고 해도 이 에너지가 환경보호나 사회적, 경제적 측면에서 용인된다는 보장이 없습니다."[42]

플래너리의 주장은 엑슨 최고위층의 환영을 받았다. 1997년 역사적인 기후변화협약인 교토 의정서가 체결되었지만 엑슨의 CEO인 리 레이먼드는 베이징에서 열린 제15차 세계석유총회에서 이런 내용의 연설을 했다. "여러분께 간단히 세 가지만 물어보겠습니다. 지구는 정말로 따뜻해지고 있습니까? 화석연료가 정말로 지구온난화의 원인입니까? 미래 지구의 온도를 정확하게 예측할 합당한 과학적 근거가 있습니까?" 연설의 나머지 부분에서 레이먼드는 정확한 답을 하지 않았지만 그가 주장하려는 방향은 확실했다. "역사적으로 지구의 온도는 자연스럽게 오르내림을 거듭했다"라고 말했으며, 화석연료에 대해서는 "온실효과의 가장 큰 원인은 수증기 같은 자연적인 요소"라고 주장했다. 지구의 미래 온도에 대해서는 익명의 기후변화 연구자의 말로 대신했다. "연구를 하면 할수록, 별로 아는 것이 없다는 것을 깨닫는다."[43]

기후변화 규제책에 대응하려는 엑슨의 노력은 에너지 산업의 다른 단체명으로 이루어졌다. 엑슨 등을 포함한 석유회사들의 대변협회인 미국 석유협회American Petroleum Institute API는 적극적으로 기후변화 규제에 반대했다. 1997년 교토의정서가 체결된 후 API는 회원사들에게 서한을 보내 기후변화에 대한 '성급한 행동'에 맞서기 위해 수백만 달러를 들여 대응책을 준비하고 있다고 통보했다. 엑슨에서 파견 나온 직원이 아래와 같은 내용이 포함된 초안을 작성했다. "일반 시민이 기후변화와 관련된 내용에 불확실한 것이 많다는 사실을 이해(인식)하고, 이것이 '일반'화될 때 승리를 쟁취할 것이다." 이 목표를 달성하기 위해 API는 "어디에도 소속되지 않은 다섯 명의 과학자를 찾아내서 고용한 뒤 훈련시키겠다"라고 발표했다. 이들은 "기후변화와 관련된 그 어떤 활동에서 주목을 끌거나 활동한 이력이 없는 사람"이어야 한다고 강조했다. 그 뒤 이들 학자들은 "기후변화와 관련된 '통념'을 무력화할 동료평가논문 등이 포함된 기후과학 미디어 키트를 개발할 것"이라는 계획을 발표했다.[44]

기후변화는 전 세계에 새로운 형태의 문제를 제기했다. 유니언 퍼시픽의 기차가 암소를 치었을 때 소 주인이 누구를 고소하고 누구를 로비해서 보상을 받아야 할지 알고 있던 과거에는 기업의 폐해가 미치는 범위가 지역에 한정되었지만 기후변화는 진정한 의미의 국제적인 현상이다. 중국에 있는 공장의 배출가스가 텍사스의 기후에 영향을 미치며 그 반대 현상도 발생한다. 한 국가가 배기가스를 감축해도 다른 나라에서 늘려버리면 효과가 없다. 과거에는 각국의 정부가 이런 문제에 대처할 준비가 되어 있지 않았다. 그러므로 모두가 참여하는 국제적인 협약이 필요한데 현대 사회에서 이런 조율이 쉽지 않다. 엑슨이 나서서 기후변화 규제를 타파하려고 노력했기 때문에 더욱 어려워졌다. 오늘날까지도 종합적인 해결방안은 아직 없는 상황이다.

엑슨의 역사는 어떻게 보면 20세기의 역사와 같다. 스탠더드 오일이 분해되는 과정에서 탄생해서 세계 최초로 진정한 의미의 다국적 기업의 지위에 올랐다. 20세기 중반 지질학자, 엔지니어, 물리학자 등으로 이루어진 최고의 팀은 전 세계로 뻗어나가 경제성장을 위해 절대적으로 필요한 석유를 찾고 채굴했다. 풍부한 석유는 미국을 포함한 전 세계 각국의 폭발적인 경제성장을 가속화했고 엑슨의 주주들에게 엄청난 부를 가져다주었다. 이 기간 동안 엑슨은 에너지 혁신의 최선봉에 서서 북해부터 알래스카까지 극한의 환경에서도 석유를 추출할 수 있는 기술을 개발했다. 하지만 동시에 그 어느 때보다 해결하기 힘든 문제를 낳았다. 독재자와 손잡고 사업을 했고, 다국적 기업 구조는 국가와의 관계를 훼손시켰으며, 환경파괴 문제를 유발했다. 엑슨은 커다란 곤경에 처했다.

· · ·

다국적 기업은 자본주의의 본질에 커다란 변화를 가져왔다. 정부가 키운 기업이 정부의 굴레로부터 벗어난 것이다. 더 이상 한 국가와 한 시장에서만 사업을 벌이지 않았다. 관할구역이나 국경, 통용화폐, 언어와 상관없이 돈이 되는 곳이면 어디든 가서 거래했다. 오늘날 우리는 이런 다국적 기업을 곳곳에서 볼 수 있다. 미국의 대기업은 거의 다 다국적 기업이라고 봐도 좋을 것이다. 월마트, 아마존, 애플, 엑슨, 페이스북 등은 진정한 의미의 세계적 기업이다.

기업의 구조라는 측면에서 볼 때 다국적 기업의 부상은 점차로 해외의 법인과 지사가 많아져 본사의 지시하에 각자 고유의 역할과 기능을 한다는 뜻이다. 필요에 따라 직원들을 순환시키며 자본, 지적재산권, 장비, 생산품을 해외지사 간에 이동시켜 수익을 극대화한다. 구조상의 변화는 기업중역들의 사고방식에도 변화를 가져와 내수적 관점이 아닌 국제적인 관점으로 생각하게 되었다. 이는 기업이 달라서가 아니라 국적이 다양하기 때문에 발생한다. 또 해외에서 많은 시간을 보낸 직원들이 늘었기 때문이다. 때로는 전 세계로 뻗어나간 기업에서 성공하기 위해 문화적 차이를 극복해야 할 필요가 있었기 때문이기도 하다.

다국적 기업은 자유무역과 세계화에도 도움이 되었다. 이들은 오랫동안 국제무역에서 제외되었던 국가들에 일자리와 상품, 기술 그리고 이익을 가져다주었다. 또한 그 어느 때보다 저렴한 가격에 판매해서, 그렇지 않았더라면 엄청나게 비쌀 수도 있는 상품을 얼마든지 구입할 수 있도록 만들었다. 다국적 석유회사는 국제경제가 잘 돌아갈 수 있도록 에너지를 공급했다. 여러 방면에서 다국적 회사는 기업이 제공할 수 있는 모든 것을 전 세계에 공급했다. 인류가 협조와 모험정신으로 뭉치자 특별한 일이 생긴 것이다.

그러나 이런 형태의 기업도 부도덕하고 무모하거나 또는 그저 선견지명이 없는 사람들의 수중에 들어가면 위험하다는 것이 밝혀졌다. 제2차 세계대전 후에 다국적 기업이 부상하면서 가장 긴급한 국제적 사안인 '기후변화' 문제가 대두된 것은 결코 놀랄 일이 아니다. 이들 기업은 사업하기에 가장 좋은 지역을 찾는 데 일가견이 있다. 새로운 자원이나 시장을 빌굴하기도 하지만 세금이 낮다거나 채용조건이나 환경규제가 가장 약한 곳을 찾는다는 뜻이기도 하다. 기업이 규제사항을 바꾸려고 로비를 하면 국가는 막을 수단이 없다. 환경규제를 강화하면 규제가 약한 지역으로 기업이 옮겨가니 할 수 없이 환경법규를 완화하고 기업과 일자리를 보존해야 한다. 정부는 완전히 굴복하고 그 결과 환경규제뿐 아니라 세법이나 고용관계법에서 국제관계학자들이 말하는 소위 '바닥치기 경쟁'이 발생한다. 국가 간의 규제전쟁 때문에 정부가 법을 완화시켜 결국 대중들이 손해를 보는 일이 발생한 것이다.

기업의 힘이 국가와 동등하거나 더 강해진 오늘날 면밀하게 자본주의를 관찰한 사람들의 마음속에 한 가지 질문이 떠오른다. 이것이 기업의 마지막 형태인가? 가장 강력한 마지막 모습인가? 아니면 더 변할 모습이 있을까?

7장

기업을 사고파는 기업사냥꾼,
월스트리트 KKR

1976년 두 명의 경제학자가 쓴 논문은 우리가 기업에 대해 알고 있던 모든 것에 의문을 제기하였다. 로체스터대학교의 교수 마이클 젠슨^{Michael Jensen}과 윌리엄 메클링^{William Meckling}은 바로 그 논문 〈기업 이론^{Theory of the firm}〉에서 기업의 구조가 썩었다고 주장했다. 경제학자들은 오랫동안 기업이 이익을 극대화하는 조직이라고 생각했다. 즉 합리적이고 사려 깊은 방식으로 이익을 추구한다고 간주했다. 그러나 젠슨과 메클링은 이런 가정이 틀렸다고 주장했다. 기업이 작동하는 방식을 이해하기 위해 우리는 내부를 들여다보고 '블랙박스'를 열어 거기 일하는 사람들의 동기를 알아야 했다. 젠슨과 메클링이 주장했듯 이들의 동기는 상호 모순되고 문제가 많은 요소가 뒤죽박죽 섞여 있었고 이들은 이를 '대리인 비용^{agency cost}'이라고 불렀다. 기업의 주인은 주주이나 이들은 전문 경영인 그룹에 결정권을 위임했다. 경영자는 자기 밑에서 일하는 직원들은 말할 것도 없고 그들을 선발한 주주와도 이익 추구의 방향이 다소 상이했다. 직원들의 임금을 인상해서 생산성을 증대시키기보다 자신에게 엄청난 금액의 보너스를 지급할 수 있다. 주주에게 배당금을 지급하기보다는 자가용 비행기나 골프회원권을 구입할 수도 있다. 물론 주주는 투표를 통해 경영자를 쫓아낼 수 있으나 사실 대부분의 주주들은 경영진들이 쓰는 비용항목을 일일이 들여다볼 시간이 없고 그렇게 하고 싶어 하지도 않는다. 설사 한다고 해도 비용 낭비를 밝히려면 엄청나게 복잡한 과정이 필요하다. 젠슨과 메클링은 문제의 근원이 고대 로마 시대 이래 기업이 생긴 이후 소유와 경영이 분리된 것에서 시작한다고 주장했다.

기업의 본질적인 모순점을 지적한 것이 이들이 처음은 아니다. 애덤 스미스도《국부론》에서 비슷한 결론을 내린 바 있다. 그는 당시의 주주들이 자신이 소유한 주식회사에 대해 거의 아는 것이 없다고 생각했다. 단지 연말에 배당금만 받으면 그뿐이었다. 경영자들도 이와 비슷하게 회사의 운영에 대해서 크게 신경 쓰지 않았다. '자기 돈이 아닌 다른 사람의 돈을 관리하는 사람'쯤으로 자신을 생각했기 때문이다. 이들은 손익 같은 자잘한 문제는 자기가 관여할 수준이 못 된다고 생각했다. 아무도 책임감을 가지고 일하지 않았으므로 주식회사는 망할 것이 뻔했다. "그러므로 그런 회사의 운영에는 항상 태만과 낭비가 만연하기 마련이다"라고 스미스는 한탄했다.[1]

젠슨과 메클링은 애초에 스미스가 직감했던 기업의 문제점을 이해할 만한 경제학 개념을 제공했다. 이들의 논문은 상법의 역사에서 하나의 전환점이 되었고 이후의 학자들은 이 논문을 처음부터 자주 인용했다. 학계 밖에서도 이 논문은 수많은 사람에게 알려졌다. CEO의 급여가 오랜 기간 현기증이 날 정도로 상승하자 사람들은 '기업 이론'을 생각했다.

많은 사람에게 기업은 이제 국가의 친구가 아니라 적이 되었다. 신문에는 기업 CEO와 그들의 대저택, 화려한 휴가, 수백만 달러의 보너스에 관한 이야기가 넘쳤다. 자본주의는 방향을 잃었다. 현대의 기업은 더 이상 근면성과 효율성의 전형이 아니라 탐욕과 과잉의 상징이 되었다. 이들의 논문은 그 원인을 설명해주었다.

그러나 논문의 끝부분에 이들은 한 줄기 희망을 제시했다. 그저 지나가는 말처럼 다른 형태의 기업에 대해 언급했는데, 형편없는 현대의 기업보다 튼튼하고 탄력적이며 훨씬 잘 설계된 기업이었다. "대기업의 형태는 그대로 유지하되 직원들이 조금씩 쪼개 자본을 대고 나머지는 전부 빌리는 형태는 어떨까?"라고 이들은 물었다. 물론 젠슨과 메클링도 이 질문이 어리석다는 것을 잘 알고 있었다. 기업은 자금이 필요하고 이를 가장 잘 모으는 방법은 주식발행임을 누구나 다 알고 있지 않은가? 300년 전 동인도회사를 설립할 때부터 우리가 배운 것 아닌가? 이들은 단호하게 아니라고 대답한다. "사실 오늘날 어떤 경제학·경영학 서적에도 여기에 대한 상세한 답은 없다." 게다가 회사의 소유자가 직접 운영하면 자신이 뭘 원하는지를 알기 때문에 보다 합리적인 경영을 할 수 있다. "경영자가 자기 지분 100퍼센트의 회사를 운영한다면 효율성을 최대화하는 경영상의 결정을 할 것이다"라고 젠슨과 메클링은 결론 내린다.[2]

젠슨과 메클링이 논문을 쓴 바로 그해에 디킨스의 소설에나 나올 것 같은 우연의 일치로 자신만만한 전임 투자은행의 경영자들이 모여 젠슨과 메클링이 말했던 100퍼센트 지분 회사를 설립했다. 콜버그 크래비스 로버츠Kohlberg Kravis Roberts & Co: KKR라는 이름의 이 회사는 여러 대기업에 경영태만과 비용낭비가 만연해 있다고 비난하면서 공격을 개시했다. 이들의 기업사냥이 화려한 성공을 거두자 이들의 전술을 모방한 기업이 우후죽순처럼 생겨났다. 기업사냥꾼^{corporate raider}의 시대가 열린 것이다.

◆ ◆ ◆

나는 학생들에게 사모펀드^{private equity}는 두 고든의 이야기라고 말한다.

첫째 고든은 고든 게코^{Gorden Gekko}다. 이 관점에서 볼 때, 사모펀드 회사와 경영자들은 올리버 스톤 감독의 영화 〈월스트리트^{Wall Street}〉에 나오는 부도덕한 은행가 고는 게코의 실사판이다. 이들은 '탐욕은 선'이며 사랑과 사업에 불공정한 수단은 없다고 믿는다. 또한 자유시장경제에서 탐욕스럽다는 것은 경쟁우위를 확보하는 일이라고 생각한다. 사모펀드에 대한 고든 게코적 시각은 아무것도 하지 않으면서 모든 것을 가져가는 사람에 대한 도덕적인 이야기다.

두 번째 고든은 플래시 고든^{Flash Gordon}이다. 여기서 사모펀드는 영화 〈월스트리트〉에 나오는 부도덕한 세상이 아니다. 이는 플래시 고든 만화책 시리즈에 나오는 숭고하고 자기를 희생하는 그런 세상이다. 여기에는 예일대학교를 졸업하고 전 세계를 파괴와 낭비로부터 구하려고 슈퍼히어로로 변신하는 폴로 국가대표 선수의 이야기가 나온다. 이 이야기에서 사모펀드의 경영자는 우리 경제에 새로운 에너지와 활력을 불어넣는 실사판 영웅이다.

이 두 이야기는 사모펀드가 무엇인지 그리고 어떻게 작동하는지를 매우 다른 식으로 설명한다. 고든 게코로 설명하면 사모펀드는 사람들의 재산을 착취하는 존재다. 연금펀드에 높은 수수료를 책정하고, 휘청거리는 회사를 상대로 가혹한 조건을 요구하거나 노동자들을 해고하고 부당대우하며 세법의 허점을 이용하며 어리석은 대중에게 높은 가격에 회사를 넘기는 주범이라고 생각한다. 이는 비관적인 세계관이다. 반면에 플래시 고든은 사모펀드를 아주 다르게 생각한다. 사모펀드는 이에 투자하는 모든 사람을 더 부유하게 만든다. 연금펀드는 수익률이 더 좋아진다. 휘청거리던 회사는 최고 수준의 전문가들로부터 자문과 자금지원을 받는다. 새로운 일자리가 창출되고 정부의 세수는 늘어나며 지역사회에 돈이 돈다. 이는 낙관적인 세계관이다.

통계 수치를 보면 이 논쟁을 끝낼 수 있으리라 생각할지 모른다. 사모펀드의 매수로 일자리가 생겼나? 아니면 해고가 늘었나? 사모펀드 투자로 연금펀드의 수익률이 높아졌나? 정부의 세수는 늘었나? 사모펀드가 기업공개를 한 뒤 주가가 올랐나? 간단하고 단순한 질문이니 쉽게 답을 구할 거라고 생각하지만 사실은 그렇지 않다. 우선 사모펀드에 대한 종합적인 데이터를 구하기가 쉽지 않다. 잘 알다시피 재계는 보안에 철저해서 소유권에 대한 정보를 얻기가 어렵다. 또한 어느 시점의 자료를 선택하느냐에 대해 사람들의 의견이 다르다. 일자리의 수는 어느 때를 기준으로 잡아야 하나? 사모펀드 수익률은 어느 시점을 기준으로 계산해야 하는가? 이 문제에 대해 학자들 간에 많은 논쟁이 있었지만 어떤 결론도 내지 못했다.

하지만 사모펀드 회사가 미국 재계의 지형도를 완전히 바꾸었다는 점에 대해서는 이견이 없다. 이들은 병원, 부동산, 완구점까지 다양한 기업을 소유한다. 사모펀드 운영자들은 매년 놀랄 만한 수준의 급여를 받고 최고의 부유층이 되었다. 정치에 미치는 영향력도 이와 유사하게 매우 커졌다. 1976년 기업사냥꾼의 시대가 열리면서 우리는 현대의 기업을 더 잘 이해하게 되었다.

그 시작에 제롬 콜버그$^{Jerome\ Kohlberg}$가 있다. 불과 40대 중반인 1970년대 초에 그는 명망 있는 금융 그룹 베어스턴스$^{Bear\ Stearns}$의 수장이 되면서 투자은행가로서 최고의 지위에 올랐다. 최고 수준의 신중함과 원칙으로 이미 뛰어난 경력을 쌓은 뒤였다. 스와스모어대학교에서 공부할 때 퀘이커 정신에 흠뻑 빠져 '퀘이커 유대인$^{Jewish\ Quaker}$'이라 불리는 것을 좋아했다. 졸업 후에는 하버드경영대학원에서 MBA를 따고 컬럼비아대학교에서 법을 공부했다. 법률사무소에 잠시 근무한 뒤 베어스턴스에 입사하여 20년을 근무했다. 한 번이라도 그를 만나본 사람들은 그의 도덕적 의무감, 올바른 방식의 일 처리에 대한 약속 그리고 항상 의뢰인을 최우선으로 생각하는 태도에 놀란다. 거래를 개시하기 전에 회사의 중역들을 만나는 자리에서 그는 "우리는 같은 편입니다"라는 말을 자주하곤 했다. "그는 간섭하지 않는 원로 정치인 스타일이죠"라고 같이 일했던 동료가 평했다. "항상 진실성^{integrity}에 대해 이야기했어요." 그가 베어스턴스에 들어간 이유는 은행이 성장할 수 있는 기회를 보았기 때문이며 단지 돈을 불려주는 은행이 아니라 믿을 수 있는 조언자 역할을 할 수 있다고 생각했기 때문이다. "나는 장기적인 관계를 좋아합니다. 회사와 같이 커나가며 단지 금융기법 이상의 것들을 실현하는 게 마음에 들었습니다." 일 외에 그가 좋아한 것은 자신의 아이들과 트럼펫, 책 그리고 테니스였다(그의 아들 제임스는 나중에 프로 테니스 선수가 되었다).[3]

베어스턴스 은행은 콜버그 같은 사람이 일하기는 다소 맞지 않는 곳이었다. 월스트리트처럼 활기 넘치는 곳에서조차 베어스턴스는 공격적인 문화로 유명했다. 오랜 기간 사장을 지낸 살림 '사이' 루이스^{Salim 'Cy' Lewis}는 과거 미식축구 선수이자 구두 판매원이었으며 흉포한 성격과 잔인한 태도로 유명했다. 그는 부하직원들의 거래 결정부터 옷차림까지 모든 걸 비웃었으며 누군가 자신을 험담하면 끝까지 앙심을 품는 것으로 유명했다. 직원 면접에 가면 단 한 가지만 물었다고 한다. "돈을 어떻게 생각하나?" 그럼에도 콜버그는 베어스턴스의 무자비한 기업문화 속에서도 돋보였다고 한다.[4]

그가 눈에 띌 수 있었던 이유는 수익이 나면서도 윤리적으로 문제가 없는 틈새 분야를 스스로 개발했기 때문이다. 그 틈새 분야란 그가 발명한 혁신적인 금융거래로서 '부트스트랩^{bootstrap}' 거래라고 불렸다. 제2차 세계대전의 호황기에 회사를 설립한 사람들이 1960년대 초가 되자 은퇴를 시작했다. 이들은 회사를 팔아 현금화하면서도 유산처럼 회사의 명맥을 유지하기를 원했다. 또한 자녀가 회사인수를 거부하는 경우도 있는데 그렇다고 오랫동안 싸워온 경쟁사에 팔고 싶어 하지도 않았다. 매우 까다로운 문제였는데 콜버그가 해결한 것이다. 점점 나이가 들어가는 소유주가 돈을 받고 은퇴를 하되 좀 더 오래 회사를 운영할 수 있도록 하자는 것이 그의 생각이었다. 현금을 주고 설립자로부터 회사를 사려는 투자자를 만나면 콜버그는 넘긴 회사가 자리를 잡을 때까지 설립자가 일부 지분만 보유하고 CEO 자리를 유지하는 안을 제안했다. 이 제안은 모두에게 솔깃했다. 설립자는 상당한 금액을 챙긴 다음 신뢰할 만한 콜버그에게 회사를 넘길 수 있었고 콜버그는 구조조정을 마친 회사를 구입가의 몇 배에 팔 수 있었다.

콜버그가 1965년 스턴 메탈Stern Metals과 맺은 거래가 대표적인 사례다. 치과용품 생산업체의 설립자였던 당시 72세의 H. J. 스턴H. J. Stern은 자녀들에게 현금으로 유산을 물려줄 생각을 하고 있었다. 그는 자식들이 회사를 운영할 능력이 없다고 생각했으므로 여전히 회사를 직접 운영하고 있었다. 스턴은 베어스턴스 직원에게 이렇게 말했다. "회사라는 게 원할 때마다 물을 길을 수 있는 우물하고는 달라요. 회사는 바이올린 같은 거죠. 그런데 우리 아이들이 바이올린을 연주하는 데 필요한 소질을 갖춘 것 같지 않아요." 오랜 기간 스턴과 협상한 콜버그는 이런 계획을 내놓았다. 콜버그가 모집한 투자자들이 출자해 회사를 하나 설립하고 이 중 150만 달러는 이 회사 투자금으로, 나머지 800만 달러는 은행과 보험사 대출로 충당해서 총 950만 달러에 스턴 메탈을 구입한다. H. J. 스턴은 회사의 주식을 약간 보유한 채 계속해서 회사를 운영한다. 8개월 후 콜버그는 최초에 주당 1.25달러에 사들였던 주식을 8달러에 판매했다. 그는 이 돈으로 다른 회사를 사서 스턴 메탈의 시장 점유율을 높였다. 이 회사가 2년 후 공개되면서 투자자들은 원금 대비 무려 여덟 배의 이익을 보았다. 스턴은 너무나 기뻐서 거래를 축하하는 저녁식사에서 "우리는 서로서로를 위해 생명과 재산 그리고 소중한 명예를 바칠 것을 약속합니다"라고 엄숙하게 선언했다.[5]

그러나 콜버그의 기업담보 차입매수leveraged buyout는 복잡한 거래였기 때문에 이를 구조화할 필요를 느꼈다. 이를 위해 콜버그는 조지 로버츠George Roberts와 헨리 크래비스Henry Kravis 두 사람을 영입했다. 먼저 온 조지 로버츠는 휴스턴 석유업자의 아들로서 탈세혐의로 복역한 전력이 있었다. 그는 내성적이고 냉정한 분위기를 띠고 항상 확률을 분석하는 듯 보였다. 그가 이렇게 차가운 태도를 갖게 된 것은 새벽 4시에 일어나 눈을 치워야 했던 인디애나의 컬버 밀리터리 아카데미에서 고등학교 시절을 보냈기 때문인 듯하다. 클레어몬트대학교 재학 시절에는 틈날 때마다 포춘 500대 기업의 CEO에게 헤르메스 타자기를 소개하는 편지를 보내 얼마간의 중개수수료를 내고 타자기를 인수하라고 제안했다. 물론 그 누구도 그의 제안을 받아들인 사람은 없었다. 그 후 캘리포니아대학교의 헤이스팅스 법학대학원을 졸업한 뒤 베어스턴스에 입사하여 콜버그를 만나 같이 일하게 되었다. 샌프란시스코 지사로 전보발령이 나자 로버츠는 사촌 헨리 크래비스를 자신의 후임으로 콜버그에게 추천했다.

서류상으로만 보면 크래비스는 로버츠와 비슷한 면이 많았다. 그도 역시 석유업자의 아들이었고 기숙학교를 나와 클레어몬트대학교에서 공부했다. 로버츠처럼 크래비스도 어릴 때부터 금융분야에 관심이 많아 무담보전환사채를 주제로 졸업논문을 쓰기도 했다. 컬럼비아경영대학원을 수료 후 베어스턴스에 입사했다. 유사한 점은 거기까지였다. 로버츠가 내성적이고 분석적인 데 반해 크래비스는 눈치 안 보고 튀는 성격이었다. 갈라쇼나 파티 등 뉴욕의 사교모임에는 빠지지 않고 참석했다. 이탈리아산 바지와 구치 로퍼를 즐겨 신었으며 30살 생일에는 선물로 받은 혼다 오토바이로 자신의 파크 에비뉴 아파트 실내를 누볐다.

콜버그, 크래비스, 로버츠 세 사람의 성격은 다를지 모르지만 이들에게는 공통적으로 금전적으로 성공을 거두겠다는 불같은 야망이 있었다. 1971년 콜버그가 사들였던 코블러스 인더스트리Cobblers Industries의 창립자가 점심시간에 자신의 회사 공장 지붕에 올라가 자살하는 일이 발생했다. 콜버그는 이 소식을 듣고 격노했다. "콜버그한테 전화가 왔는데 '그 망할

놈의 자식이 지붕에서 뛰어내렸어'라고 하더군." 이 거래의 투자자 한 명이 이렇게 말했다. 그 회사는 결국 파산했고 투자는 대실패로 끝났다. 조지 로버츠도 마찬가지로 냉정해져서 "마누라하고 자식들 빼고는 절대 사랑에 빠지지 마"라고 말했다.[6]

1970년대 중반이 되자 이들 세 명과 회사와의 관계가 안 좋아졌다. 콜버그의 부트스트랩 거래로부터의 수익이 눈에 띄게 줄어들었다. 사장인 루이스는 더 이상 이들의 전략이 안 먹힌다고 생각해서 다시 회사의 핵심전략으로 복귀하라고 지시했다. 하지만 콜버그는 이를 거부했다. 그는 여전히 자신의 부트스트랩 거래가 효과가 있다고 믿었다. 수익이 감소한 것은 몇 건의 안 좋은 거래 때문이며 전략 자체는 문제가 없다고 생각했다. 1976년 콜버그는 나머지 두 명에게 퇴사해서 자신들만의 회사를 차리자고 제안했다. 안 그래도 공명심에 가득 차 있던 로버츠와 크래비스는 바로 그 안을 수락했다. 로버츠가 루이스 사장에게 회사를 떠나겠다고 통보하자 사장은 그를 설득하려 했다. "젊은이, 지금 큰 실수하는 거네. 회사 떠나서 잘된 사람을 못 봤어." 그러나 이 셋은 자신들의 회사가 예외를 만들 거라고 확신했다.[7]

1976년 5월 1일 콜버그 크래비스 로버츠[KKR] 사가 설립되었다. 처음에는 보잘것없었다. 자본금이 부족했기 때문에 최대한 비용을 줄여야 했다. 콜버그가 10만 달러, 크래비스와 로버츠가 각 1만 달러씩 투자했다. 마치 홀리데이인 호텔처럼 생긴 미드타운 맨해튼 5번가의 뉴욕상호기금 빌딩에 사무실을 열었다. 전 세입자를 설득해 철제 책상, 회색 카펫, 복제한 그림 등 오래된 집기를 그냥 두고 가라고 했다. 더 이상 베어스턴스의 초고층 건물의 화려한 사무실이 아니었다.

이들은 전국을 돌아다니며 사업을 홍보했지만 매우 어려웠던 것이 사실이다. 처음 뽑은 직원인 밥 맥도넬^{Bob MacDonnell}이 한겨울에 사우스다코타의 곡물처리 설비회사를 300만 달러에 구매하는 건으로 방문했을 때 회사 소유주는 영하 15도의 야외로 그를 끌고 가더니 "총질 한번 할래요?"라고 물었다. 무슨 말인지 몰라 어리둥절하고 있는 사이 주인은 32구경 리볼버를 꺼내더니 캠벨수프 깡통에 대고 총을 쏘기 시작하면서 "얼마나 맞히는지 봅시다"라고 외쳤다. 맥도넬이 그날 몇 개나 맞혔는지 기록은 없으나 아마 많지는 않았을 것이다. 소유주는 매매를 거절했다.[8]

투자자들로부터 자본을 조달하기도 마찬가지로 험난했다. 최초 목표는 기관투자자들로부터 2,500만 달러였고 이를 모집하기 위해 은행과 보험회사 등을 쉴 없이 접촉했지만 2개월이 지나도록 어떤 결과도 없었다. 투자하기에는 회사의 거래기록이 너무나 짧고 위험했기 때문이다. 그러던 어느 날 피츠버그에 기반을 둔 헨리 힐먼^{Henry Hillman}이라는 벤처투자자로부터 전화를 받았다. 일주일 전에 크래비스가 힐먼을 만났는데 2주 이내로 답을 주겠다는 약속을 받았던 것이다. 그런데 6일 만에 전화가 왔다. "우리가 마음에 안 들었어요?"라고 힐먼의 직원이 물었다. 당황한 크래비스는 그게 무슨 뜻이냐고 물었다. "당신들이 나가자마자 우리는 결정을 했습니다. 절반을 우리가 투자하겠습니다." 힐먼은 1,250만 달러를 투자하겠다고 약속했다. 힐먼과 거래를 개시하면서 이들은 기관투자자보다 개인투자자들로부터 자금을 모집하기가 더 쉬울 수 있겠다는 생각을 했다. 1976년 여름 KKR은 오랜 기간 관계를 맺어온 투자자들로 대상을 돌려 친구와 가족을 설득하기 시작했다. 이런 노력이 오히려 더 효과가 있어서 몇 달 후 일곱 명의 투자자를 모집할 수 있었다. 그중에는 회사의 운용자금으로 기꺼이 연 5만 달러를 투자하기로 한 크래비스의 아버지도 포함되어 있었다. 투자의 대가로 이들은 KKR이 체결하는 거래에 참여해서 수익을 나눠가질 권리를 부여받았다. 어떻게 보면 잘된 것 같지만 이것이 KKR이 원한 전부가 아니었다. 아무리 돈이 많다고 해도 이들은 개인이기 때문에 투자금액에 한계가 있었다. 그다음 해에 한 투자자가 1년 사이에 네 번의 추가 투자를 요청받자 크래비스에게 전화를 걸어 젊을 때와 달리 겸손해진 크래비스에게 이렇게 불평했다. "크래비스, 너 때문에 나 파산하게 생겼어."[9]

이제 충분한 자금이 확보되었으므로 KKR은 기업을 매수하기 시작했다. 처음에는 거래 빈도가 낮고 규모도 작았지만 수익성은 좋았다. 1977년 KKR은 회사 세 개를 인수했다. 로스앤젤레스의 항공유 회사인 AJ 인더스트리$^{AJ Industries}$를 2,600만 달러에 사서 8년 후 수수료를 제외하고 44배를 투자자들에게 돌려주었다. 피츠버그의 드릴장비 회사인 L.B.포스터$^{L.B. Foster}$를 1억 600만 달러에 구입해 12년 후 여섯 배의 가격에 되팔았으며 오리건의 석탄채굴장비 회사인 US 내추럴 리소스$^{US Natural Resources}$를 2,200만 달러에 사서 20배를 받고 팔았다.

몇 번의 거래를 거치면서 KKR은 확실하게 감을 잡았다. 이런 작은 회사에 그들의 금융공학 기법이 먹히면 큰 회사에도 적용할 수 있지 않을까? 충분히 가능성이 있다고 보았다. 그러나 그러기 위해서는 보다 많은 자금이 필요했다. 그래서 1978년 본격적으로 바이아웃펀드를 조성하기 위한 작업에 착수한다. 이제 거래기록이 어느 정도 쌓였으므로 처음에 이들의 제안을 거절했던 기관투자가들을 타깃으로 삼았고 그것이 통했다. 그해 말 KKR은 3,000만 달러의 펀드를 조성할 수 있었다. 올스테이트^{Allstate} 같은 대형 보험사, 시티은행^{Citicorp}, 교직원 연금^{Teachers Insurance} 같은 대형 자금으로부터 투자를 받았다. 이제 본격적으로 큰물에서 놀기 시작한 것이다.

탄탄한 자금이 확보되자 KKR은 시장에서 인수대상이 될 만한 기업을 탐색했다. 그 전기가 된 것이 1978년 여름 콜버그가 〈뉴욕타임스〉의 비즈니스 섹션에서 발견한 휴데일 산업^{Houdaille Industries}에 관한 토막 기사였다. 이 회사는 1970년대 미국 경제계에 많이 보이던 전형적인 복합기업으로 여러 분야에 진출해 있었다. 원래 뉴욕주 버펄로시에서 유압식 충격흡수 장치를 만드는 회사로 시작했지만 다년간에 걸쳐 건설, 자갈채취, 공작기계, 산업용 펌프 등 여러 사업 분야로 확장했다. 사내 현금보유 비중이 높고 차입은 최소화했다. 또한 67세의 제럴드 살타렐리^{Gerald Saltarelli} 회장은 이미 '은퇴할 나이'를 한참 지난 상태였다. 이 모든 상황을 감안해 기자는 이렇게 질문했다. "휴데일 산업이 인수대상 기업으로 적합할까?" 이 기사를 본 콜버그는 휴데일이야말로 부트스트랩 거래에 적합한 기업이라고 생각했다. 그런데 단 한 가지 문제가 있었다. 아무도 이렇게 큰 기업이 기업담보 차입매수 대상이 될 거라고 생각하지 않았다. 심지어 휴데일의 주거래 은행인 골드만삭스도 마찬가지였다. 이렇게 큰 금액을 대출받을 방법이 없었다. 그러나 KKR의 천재 3인방은 생각이 달랐다.[10]

1978년 8월 콜버그와 크래비스는 휴데일의 본사가 있는 포트 로더데일로 날아가 살타렐리 회장을 만나 자신들의 계획을 설명했고 그를 잘 구워삶았다. 회장은 나중에 그때를 이렇게 기억했다. "아주 부드러운 거래였어요." 콜버그는 살타렐리 회장에게 KKR의 역사와 그들의 사업 방법에 대해 소개했다. 크래비스는 매수가 끝나면 회사의 대차대조표가 어떤 모습일지에 대해 설명했다. 채무가 엄청나게 늘어나 있었다. "회장님이 과거에 회사를 어떻게 운영했는지 잘 알고 있기 때문에 아마 깜짝 놀라실 겁니다"라며 예상 재무상태가 담긴 보고서를 넘겼다. "회장님은 처음에는 잘 안 될 거라고 하시지만 저는 분명히 말씀드리지만 잘 될 거라고 확신합니다." 살타렐리 회장은 조만간 은퇴해 필 오릴리Phil O'Reilly 부사장과 돈 보이스Don Boyce CFO에게 경영을 맡기고 싶다는 뜻을 전했다. 콜버그와 크래비스는 그렇게 하겠다고 회장을 안심시켰다.

그다음 난계는 오릴리와 보이스와 협력하는 것이었다. 콜버그는 버진아일랜드에 있는 별장으로 이 두 사람을 초대했다. 그들이 도착하자 콜버그는 그들이 거절하지 못할 제안을 선물했다. 오릴리의 연봉은 20만 달러로, 보이스는 10만 달러로 전에 받던 임금 대비 50퍼센트 이상 인상한 고용계약서를 제시했다. 한편 살타렐리 회장은 주식을 양도하는 대가로 520만 달러를 받기로 했다. 금액이 너무나 컸기 때문에 무시할 수 없었고 처음 몇 가지 조건 때문에 지연되기는 했지만 휴데일과 KKR은 계약서에 서명했다.[11]

관계를 구축하는 것 못지않게 중요한 것이 거래의 구조를 어떻게 구성하느냐다. 가장 중요한 것이 세금 문제였다. 휴데일의 재무상태를 분석한 결과 다중채무를 발생시키면 휴데일의 세금을 거의 반으로 줄일 수 있다고 크래비스는 확신했다. 그런데 만일 반으로 줄일 수 있다면 더 줄여 심지어 제로로 만들 수도 있다고 그는 생각했다. 이를 위해 감가상각 금액을 높이는 방법을 동원해야 했다. 즉 회사가 보유한 자산의 가치를 높여 더 많은 공제를 받자는 것이다. 휴데일에는 공장과 기계 등 오래된 자산이 많았는데 전통적으로 그 가치를 낮게 책정해왔다. KKR이 회계법인 딜로이트Deloitte의 회계사를 고용해 자산을 분석한 결과 평가액이 1억 달러까지 늘어나 추가로 1,500만 달러의 세금공제를 받을 수 있었다.[12]

이렇게 하려면 복합적인 기업구조가 필요해 KKR은 월스트리트에서 가장 실력 있다는 스캐든Skadden 로펌을 고용해 서류작업을 시켰다. 스캐든은 찰스 디킨스의 소설에서나 나올 법한 복잡한 거래를 만들었다. 1978년 HH홀딩스HH Holdings는 KKR의 사무실에서 '회의'를 개최했는데 참석자는 HH홀딩스의 단독이사인 크래비스 한 명이었다. 이 '회의'에서 크래비스는 18개의 결의안을 자신에게 제출한 뒤 1:0 만장일치로 승인했다. 며칠 후 그는 거래에 필수적인 또 다른 회사인 HH 인수회사와도 똑같은 작업을 했다. 얼마 후 휴데일과 HH홀딩스 간에 맺은 계약서에 문제가 발견되자 휴데일의 총책임자로서 크래비스는 HH홀딩스의 책임자인 자신에게 서한을 보내 계약내용의 수정을 요청했다. 다행히 크래비스의 기분이 좋았으므로 그 요청이 '동의 및 수락'되었다는 내용의 답장을 자신에게 보냈다. 거래구조가 너무 복잡하다고 생각한 미국증권거래위원회The Securities and Exchange Commission: SEC는 여러 기업들의 위치관계를 보여주는 조직도를 작성해달라고 요청했다. 작성된 조직도는 마치 거미줄 같았다. 인수합병 일을 하는 KKR 직원이 폭 1미터에 달하는 조직도를 프린트해서 사무실에 간 다음 다른 사람들에게 '스리마일섬 원자력발전소Three Mile Island nuclear plant의 상황실' 같다고 자랑했다.[13]

KKR이 3억 5,500만 달러에 이르는 휴데일의 기업담보 차입매수를 발표하자 미국 재계는 깜짝 놀랐다. 아무도 휴데일처럼 큰 회사가 KKR처럼 작은 회사에 인수되리라고 생각하지 않았다. 상식적으로 생각해볼 때 그 정도 규모의 인수합병을 하려면 GM이나 엑슨 또는 포드 정도의 자금력이 있어야 했다. 최초 거래에서 KKR의 자문변호사를 맡았던 심프슨 대처Simpson Thacher & Bartlett 로펌의 리처드 비티Richard Beattie는 "휴데일 건이 성사되었을 때 모두들 관심이 엄청났죠. 사람들이 모이기만 하면 'LBO(차입매수의 약자 - 옮긴이)가 뭐야?' 난데없이 조그만 회사 하나와 콜버그, 크래비스, 로버츠 이 세 사람이 나타나더니 상장기업에 제안을 하고 다니네. 대체 이게 무슨 일이야?"라고 당시 상황을 전해주었다.[14]

휴데일 인수합병건은 모든 사람들에게 KKR이라는 회사에 대한 주의경보를 발령했을 뿐 아니라 이런 형태의 거래가 가능하다는 걸 알려주었다는 점에서 기념비적인 사건이었다. KKR을 대단하게 생각했던 사람들 중에 리먼브라더스Lehman Brothers 투자은행에서 일하던 30대의 스티븐 슈워츠먼Stephen Schwarzman이 있었다. 그는 이 거래에 대한 소식을 듣고 거래조건을 요약한 투자설명서를 읽으며 그 구조를 이해하려 했다. "투자설명서를 읽고 자본의 구조를 들여다보니 그 수익률이 가늠되더군요. 속으로 이렇게 중얼거렸어요. '노다지네, 노다지야.' 그건 마치 LBO에 대한 비법서 같았어요." 슈워츠먼은 당시를 이렇게 회상했다. 6년 후 그는 블랙스톤Blackstone이라는 자신의 사모펀드 회사를 설립해 세계 최대 규모로 성장시켰다.[15]

휴데일 사건은 전 세계에 사모펀드를 알리는 계기가 되었다. 논란이 없지 않았지만 사모펀드는 곧 기업경영의 주요한 요소로 떠올랐다. 제품을 사고파는 것이 아니라 기업을 사고팔다니 희한한 모델이었다. 최고수준의 금융기법을 이용하는 이런 방식으로 사람들은 기업을 또 다른 제품으로 보게 되었고 금융기관 역시 기업을 거래 및 교환의 대상으로 보

있다. 그러나 사모펀드가 진정으로 기업활동을 개선할 수 있을지에 대해 의문을 품고 세계경제에 미칠 영향을 우려하는 사람도 있었다.

KKR의 사모펀드는 엄청난 성공이었다. 20세기를 통틀어 S&P 500대 기업의 주가는 매해 10퍼센트 정도의 수익률을 돌려주었다. 반면 40퍼센트 수익률을 약속했던 KKR은 그 이상의 투자수익률을 기록했으며 1983년에는 평균 62.7퍼센트를 보여주기도 했다. 전례 없는 이런 수익률은 심지어 수익금을 분배받은 투자자들조차 믿기 어려울 정도였다. 그러면 대체 이 많은 돈이 어디서 오는 걸까?[16]

KKR의 기본적인 전략은 경영자 매수management buyout라고도 불리는 '차입매수'다. 방법은 간단하다. 우선 KKR이 주로 기관투자자들로부터 자금을 모집한다. 두 번째로 모인 자금과 타 기관에서 빌린 대출금을 이용해 기업을 매수한다. 세 번째는 몇 년간 기업을 운영한 뒤 가급적 더 높은 가격에 개인이나 기관투자자에게 판다. 이게 무슨 대단히 특별한 기법이 들어간 것도 아니다. '싸게 사서 비싸게 판다'는 동인도회사 설립 이후 모든 기업의 원칙이었으나 이 세 명의 천재들은 이를 보다 근본적이고 강력한 것으로 만들었다.

우선 이들에게는 투자가를 찾아내는 뛰어난 능력이 있었다. 1976년 최초에 2,500만 달러를 모금하려 했으나 훨씬 못 미쳤다. 하지만 1978년에는 3,000만 달러의 투자금을 유치했고 1980년에는 3억 5,700만 달러를, 그리고 1987년 다섯 개의 펀드를 통해 24억 달러를 유치했다. 이 엄청난 양의 투자금은 어디에서 나왔을까? 최초의 투자자들 가운데는 보험사와 은행도 있었지만 그 뒤로는 연금펀드 덕분에 이렇게 커질 수 있었

다. 1970년대 미국 전역의 몇백만 명의 교사, 소방관, 공무원들의 되직적
립기금은 점차 커져 가장 큰 기관투자자로 성장했다. 이 기금들은 예를
들어 캘리포니아공무원연금기금이나 텍사스교직원퇴직연금처럼 주정부
조직의 관리하에 보다 많은 수익을 추구하여 가입자에게 혜택을 주려 했
다. 그러나 대부분의 경우 이런 연기금들은 정부로부터 급여를 받는 공
무원들에 의해 운영되고 있었다. KKR은 이들이 가진 투자자로서의 가
치를 알아보았다. 엄청난 금액의 기금을 운영하고 있었지만 제대로 된 운
영방법을 몰랐다. 따라서 월스트리트의 가장 실력 좋고 인맥 있는 사람들
이 운영을 맡아주길 바랐다. 마케팅은 주로 로버츠가 맡아서 했는데 콜버
그의 표현에 의하면 그는 "돈이 있는 곳을 알아차리고 (중략) 이를 끌어
당기는 데" 뛰어난 능력이 있었다.[17]

초기 기관투자가 중에 오리건주의 퇴직펀드를 관리하는 오리건투자위
원회라고 있었다. 로버츠는 의장인 로저 마이어Roger Meier를 끈질기게 설득
해 KKR이 프레드마이어Fred Meyer Inc.라는 오리건의 유통회사를 인수하는
자금 1억 7,800만 달러를 투자하도록 했다. 이사회가 끝나고 로버츠는
마이어 의장을 비벌리힐스 호텔로 초대해 전 윔블던 챔피언인 알렉스 올
메도Alex Olmedo와 함께 테니스 복식 경기를 주선하기도 했다. 마이어는 당
시의 경험을 이렇게 이야기했다. "말로 표현할 수 없는 기분이었죠. 오리
건 포틀랜드 촌구석의 시골뜨기가 날고 기는 사람들하고 어울리다니. 정
말 감동적이었죠." 프레드마이어에 대한 투자는 오리건투자위원회의 단
일 투자액 중 최대 규모로 전체 기금의 약 8퍼센트에 해당할 정도였다.
위험한 투자였지만 대가는 상당했다. 프레드마이어가 매각된 후 보니 오
리건퇴직펀드는 연평균 53퍼센트의 투자수익률을 기록했다. 그 뒤로 오

리건투자위원회는 KKR의 든든한 자금줄 역할을 했고 마이어와 로버츠는 끈끈한 우정을 이어나갔다. 다른 주에서도 오리건주의 엄청난 수익률을 보고 이를 따라 했다. 1982년에는 워싱턴주와 미시건주의 연금펀드 및 막강한 영향력을 자랑하는 하버드대학교 기부금펀드 등이 KKR의 고객이 되었다. 아이오와주는 한때 전체 40억 달러의 기금 중 약 10퍼센트에 해당하는 3억 4,700만 달러를 두 개의 KKR 펀드에 분산투자한 적도 있었다. 각 주의 연금펀드 위원장들은 앞다투어 KKR의 안정적이면서도 기적 같은 수익률을 칭찬했다. 워싱턴주의 연금펀드 위원장은 1989년 인터뷰에서 이렇게 말했다. "20세기 후반에 미국의 자본주의에 가장 큰 영향을 미친 사람 다섯 명을 꼽는다면 이 세 사람은 반드시 들어갑니다."[18]

KKR은 연금펀드를 기금 내에 편입시키는 대가로 상당한 보상을 보장하는 구조로 설계되어 있었다. 제휴계약서에는 KKR에 여러 명목의 수수료를 지급하는 내용이 명시되어 있다. 가장 큰 것이 운용수수료$^{management\ fee}$와 성과보수$^{carried\ interest\ fee}$였다. 이는 월급과 보너스 같은 개념이다. 운용수수료는 성과와 상관없이 월급처럼 정기적으로 지급되었다. 반면에 성과보수는 마치 보너스처럼 일정치 않았고 인수합병의 결과에 따라 높거나 낮을 수 있었다. 통상적으로 운용수수료는 투자금의 1.5퍼센트에서 2퍼센트였다. 1982년에 운용수수료는 450만 달러였지만 1986년에는 2,700만 달러였다. 이런 수수료는 매년 부과할 수 있었다. 따라서 KKR은 단지 고객으로부터 자금을 받기만 해도 수천만 달러의 운용수수료를 가져갈 수 있었다. 반면에 성과보수는 기업을 사고파는 데서 나오는 수익금의 일정 부분을 가져가는 구조였다. 일반적인 경우 '허들'이라고 불리는 기준을 초과하는 수익의 20퍼센트를 가져간다. 물론 성과보수를 받기 위해서는 시장수익률을 초과해야만 한다. 그러나 이런 수수료 외에도 투자은행수수료, 거래수수료, KKR직원수수료 등 다른 항목도 많았다. 1980년대 말에는 단지 거래수수료만으로도 KKR은 1억 달러의 수익을 올릴 수 있었다. 이런 수수료들이 합쳐 매년 엄청난 수익을 가져다주었다. 한 투자은행가는 KKR의 수수료에 대해 이런 표현을 했다. "엄청난 착취죠. 마치 전혀 위험성 없이 떼돈을 긁어모은다는 기본 전제하에 KKR이 유한책임회사를 설립한 거나 마찬가지예요." 모든 투자가들이 만족스러워하지는 않았지만 수익률이 좋기만 하면 다른 방법이 없다는 것을 잘 알고 있었다.[19]

KKR의 두 번째 전략은 사모펀드의 주수입원인 담보차입매수다. 차입매수의 기본적인 개념은 대출을 이용해 적은 금액으로 큰 물건을 매수하는 것이다. 주택담보대출을 이용해서 현금 보유액보다 훨씬 비싼 주택을 구입할 수 있듯, KKR은 보유한 현금으로 살 수 있는 물건보다 훨씬 크고 비싼 기업을 인수할 수 있었다. 이런 식으로 하면 수익률이 극대화된다. 예를 들어 1억 달러를 주고 어떤 기업을 인수했다고 가정해보자. 경영을 잘해서 1년 후에 1억 1,000만 달러에 팔았을 때 만일 KKR이 순수하게 자신이 보유했던 현금으로 그 기업을 샀다면 정확히 10퍼센트의 투자수익률을 기록했을 것이다. 즉 100에 사서 110에 파니 10만큼 수익을 낸 것이다. 10퍼센트의 수익률만 해도 상당한 것이고 주식의 평균수익률에 육박한다. 그런데 만일 구입금액의 상당 부분을 대출금으로 충당했다면 어땠을까? KKR은 통상적으로 총구입가의 70퍼센트에서 95퍼센트 정도를 대출로 충당했으므로 우리의 예에서 1,000만 달러는 자기 자본으로, 나머지 9,000만 달러는 차입했다고 가정해보자. 1년 후 1억 1,000

만 달러에 그 회사를 매각하고 대출금 9,000만 달러를 상환하면 2,000만 달러가 남는다. 초기 1,000만 달러의 투자금이 2,000만 달러가 되었으니 대출이라는 마법을 이용해 100퍼센트의 경이로운 수익률을 낳았다. 물론 대출은 공짜가 아니므로 KKR은 대출이자를 내야 한다. 대출금리가 높을수록 수익을 거두기 힘들다. 이를 잘 알고 있던 KKR은 마이클 밀켄Michael Milken이라는 투자은행가가 개발한 새로운 채권시장에 주목했다.[20]

1980년대 말 마이클 밀켄은 잠자는 채권시장을 일깨워 자신이 일하던 드렉셀번햄램버트Drexel Burnham Lambert 투자은행에 엄청난 이익을 가져다준 사람이다. 비벌리힐스에 있는 사무실에서 밀켄은 부채에 시달리거나 적자로 헤매는 기업이 발행한 위험채권인 소위 정크본드junk bond 시장을 개척했다. 정크본드는 오랜 기간 주류 투자가들 사이에서 기피 대상이었다. 너무나 위험했고 투자금 회수 가능성이 낮았기 때문이었다. 하지만 그는 정크본드를 패키지로 해서 포트폴리오를 구성하면 보다 보수적이고 안정적인 기업의 채권보다 수익률이 높다는 점을 확신했고 이를 투자자들에게 전파했다. 밀켄의 정크본드로 인해 부채에 시달리던 기업들이 수십억 달러의 채권을 발행할 수 있었다. 1983년 한 해에만 드렉셀 은행은 47억 달러의 정크본드를 발행했다. 그러나 정크본드 성공의 진정한 원인은 차입매수의 증가에 기인한다. KKR은 정크본드 판매자금을 이용해서 보다 저렴한 비용으로 신속하게 기업인수자금을 조달할 수 있었다. 1984년 KKR은 밀켄으로부터 안경 및 완구류 제조회사인 콜내셔널Cole National의 인수자금 3억 3,000만 달러를 지원받기로 했다. 그런데 크래비스는 그 과정에서 밀켄이 얼마나 쉽게 투자자들을 모집하는지를 보고 충격을 받았다. "살다 살다 그런 건 정말 처음 보았어요"라고 말했을 정도다. 그 뒤로

1980년대 말까지 KKR과 드렉셀 은행은 불가분의 관계기 되었다. 1984년부터 1989년까지 KKR은 13건의 기업인수에 드렉셀의 자금을 이용했고 그 대가로 KKR은 드렉셀의 최대 고객이 되었다. 드렉셀 은행의 한 중역은 이들의 관계를 이렇게 표현했다. "유례를 찾아보기 힘들 정도로 완벽한 공생관계였습니다. 그들은 우리에게 은총을 주었고 우리도 그들에게 은총을 주었습니다." 드렉셀 은행과 밀켄은 이런 관계에서 엄청난 이익을 챙겼다. 가장 좋았던 1987년 한 해에만 드렉셀 은행은 밀켄에게 급여로 5억 5,000만 달러를 지급했을 정도였다.[21]

이제 사모펀드의 마지막 부분은 KKR이 인수한 기업의 운영문제다. 사모펀드의 역할이 회사의 경영 상태를 호전시켜 보다 높은 가격에 판매하는 것이므로 기업경영의 전문가들이 투입되어 갈고닦은 실력을 발휘하여 회사를 정상궤도에 올렸으리라 생각할지 모른다. 그러나 사실 KKR은 매수한 기업에 대해 매우 방관자적인 입장을 취했다. 설립자들은 인수기업들이 자신들에게 경영 조언을 요청하는 것을 극도로 싫어했다. 1985년 KKR이 호텔 체인인 모텔 6$^{Motel\ 6}$을 인수했을 때 그 회사의 CEO가 모텔을 알리기 위해 고속도로변에 어떤 광고판을 세울지에 대해 크래비스와 로버츠에게 자문을 구한 적이 있었다. 회의가 끝난 후 크래비스는 로버츠를 구석으로 데려가더니 "이거 골치 아픈데. 우리처럼 아무것도 모르는 사람들이 광고판 내용까지 결정해야 한다면 문제가 될 수도 있어." 6개월 후 KKR은 알아서 잘하는 사람으로 CEO를 교체했다.[22]

회사 경영상의 결정을 직접 하는 대신 KKR은 모든 결정권을 중역들에게 위임하고 이들에게 성과에 따른 인센티브를 제시했다. 회사의 수익에 따라 충분히 인센티브를 제공한다면 경영자들이 보다 효율적으로 회사를 운영할 거라 믿었다. 기업인수가 발생하면 KKR은 경영자에게 10~15퍼센트에 이르는 지분권을 인정해 주었다. "경영자가 회사에 자기 돈을 투자하게 되면 출근시간이 빨라지게 마련입니다. 또한 비용에 대해서도 더욱 고민하게 되죠. 그러면 리무진이나 자가용 비행기가 필요할까요?"라고 크래비스가 설명했다. "소유주가 직접 운영하는 지역 슈퍼마켓 체인이 상장회사가 운영하는 전국 체인보다 더 잘할 겁니다. 동원할 수 있는 자원이 유사하다고 가정할 때 자기 사업을 운영하는 체인이 대기업이 운영하는 체인을 완패시킬 것입니다"라고 로버츠가 동의했다. KKR이 경영진에 인센티브를 제공한다는 의미는 만일 회사의 실적이 좋으면 경영진이 엄청난 부자가 된다는 의미다. KKR이 식가공 회사인 베아트리스^{Beatrice}를 인수한 후 경영을 맡겼던 돈 켈리$^{Don\ Kelly}$는 이때 받은 500만 달러의 주식이 나중에 1억 6,600만 달러로 늘어나는 기적을 경험하기도 했다.[23]

KKR의 제1원칙은 때로는 잔인할 정도의 원가절감이다. 크래비스는 미국의 기업들이 허세와 관료주의에 눌려 있다고 생각해서 "기업에 지방층이 점점 쌓여갑니다"라고 말한 적이 있다. 사모펀드로 인해 지방질이 녹아내리고 "완고한 관료주의라는 유해한 방해물"로부터 해방될 수 있다. 두 개의 사례를 통해 실제로 어떤 일이 발생하는지 알아보자. 1987년 2월 KKR은 유리용기 제조사인 오웬스일리노이$^{Owens-Illinois}$를 인수했다. 한 달째인 3월에는 톨레도 본사의 인원 중 500명을 해고했다. 또한 두 대의 걸프스트림 자가용 비행기도 매각했다. 전체적인 회사 경비는 1986년 3,240만 달러에서 1990년 1,300만 달러로 감소했다. 이 회사의 회장은 1년 후에 이렇게 말했다. "이제 우리 회사엔 비서를 보좌하는 비서 같은 건 없습니다. 사실상 비서라는 보직 자체가 없습니다."[24]

KKR은 1986년에 매수한 슈퍼마켓 체인인 세이프웨이^{Safeway}도 유사한 방식으로 접근했다. 회사를 인수하자마자 대규모 인원감축을 단행했다. 직접해고나 실적부진 점포의 매각 등의 방법으로 4년간 6만 3,000명을 해고했다. 인수합병 전 회사의 모토는 '세이프웨이는 안전합니다'였으나 합병 후에는 '현 투자금액 내에서 목표 달성'으로 바뀌어 본사 로비에 당당하게 걸려 있다. 이런 문화적 충격으로 직원들이 힘들 수는 있지만 KKR에는 필요한 조치였을 뿐이다. "놀고먹는 사람들이 많았어요"라고 크래비스가 세이프웨이에 대해 평했다. "우리는 회사에 필요한 것을 해야 할 용기와 결단을 준 셈이죠"라고 로버츠가 거들었다. "잡목을 제거하면 남은 나무들이 성장할 가능성이 높아집니다." 아니나 다를까 이익이 늘었다. 13년 후 세이프웨이의 잔여 주식을 매도했을 때 50배 이상의 수익을 거두었다.[25]

이 모든 것들이 합쳐져 KKR은 자본주의 역사상 유례없는 엄청난 영향력을 행사했다. 사모펀드의 수익률은 부정하기 어렵다. 가장 낮을 때는 25퍼센트, 높을 때는 40퍼센트를 기록했다. 투자가들이 몰려들었고 KKR은 계속 성장했다. 1987년에는 무려 56억 달러에 달하는 역대 최대의 펀드를 조성했다. 곧이어 다른 사모펀드들이 생겨나기 시작했다. 초기 경쟁사 중의 하나인 포츠먼리틀^{Forstmann Little & Co.}은 1978년에 설립되어 27억 달러를 모집했다. KKR의 휴데일 인수에 깊은 인상을 받은 스티븐 슈워츠먼은 블랙스톤을 설립했다. 심지어 전통적인 투자은행인 모건스탠리^{Morgan Stanley}와 메릴린치^{Merrill Lynch}마저 차입매수에 손을 대기 시작했다. 미국 전역에 광풍이 불었고 1980년대 내내 기하급수적으로 시장이 성장하면서 1980년 31억 달러에서 1987년 356억 달러로 규모가 커졌다. 한 때 KKR은 작은 연못의 큰 물고기였지만 이제는 대양의 물고기가 되었다.[26]

돌이켜보면 대단한 사건이었다. 1976년에 친구 세 명이 각자 모은 돈 12만 달러로 회사를 설립했다. 1980년대 말이 되자 세이프웨이, 듀라셀Duracell, 모텔 6, 에이비스Avis 렌트카, 트로피카나Tropicana 식품 같은 기업을 사들이면서 약 600억 달러의 거래를 성사시켰다. 그 결과 이 세 사람은 엄청난 부자가 되었다. 1986년 〈포브스〉는 미국 최고의 부자를 선정하면서 이들의 순자산을 각각 1억 8,000만 달러라고 추정했다. 2년 후인 1988년 이들의 재산은 각각 3억 3,000만 달러로 거의 두 배 증가했다. 하지만 성공이 이들에게 미친 영향은 똑같지 않았다. 콜버그와 로버츠는 부를 자랑하는 일이 거의 없어 대중의 눈에 잘 띄지 않았다. 하지만 크래비스는 반대였다. 파크 에비뉴에 550만 달러 상당의 아파트를 구입해서 르누아르의 작품과 프랑스의 고미술품으로 장식했다. 다이닝룸에는 존 싱어 사전트John Singer Sargent가 그린 〈에드워드 7세의 대관식에 참석한 6대 런던델리후작의 초상화〉가 걸려 있었다. 1985년에는 모델 겸 패션 디자이너인 캐롤라인 로엠Carolyne Roehm과 결혼했고 이 둘은 뉴욕 사교계를 주름잡았다. 이들은 메트로폴리탄 박물관에서 유명 바이올리니스트 미도리Midori가 연주하는 개인 파티를 열었고 토끼파이를 시식하는 만찬을 주최했으며 일부 인사들만을 대상으로 드가의 새로운 작품 전시회를 열기도 했다. 로엠의 표현에 의하면 이들의 크리스마스 파티는 "디킨스 소설의 분위기에 영향을 받았다"라고 한다. 〈에스콰이어Esquire〉와의 인터뷰에서 로엠은 자신들의 사교생활을 이렇게 묘사한다. "전부 모인 자리에서 주위를 돌아보니 여자들은 엄청나게 매력적이고 남편들은 다 성공했어요. 주최 측에서 준비한 훌륭한 밴드 음악과 멋진 파티 분위기를 음미하면서 나는 이렇게 생각했어요. '우린 정말 운이 좋은 세대야.'"[27]

KKR 사업모델의 엄청난 성공은 마치 쓰나미처럼 전 세계의 재계를 덮쳤고 점차로 기업사냥꾼에게 굴복하는 기업들이 늘어났다. 사모펀드가 미국의 기업을 휩쓰는 동안 이에 대한 비판도 커졌다. 비평가들은 사모펀드 혁명이 기업과 노동자 그리고 사회에 미치는 영향에 대해 우려했다. 가장 극심한 비판은 사모펀드 내부로부터 나왔다.

우선 직원들의 불만이 컸다. KKR이 인수한 기업의 직원들은 얼마 안 있어 일자리를 잃거나 다행히 자리를 보전했다고 하더라도 갑자기 엄청난 업무 강도로 힘들어지는 경우가 많았다. 퓰리처상을 수상한 〈월스트리트저널〉의 수전 팔루디Susan Paludi 기자는 탐사보도를 통해 KKR이 세이프웨이를 인수한 후 발생한 노동자들의 희생을 다루었다. 기사에서는 이 회사에서 30년을 근무했지만 인수합병 후 해고당한 제임스 화이트라는 트럭운전사가 해고 1년째 되는 날 자살했다고 했다. 오클랜드 본사에서 28년 일했지만 인수 후 실직한 로버트 마르켈의 사연도 있었다. 그가 어느 월요일 아침에 사무실로 출근하니 상사가 뜬금없이 "회사가 KKR로 넘어가 더 이상 세이프웨이의 직원이 아니다"라는 통보를 받았다. 다만 주말까지의 임금은 챙겨주겠다는 말도 들었다. 쫓겨나지 않은 직원들조차 일이 너무 힘들어졌다며 인간이 아니라 교환가능한 소모품으로 취급당한다고 불평했다. 오웬스일리노이가 KKR에 인수된 후 한 노동자가 지역신문인 〈톨레도 블레이드Toledo Blade〉에 직원들의 사기가 땅에 떨어질 대로 떨어졌다며 이렇게 말했다. "더 이상 오웬스일리노이라는 회사를 좋아하지 않아요. 더 이상 자랑스럽지가 않아요." 직원들을 이런 식으로 대우하고 임금을 삭감하는 방식으로는 회사를 제대로 운영할 수 없을 것이라고 걱정하는 사람들이 많았다. 몇 년은 가겠지만 지속가능하지 않다고 생각했다.[28]

그다음은 정부의 불만이었다. 주로 세금에 관한 것이었다. 사람들은 단지 세금을 덜 내는 것만으로도 사모펀드의 이익이 엄청날 거라고 생각했다. 절세는 KKR의 사업모델에서 매우 중요한 요소이다. 차입매수의 엄청난 세금혜택은 미국 세법의 가장 기본적인 원칙에 뿌리를 두고 있다. 즉 부채이자상환액은 세금이 공제되지만 주주에 대한 배당금은 과세된다는 원칙이다. 자산과 부채에 대한 이런 식의 차별 대우는 오랜 기간 세법학자들에게는 골칫덩어리였다. 기업 입장에서는 새로운 주식을 발행하기보다는 당연히 대출을 선호하기 때문이었다. KKR은 세법의 모호한 조항과 예외 조항을 최대한 이용했다. 휴데일 인수 시 크래비스는 단지 회사에 추가적인 부채를 발생시키는 것만으로도 세금을 절반으로 줄일 수 있다고 생각했다. 사실 회계법인 딜로이트가 제안한 대로 생산준비 비용을 상각 처리했다면 한 푼도 안 낼 수 있었다. 인수 전 세이프웨이는 1억 2,200만 달러의 법인세를 납부했으나 인수 후에는 오히려 1,100만 달러를 환급받았다. 또 다른 인수 건인 나비스코[RJR Nabisco]는 KKR이 사들이기 전 8억 9,300만 달러의 세금을 냈지만 인수 다음 해에는 겨우 6,000만 달러만 내면 되었다. 감세는 KKR과 투자자에게는 좋은 소식이지만 정부는 세원이 줄어드니 무언가 문제가 있다고 생각했다.[29]

또 다른 우려는 이런 식으로 KKR이 인수한 기업에 추가적인 부채를 발생시키면 경제가 불안해지고 기업들은 부도를 막기 위해 늘 조마조마한 상태에 놓일 수밖에 없다는 것이다. 부채를 갚지 못하면 그 결과는 노동자와 주주, 지방정부까지 사회 전체에 심각한 영향을 미친다. KKR이 1980년에 매수한 잘나가던 공작기구 회사인 이턴레너드^{Eaton Leonard}는 1986년에 파산했다. 또 다른 인수회사인 EFB 트러킹^{EFB Trucking}은 1985년에 청산되었다. 1987년에 2억 9,000만 달러에 구입한 시먼가구^{Seaman Furniture}는 1992년에 파산신청을 했다. 보렌클레이^{Boren Clay}나 어메리칸포레스트프로덕트^{American Forest Products} 같은 회사는 부채상환을 위해 고군분투하다 결국 워크아웃 절차에 들어갔다. 1987년에 인수한 주택건설회사 월터인더스트리^{Walter Industries}는 석면중독 피해자들이 회사를 고소한 후 2년 만에 파산했다. 로버츠는 KKR의 동료들에게 자신의 결정을 화려한 언변으로 이렇게 설명했다. "영화 〈플래툰〉 본 적 있지? 끝날 때쯤에 미군이 베트콩에게 전면 포위당하는 장면이 나와. 부대원을 구할 방법이 없자 중대장은 적을 막기 위해 아군의 위치로 공중지원 폭격을 요청하지. 그러면 몇 명이라도 부하들을 구할 수 있는 거야. 우리가 지금 그런 상황이야. 상황이 어려우면 대차게 나가야 하는 거야." 그러나 정부는 상황을 다르게 보았다. 미국증권거래위원회 위원장인 존 셰이드^{John Shad}는 1984년에 다음과 같이 간결하게 표현했다. "오늘 차입매수가 많이 발생할수록 내일 파산이 많아집니다."[30]

그러나 사모펀드에 대한 불만은 정부와 노동자 사이에서만 발생하지 않았다. 점차로 사모펀드 자체에서 이 산업이 낳은 문제를 지적하기 시작했다. 이 새로운 금융공학 기법으로 발생한 엄청난 수익으로 인해 자본주의가 왜곡된다는 것이었다. 전국에서 가장 똑똑하다는 수재들이 무언가 창조하고 만드는 산업이 아니라 단지 기존 회사를 재배열하는 산업에 미친 듯이 몰려든다는 것이다. 사모펀드인 포스트만리틀Forstmann Little의 회장인 테드 포스트만Ted Forstmann은 〈월스트리트저널〉에 보낸 기고문에서 사모펀드 업계를 비난했다. '재무상태: 한도 끝까지 대출Corporate Finance: Leveraged to the Hilt'이라는 제목의 기고문은 아래와 같다.

> 오늘날 기업의 재무관리에는 어떤 통제도 없이 보상의 크기에 비례하여 과도한 위험을 묵인하는 분위기가 팽배하다. 매주 미국의 기업들은 사실상 상환가능성이 거의 없는 수십억 달러에 달하는 새로운 부채를 짊어지고 간다. 책임지는 사람은 아무도 없다. 이는 월스트리트의 투자은행가, 변호사, 인수합병 전문회사, 정크본드 중개인들에게 단기 이익을 가져다주지만, 중산층의 평범한 노동자와 지역사회, 기업 그리고 소액투자자들은 이로 인한 장기적인 희생을 감당해야 할 것이다.

그는 사모펀드 회사를, 12월 말일에 술집에서 술을 잔뜩 먹고 나와 자기 차로 집에 가는 운전자에 비유했다. "누가 누구를 칠지 모르지만 위험하다는 건 확실하다." 한편 크래비스는 KKR에 대한 모든 비난이 잘못되었다고 주장했다. "이자를 지불하기 위해 연구개발비를 삭감하고 공장을 폐쇄해서 대량해고를 유발한다거나 지점을 매각해서 조직을 축소한다는 등의 이야기는 전부 사실이 아닙니다"라고 1989년 〈포춘〉과의 인터뷰에서 밝혔다. "우리는 기업의 가장 소중한 자산을 빼앗으려는 것이 아닙니다. 일하는 사람들은 회사에 남을 겁니다. (중략) 물론 질이 안 좋은 기업

매수도 있겠죠. 문제가 생기기도 합니다. 어디에나 예외는 있으니까요. 희망사항일지 모르지만 KKR은 전혀 그런 일 없습니다."[31]

일련의 비판을 받았을 때 이미 KKR 내부에서 균열이 보이기 시작했다. 콜버그가 처음 이런 사업모델을 만들었을 때는 '우호적' 또는 협조적인 의도를 가지고 있었다. 성공한 기업의 설립자가 목돈을 쥐고 은퇴할 수 있도록 도와주고 투자은행은 그 대가로 적정수준의 수익률을 확보하여 상호이익을 보는 구조로 설계했다. 그러나 1980년대 중반부터 상황이 변하기 시작했다. 크래비스와 로버츠는 보다 큰 거래를 추구했고 1984년에는 10억 달러에 달하는 거래를 성사시켰다. 회사도 성장해서 1976년 세 명에 불과했던 딜메이커^{dealmaker}가 1983년에는 여덟 명, 1988년에는 15명으로 늘어났다. 여전히 작은 규모이기는 했지만 더 이상 친구끼리 동업하는 수준의 회사가 아니었다. 젊고 야심 찬 딜메이커들은 콜버그가 고집하는 우호적 인수는 급변하는 1980년대 중반에는 어울리지 않는다고 생각했다. 이들은 콜버그가 변화하는 사모펀드 시장을 이해하지 못한다고 생각했다. KKR이 앞서나가려면 적대적인 방향으로 나아가야 한다고 믿었다.

적대적 인수합병에서 매수자는 기업의 CEO와 경영진들의 의사에 반하여 기업을 매수하려 한다. 경영층과 협상해서 합의를 도출하는 대신 매수자는 경영진을 우회해서 주주들에게 직접 의견을 물어본다. 이 방식이 문제가 되는 이유는 그 과정에서 참가자들의 평판과 인격에 대한 공격이 발생하기 때문이다. 매수자는 회사의 지도층을 게으르고 무능력하다고 비판하며 회사는 매수자에 대한 험담을 하면서 자신을 방어하려 한다. 거래를 성사시키기 위해 매수자는 현 경영진의 반대를 묵살하고 주주들이 매수자의 주장을 납득할 만큼 논리적으로 강력한 주장을 펴야 한다. 물론 거래가 성립되면 이런 주장은 언제 그랬냐는 듯 바로 잊힌다. 오랫동안 적대적 인수합병은 훌륭한 기업의 존엄성을 훼손하는 수치스러운 거래방식으로 간주되었다. 그러나 1980년대에 이르자 사모펀드 회사들도 이 전략을 채택하게 되었다.

크래비스와 로버츠는 적대적 인수합병에 대한 콜버그의 의심 때문에 회사가 발전이 없다는 젊은 딜메이커들의 의견에 동조했다. 게다가 1984년에는 콜버그가 폐색전증으로 거의 죽을 뻔했던 사건이 발생한다. 그 뒤로 두통이나 피로 같은 관련 증상으로 힘들어했다. "콜버그는 나이도 먹고 더 이상 열심히 일하려 하지 않았어요. 그렇게 부정적이었던 이유는 변화하는 상황을 읽고 이해하려 하지 않았기 때문입니다"라고 로버츠가 한 인터뷰에서 이렇게 말했다. 점차 크래비스와 로버츠는 중요한 결정에서 콜버그를 제쳐놓았다. 포춘 500대 기업 중 26번째로 큰 베아트리스에 대한 적대적 주식공개매수를 발표하자 콜버그는 KKR이 우호적 인수합병을 해야 한다며 이를 반대했지만, 나머지 둘은 이를 무시하고 거래를 진행시켰다.[32]

업무적으로 문제가 생기면 인간관계에도 영향을 미치게 마련이다. 콜버그는 테니스를 치거나 소설과 전기 등을 읽으며 혼자 집에 있는 걸 좋아했다. 반면에 크래비스는 상류사회에 살며 행사나 파티에 가는 걸 좋아했다. 콜버그는 크래비스가 너무 나댄다고 생각했다. "결국 크래비스가 사는 파크 에비뉴의 아파트마저 눈에 거슬려 더 이상 보기 싫은 상태까지 가게 됩니다." 콜버그의 친구가 인터뷰에서 했던 말이다. 거기서부터 사태는 급격히 악화되었다. KKR의 젊은 직원은 난장판 같은 당시 상황을 이렇게 묘사했다. "콜버그가 이렇게 말하더군요. '이 회사는 내가 세운 거야. 내가 없었으면 너희들도 여기까지 올라오지 못했을 거야.' 이런 식으로 안 좋게 끝나는 게 참 안타까웠어요." 결정적인 사건은 1986년 다른 직원들이 연말 보너스로 100만 달러를 받을 때 콜버그의 아들은 겨우 50만 달러를 받았다는 것을 콜버그가 알게 되면서 터졌다. 그는 격노했지만 조용히 퇴직 조건에 대한 협상을 시작했고 1987년 마침내 회사를 떠나겠다고 선언했다.[33]

콜버그의 사임으로 KKR은 한 시대의 획을 그었다. 선배 경영자가 사라진 것이다. 회사는 이제 보다 젊고 야심 차며 위험을 무릅쓸 준비가 되어 있는 크래비스와 로버츠에게 오롯이 돌아갔다. 그로부터 2년간 이들은 회사의 성공과 실패를 결정지을 수 있는 가장 대담하며 규모가 큰 차입매수를 시도했다.

여러 면으로 볼 때 KKR의 나비스코 인수는 모든 사람에게 사모펀드가 제공할 수 있는 게 무엇인지를 시범적으로 보여준 사례였다. 나비스코는 겉보기에 직접 경쟁상대인 두 회사가 결합한 거대기업이었다. 하나는 유명한 카멜 담배 및 기타 연초제품을 생산하는 레이널즈Reynolds라는 담배회사였고 다른 하나는 피그뉴턴Fig Newton, 솔틴saltine · 리츠Ritz 크래커 등을 만드는 나비스코였다. 어떤 이는 이 조합을 '고향의 맛과 죽음의 결합'이라고 표현하기도 했다. 나비스코의 기업문화에는 사치와 낭비적 요소가 많았다. 사장인 로스 존슨Ross Johnson은 회삿돈으로 호화로운 물품을 사잤다. 10대의 자가용 비행기를 소유했으며 가정부 두 명을 회사비용으로 고용했다. 사무실에는 3만 달러짜리 18세기 중국 도자기가 즐비했고 중역들에게는 1,500달러짜리 구찌 시계를 나누어 주기도 했다. 연예인들이 많이 오는 다이나쇼 LPGA 골프대회 같은 초호화행사를 후원했으며 중역들에게는 골프장 회원권과 차량이 무상제공되었다. 본사에는 하루에 두 번씩 캔디카트가 돌며 직원들에게 사탕을 나누어주었다. 존슨 사장의 표현대로 "수백만 달러가 나가는 건 순간이었다." 나비스코는 미국 기업이 나태해지고 비효율적으로 변했다는 걸 가장 잘 보여주는 사례처럼 보였다.[34]

하지만 어디부터인지 모르지만 상황이 꼬이기 시작했다. KKR과 나비스코 사이에는 몇 달에 걸쳐 치열한 협상이 벌어졌고 마침내 KKR이 250억 달러에 나비스코를 인수하기로 합의했다. 그 배경에는 이 거래에 관계한 거의 모든 사람의 끝없이 엄청난 탐욕이 있었다. 관련된 정보가 조금씩 새어 나오기 시작하면서 깜짝 놀랄 만한 엄청난 금액들이 지면을 도배했다. 단지 회사를 떠난다는 이유만으로 나비스코의 경영진에게는 거액의 퇴직금이 주어졌다. 1989년 2월 거래가 종료된 후 로스 존슨이 사임하면서 5,300만 달러를 받았다. 연초사업 본부장이었던 에드워드 호리건에게는 4,570만 달러가 지급되었다. 거래 참가자와 자문들에게도 엄청난 수수료를 지불했다. KKR 측의 투자은행은 수수료로 적어도 4억 달러를 챙겼는데 이는 시간당 4만 8,000달러꼴이었다. KKR도 운용수수료와 성과보수 외에 7,500만 달러의 거래수수료를 추가로 받았다. 인수를 축하하기 위해 투자은행원, 변호사와 동료 등 총 400여 명이 피에르 호텔의 그랜드볼룸에 모여 랍스터와 송아지 고기, 돔페리뇽 샴페인을 곁들인 만찬을 즐겼으며 파티장 한편에는 나비스코 제품으로 장식한 1미터 높이의 케이크가 서 있었다.[35]

존슨 사장이 장시간에 걸쳐 시사주간지 〈타임〉과 한 인터뷰 내용이 크게 문제 된 적이 있다. 이를 읽어보면 마치 CEO가 절대 해서는 안 되는 말만 모아놓은 리스트 같은 느낌이 든다. 기자가 엄청난 퇴직금에 대해 물어보자 "내 일은 직원들을 위해 최선의 조건을 받아내는 것이었습니다"라고 했지만 곧 7~8년에 걸쳐 1억 달러를 받을 예정임을 시인했다. 그렇게 큰 금액을 받을 만한 사람이 있냐는 질문에 "오너라면 가능하다고 생각합니다. 쉬운 문제는 아닙니다. 사실 그건 보드게임 모노폴리의 플레이머니 같은 거죠. 세상이 어떻게 생각하든 내가 1억 달러 때문에 회사를 넘긴 것은 아닙니다"라고 대답했다. 직원들이 받을 고통에 대한 질문에는 "경영권 과도기에는 그럴 수 있습니다. 나비스코 직원이 12만 명이나 되니 혼란이 있을 수 있죠. 그러나 우리 회사 직원들, 특히 애틀랜타 본사에는 쉽게 다른 직장을 구할 수 있는 직원들이 많아요. 회계사나 변호사 또는 비서들 말이죠. 그러니까 나 때문에 직원들이 굶어 죽을 일은 없을 거예요. 게다가 퇴직위로금도 두둑이 챙겨줄 거니까요." 아니나 다를까 인수합병이 끝난 후 해고가 시작되었다. 본사 직원은 400명에서 150명으로 감소했고 연초사업부는 추가로 1,525명을 해고했다.[36]

조금이라도 이 거래를 들여다본 사람들은 그 뻔뻔한 수법에 놀랐다. 〈비즈니스위크Business Week〉는 '빚잔치: 너무 나간 인수합병?The Debt Binge: Have Takeovers Gone Too Far?'이라는 제목의 커버스토리를 다루었고 일간지 〈애틀랜타 컨스티튜션Atlanta Constitution〉은 나비스코 인수에 대한 연속기사를 실었다. 이 기사는 '나비스코의 실직자들'이라고 이름 붙여진 시리얼 박스 위에 놓인 그릇 안에 겁에 질린 직원들이 서 있는 모습을 그린 만화도 덧붙였는데 제목은 '정가: 250억 달러'였다. 텍사스 농무부 장관인 짐 하이타워Jim

Hightower는 〈뉴욕타임스〉에 보낸 기고문에서 KKR이 담배사업이나 제과사업에 대한 지식이 전무한 상태에서도 250억 달러를 지불하고 나비스코를 인수했다고 지적하며 "다른 사람이 반죽을 갖다 바쳐도 이 사람들은 비스킷을 못 만들 겁니다"라고 꼬집었다. 이게 맞는 말인 것이 크래비스 자신도 나비스코에서 만드는 제품을 전부 다 알지 못한다고 인정한 적이 있기 때문이다.[37]

나비스코 인수로 KKR은 이제 모르는 사람이 없게 되었다. 이 건은 KKR이 1989년에 성사시킨 유일한 인수합병거래지만 그해 미국 전역에서 발생한 인수 거래금액의 3분의 2를 차지할 정도로 규모가 컸다. 나비스코를 인수하면서 KKR의 자산은 35개 기업의 가치를 포함해 590억 달러에 이르렀지만 회사에는 단지 여섯 명의 투자운용사general partner와 11명의 사원associate을 포함해 전부 47명의 직원이 있었을 뿐이다. 규모 면에서 KKR보다 큰 회사는 직원이 수십만 명인 GM, 포드, 엑슨. IBM 정도였다. 그러나 동시에 이 사건은 지나친 보수액, 직원들과 지역사회에 미치는 해악, 과도한 차입의 폐해 등 사모펀드에 대해 돌고 있던 여러 소문들을 명확히 알리는 계기가 되었다. 이 거래의 여파로 학계와 의회는 차입매수로 인한 문제들을 예방할 새로운 규제를 요구하기 시작했다. 하버드대학교 케네디공공정책대학원의 로버트 라이시Robert Reich 교수는 미국이 차입매수의 혹독한 대가를 치르고 있다고 기고문에서 밝혔다. "투자은행가들은 더 이상 자신이 인수대상 기업을 위해 일한다고 생각하지 않는다. 오늘날 기업은 이들을 위해 존재하는 것처럼 보인다." 25년 전만 해도 미국 산업의 거인들은 기업의 CEO가 많았다. 오늘날에는 투자은행가나 사모펀드 파트너들로 바뀌었다. 라이시 교수는 나비스코 인수와 관련해 투자은행가와 변호사 등에 지급된 수수료 총액이 미국이 AIDS 치료제 개발에 투입한 비용보다 많다고 주장했다. "이처럼 작은 노력으로 이토록 많은 수입을 거둔 사례는 거의 없다. 이렇게 적은 인원으로 미국 재계 지도를 이렇듯 엄청나게 바꾼 경우도 없을 것이다."[38]

비판이 계속되자 사모펀드 산업의 개혁에 관한 담론이 봇물처럼 터지기 시작했다. 그다음 해 미국 의회는 일련의 청문회를 개최해 사모펀드의 중역들을 불러놓고 사업관행에 대해 심문하기 시작했다. 정크본드에 대한 세금공제 폐지부터 배당금에 대한 세금공제 혜택까지 다양한 개선안들이 나왔다. 그러나 실제로 시행된 것은 없었다. 사모펀드의 질주를 막을 수 있었던 것은 1989년 말에 발생한 서로 연관성이 없는 두 개의 사건이었다. 하나는 경제 전반에 걸친 금리상승이다. 금리가 상승하면 차입비용이 커지므로 KKR 같은 사모펀드가 기업을 인수하기가 힘들어진다. 두 번째는 정크본드의 황제였던 마이클 밀켄이 주식과 관련하여 모의 및 사기 혐의로 기소된 사건이다. 그가 일하던 드렉셀번햄램버트 투자은행은 정보통신 및 증권사기 혐의에 대해 유죄를 인정하고 파산했지만 그는 단지 22개월만 복역하고 출소했다. 그 후 도널드 트럼프 대통령이 2020년에 그를 사면했다. 그러나 드렉셀번햄은행이 파산했다는 사실만으로도 정크본드 시장은 삐걱거리기 시작했고 결국 사모펀드 열풍도 누그러졌다.

하지만 사모펀드는 복수의 칼을 갈고 다시 우리에게 돌아왔다. 블랙스톤 같은 사모펀드회사는 KKR보다 더 큰 규모를 자랑한다. 베인캐피털[Bain Capital]이라는 사모펀드 회사는 창업자인 밋 롬니[Mitt Romney]가 2012년 공화당 대선후보로 선출되면서 유명해졌다. KKR에도 큰 변화가 생기는데

30년 동안 죽어가는 공기업 사냥꾼 역할만 하다가 마침내 2010년에 뉴욕증권거래소에 상장하게 된다. 주식회사가 너무 비대해지고 나태해졌다는 전제하에 생겨난 조직이 주식회사가 되었다는 점은 아이러니하다. 그러나 크래비스나 로버츠 그리고 KKR의 다른 딜메이커들에게는 당연한 일이었다. 이들은 항상 예리하게 금융시장을 주시해왔는데 시장이 그렇게 만들었다는 것이다. 당시 KKR의 자산은 1976년 세 명의 설립자가 조성했던 12만 달러에서 수십만 배가 증가한 550억 달러에 이르렀다. 크래비스와 로버츠의 지분은 각각 16억 5,000만 달러였다. KKR 상장과 관련하여 발표한 기업공시를 보면 사모펀드 모델이 이익보다는 수수료에 훨씬 더 많이 의존하고 있음을 알 수 있다. 2009년 KKR은 크래비스와 로버츠에게 각각 2,200만 달러를 지급했는데 그중 50만 달러만이 실제 인수기업의 경영에서 얻은 이익인 성과보수였다. 당시 KKR이 보유한 가장 큰 기업 두 개는 장난감 제조회사 토이저러스와 텍사스주의 전력공급회사인 TXU에너지였다. 2017년에 두 회사 모두 파산했다. 오늘날 〈포브스〉는 크래비스와 로버츠의 순재산을 각각 67억 달러, 69억 달러로 추산한다.[39]

콜버그가 은퇴하던 1987년 5월 KKR은 투자자를 대상으로 연례회의를 개최했다. 사업상의 회의라기보다는 갈라쇼처럼 미국 전역에서 부유한 투자자들이 모이는 화려한 행사였다. 100명이 넘는 투자자들이 뉴욕 메디슨 에비뉴의 롯데뉴욕팰리스 호텔에 모였다. 이들은 반짝반짝 빛나는 대리석 계단을 통해 베르사유볼룸으로 입장했다. 행사장은 금과 은으로 장식되어 있었고 거대한 거울이 설치되었으며 천장에는 크리스털 샹

들리에가 매달려 있었다.

행사가 마무리될 때쯤 콜버그가 늘 그랬듯 마치 정치인처럼 연단에 올라 연설을 시작했다. 이 순간은 그에게 달콤하면서도 씁쓸한 순간이었다. 10년 전 자신이 세운 회사에서 물러나려는 것이다. 그는 이 자리를 이용하여 자신과 온 세상에 대해 회사가 던졌던 의미를 회상하고 싶었다.

20년 전 제게는 작은 꿈이 있었습니다. 실패한 기업을 매수하고 투자해서 기업의 경영진과 나란히 돈과 시간, 노력을 투입해서 살려내는 꿈이었습니다. 우리의 투자와 그들의 투자가 똑같이 성공하기 위해 우리는 최선을 다했습니다. 자칫하면 투자금도 평판도 모두 잃을 수 있었습니다.

오늘 이를 언급하는 이유는 우리 주위의 모든 상황이 변하면서 민간이든 공공이든 이런 가치관이 무너졌기 때문입니다. 그건 단지 내부 자거래와 합법적 차익거래의 차이를 말하는 게 아닙니다. 현금다발을 거부하는 도덕성을 말하는 것이 아닙니다. 기업에 만연한 지나친 탐욕을 염두에 두고 하는 말이 아닙니다. 우리가 천명한 윤리관과 가치를 위해 다른 것들을 희생하려 하지 않는다는 사실 때문입니다. 왜냐하면 어느 정도의 희생이 없다면 진정한 윤리가 아니며 참된 가치관이 아니기 때문입니다. 무언가를 포기하지 않으면, 무언가를 희생하지 않으면 아무것도 얻을 수 없습니다. 이렇게 함으로써 단지 돈과 권력 그리고 지위보다 훨씬 더 가치 있는 인류 공공선을 달성할 수 있습니다. 역설적으로 이렇게 희생하는 것이 결국 보다 큰 이익을 가져다줄 것입니다.

기업의 세계사

콜버그는 "우리 모두는 이런 가치의 부활을 위해 지속적으로 노력해야 합니다. 그렇게 하지 않으면 우리가 성공적인 투자로 인해 얻을 수 있었던 커다란 행운, 성실함, 지성, 품위 등이 서서히 소멸될 것이기 때문입니다. 윤리적으로 행동하지 않으면 황금알을 낳는 거위를 죽이게 될 것입니다"라는 말로 연설을 끝냈다.[40]

그리고 그는 무대를 떠났다.

연설의 내용은 충격적이었고 그 내용을 전혀 몰랐던 크래비스와 로버츠는 놀라지 않을 수 없었다. 누가 봐도 크래비스와 로버츠 그리고 KKR을 돌려서 비난한 것이었다. 상호존중의 원칙을 파기한 것처럼 비쳤다. 크래비스와 로버츠는 이들의 관계에 생긴 깊은 균열을 은폐하려 했지만 콜버그는 모든 사람이 볼 수 있도록 드러냈다. 연설이 미친 타격은 컸다.

콜버그의 연설에는 자신의 탈출 계획에 대한 언급이 없었다. 퇴사 전 그는 은퇴 조건에 대해 크래비스와 로버츠와 치열한 협상을 벌였다. 그리고 은퇴 두 달 전에 합의를 보았다. 콜버그는 이미 KKR이 인수했던 기업과 향후 9년 동안 인수할 기업에 대한 지분을 인정받았다. 그 외에도 개인비서와 운전기사 등을 포함한 몇 가지 보너스 조항도 얻어냈다. KKR은 또한 1년에 한 번씩 링컨타운카를 교체해준다고 약속했다.[41]

◆ ◆ ◆

사모펀드의 등장은 기업의 역사에 새로운 획을 그은 사건이다. 1970년대가 되자 이제 기업의 형태가 거의 완성형에 도달했다고 생각하는 사람들이 많아졌다. 증권거래소에 상장된 초대형 다국적 기업과 이를 움직이는 전문적인 경영자 그룹 그리고 이들이 제공하는 엄청난 양의 제품과 서비스를 볼 때 그다음 단계는 없으리라 생각했다. 주식회사는 누구도 막지 못하는 대세였다. 그러나 콜버그, 크래비스, 로버츠는 다른 것을 보았다. 무능력하면서도 엄청난 급여를 받는 경영자가 운영하는 방만한 기업이 넘치는 것을 보았다. 그들은 적대적 매수라는 방법이 해결책이 될 수 있다고 믿었다. 부실한 회사를 인수하여 성공적인 회사로 탈바꿈시킨 다음 몇 년 후에 되팔면 돈이 될 거라고 믿었다.

KKR을 포함한 사모펀드 회사들은 그로부터 20년간 수십여 개의 회사를 매수했다. 기업사냥꾼들의 공격적인 인수합병방식은 월스트리트에서도 많은 비난을 받았다. 그러나 KKR이 미국 재계의 주류기업이었던 나비스코를 성공적으로 인수한 다음부터 대형 금융기관들도 이 새로운 사업에 참여하지 않을 수 없었다. 차입매수는 상상 이상의 수익을 가져다주었다. 점차 고도화되는 금융공학에 힘입은 새로운 초자본주의의 시대가 열리면서 주식시장의 기본이 바뀌었고 오늘날과 같은 인수합병산업이 생겨났다.

그러나 기업사냥꾼의 시대는 공포의 시대였다. 사모펀드의 초토화 전략은 단기적으로는 이익을 창출할 수 있지만 장기적으로는 모든 것을 파괴했다. 기업인수 후에 연이어 발생하는 파산과 해고, 직원들의 불만 등은 이런 불안감을 더욱 증폭시켰고 이는 사모펀드 회사의 직원들도 마찬가지였다. 한동안 사모펀드 회사는 미국 재계의 주류가 되기 위해 노력했다. 이제는 그 세계에 들어갈 열쇠를 갖게 되었지만 그것으로 무엇을 해야 할지 아직 확신이 없다.

기업사냥꾼의 시대는 월스트리트와 금융을 중심으로 발전했다. 그러나 기업의 다음 단계의 진화는 컴퓨터 및 코드가 자본이나 성과보다 더 중요한 실리콘밸리에서 출발한다.

8장

소셜 네트워크 시대를 연
스타트업 페이스북

전 세계 인구는 78억이다. 그중 33억이 페이스북을 한다.

역사상 그 어떤 기업도 그 규모와 범위 면에서 페이스북에 접근조차 못한다(현재는 회사명을 메타^Meta로 바꾸었다). 스탠더드 오일도 동인도회사도 메디치 은행도 감히 명함을 못 내민다. 한마디로 페이스북 같은 회사는 어디에도 없었다. 기업의 진화 단계에서 페이스북은 최상위 포식자다. 경쟁자라고는 찾아볼 수 없다. 가입자는 하루 평균 50분을 페이스북에 투자한다. 살면서 다른 활동에 투입하는 시간과 비교해보자. 미국인은 하루 19분을 운동과 스포츠에 투자한다. 독서에는 16분, 휴식과 생각에는 19분을 소비한다. 그런데 페이스북에 50분이다. 페이스북보다 더 많은 시간을 소비하는 활동은 TV 시청이다. 미국인들은 하루 평균 2시간 49분을 TV 앞에서 보낸다.[1]

수백 년에 걸친 창조적 파괴 과정의 정점에 서 있는 기업치고 페이스북의 겉모습은 의외로 말랑말랑하다. 직원들은 본사가 있는 멘로 파크와 샌프란시스코를 왕복하는 무료 셔틀버스를 타고 하루를 시작한다. 또는 샌프란시스코만을 가로지르는 회사 페리를 타기도 한다. 페이스북의 사무실은 어른들을 위한 디즈니랜드처럼 꾸며져 있다. 그도 그럴 것이 처음 사무구역을 설계할 때 디즈니랜드 직원들의 자문을 받았다고 한다. '캠퍼스'라고 불리는 깔끔한 사무실 구역은 대학가의 분위기를 반영하여 샌프란시스코만이 내려다보이는 23만 제곱미터의 광활한 지역에 넓게 퍼져 있다. 어디를 보아도 잘 다듬은 잔디밭과 잎이 무성한 나무 그리고 구불구불한 통로가 있다. 사무실 주변 여러 곳에 무료 자전거가 놓여 있다. 곳곳에 기발한 아이디어가 넘친다. 〈오즈의 마법사〉에 나올 법한 노란 벽돌길을 따라가면 도로시의 집이 나오고 그 밑에는 동쪽 사악한 마녀의 신발이 깔려 있다. 중앙광장에는 차양막이 펼쳐진 야외 의자에 앉아 고급 레스토랑의 음식을 거의 대부분 무료로 먹을 수 있다. 아시아 음식이 당기면 국수 전문점에 갈 수 있고 BBQ 팬을 위해 고기를 따로 구워주는 식당도 있다. 단것을 좋아하면 머핀, 케이크, 과자, 아이스크림이 산더미처럼 쌓여 있는 디저트 전문점에 가면 된다. 머리 뒤로는 대형스크린과 '더 해커 컴퍼니The Hacker Company'라고 쓰인 간판이 보인다. 체력을 단련하고 싶으면 체육관에서 피트니스센터에 등록하거나 농구를 할 수 있고 암벽등반 수업도 들을 수 있다. 게임룸과 음악감상실, 미용실 등도 이용할 수 있다. 사색을 좋아한다면 광장의 중앙에 마련된 작은 삼나무숲이나 4만 제곱미터에 달하는 루프탑 공원을 산책할 수 있다. 건물 안도 굉장하다. 밝은 내부 곳곳에 재미있는 아이디어가 반짝여 인스타그램에 올리기 딱 좋다. 예를 들면 의자와 컴퓨터가 옆으로 붙어 있는 무중력방 같은 것들이다. 확 트인 사무실 공간에는 고가의 에어론 사무용 의자가 놓여 있고 회사에서 지급한 소음 제거 헤드폰을 장착한 직원들이 대형 모니터 앞에서 일한다.

페이스북 사무실은 지난 20여 년간 IT 업계와 실리콘밸리가 초래한 거대한 사회적 변화를 날것 그대로 보여주는 사례다. 하버드대학교의 기숙사 한쪽 방에서 컴퓨터 천재가 시작한 웹사이트가 매우 짧은 시간에 8,000억 달러 가치의 기업으로 성장해서 초기 투자자들을 졸지에 백만장자로 만들었으며 창립자 마크 저커버그^{Mark Zuckerberg} 자신의 재산은 760억 달러로 추정된다. 페이스북으로 인해 스타트업의 황금시대가 열린 것이다.

그런데 어찌 된 일인지 천년에 한 번 나올까 말까 한 이 기업은 자사의 가장 중요한 제품을 무료로 제공하고 있다.

있을 법하지 않은 이야기지만 이는 동시에 상징적이다. 기업이라는 생태계에서 페이스북은 더 이상 특이한 존재가 아니다. 오늘날 수많은 기업이 페이스북의 기본 템플릿을 모방해서 자체 모델을 정립하려고 노력한다. 우리는 기업의 구조에 엄청난 지각변동이 발생하는 것은 목격하고 있다. 그 끝이 어떻게 될지는 아무도 모른다.

◆　◆　◆

스타트업은 특이한 형태의 기업이다. 겉보기에 친근하다. 이름이 재미있다. 문화가 별나다. 본부에 테이블축구대가 놓여 있을 것 같다. 한마디로 귀엽고 사랑스러운 느낌의 자본주의로, 재미있고 정감 있으며 특히나 쿨하다는 인상을 준다.

물론 스타트업은 기업의 존재와 늘 함께 있었다. 어떤 기업이든 출발점 없이는 존재하지 않았을 테니까. 어떤 의미에서 제2차 포에니전쟁 중 스페인에 파견된 스키피오의 군대에 보급품을 공급한 로마의 기업을 최초의 스타트업으로 볼 수도 있다. 그렇다면 스타트업치고는 훌륭한 출발이었다.

그러나 우리가 스타트업이라는 용어를 사용할 때는 단순히 이제 막 생긴 회사를 뜻하지 않는다. 특정한 형태의 기업만 그렇게 부른다. '일반' 회사와 달리 스타트업에서 중요한 것은 기술, 성장 가능성, 인터넷, 휴대폰, 플랫폼 그리고 '공유'다. 그리고 압도적으로 많은 수가 실리콘밸리에 있다.

2000년 닷컴버블이 꺼진 후 생긴 중요한 스타트업을 나열해보자. 페이스북, 에어비엔비Airbnb, 인스타그램, 스냅챗Snapchat, 트위터Twitter, 우버Uber 등이다. 이들 기업의 비즈니스 모델은 모두 비슷하다. 인터넷을 기반으로 특허권이 있는 기술을 접목한 다음, 집을 렌트하거나 사진을 공유하고 채팅을 하고 승차 서비스를 이용하는 등 사용자들이 알아서 하게 놔둔다. 이들 기업은 플랫폼에 불과하다. 이들의 목적은 차세대를 이끌 쿨한 앱이라는 명성을 통해 사용자를 확보한 다음 급격한 성장으로 시장지배력을 강화하는 것이다. 물론 이 앱은 멋지고 예뻐야 하고 유용해야 한다. 직원들은 젊고 컴퓨터광이지만 사회적으로 그렇게 적응을 잘하는 스타일은 아니다. 한두 개의 벤처캐피털 회사로부터 투자유치를 받아 이 모든 것을 운영할 것이다.

대략적인 설명이었지만 감은 잡았을 것이다. 스타트업이 재계에 주는 의미는 미어캣이 야생의 아프리카에 주는 의미와 같다. 보다 작고 더 재

미 있으며 결코 사자처럼 위협적이거나 해를 끼치지 않는다.[2]

그런데 모든 미어캣의 마음 깊숙한 곳에는 사자처럼 되고 싶은 욕망이 꿈틀거린다는 것이 문제다.

스타트업들은 기술이 인간 생활을 향상시킬 무한한 힘을 가지고 있다고 대담하게 약속한다. 유일한 문제는 그럴 만한 용기와 창의력 그리고 툭 까놓고 이야기해서 이를 실행할 만한 배짱을 가진 업체를 찾는 것이다. 호텔이 너무 비싸다고? 그럼 주택대여 사이트를 만들자. 택시가 너무 불편하다고? 그럼 승차공유 사이트를 만들면 돼. 외롭다고? SNS를 구성하자. 스타트업은 우리 모두에게 기술이라는 축복을 주기 위해 탄생했다.

물론 스타트업이 완전히 이타적인 것은 아니다. 그들은 세상에 일으킨 변화로부터 이익을 추구한다. 스타트업은 엄청난 수익을 낼 가능성이 있다. 그 이유는 간단하다. 분야가 부동산이건 수송이건 미디어건 간에 대부분의 스타트업은 자신들이 뛰어든 업계에서 지배적인 플랫폼이 되려 한다. 스타트업의 가치는 친구, 동료, 주택보유자, 운전자들 사이의 네트워크를 형성하는 능력에서 나온다. 친구들이 모두 하나의 SNS를 이용하면 당신도 따라 할 가능성이 높다. 모든 운전자들이 하나의 승차공유 사이트에 가입해 있다면 당신도 가입할 것이다. 성장은 성장을 낳는다. 그리고 성장은 수익으로 이어진다. 적어도 이론상으로는 그렇다.

스타트업의 시대가 본격적으로 열린 것은 2000년대 초반 닷컴버블이 꺼진 직후였다. 스타트업은 신선했고 흥미진진했으며 사회적으로 보다 책임 있는, 더 나은 기업으로 인식되었다. 그러나 문제는 그 '대가'였다. 스타트업이 기하급수적으로 성장하면 그 대가가 무엇일까? 압도적인 플랫폼을 구축하면 그 대가가 무엇일까? 처음으로 전 세계 수십 억명의 유저들이 단절 없이 연결되면 무슨 일이 생길까? 벤처캐피털 회사가 불확실한 기업에 투자해서 얻는 대가가 무엇일까? 선택권이 주어진다면 미어캣은 미어캣으로 남을까? 아니면 사자로 변신할까?

19살 먹은 대학생이 수십억 달러 가치를 지닌 회사를 설립한다는 생각은 오늘날의 독자들에게 그리 이상하게 들리지 않을 것이다. 실리콘밸리의 스타트업이 수십억 달러 가치의 유니콘으로 성장하는 데 우리가 익숙해졌기 때문이다. 스타트업 정신은 젊음과 괴짜를 좋아한다. 우리는 뛰어난 아이디어를 가진 컴퓨터 천재가 세계를 바꿀 만한 무언가를 창조한다는 생각을 당연하게 받아들인다. 그러나 기업의 역사에서 이는 매우 드문 일이다. 조반니 디 비치 데 메디치는 39세에 메디치 은행을 설립했다. 헨리 포드가 포드 자동차를 세웠을 때 그는 40살이었다. 제롬 콜버그는 나이 50에 KKR을 설립했고 당시 비교적 어렸던 동업자 헨리 크래비스와 조지 로버츠도 32살이었다. 이들 모두는 새로운 사업을 시작하기 전에 업계에서 폭넓은 경험을 한 상태였다. 그러나 페이스북을 만들었을 때 마크 저커버그는 아디다스 슬리퍼를 끌고 다니며 심리학과 로마 미술사 수업을 듣고 주말에는 남학생 사교클럽을 기웃거리던 하버드대학교 2학년생에 불과했다. 그러나 20살이 되었을 때 페이스북은 가입자가 100만 명에 이르렀다. 젊음을 어떻게 보느냐에 따라 이는 대단하다고 느낄 수도 있고 무섭다고 생각할 수도 있다.

특히 2000년대 초 기술산업은 진입장벽이 낮았다. 컴퓨터와 인터넷만 있으면 누구라도 웹사이트를 만들 수 있었고 사용자들은 만든 사람의 나

이를 중요하게 생각하지 않았다. 사실 사람들이 인터넷을 어떤 용도로 사용할지도 명확하지 않았다. 인터넷을 여전히 '월드와이드웹'이라고 부르는 사람도 많았다. 지식의 보고가 될까? 서로를 연결하는 통신수단이 될까? 전자상거래 용도로 사용될까? 무료로 음악을 다운로드하는 수단이 될까? 1990년대 말 많은 기업들이 인터넷을 이용해서 그 분야의 최고 지위에 올라서는 듯했지만 2000년에 닷컴버블이 붕괴하면서 대부분 추락했다. 따라서 인터넷에 대한 질문은 여전히 해결되지 않은 상태였다.

하버드대학교의 커클랜드하우스 기숙사에 살고 있던 2학년생 마크 저커버그에게 인터넷이 주는 의미는 확실했다. 재미있기 때문에 좋아했다. 그는 컴퓨터와 함께 성장했다. 6학년 때 처음 PC를 받았고 곧 게임에 빠져들었다. 특히 당시 전 세계적으로 인기가 있었던 '문명^{Civilization}'이라는 게임을 좋아했고 어른이 돼서도 이 게임을 즐겼다. 그런데 단지 게임을 하는 것만으로 만족할 수 없었던 저커버그는 게임을 만들어 수정하고 자신이 원하는 방식으로 운영하고 싶었다. 한 인터뷰에서 그는 이렇게 말했다. "뭐든지 만드는 걸 좋아했어요. 그런데 프로그램을 배우면 보다 많이 만들 수 있다는 것을 알았어요." 고등학생이 되자 프로그래밍 입문서를 하나 구입해서 방과 후에 프로그램을 직접 짜보기도 했다. 9학년 때는 세계 정복 보드게임인 리스크^{Risk}에 기반한 프로그램을 만들었다. 이는 로마 제국을 배경으로 율리우스 카이사르와 싸우는 게임이었다. 저커버그는 카이사르를 이렇게 평가했다. "그는 너무나 잘해서 한 번도 이겨본 적이 없어요." 그건 아마도 인간의 불완전성과 인위적인 창조의 능력을 깨닫는 교훈이 되었을 것이다. 자신도 잘 모르는 무언가를 만들었는데 그것에 패배했다는 사실을 그는 이해하기 힘들었다.[3]

고등학교를 졸업할 때쯤에는 뛰어난 프로그래머로 명성이 높았다. 대학 입학 에세이를 쓰는 시기의 모든 야심 찬 젊은이가 그렇듯 이것저것 관심이 많았다. 명문 필립스 엑서터 사립학교 때부터 펜싱을 배웠고 고전을 공부했으며 라틴어와 고대 그리스어도 익혔다. 그러나 남는 시간은 대부분 컴퓨터와 씨름하며 보냈다. 고등학교 졸업작품으로 친구들과 시냅스Synapse라는 프로그램을 만들었다. 이는 사용자가 컴퓨터에서 재생한 음악을 추적해서 취향에 맞는 곡의 리스트를 만들어주는 프로그램이었다. 2002년 9월에 나온 이 소프트웨어는 온라인 음악 생태계에서 갑자기 유명해져 〈슬래시닷Slashdot〉에서도 기사로 다룰 정도였다. 슬래시닷은 음악 업계에서 추종자들이 광신적으로 따르는 온라인 기술 관련 웹사이트다. 기사가 나온 후 업계 주도기업인 윈앰프WinAmp부터 마이크로소프트까지 많은 기업의 러브콜을 받았다. 어떤 기업은 그에게 프로그램을 넘기는 대가로 200만 달러를 제시했다는 소문도 있었다. 그러나 저커버그는 모든 제안을 거절했다. "대학에 가야 해서 안 돼요." 하버드대학교의 학보 〈하버드 크림슨Harvard Crimson〉과의 인터뷰에서 저커버그가 한 말이다. 자신의 프로그램을 대기업에 판매한다는 것도 그를 짜증나게 했다. 기업이 그의 작품을 이용해 수익을 취할 것이 빤한데 그가 프로그램을 만들 때는 그런 의도가 전혀 없었기 때문이다. "무엇보다 사람들이 프로그램을 무료로 이용하는 것이 중요했습니다. 소프트웨어는 모두의 것이니까요."4

필립스 엑서터 고등학교 졸업 후 2002년 가을에 저커버그는 하버드대학교에 입학했다. 아이비리그에서 공부하는 것은 그의 인생에서 중요하지만 짧은 사건이었다. 거기서 보낸 2년 동안 그는 사회성이 떨어지고 결석을 밥 먹듯이 하는 학생일 뿐이었다. 그에 대한 초기 인터뷰와 기사들을 읽어보면 한 가지 재미있는 특징이 자주 나타난다. 어느 순간이 되면 질문을 받고 대답을 하는 대신 인터뷰하는 사람을 뚫어지게 몇 분이고 쳐다보곤 했다. 스티븐 레비^{Steven Levy}는 이런 상황을 듣고 "무아지경의 고요함^{trancelike silences}"이라고 표현했다. 또는 "거의 사이코패스 같은 미친 시선^{intense stare that bordered on the psychopathic}"이라거나 "사우론의 눈^{the eye of Sauron}"이라는 평도 있었다. 초기에 같이 일했던 직원은 이렇게 말했다. "가만히 앉아 사람들을 쳐다보고는 했어요." 이렇게 거북한 모습이 있기는 했지만 2학년이 되자 저커버그는 말 많지만 인기 있는 여러 프로그램을 내놓아 캠퍼스 내 유명인사가 되었다. 이 프로그램들에는 공통점이 있었다. 그것은 처음으로 고향을 떠나 온 19세 새내기들이 경험하는 빠른 인터넷과 인터넷을 사용하는 여가시간을 최대한 이용했다는 점이다. 이들은 친구들, 특히 짝사랑 상대가 무엇을 하고 있는지 매우 알고 싶어 했다.[5]

처음 내놓은 프로그램은 코스매치^{CourseMatch}였다. 친구들이 무슨 수업을 듣는지 궁금했던 저커버그는 학생들이 자신들이 듣는 수업을 올려놓으면 다른 학생이 등록한 수업도 알 수 있는 프로그램을 만들었다. 계정만 등록하면 다른 학생들이 어떤 수업에 등록했는지 볼 수 있었다. 이 웹사이트는 엄청난 인기를 끌었다. 그는 자신의 프로그램에 대해 이렇게 평가했다. "처음에 내가 놀란 것은 사람들이 몇 시간이고 인터넷 서핑을 한다는 것이었죠. 학생들은 이런 수업을 듣는구나. 와우! 이 사람이 이런 것에 관심이 있다니 재미있지 않아요? 단순히 텍스트로만 구성되어 있잖아요? 흥미로운 요소라고는 아무것도 없는데 사람들이 자기 주변에서 무슨 일이 일어나는지 매우 궁금해한다는 데 놀랐죠." 이 프로그램은 너무

인기가 좋아 용량 초과로 호스트로 사용했던 노트북이 타버리기도 했다.[6]

　다음 작품은 보나 큰 인기를 끌었지만 그에게 노트북이 타버리는 이상의 문제를 야기했다. 사람들 특히 여자들의 사진을 보고 누가 더 매력적인가를 평가하는 '핫 오어 낫Hot or Not'이라는 프로그램을 대놓고 베낀 '페이스매시FaceMash'라는 프로그램이었다. 저커버그는 이 아이디어를 하버드 재학생들에게 적용했고 당연하게 문제가 되었다. 또한 그는 마치 자신이 이 프로그램을 직접 만든 것처럼 블로그에 올렸고 이로 인해 그가 프로그램을 생각하는 태도를 정확하게 알 수 있었다.

　2학년 가을학기 중인 2003년 10월 28일 저녁 저커버그는 블로그를 올리기 시작했다. "XX는 나쁜 년이다. 그 여자를 떨쳐버리기 위해 다른 생각을 해야 한다. 무언가에 몰두해야 한다. 쉬운 일이다. 아이디어만 있으면 된다." 오후 8시 13분에 그에게 아이디어가 떠올랐다. "솔직히 말해 지금 약간 술에 취해 있다. 아직 초저녁이면 어떻고 화요일 밤이면 어떤가? 뭐가 문제야? 내 노트북에는 커클랜드 기숙사 학생들의 사진이 있는데 어떤 사람들은 정말 못생겼다." 그는 대학 측에서 학생들에게 사진과 함께 제공하는 기숙사 인명록을 보고 사이트를 만들었다. "가축과 나란히 놓고 누가 더 잘생겼나 투표해보고 싶은 얼굴도 있어. 별로 좋은 생각은 아니고 웃기지도 않지만 두 사람씩 비교해보고 가끔씩 동물의 얼굴과 비교하고픈 생각이 들어. 잘했어. 가끔 내가 대단하다는 생각이 들어." 한 시간 반 후부터 그는 웹사이트를 만들기 시작했다. 하버드 여러 기숙사의 홈페이지를 해킹해서 학생들의 사진을 다운로드한 다음 페이스매시에 올려 사진을 보고 누가 더 예쁜지 투표하도록 했다. 그는 자신이 하는 일이 법적으로나 윤리적으로 문제가 될 것을 알았지만 그냥 진행했다. "대학 측에서는 다른 학교로도 퍼져나갈 만한 가치가 있는 건 모른 채 법적인 이유로 금지하겠지. 잘생긴 사람을 대상으로 하는 사이트도 생길 수 있어. 여하튼 하나는 확실해. 그건 내가 이런 사이트를 만들 정도로 밥맛이라는 거지. 뭐 어때? 누군가 만들어도 만들었을 텐데." 새벽에 페이스매시닷컴이 공개되었고 처음 들어온 사람들은 이런 메시지를 받았다. "외모 때문에 들어왔나요? 아니요. 외모 평가를 받을 건가요? 예." 그는 링크를 친구 몇 명에게 보내고 잠들었다.

그가 깨어났을 때 페이스매시는 너무 커져 있었다. 코스매치보다 더한 반응이었다. 단 하루 만에 450명이 방문해 총 2만 2,000번의 투표를 했다. 한 방문객이 평균 50번의 투표로 학생들의 외모를 평가했다는 이야기다. 갑자기 커클랜드 기숙사로 인터넷 접속이 폭주하자 대학 전산부는 서둘러 그 원인을 찾으려다 결국 기숙사 전체의 인터넷을 차단했다. 한편에서는 저질스러운 사이트를 규탄하는 움직임이 각 학생회를 중심으로 일어나기 시작했다. 라틴아메리카 학생회의 여성 회장은 회원들에게 메일을 보내 이를 알렸다. "친구로부터 이런 사이트에 대한 이야기를 듣고 매우 분노했습니다. 사람들에게 알려야 합니다." 하버드 흑인 여학생회도 마찬가지로 불만을 터트렸다.[7]

엄청난 비난에 부딪히자 저커버그는 하루도 안 되어 사이트를 폐쇄했다. 그러나 학생처는 조사에 착수해 기숙사 웹사이트 해킹으로 보안을 침해했으며 개인의 프라이버시와 저작권을 침해한 혐의로 그를 징계위원회에 회부했다. 퇴학당할 위기에 처한 저커버그는 위원회에 출석해 자신을 변호했지만 근신처분을 받았다. 나중에 그는 학내신문인 〈크림슨〉에 자신의 입장을 이렇게 밝혔다. "어떤 부분은 다소 문제가 있다고 생각해서 캠퍼스 내에 이 사이트를 공개하는 게 적절한지 아닌지 고민했습니다." 한참 더 생각해보고 적절하지 않다는 결론을 내렸다. "사람들의 프라이버시 침해 문제는 어떤 방법으로도 해결할 수 없어요. 더 이상 다른 사람들을 모욕하는 일을 하고 싶지 않습니다." 그러나 페이스매시를 통해서 저커버그는 중요한 사실을 알게 되었다. 그것은 사람들이 그가 생각했던 것 이상으로 다른 사람한테 관심이 많다는 것이다.[8]

그는 이 교훈을 다음 프로젝트에서 시험해본다. 바로 페이스북이다.

2004년 초 페이스북이 처음 개설되었을 때 온라인상에서 만나고 소통하며 공유하는 '소셜 네트워크'라는 개념은 이미 존재했었다. 여러 사이트가 만들어져 가입자가 꽤 많았다. 프렌스터Friendster는 1년 전인 2003년 3월에 개설되어 300만 명 이상의 가입자를 보유하고 있었다. 이 사이트에서는 무료로 프로필을 만들고 자신의 관심사를 공개하고 연애상태를 나타내거나 친구를 추가할 수 있는데 이 모두를 나중에 페이스북에서 따라 했다. 마이스페이스MySpace 역시 예술가나 음악가를 중심으로 가입자가 많았다. 이들은 자신만의 페이지를 잘 포장해 팬들에게 어필하는 수단으로 삼았다. 페이스북 런칭 일주일 후 저커버그는 프렌스터를 모델로 페이스북을 만들었다고 학내신문 인터뷰에서 밝혔다.

그에게 아이디어를 준 또 다른 소스는 하버드대학교였다. 앞에서도 말했지만 하버드는 오래전부터 모든 학생들의 사진이 담긴 인명록을 프린트해 일 년에 한 번씩 학생들에게 배포했다. 이런 사진은 인터넷에서도 구할 수 있었다. 그런데 저커버그가 페이스매시에 사용하려고 이 사진에 접근하려 했지만 기숙사 홈페이지가 암호로 보호되어 있어 불가능했

기업의 세계사

다. 학내신문인 〈하버드 크림슨〉은 사설을 통해 이런 정보가 학생들에게 보다 개방되어야 한다고 주장하기도 했다. "캠퍼스 전체에 정보를 공개하면 많은 장점이 있을 것이다. 드러내지 않는 학생들을 찾을 수 있고 친구의 신입생 등록 사진을 찾아볼 수도 있다. 우리 모두는 이런 행위가 주는 즐거움을 잘 알고 있다. 학생들의 이름과 인적사항이 담긴 공개적인 인명록은 학교 밖으로 누출될 위험 없이 대학생활을 보다 풍요롭게 만들 것이다." 몇 년 후 증언에서 저커버그는 그 사설에서 페이스북에 대한 진정한 영감을 얻었다고 밝혔다.[9]

그러나 알게 모르게 페이스북에 영향을 미친 요소는 따로 있었다. 2003년 11월 페이스북 출시 3개월 전에 저커버그는 하버드의 쌍둥이 조정선수 두 명을 만나 사업모델에 관해 논의했다. 캐머런 윙클보스Cameron Winklevoss와 타일러 윙클보스Tyler Winklevoss 형제는 하버드 내에서도 최고의 엘리트로 인정받았는데 단지 196센티미터에 달하는 그들의 키 때문만은 아니었다. 이들은 수재들만 가입할 수 있는 사교클럽인 '파이널 클럽' 중에서도 최고인 포르첼리언 클럽Porcellian Club의 회원이었다. 하버드대학교의 막강한 조정팀 선수로 활약했으며 누가 보더라도 최고의 재능을 가진 인재로 인정받아 '더 갓 스쿼드the God Squad'라는 별명으로 불렸으며 각종 조정대회의 상을 휩쓸었다. 이들은 나중에 런던 템스강에서 벌어진 옥스퍼드대학교과 케임브리지대학교 간의 조정대회에서 옥스퍼드 쪽 선수로 뛰기도 했다. 이들은 대학 3학년 때 소셜 네트워크와 만남 사이트가 혼합된 형식의 웹사이트를 만들기 시작했다. 그러나 실제로 사이트를 구축하기에는 코딩 지식이 부족해 2003년 가을에 저커버그에게 도움을 청했다. 이들이 만나서 무슨 이야기를 했는지는 명확하지 않다. 그러나 당시 오간 이메일을 보면 저커버그가 형제의 웹사이트를 수정하는 데 도움을 주기로 구두 약속을 한 것 같다. 아무도 이런 내용을 공식적인 서면계약서로 남길 생각을 하지 않았다.

하지만 저커버그가 윙클보스 형제의 '하버드 커넥션Harvard Connection' 웹사이트의 수정작업을 자꾸만 미루자 이들은 점차 화를 내기 시작했다. 저커버그는 밀린 숙제나 벼락치기 시험공부 또는 노트북 충전기 분실 등 여러 가지 핑계를 댔지만 말하지 않은 가장 중요한 이유는 그가 이미 페이스북 사이트를 만들기 시작했기 때문이다. 2003년 12월 윙클보스 형제를 만난 지 일주일 만에 그는 친구이자 동창인 에두아르도 세버린Eduardo Saverin에게 하버드 커넥션에 관해 문자를 보냈다. 하버드 커넥션의 주소를 첨부하며 "이거 한번 봐봐. 누가 벌써 데이트 사이트를 만들려고 하네. 그런데 얘들 정말 바보야. 하하. 나보고 만들어달래. 페이스북 완성할 때까지는 질질 끌기만 할 거야." 저커버그가 페이스북을 내놓자 윙클보스 형제는 부당하다고 주장했다. 처음에 이들은 저커버그가 학생의 명예를 실추시켰다고 래리 서머스Larry Summers 총장에게 신고했다. 저커버그는 나중에 자신을 변호하는 내용의 메일에서 이렇게 주장했다. "솔직히 말해서 그들에게 무료로 해준 일 때문에 협박을 받는 데 정말 놀랐다. 그저 별거 아닌 일로 무시해버리려 한다. 내가 크게 성공하면 다들 벌떼같이 달려들어 한몫 챙기려 들 테니까." 서머스 총장은 저커버그가 잘못이 없다고 결론 내렸다. 그러자 윙클보그 형제는 매사추세츠 연방법원에 계약위반 혐의로 저커버그를 고소했다. 결국 6,500만 달러를 배상해주는 것으로 결론이 났으며 일부는 페이스북 주식으로 지급되었다.[10]

그러나 페이스북의 기원에 대해 가장 신빙성 있는 설명은 간단하다.

여러 가지 아이디어와 깨달음, 야심 같은 것들이 저커버그의 내면에서 뒤섞여 작용하면서 페이스북을 만들어내는 데 일조한 것이다. 그는 기본적으로 아마추어였으며 그런 사이트를 만들면 재미있겠다고 생각한 것뿐이다. 페이스북을 런칭하고 몇 달 뒤 가진 〈크림슨〉과의 장시간에 걸친 인터뷰를 읽어보면 이것이 저커버그의 이미지였음을 알 수 있을 것이다. "나는 그냥 어린아이예요. 뭐든지 쉽게 싫증을 내지만 컴퓨터는 항상 재미있었어요. 이게 나를 움직이는 두 가지 원인입니다. 전 무얼 만들어서 그게 잘 작동하는 걸 좋아했어요. 그게 또 성공을 거두면 멋지잖아요. 하지만 잘 모르겠어요. 그게 목표는 아닌 것 같아요." 특이하게도 그가 페이스북을 만들기로 결정한 이유 중에서 돈은 거의 맨 밑바닥에 있다는 점이다. "별로 페이스북을 팔고 싶지 않아요. 돈은 마음먹으면 많이 벌 수 있어요. 그게 목표는 아니에요. 하버드를 졸업하면 훌륭한 직장을 얻어 돈을 벌 수 있잖아요. 하지만 하버드를 나왔다고 누구나 소셜 네트워크 사이트를 가질 수는 없어요. 나는 돈보다 그런 자원이 더 중요하다고 생각합니다."[11]

아이디어는 그렇다고 치고 중요한 것은 이를 실천에 옮기는 일이다. 온라인 소셜 네트워크를 생각한 사람은 많았지만 실제로 만든 이는 저커버그다. 그것도 매우 빨리 만들었다. 2004년 1월 11일 그는 '더페이스북닷컴thefacebook.com'이라는 이름의 도메인을 등록하고 그로부터 한 달 뒤 코딩을 시작했다. 불과 일주일 만에 코딩작업을 끝내고 봄학기에 맞춰 2월 4일에 오픈했다. 사이트는 필수 요소로만 꾸며져 있고 경쾌하면서도 기술이 돋보였고 재미있었다. 처음 들어가면 화면 위쪽의 푸른 리본 배너 안에 이진법 숫자로 그린 어떤 사람의 얼굴이 희미하게 보이고 오른쪽에는 소문자로 더페이스북이라고 적혀 있다. 사람의 이미지가 젊은 시절의 알 파치노라고 생각하는 사람들이 많았지만 검색해보면 제이가일스 밴드ᴶ. Geils Band의 피터 울프Peter Wolf임을 알 수 있다. 저커버그가 사이트의 배경색을 푸른색으로 정한 것은 그가 붉은색과 녹색을 구별하지 못하는 색맹이기 때문이다. "내게는 푸른색이 가장 풍부한 색입니다. 모든 푸른색이 다 보이니까요"라고 인터뷰에서 말한 적이 있다. 푸른 띠 아래로 환영 메시지가 나타난다. "페이스북에 오신 걸 환영합니다. 페이스북은 대학사회의 네트워크를 통해 인터넷으로 사람들을 연결해주는 사이트입니다. 하버드 학생들이 이 사이트를 활발하게 이용해주기 바랍니다." 메시지에 있듯 처음 설계할 때는 하버드 재학생만 이용할 수 있도록 해서 엘리트만이 사이트를 이용할 수 있다는 느낌을 주고 자신에 대해 많은 정보를 안심하고 공유하도록 유도했다. 즉 폐쇄된 생태계였다. 자신과 비슷한 수준의 사람만이 게시물을 볼 수 있었다. 아래쪽에는 서명란에 '마크 저커버그 프로덕션ᴬ Mark Zuckerberg production'이라고 되어 있다. 정보란에 가면 저커버그를 파운더founder, 마스터 앤드 커맨더master and commander, 에너미 오브 더 스테이트enemy of the state라고 소개하고 있고 친구 에두아르도 세버린은 '영업, 법인 및 브라질 담당'이라고 되어 있다. 저커버그가 프로그램을 대하는 태도와 마찬가지로 사이트에는 장난기가 넘쳤으며 게임하는 것 같은 재미로 꽉 차 있었다.[12]

사이트는 단순했지만 온라인에서 다른 학생들과 소통하려는 하버드 학생들의 욕구와 딱 맞아떨어졌다. 4일 만에 650명의 학생들이 등록했고 2주 만에 4,000명이 가입했다. 처음에는 하버드 메일을 가진 학생들만 가입하도록 했으나 하버드에서 크게 성공하자 곧 다른 대학에서도 모방할 것이라고 생각하여 문호를 개방했다. 2월 말에는 컬럼비아대학교, 그 다음은 스탠퍼드대학교, 곧이어 예일대학교에도 페이스북을 런칭했다. 3월 말이 되자 11개 대학에 회원 수가 3만 명에 이르렀다. 점점 영향력이 커졌다.

이때쯤 저커버그는 페이스북이라는 사이트의 성격에 대해 중요한 사실을 깨닫는다. 페이스북은 소셜 네트워크 사이트다. 다른 네트워크 사이트와 마찬가지로 가입자가 많을수록 가치가 올라간다. 고전적인 예로 전화를 들어보자. 어떤 마을에 한 사람만이 전화를 가지고 있다면 크게 유용하다고 느끼지 못할 것이다. 예쁘게 생겼으며 첨단 기술의 집약체지만 별로 소용이 없다. 전화할 곳이 없기 때문이다. 그러나 다른 사람들이 전화기를 구입하기 시작하면 그의 전화기는 더욱 가치 있는 물건이 된다. 아랫동네에 사는 친구한테 전화할 수도 있다. 단골 식당에 좌석을 예약할 수 있고 이웃이나 동료로부터 온 전화도 받을 수 있다. 한때는 신기한 물건이었지만 이제는 없어서는 안 될 존재로 변한 것이다. 네트워크에서 중요한 것은 어떻게 한 사람에서 여러 사람으로 전파하느냐다. 〈크림슨〉과의 인터뷰에서 저커버그는 많은 회원을 가입시키는 것이 중요한 이유를 이렇게 설명했다. "이 사이트의 성격상 친구들을 보다 많이 가입시킬수록 사용자의 경험이 향상됩니다." 즉 클수록 좋다는 뜻이다.

봄학기가 끝날 때쯤 페이스북의 인기가 하늘로 치솟자 저커버그는 IT의 중심지인 실리콘밸리로 옮겨 하루 종일 페이스북에 전념하기로 했다. 자신을 도와주던 하버드의 동료 두 명, 새로 뽑은 신입생 인턴 두 명과 함께 크레이그리스트^{Craigslist}에서 구한, 라 제니퍼웨이^{La Jennifer Way}라는 막다른 길에 있는 허름한 방 다섯 개짜리 주택을 구해 이주했다. 그해 여름 내내 이들은 페이스북의 원활한 가동을 위해 혹독하게 일했다. 평일 기준으로 정오부터 새벽 5시까지 프로그램을 짰다. 힘들었지만 여전히 기숙사에 사는 느낌이 있었다. 저커버그가 좋아하던 영화 〈웨딩 크래셔^{Wedding Crashers}〉에 나오는 것처럼 그는 파자마를 입은 채 집안 곳곳을 돌아다니곤 했다. 여름이 끝나갈 때쯤에는 악명 높은 음악저작권 해적 사이트 냅스터^{Napster}의 창립자 숀 파커^{Sean Parker}가 가까운 동네에 산다는 것을 알고는 그에게 들어오라고 해서 같이 살게 되었다.

그러나 페이스북이 2004년 6월 기준으로 미국 전역에서 20만 명의 대학생 회원을 거느릴 정도로 커지자 저커버그와 직원들에게도 벤처기업으로서 문제가 닥치기 시작했고, 그 결과 페이스북은 점차로 기업의 형태를 갖추기 시작했다. 맨 처음 큰 결정은 저커버그가 대학으로 돌아가지 않기로 한 것이었다. 페이스북의 발전 가능성이 너무나 크고 인기가 많았기 때문에 이를 버리고 학교로 돌아갈 수 없었다. 이제 그의 생업이 된 것이다.

또 다른 사건은 벤처캐피털의 지원을 받기로 한 것이다. 1970년대 클라이너퍼킨스^{Kleiner Perkins}나 세쿼이아캐피털^{Sequoia Capital} 같은 투자회사들이 기술 기업에 초기 투자금을 지원하기 시작하면서 벤처캐피털은 기술 스타트업의 활동에 매우 중요한 역할을 했다. 이들은 스타트업에 필요한 현금을 대주고 그 대가로 상당한 지분을 받았다. 벤처기업은 단기 손익을 염려하지 않고 이 돈을 운영자금으로 사용했다. 기업이 성공하면 캐피털 회사는 엄청난 수익을 얻을 수 있었다. 한마디로 윈윈 관계였다. 1990년대부터 2000년대 초까지 실리콘밸리는 벤처캐피털에 의지했고 막대한 투자금액이 유입되었다. 클라이너퍼킨스나 세쿼이아캐피털처럼 막강한 벤처캐피털 회사의 지원을 받는다는 사실만으로도 실리콘밸리에서는 영광으로 받아들여졌으며 전 세계에 '대단한 아이디어'가 있다는 것을 알리는 신호였다. 2004년 여름 저커버그는 페이스북의 회원 수가 폭발하면서 그동안 임대해서 사용하고 있던 서버 용량이 부족하다고 느꼈고 원활한 운영을 위해 자금을 구하기로 했다. 8월에 가장 유명한 벤처투자자인 피터 틸$^{Peter Thiel}$을 만나 7퍼센트 이자로 50만 달러를 투자받았다. 벤처금융이 페이스북의 성장에 중요한 역할을 한 것이다.

그해 여름 저커버그는 페이스북 법인을 설립하기 위해 델라웨어에 서류를 신청했다. 페이스북은 이제 공식적으로 기업이 되었다. 하지만 페이스북이 법인이 되는 과정에서 여러 문제가 노출되었다. 그해 초 저커버그는 친구이자 동업자인 에두아르도 세버린에게 플로리다에 페이스북을 설립하라고 지시했다. 플로리다 페이스북의 지분은 저커버그가 65퍼센트, 에두아르도 세버린이 30퍼센트 그리고 저커버그의 룸메이트로 코딩작업을 도와준 더스틴 모스코비츠$^{Dustin Moskovitz}$가 5퍼센트를 소유하고 있었다. 그러나 세버린은 상당한 지분을 보유하고 있음에도 회사를 캘리포니아로 옮길 때 같이 오지 않았다. 여름을 보내면서 설립자 간에 회사에 대한 기대와 필요가 상이하다는 것이 표출되면서 갈등이 고조되었다. 저커버그는 세버린을 더 이상 주요 주주로 인정할 수 없었다. 저커버그와 그의 변호사는 새로 설립된 델라웨어 법인에서 세버린의 지분을 크게 줄일 서류를 준비했다. 나중에 언론에 공개된 이메일에는 저커버그의 사기성 의도가 잘 나타나 있다. "그가 모르게 지분을 10분의 1로 줄일 방법이 없나요?" 변호사는 수탁자의 배임 혐의로 세버린이 고소할 가능성이 높다고 경고했지만 그대로 진행했다. 아니나 다를까, 사태를 파악하자마자 세버린은 바로 저커버그를 고소했다. 길고 고통스러운 법정공방 끝에 세 버린은 상당량의 페이스북 주식을 받았고 회사가 상장되자마자 억만장 자 반열에 올랐다.[13]

초기에 발생했던 또 다른 문제는 프라이버시 보호였다. 페이스매시 사 태에서 보았듯 사람들은 누가 자신의 정보를 보는지 그리고 이 정보를 어떻게 이용하는지에 대해 깊은 관심을 보였다. 저커버그는 회원들에게 게시물이 보안상 문제가 없다는 확신을 주는 것이 중요하다고 생각했다. 학내신문과의 인터뷰에서 밝혔듯 페이스북에는 엄격한 '프라이버시 옵 션'이 있었다. "당신의 정보공개 범위를 정할 수 있습니다. 재학생만으로 한정시킬 수도 있고 같은 학번 학생 또는 같은 기숙사에 사는 학생으로 범위를 정할 수 있습니다. 친구나 친구의 친구만이 당신을 검색할 수 있 도록 할 수도 있습니다. 정보공개를 원하는 대로 엄격하게 조정할 수 있 습니다"라고 저커버그는 자신 있게 말했다.[14]

그러나 현실은 달랐다. 페이스북에는 미국 대학생 상당수의 정보가 점 점 쌓여갔지만 그 정보로 무엇을 하는지 아무도 몰랐다. 페이스북이 개 설되고 얼마 후에 저커버그가 친구와 나눈 메시지는 문제의 심각성을 잘 보여준다.

> 저커버그: 혹시 하버드 학생 누구라도 정보가 필요하면
> 저커버그: 말만 해.
> 저커버그: 4,000개 이상의 이메일과 사진, 주소, SNS가 있어.
> 친구: 정말이야? 어떻게 그런 정보를 다 모았어?

저커버그: 그냥 사이트에 올리던데.

저커버그: 나도 잘 모르겠어.

저커버그: 나를 '믿나 봐.'

저커버그: 바보 같은 놈들.[15]

하지만 생긴 지 한 달 만에 불거진 이런 논란에도 불구하고 페이스북은 계속해서 성장했다. 2004년 12월에는 가입자 수가 100만 명을 돌파했다. 다음 해 3월에는 팔로알토에 있는 에머슨 스트리트에 처음으로 사무실을 열었다. 밴처캐피털 액셀파트너스Accel Partners로부터 1,290만 달러를 유치했는데, 이 회사는 페이스북의 가치를 1억 9,800만 달러로 평가했다. 2005년에는 사명도 바꾸었다. 기존의 '더페이스북Thefacebook'에서 단순하게 '페이스북Facebook'으로 변경했다.

설립 첫해에 페이스북은 엄청난 성장을 했다. 그러나 불과 수십 년 전만 해도 기업이 이런 종류의 성장을 하리라고는 생각할 수 없었다. 페이스북은 향신료나 자동차 또는 기차표를 파는 회사가 아니었다. 따라서 보다 큰 공장을 짓거나 철도망을 확장하고 조립 시간을 단축할 필요가 없었다. 대신에 더 많은 사람들을 회원으로 가입시켜 무료로 웹사이트를 이용하도록 만들어야 했다. 어떤 비용을 치르더라도 일일 사용자의 수를 늘리는 것이 목표였다.

무한 성장에 집중하는 정책은 2000년대 기술 중심의 실리콘밸리 기업들에서 찾아볼 수 있는 고유한 특징이다. 여기에는 두 가지 요소가 작용했다. 우선은 규모의 경제다. 많이 만들수록 원가가 내려간다는 사실은 오랜 기간 경제학의 기본 원칙이었다. 일단 공장을 건설하고 숙련노동자를 고용하면 차량 생산을 한 대에서 두 대로 늘리기는 쉽다. 많이 만들수록 생산원가는 감소한다. 헨리 포드는 1세기 전에 이를 알았다. 그런데 컴퓨터와 인터넷은 규모의 경제에 완전히 새로운 의미를 부여했다. 웹사이트를 구축하기만 하면 더 많은 사람들이 이용하는 데 드는 비용은 제로였다. 페이스북은 추가 비용 없이 전 세계 누구에게나 서비스를 제공할 수 있다. 단지 사람들이 사이트에 와서 시간을 보내기만 하면 된다.

실리콘밸리의 유망 스타트업을 지원했던 벤처캐피털 회사도 가입자 증대에 초점을 맞추었다. 이들의 계획은 스타트업이 급격한 성장을 통해 새로운 시장에서 지배적이며 독점적인 지위를 갖도록 하는 것이었다. 물론 이런 전략이 항상 잘 먹히지는 않았다. 매출은 없는데 지출만 과다하면 위험할 수도 있다. 그러나 어떤 벤처투자자가 말했듯 이들에게 "실패는 중요하지 않다. 투자금을 잃어버리면 그뿐이다". 가끔 이런 위험한 투자가 엄청난 횡재로 돌아오기도 한다. 대부분의 투자에서 실패하더라도 몇 년에 한 번씩 한두 개만 터져주면 모든 손실을 상쇄하고도 남는다. 오늘날 벤처캐피털 업계의 밑바닥에는 이런 사고방식이 깔려 있기 때문에 10억 달러 이상의 가치를 지닌 소위 유니콘 기업을 찾는 데 전력을 기울인다.[16]

따라서 페이스북이 수익 등을 포함한 다른 것에 신경 쓰지 않고 성장에만 집중하는 실리콘밸리의 문화와 벤처캐피털의 자금에 깊이 빠진 것은 당연한 일이다. 저커버그는 직원들에게 최우선 순위는 새로운 가입자를 늘리는 것이라는 점을 분명히 했다. 회사 초기 어떤 직원은 저커버그의 방침에 대해 이렇게 말했다. "그는 어떠한 업무도 성장과 관계가 없다면 관심이 없다고 말했습니다. 그것만이 유일하게 중요한 것이었죠." 저커버그는 그런 결정이 소비자를 위한 최선의 방법이었다고 나중에 인터뷰에서 밝혔다. "성장을 최우선으로 삼는 우리의 방침을 비판적인 관점에서 볼지도 모르겠습니다. 그러나 사람들이 SNS를 하는 이유는 다른 사람과 소통하기 위해서입니다. 우리가 가장 중요하게 생각하는 것은 회원들이 소중하게 여기는 사람들이 동일한 SNS 서비스를 사용하는 것입니다." 회원들은 친구가 SNS에 가입하기를 원하므로 페이스북이 이에 맞는 정책을 폈다는 것이다. 다른 사람들이 참여하지 않으면 SNS는 아무 의미가 없다.[17]

가입자를 늘리는 방법은 새로운 사람들을 자꾸 사이트에 방문하도록 만드는 것이다. 원래 페이스북은 하버드 재학생만 가입할 수 있었다. 그 후에 스탠퍼드와 다른 아이비리그 대학교에 문호를 개방했고 곧이어 다른 대학에도 문을 열었다. 2005년 11월 기준으로 미국 내 2,000여 개의 대학에 개방해서 전체 대학생의 85퍼센트가 회원이 되었다. 대학생들이 거의 다 가입하자 페이스북은 고등학교로 눈을 돌렸다. 2006년 말에는 누구나 가입할 수 있도록 완전히 개방하는 결정을 내렸다. 누구나 가입하는 '개방형'으로 바꾼 뒤에 저커버그는 이렇게 말했다. "기대 이상의 성공이었어요. 전에는 하루에 1만 명 정도 가입했다면 바꾼 뒤에는 7~8만 명으로 늘었죠. 그다음부터는 기하급수적으로 늘어나더군요."[18]

정책을 바꾸면서 페이스북은 회원들 간의 소통방식에도 커다란 변화를 주었다. 최초에는 다른 대학교 학생들의 정보는 볼 수 없도록 되어 있었다. 하버드 대학생은 하버드 대학생, 예일 대학생은 예일 대학생의 정보만 볼 수 있었다. 하버드 대학생은 예일대 재학생의 정보를 볼 수 없었고 그 반대도 마찬가지였다. 2005년에 고등학생에게도 가입을 허락하면서 이 정책이 바뀌었다. 처음으로 학교 밖의 사람들과도 소통이 가능했다. 그러자 공개 가능한 개인정보의 범위가 문제가 되었다. 부모가 자식의 게시물을 볼 수도 있고 고용주가 입사 지원자가 올린 당황스러운 사진을 볼 수도 있었다. 그러나 페이스북은 개의치 않았다. 저커버그는 가입자를 늘리는 데만 관심이 있어 보였다. 당시에 그는 개방형으로 바꾸면 사용자가 페이스북을 어떻게 받아들일까 고민하며 메모장에 이렇게 메모를 끄적였다. "실제 여부와 상관없이 어떻게 하면 보안에 문제가 없어 보일까?"[19]

개방형으로 바꾼다고 가입자가 알아서 늘어나지는 않는다. 사이트가 개선되어야 한다. 즉 새롭고 뛰어난 기능이 있어야 한다는 말이다. 페이스북은 액셀벤처 캐피털의 지원을 받아 컴퓨터 엔지니어와 코딩기술자를 충원했다. 이들은 대부분 대학을 갓 졸업했거나 대기업에서 1년 정도 경력을 쌓은 게 전부였으므로 곧바로 정확성보다는 속도를 강조하는 페이스북의 기업문화에 쉽게 동화되었다. 당시 대부분의 IT 기업은 몇 개월에 걸쳐 작업과 검토를 한 후에야 겨우 새로운 프로그램 하나를 '밀어낼' 수 있었다. 페이스북은 하루에도 여러 번 이걸 했다. 전에 들어본 적이 없는 엄청난 스피드였고 당연히 에러도 많이 발생했다. 페이스북에는 컴퓨터 엔지니어들이 웹사이트를 먹통으로 만드는 경우가 많이 발생하다 보니 이를 축하하는 전통이 생길 정도였다. 그런 일이 생기면 회사는 전 엔지니어에게 이렇게 메일을 보냈다. "축하합니다. 사이트가 깨졌습니다. 빨리 움직인다는 증거입니다." 속도를 워낙 강조하다 보니 나중에 실리콘밸리의 주문이 된 슬로건이 생길 정도였다. 2009년 10월 〈비즈니

기업의 세계사

스 인사이더^{Business Insider}〉와 한 인터뷰에서 저커버그는 페이스북의 프로그램 개발자에게 '빨리 움직여 틀을 깨라^{Move fast and break things}'라는 지침을 주었다고 밝혔다. 그에 따르면 "틀을 깨지 못하면 느리다는 뜻이다". 회사는 이 슬로건을 인쇄해 사무실에 부착해서 속도의 중요성을 일깨웠다.[20]

속도를 너무나 강조하다 보니 페이스북 홈페이지에는 여러 가지 변화가 생겨 정신이 없을 지경이었다. 어떤 것은 흉내만 낸 것도 있었다. 2005년에는 피터 울프의 사진을 사모펀드 회사인 카알라일 그룹^{Carlyle Group} 홈페이지에 있던 푸른색 리본 배너를 가져다 그대로 사용하는 어처구니없는 일도 발생했다. 그러나 사용자가 SNS를 이용하는 방법에 제대로 영향을 미친 것도 많았다. 2005년 10월에는 처음으로 사용자가 프로필 사진 외에 여러 장의 사진을 올릴 수 있도록 했다. 사용자들은 사진에 있는 다른 친구를 태그해서 일종의 공동기억 공간으로 이용할 수 있었다. 2006년 9월에는 뉴스피드 기능이 추가되었다. 친구가 새로 올린 사진이나 댓글 같은 게시물에 대한 소식을 알 수 있었다. 이 뉴스피드는 사용자의 참여를 증진하기 위한 목적으로 도입되었다. 이전에는 다른 사람의 프로필을 클릭하기 전에는 그들의 안부나 언행을 알 방법이 없었다. "이 사람 저 사람의 프로필을 클릭하는 게 엄청나게 비효율적이라고 생각했어요." 페이스북의 최고기술책임자인 애덤 단젤로^{Adam D'Angelo}의 말이다. 물론 뉴스피드를 고안해냈으면 그다음은 이를 어떻게 구성하느냐가 큰 문제다. 어떤 피드를 제일 먼저 보여주어야 하나? 가장 최근의 게시물만 보여주면 될까? 아니면 가장 최근 사진? 또는 오랜만에 게시물을 올린 사람 것 먼저 보여주어야 하나? 아니면 가입자를 태그한 게시물을 먼저 보여주어야 하나? 그 어떤 것도 답이 될 수 있었고 페이스북에서 적극적으로 답을 구해야 할 문제였다. 저커버그는 메모장에 뉴스피드의 구성원칙이 '흥미 그 자체'여야 한다고 적었다. [21]

그러나 페이스북의 미래에 가장 중요한 변화는 회사 내부에서 발생했다. 저커버그는 가입자가 생각만큼 빨리 늘지 않고 회원들의 활동이 점차 약해지는데 조바심을 내며 어떻게 하면 가입자를 늘릴까를 많이 고민했다. 그 결과 2007년에 회사 내에 가입자 수 증가만을 전담하는 조직을 만들었다. '그로스 서클Growth Circle'이라고 이름 붙인 이 팀은 곧바로 회사 내에서 가장 막강한 권력을 가진 팀이 되었다. 저커버그는 이 팀을 회사 설립 이래 '가장 중요한 기능'을 가진 조직이라고 불렀다. 이 팀은 성과를 측정하기 위한 수단으로 '월별 활성 유저monthly active user'를 선정했다. 적어도 한 달에 한 번 이상 사이트를 방문한다면 SNS를 열심히 하는 것으로 판단했다. 회사는 '월별 활성 유저'에 목을 맸다. 그로스 서클의 한 직원은 인터뷰에서 이렇게 말했다. "정말로 중요한 것은 무엇이 회사의 경영방침인지 아는 것입니다. 모든 직원들이 항상 생각하고 제품개발의 기준이 되는 목표가 무엇인지 알아야 합니다. 월별 활성 유저는 사장님이 만든 목표로 전 세계가 페이스북을 이용하도록 하는 원동력입니다."[22]

일단 성공 여부를 측정할 수단을 지정하자 다음 단계는 이를 개선할 방법을 찾는 것이었다. 그로스 서클은 소비자 심리학과 인터넷 사용 빈도 등을 연구해서 패턴을 분석하기 위한 엄청난 데이터를 구축했다. 새로운 가입자가 사이트에서 빠른 시간 내에 친구를 찾지 못하면 나가서 다시는 들어오지 않는다는 것이 초기 연구로 밝혀졌다. 이 문제를 해결하기 위해 '알 수도 있는 친구' 기능을 2008년도에 도입했다. 이는 새로운 친구를 추천해서 사람들의 네크워크에 추가하도록 해준다. 또한 이메일 주소록을 다운로드하여 아직 페이스북 계정이 없는 사람들에게 친구 요청을 할 수도 있다. 회사 주관으로 실시한 〈신규가입자의 SNS 활동 제고 방법〉이라는 제목의 연구결과에 따르면 개인정보 제한 때문에 SNS 활동이 위축된다는 결론이 나오자 그로스 서클은 개인정보 공개동의 기본값을 친구들에게만 공개에서 누구에게나 공개하는 것으로 변경을 추진했다. 페이스북의 최고보안책임자는 사용자의 동의 없이 그런 조치를 시행하면 개인정보보호법 위반이라고 주장하며 반대했지만 그로스 서클은 이를 묵살하고 조치를 강행했다.[23]

연달아 새로운 기능을 추가하면서 사용자가 늘어나자 예상치 못한 결과가 나오기도 했다. '알 수도 있는 친구' 기능 때문에 사용자들은 놀라운 경험을 하기도 했는데 어떤 여자 회원은 정신없는 아버지의 애인으로부터 친구 요청을 받기도 하고 매춘업 종사자들의 알 수도 있는 친구 명단에는 고객들이 올라와 있기도 했다. 같은 신경정신과를 다니던 환자들끼리 서로 가능친구 명단에 이름을 올리기도 했다. 한편 뉴스피드는 다른 사람들에게 문제가 될 수도 있는 소식을 실시간으로 전해주었다. 전에는 연애상태가 바뀌어도 다른 사람들이 당신의 프로필을 클릭하기 전까지는 이런 사실을 알 수가 없었다. 그러나 뉴스피드는 당신이 아는 모든 사람들에게 그 내용을 떠벌려 '연애 중' 상태에서 '싱글' 상태로 바뀌었다는 것을 누구나 알 수 있도록 한다. 이렇게 당사자 간의 이별을 모든 사람에게 공개적으로 알리면 피해자는 창피하기도 하고 화도 난다. 특히 피해자 중 어느 한쪽이 페이스북에서 벌어지는 이런 공개 사실을 몰랐다면 더욱 그렇다. 그 여파로 일단의 학생들이 '페이스북 뉴스피드에 반대하는 학생들'이라는 제목으로 페이스북을 개설해 피드서비스를 중지하라고 페이스북을 압박하기도 했다. 뉴스피드를 반대하는 사람들이 늘어났고 시사수간지 〈타임〉에서 기사로 다루기도 했다. 그러나 이런 모든 문제에도 불구하고 사람들이 페이스북에 머무는 시간은 늘어나기만 했다. 저커버그는 불거진 논란을 무시하듯 블로그에 "진정하고 숨 좀 돌려봐요. 다 듣고 있어요"라는 제목의 글에서 "동의합니다. 스토킹은 좋지 못하죠. (중략) 프라이버시 설정 기능을 사용해서 안심하고 페이스북을 이용하세요"라고 회원들을 설득했다. 즉 사용자가 프라이버시 기능을 제대로 알았더라면 그렇게 화낼 필요가 없었다는 이야기다. 페이스북은 나중에 피드에 보여주는 내용을 조정할 수 있는 기능을 포함한 새로운 프라이버시 설정 기능을 선보였다. 이 기능은 많이 사용되지는 않았지만 사용자들의 원성은 가라앉았다.[24]

그러나 이런 것들은 페이스북이 전대미문의 기업으로 성장하는 데 아주 작은 문제에 지나지 않았다. 2008년 초에 가입자가 1억 명을 돌파하더니 불과 7개월 만에 2억 명으로 늘었고 2012년에는 10억 명을 기록했다. 페이스북은 역사상 가장 규모가 큰 네크워크가 되었다.

이제 한 가지 의문만 남았다. 페이스북은 도대체 어떻게 돈을 벌었을까? 페이스북이 엄청나게 인기가 있고 지배적 위치에 있는 SNS 플랫폼이라는 건 알겠다. 하지만 어차피 기업이니 어디서든 돈을 벌어야 한다. 이는 수억 명의 열렬한 소비자를 가진 회사라면 당연한 일이다. 그러나 페이스북은 무료로 서비스를 제공했다. 사용자들은 회원가입을 해서 로그인하고 게임을 하거나 게시물을 업데이트하고 원하기만 하면 하루에 몇 시간씩 친구들의 페이지를 들여다볼 수 있지만 페이스북에는 단 1센트도 내지 않는다. 그런데 페이스북은 직원 급여도 줘야 하고 서버 이용료도 내야 한다. 또한 벤처캐피털 회사에 수익을 돌려주어야 한다. 페이스북은 도대체 어떤 식으로 지속가능한 비즈니스 모델을 창출했을까?

그에 대한 답은 페이스북이 소위 '머니타이제이션^{monetization}'이라고 부르는 과정에 있다. 저커버그가 무료 사용을 고집했기 때문에 수익을 내는 가장 확실한 방법은 광고였다. 2006년 여름 페이스북은 스탠퍼드대학교 MBA 출신의 팀 켄들$^{Tim\ Kendall}$을 고용해서 광고전략을 수립토록 했다. 그의 첫 번째 업적은 페이스북에 광고를 낼 수 있는 권한을 마이크로소프트에게 판매하여 수입을 올린 것이다. 그러나 2007년 켄들은 더 나아가 새로운 유형의 광고를 만들었는데 바로 '소셜 광고$^{social\ advertising}$'다. "페이스북에서는 친구들에 대해 알 수 있습니다. 따라서 광고를 통해 친구를 잘 알 수 있다면 친구의 눈을 통해 본 제품이나 서비스 광고도 효과가 있을 것으로 생각합니다." 그 결과 켄들은 비콘^{Beacon}을 만들었고 이는 광고의 신기원을 이루었다.[25]

"미디어는 100년에 한 번 정도 바뀌는 것 같아요." 비콘 프로그램을 발표하는 자리에서 저커버그는 이렇게 말했다. "지난 100년을 매스미디어의 시대라고 한다면 향후 100년은 정보를 단순하게 대중에게 밀어내듯 전달하는 시대에서 벗어나 서로 연결된 엄청난 수의 사람들이 정보를 공유하는 시대가 올 거라고 생각합니다." 비콘 프로그램의 원리는 간단하다. 사람들은 친구들이 사라고 하거나 추천하는 제품을 산다는 것이다. "사람들은 다른 사람들에게 영향을 미칩니다. 신뢰하는 친구의 추천만큼 영향을 미치는 것도 없죠. 그 어떤 방송 메시지보다 더 강력합니다. 성배 같은 역할을 합니다." 그러나 실제로는 그 성배가 표면으로 보이는 것만큼 강력하지 못했다. 페이스북은 비콘과 연결하여 다른 업체와 계약을 맺고 모니터링 프로그램을 작동시켰다. 페이스북 이용자가 다른 업체의 사이트에서 제품을 구입하면 비콘 프로그램이 페이스북에 그 정보를 전달하고 그러면 뉴스피드를 통해 친구들에게 전달되었다. 기본적인 아이디어는 실생활에서 발생하는 일종의 구전 마케팅과 동일했다. 마치 남의 집 파티에 갔다가 압력솥을 보고 하나 사야겠다고 마음먹는 것과 같다. 광고를 접하는 것보다 친구가 구입했다고 하면 사고 싶은 마음이 더 든다는 것이다. 그러나 비콘은 즉시 논란에 휩싸였다. 전자상거래 사이트에서 약혼반지를 구입했는데 불과 몇 분 만에 친구들로부터 축하한다는 연락을 받았다는 등의 이야기가 나오기 시작했다. 사용자들은 페이스북을 사생활 침해로 고소했다. 페이스북은 비콘을 중지했고 저커버그가 사과하기에 이르렀다.[26]

이런 실수를 만회하기 위해 저커버그는 전환이 필요했다. 2008년 봄 셰릴 샌드버그$^{Sheryl Sandberg}$를 최고운영책임자로 영입하고 수익성 확보 업무를 맡겼다. 샌드버그는 즉시 회사를 뒤집어 놓았다. 출근 첫날 회사소개를 받다가 강사를 당황하게 만들었다. 교육을 받기는커녕 오히려 강사에게 머니타이제이션에 대해 일장 연설을 한 것이다. 샌드버그는 광고를 '역피라미드'라고 주장했다. 맨 밑에 있는 것이 수요 이행$^{demand\ fulfillment}$이다. 누군가 무엇을 사고 싶어 찾아볼 때 광고가 수요를 이행하는 데 도움을 준다는 것이다. 이는 낮은 가지에 달려 있는 과일과 마찬가지다. 사고 싶어 하는 사람이 있을 때는 팔기가 쉽다. 구글이 이걸 잘했다. 그러나 수요 이행을 하려면 소비지가 뭔가를 사고 싶어 하는 마음이 들 때까지 기다려야 한다. 샌드버그의 설명에 따르면, 페이스북은 뒤집어놓은 피라미드 위쪽의 거대한 미지의 영역을 목표로 해서 우선 수요를 창출해야 한다. 그녀가 나중에 말했듯이, 페이스북에 가장 필요한 것은 "소비자가 무엇을 원하는지, 무엇에 관심이 있는지 깨닫기 전에 미리 수요를 발굴하는 것"이었다.[27]

샌드버그는 페이스북을 수요 창출의 최적지로 만들었다. 보통 사람들이 인터넷을 서핑할 때는 어떤 정보가 필요할 때다. 그러나 페이스북에 들어올 때는 무언가 알고 싶은 상태이므로 광고가 잘 먹힌다. 샌드버그는 한 인터뷰에서 이렇게 말했다. "페이스북에서 사람들은 자신이 어떤 사람인지 알리고 다른 사람의 생각을 알고 싶어 합니다. 따라서 당신이 무언가를 알고 싶은 마음이 들 때는 중소기업의 광고가 영향을 미칠 수 있습니다." 그러나 이것이 반드시 중소기업에만 적용되지는 않았다. 코카콜라나 스타벅스 같은 대기업 또는 대형 유통업체도 페이스북에 광고를 냈다. 샌드버그는 한 인터뷰에서 이렇게 말했다. "코카콜라의 마케팅 담당 부사장인 웬디 클라크Wendy Clark는 코카콜라 광고를, 구매를 유도하는 광고에서 갈증 날 때 생각나는 광고로 바꾸었습니다. 목마를 때면 코카콜라가 생각나도록 말이죠. 페이스북 피드에 있듯 코카콜라는 생활의 일부가 되었습니다. 마케팅에서 이게 얼마나 대단한 일인지 모릅니다." 샌드버그의 전략은 놀랍게도 딱 들어맞았다. 광고 수입이 2009년 7억 6,400만 달러에서 2010년에는 19억 달러, 2011년에는 31억 달러로 늘었다. 2018년 10월 저커버그가 상원 청문회에 출석했을 때 오린 해치Orrin Hatch 의원이 이렇게 물었다. "사용자가 사용료를 내지 않는데 어떻게 비즈니스 모델을 유지합니까?" 저커버그는 이렇게 답했다. "의원님, 그래서 광고가 있는 겁니다."[28]

수익모델 수립 외에 샌드버그는 페이스북의 기업문화에도 알게 모르게 엄청난 변화를 일으켰다. 샌드버그가 오기 전까지 페이스북은 아이들끼리 운영하는 회사 같았다. 저커버그가 19세에 페이스북을 창립했고 당시 직원들은 거의 그 또래 대학 동창들이었다. 셰릴 샌드버그가 입사할 때 39세였으니 회사의 어른이었다. 이 때문에 때로는 직원들이 불만을 표하기도 했다. 한 직원은 샌드버그와의 회의를 '셰릴의 대법원'이라 부르기도 했다. 일단 어떤 문제가 터지면 샌드버그는 전 팀을 소집해 바닥에 앉힌 다음 끝장토론을 시켰다. "우리는 아직 나이가 어려서 사람들을 다루는 방법도, 기분 나쁘지 않게 소통하는 기법도 몰랐어요. 샌드버그는 그런 것들을 확립해서 어느 정도 수준까지 올려놓았죠"라고 어떤 직원이 평했다.[29]

지속가능한 비즈니스 모델과 엄청난 가입자 수, 그리고 최고의 기술로 무장한 페이스북은 이제 모든 문제를 해결한 것처럼 보였다. 성공한 기업으로 세상에 알려지면서 2012년 5월 17일 페이스북은 1,040억 달러의 기업 가치를 인정받아 역대 최대 규모의 기업공개를 단행했다. 수십억만 장자가 된 저커버그는 나스닥의 타종행사에서 연설할 때 흥분을 감추지 못했다. "지난 8년간 여러분은 전 세계 역사상 가장 큰 기업이 성장하는 것을 보았습니다. 우리는 전혀 생각지도 못했던 엄청난 일을 이루었습니다. 앞으로 또 어떤 모습을 보여줄지 매우 기대됩니다."

그러나 회사의 모든 직원이 이런 변화를 긍정적으로 받아들이지는 않았다. 급격한 성장과 수익에 초점을 맞춘 정책은 마치 전 인류를 대상으로 하는 거대한 실험처럼 보였다. 즉각적으로 전 세계를 연결해주는 SNS가 회원들에게 어떤 영향을 미칠까? 어떤 식으로 작동할까? 페이스북의 우선순위가 가입자의 우선순위와 상충하면 무슨 일이 발생할까? 페이스북의 새로운 경영방침을 비관적으로 보는 사람들이 많았다. 광고팀의 상품 담당 매니저는 이렇게 말했다. "몇 시간이고 페이스북에서 시간을 보내는 사람들이 많습니다. 배우자가 그만하라고 애원하는 눈빛을 보내도, 아이들이 같이 놀아달라고 아무리 애원해도 다 무시하고 몇 시간이고 값싼 물건을 찾아 여기저기 광고를 클릭하는 동안 빗물이 바위를 뚫듯 페이스북에는 엄청난 수익이 굴러 들어옵니다." 또 다른 직원은 이렇게 불평했다. "우리 시대의 뛰어난 사람들이 모두 어떻게 하면 사람들이 광고를 클릭할까를 연구합니다. 정말 재수 없어요. 광고를 클릭하도록 하기 위해 사용되는 그 엄청난 자원을 미해결 과학 난제에 투입한다면 세상이 얼마나 달라지겠어요?" 심지어 페이스북을 찬양했고 팔로알토의 집에 들어와 저커버그와 같이 살기도 했던 숀 파커조차 페이스북이 위험한 제품을 내놓았다고 생각했다. 2017년 11월 한 인터뷰에서 이렇게 말했다.

페이스북이 최초로 만든 이런 종류의 소프트웨어에 깔린 기본적인 사고방식은 '어떻게 하면 소비자의 시간과 주의력을 가능한 한 많이 빼앗을 수 있을까?'다. 이는 자신이 올린 사진이나 게시물에 친구들이 '좋아요'나 댓글을 달아 도파민이 조금씩 나오게 해야 함을 의미한다. 그러려면 점점 더 많은 내용을 올리고 더 많은 '좋아요'와 댓글을 받아야 한다. 이는 일종의 사회적 확인 피드백 루프social-validation feedback loop다. (중략) 인간 심리의 취약한 면을 이용하기 때문에 나 같은 해커가 생각해내는 것과 정확히 일치한다. 이를 발명하고 창조한 사람들, 나와 마크 저커버그, 인스타그램의 케빈 시스트롬Kevin

. 이런 사람들은 모두 그 작용을 아주 잘 알고 있었다. 그래서 우리는 그렇게 했다.[30]

프라이버시와 SNS는 어울리지 않는 조합이 될 수밖에 없다. 페이스북 같은 SNS를 이용할 때는 자신의 프라이버시를 버리는 대신 볼 권리와 보여줄 권리를 얻는 것이다. 동시에 공유한 정보가 자신들이 선택한 사람에게만 보여지기 바란다. 자신의 게시물이나 사진, 여타 활동이 일반 대중에게는 비밀이고 친구들에게만 공개되기 바란다. 바로 이것 때문에 문제가 생긴다. 친구들과 공유하기 위해서는 SNS 회사에 정보를 주어야 한다. 과연 사람들이 제공한 은밀한 정보를 가지고 회사가 올바른 일을 한다고 신뢰할 수 있을까? 도대체 '올바른' 일이란 정확히 무엇을 말하는 걸까? 이 문제는 정말로 난해한 문제다.

문제의 심각성을 제대로 파악하기 위해서는 페이스북이 '불쾌한' 게시물을 처리하는 방식을 들여다보기만 하면 된다. 콘텐츠 관리는 페이스북 본부 측에게 항상 골치 아픈 존재였다. 설립 초기에 콘텐츠관리팀에는 인원이 몇 명 없었고 교육이라고 해봤자 30분이 전부였다. 처음부터 불쾌한 게시물의 규정이 없었으므로 팀은 문제가 발생할 때마다 해결해 나가며 규정을 만들어야 했다. 이들의 규칙 중 하나는 '삼진 아웃'제다. 불쾌하다고 판단되는 게시물을 세 번 올리면 페이스북 접근이 봉쇄된다. 또 다른 규칙은 '끈팬티 룰'로서 끈팬티를 입고 찍은 사진은 게시하지 못한다는 규칙이다. 그런데 콘텐츠관리팀이 불만에 대응하는 방식에 문제가 많았다. 예를 들어 사진과 관련하여 어떤 불만이 접수되면 불만을 제기한 사람의 아이디와 패스워드로 로그인해서 정말 규정을 위반했는지 조사했다. 그렇다고 판단이 되면 게시자의 아이디와 패스워드로 로그인해서 사진을 삭제했다. 2005년 말 콘텐츠관리팀의 인원은 20여 명 정도였으며 콘텐츠 가이드라인은 워드파일로 만들어 공유했다. 회원이 수백만 명에 이르고 고등학생부터 범죄자나 해커를 포함한 누구나 가입이 가능한 사이트라고 하기에는 너무나 대응이 미흡했다. 2007년에는 뉴욕 검찰이 미성년자로 위장하고 가명으로 페이스북에 가입해서 함정수사를 했더니 불과 며칠 만에 성매매를 제안하는 메시지가 쌓이기 시작했다.[31]

다른 한편에서는 페이스북이 너무나 쉽게 콘텐츠를 제거한다는 불만이 나왔다. 2008년에는 일단의 '모유수유 옹호자[lactivist]'들이 페이스북 본사 앞에 모여 모유수유 사진 제거에 항의하는 시위를 벌였다. 페이스북은 유두나 유륜이 보이면 안 된다는 규정 때문이라고 대답했지만 모유수유 옹호자들은 이에 만족하지 못하고 지속적으로 시위를 펼쳤다. 결국 페이스북은 수유와 관련된 사진 정책을 정기적으로 개정해야 했다. 이렇게 애매한 규정에 명확한 경계를 짓기 어려워지자 페이스북은 2012년 필리핀에 콘텐츠관리센터를 설립했고 여기에서는 수많은 직원들이 매일매일 게시되는 수억 장의 사진을 모니터링한다.[32]

그러나 콘텐츠 관리는 빙산의 일각에 불과했다. 더 큰 문제는 사용자 정보에 대한 공개방식이었다. 2007년에 페이스북이 외부 개발자들이 사이트 내에 직접 프로그램을 개발하도록 허용하면서 이 문제가 크게 부각되었다. 플랫폼이라는 명칭이 붙은 이 프로젝트는 외부의 회사나 개발자가 게임, 퀴즈, 여론조사 및 기타 콘텐츠를 개발해 페이스북상에 가동하도록 했다. 페이스북이 소셜 네크워크 서비스를 제공하는 회사이므로 공유 기능은 매우 중요하다. 이제 사람들은 이 프로그램을 이용해 서로 경쟁하고 점수를 비교하며 친구들과 소통할 수 있었다.

원래 저커버그는 시민들이 플랫폼에 적극적으로 참여하기를 기대했다. 그가 제일 좋아했던 앱은 기후문제나 빈곤퇴치 같은 공익적 문제의 해결을 위해 만들어진 코즈스^Causes라는 자선단체 성격의 앱이었다. 플랫폼의 게임 개발자이자 징가^Zynga의 설립자인 마크 핑커스^Mark Pincus는 이렇게 말했다. "플랫폼의 원래 목표는 코즈스 같은 프로그램이었어요. 이를 통해 자아실현을 할 수 있다고 생각했던 거죠." 코즈스가 잠시 관심을 끌기도 했지만 가장 인기 있었던 앱은 아무 생각 없이 시간 보내기 좋은 게임이었다. 그중에서도 씨를 뿌리고 가축을 기르는 등 농장을 경영하는 팜빌^Farmville이 인기가 좋았다. 원래 이 게임은 가축이 성장하고 곡물이 익는 데까지 시간을 두고 기다려야 하는 게임이었지만 더 빨리 진행할 수도 있었고 사람들은 이 모드에 중독되어 버렸다. 게임 개발회사인 징가는 엄청난 수익을 거두었고 핑커스는 그 액수조차 공개하지 않았다. 핑커스의 말이다. "고객 중 인디애나폴리스의 중년 여성들은 아침 드라마를 보는 대신 팜빌을 했어요. 게임머니로 한 달에 수천 달러씩 쓰기도 했죠. 하지만 이런 사실이 공개되면 좋을 게 없었어요." 페이스북이 상장했을 때 핑커스는 페이스북 전체 매출액 중 20퍼센트는 징가에서 나왔을 거라고 추정했다.[33]

게임이나 앱을 개발하려면 일정 부분 사용자 정보를 페이스북으로부터 얻어야 한다. 여기에서 어디까지 개발자와 정보를 공유해야 하는가에 대한 문제가 발생한다. 페이스북 가입자는 다른 사람에 대한 정보뿐 아니라 그 사람의 친구들이 공유한 정보까지 페이스북을 통해 얻을 수 있다. 만일 그 가입자가 어떤 앱을 사용한다면 이런 모든 정보를 앱에 제공해야 할까? 친구들이 동의하지 않은 정보까지 말이다. 저커버그는 제공해야 한다고 생각했다. 결정 과정에 대해 페이스북의 한 중역은 이렇게 말했다. "어떤 데이터를 제공해야 할지에 대해 회사 내부적으로 많은 고민을 했습니다만 저커버그는 강경했습니다. 그는 '우리가 정보를 제공해야지 개발자들도 우리가 제공하는 수준의 양질의 프로그램을 구축할 수 있다'고 생각했습니다. 당시만 해도 페이스북이 비교적 작은 회사였기 때문에 플랫폼을 제대로 만들려면 개발자에게 데이터를 제공해야 한다고 생각했습니다."[34]

결국 페이스북은 이 문제의 해결에 대한 책임을 회원들에게 넘기기로 결정했다. 사용자가 페이스북에서 어떤 앱에 접근할 때마다 가입자의 이름, 친구들의 명단, 사진 또는 좋아요에 대한 정보제공에 동의한다는 내용의 화면이 뜨도록 했다. 기본정보는 그 범위가 나중에 바뀌기는 했지만 최초에 정보공개를 제한하는 책임은 전적으로 사용자에게 맡겨졌다. 따라서 개발자들은 더욱 많은 정보를 얻을 수 있었다. 기본정보에는 사용자의 이름, 성별, 친구들, 프로필 사진 등이 있었지만 대부분의 경우 사는 곳이나 연애상태, 좋아요, 게시물 등에 관한 정보까지 포함되는 경우가 많았다. 심지어 동의 없이 친구들의 연애상태 변화나 관심사까지 공유되기도 했다.[35]

페이스북 직원들은 점차로 회사가 수집하는 엄청난 데이터에 대해 염려하기 시작했다. 기업공개 전에 페이스북에서 프라이버시 문제 대응을 담당했던 직원은 〈뉴욕타임스〉에 보낸 '페이스북에는 자기조절능력을 기대할 수 없다'라는 제목의 기고문에서 이렇게 주장했다. "내부에서 본 페이스북은 정보보호보다는 정보수집에 더 우선순위를 두는 회사였다." 페이스북의 플랫폼은 사용자의 민감한 정보를 개발자에게 제공했고 개발자는 이 정보를 원하는 대로 활용할 수 있었다. 한번은 개발자들이 사용자들의 정보를 이용해 사용자의 자녀들에 대한 데이터를 생성한 적이 있었다. 직원이 개발회사에 전화를 걸어 항의하니 자기들은 페이스북의 데이터 정책을 준수했다는 답을 받았다고 한다. 그러나 정말 그랬는지는 알 수 없다. 제공받은 데이터로 개발자들이 무슨 짓을 하는지 페이스북은 알 방법이 없다. 이 직원이 개발자들이 하는 행태를 알기 위해 정보를 캐기 시작하자 회사의 중역이 이를 방해하기 시작했다. 개발자의 사용자 정보 이용에 대해 철저하게 감사해야 한다고 말하자 보고를 받은 중역은 이렇게 대꾸했다. "정말로 감사를 했으면 좋겠어?"[36]

또 다른 문제는 페이스북 내부적으로 데이터를 이용하는 방식이다. 2012년 페이스북은 자사 사이트가 사람들의 기분에 영향을 미칠 수 있는지에 대한 연구를 실시했다. 그 결과로 나온 〈SNS를 통한 대규모 감정 전염 실험 결과〉라는 논문에서 아니나 다를까, 영향을 미친다는 결론을 내렸다. 이 논문은 이렇게 시작한다. "우리는 상당히 큰 표본(N=689,003)을 대상으로 행한 실험에서 감정상태가 다른 사람에게 전염되어 부지불식간에 동일한 감정을 느끼게 할 수 있다는 것을 밝혀냈습니다." 여기서 N은 페이스북이 실험을 실시한 가입자의 수를 뜻한다. 보다 충격적인 것은 페이스북이 실험한 방식이다. 어떠한 사전 통보도 없이 고의적으로 뉴스피드를 변경해 긍정이나 부정 어느 한쪽의 메시지만 보도록 조작했다. 그 결과 사용자들은 어느 한쪽으로 기울어지는 경향을 보였으며 이는 이들이 게시하는 글의 내용에서 파악이 가능했다. 거대 기업이 수십만 회원들의 감정을 조작했다는 사실은 즉각적인 역풍에 휩싸였다. 셰릴 샌드버그는 이 일에 대해 다음과 같이 사과했다. "이 사건은 여러 제품을 테스트해 보기 위한 연구의 일환이었으며 그 이상도 그 이하도 아니었습니다. 다만 소통이 부족했던 점은 인정하며 사과드립니다. 어떤 고의가 있었던 것은 아닙니다."[37]

처음에는 데이터 수집의 문제점에 대해 명확히 드러난 것이 없었다. 당신이 어떤 대학 동창과 친구라거나 귀여운 고양이 사진을 좋아한다는 것을 다른 사람이 안다고 해서 무엇이 문제냐는 시각도 있었다. 그러나 2010년대에는 사람들의 인식체계에 대변환이 왔다. 페이스북이나 다른 여타의 SNS가 조금씩 우리의 사생활 영역을 침투하고 있다는 점을 알게 된 것이다. 이 회사들은 거의 모든 사람의 정보를 모아 거대한 데이터의 저수지를 구축했고 이를 자신들의 목적에 맞게 사용했다. 2016년에는 한 단체가 흑인인권운동에 관심을 보인 사용자의 명단을 추출해 경찰에 넘기는 사건이 발생했다(그 단체는 나중에 폐지되었다). 비영리 인터넷 언론 프로퍼블리카^{ProPublica}는 집주인들이 페이스북의 광고 옵션을 이용해서 임차인의 인종이나 성별을 차별함으로써 공정주택법^{Fair Housing Act}을 위반했다는 것을 밝혀냈다(미국 주택도시개발부는 나중에 그 관행에 대해 페이스북을 고소했다).

페이스북은 프라이버시 문제도 다른 문제와 동일하게 빨리 움직여 틀을 깨라는 방식으로 접근했다. 무언가를 우선 런칭하고 시장에서 어떤 효과가 있는지 본 다음 문제가 생기면 그때 대응한다는 원칙이다. 저커버그는 페이스북의 사생활보호정책이 자꾸 문제가 되자 2011년에 이를 어느 정도 인정하는 발언을 했다. "사생활과 관계가 있건 없건 큰 변화를 일으킬 때는 좋아할 사람도 있고 싫어할 사람도 있을 것이라고 예상을 해야 합니다. 따라서 제품을 내보낸 다음 사람들에게 이를 테스트해 볼 기회를 주어야 합니다. 그런 다음에 시간 여유를 두고 시장의 피드백을 반영하여 거기서부터 다시 시작해야 합니다."[38]

소규모 스타트업에도 무모한 전략이 될 수 있는 이러한 접근방식은 수억 명의 정보를 다루며 1,000억 달러의 가치가 있는 기업의 손에 들어가면 완전히 다른 이야기가 된다.

그러나 2016년 선거 전까지는 그런 전략이 얼마나 무서운 것인지 아무도 몰랐다.

페이스북이 선거의 성패를 결정할 수 있을까?

2010년 페이스북 직원들은 이를 알아보기로 했다. 저커버그가 친구를 만들기 위해 처음 페이스북을 런칭했을 때를 생각하면 민주주의에 영향을 줄지도 모른다는 생각은 정말 말도 안 되지만 2010년에는 이 생각이 아주 실현가능성이 높다는 것이 밝혀졌다. 직원들은 페이스북이 사람들의 소통방식과 행동양식 그리고 감정에까지 직접적인 영향을 미친다는 것을 오래전부터 알고 있었지만 가입자 수가 수천 명에서 수십억 명으로 늘어나면서 그 영향력은 무시무시한 크기로 커져 있었다.

이에 대한 답을 얻기 위해 페이스북은 2010년 미국 중간선거에서 실험을 실시했다. 무작위 배정 임상시험의 형태로 진행된 이 실험에서 페이스북은 실험 사실을 모르는 6,100만 명의 가입자를 여러 집단으로 나누어 각각 다른 실험을 했다. '소셜 메시지' 집단이라고 명명한 첫 번째 집단에게는 투표를 독려하고 친구들의 투표인증샷을 뉴스피드 맨 위에 보여주었다. 두 번째 집단은 '정보 메시지' 집단으로서 투표를 독려하기는 했지만 친구들의 투표 참석에 대한 정보는 알려주지 않았다. 마지막 '대조' 집단에게는 그 어떤 정보도 주지 않았다. 실험이 진행되는 동안 연구원들은 가만히 앉아 결과를 기다렸다. 그런데 실험 결과가 조금씩 들어오면서 연구원들은 충격을 받지 않을 수 없었다. 친구들이 투표했다는 소식을 들은 '소셜 메시지' 단체의 사람들이 '정보 메시지' 단체의 대상자보다 투표율이 0.4퍼센트 더 높았던 것이다. 또한 대조 그룹과 정보 메시지 그룹의 투표율에는 큰 차이가 없었다. 중요한 요소는 투표를 독려하는 일반적인 메시지가 아니라 친구들의 투표 여부를 아는 것이었다. 이 실험은 친구들의 투표 인증샷을 보고 34만 명이 추가로 투표했다고 분석했다. 이 결과는 2012년 〈네이처^{Nature}〉에 '6,100만 명을 대상으로 한 사회적 영향과 정치적 동원에 대한 실험'이라는 제목으로 게재되었다.[39]

이 논문은 엄청난 파장을 불러왔다. 물론 이 연구는 사람들이 누구에게 투표했다는 것은 밝히지 않았다. 공화당일 수도 있고 민주당일 수도 있다. 다만 전체 투표자 수가 늘었다는 것만 말하고 있다 (추가 투표인원의 투표 성향까지 파악하는 것은 거의 불가능하다). 많은 사람들이 이 실험을 불공정하다고 주장했다. IT 기업이 미국 시민을 대상으로 자신들의 알고리즘이 어떤 영향을 미치는지 실험하는 것 자체가 부적절하다고 생각했다. 페이스북은 IT 기업에 대한 신뢰를 떨어트렸다. 정치인, 정부, 해커, 심지어 적성국조차 페이스북의 플랫폼을 자신들을 목적에 맞게 이용할 수 있다는 것을 보여주었다. 더 중요한 것은 전 세계 수십억 명의 사람들이 한 IT 회사를 통해 소통하고 뉴스를 받아보는 지경에 이른 오늘날 이 문제를 해결할 묘안이 없어 보인다는 점이다.

이 모든 문제는 2016년 미국 대선에서 정점에 이른다. 공화당의 도널드 트럼프 후보와 민주당의 힐러리 클린턴 후보 간에 벌어진 이 선거는 최근 선거 중에서 가장 격렬하고 분열을 초래하는 선거였다(물론 2020년 드럼프와 바이든 간의 대결이 더 심하긴 했다). 양측 모두 SNS를 적극 활용하여 페이스북과 트위터를 통해 메시지를 전달했다. 그러나 트럼프 진영이 클린턴 선거캠프보다 SNS를 더 잘 활용했다는 것을 부인하기 어렵다. 당시 페이스북의 광고 담당 중역이었던 롭 골드먼^{Rob Goldman}은 트럼프 캠프와의 업무 교류를 이렇게 설명했다. "결과를 활용하는 방식이나 광고의 수준, 광고 집행의 적시성, 타깃 유권자 선정 등 모든 면에서 트럼프 측은 다르더군요. 그들은 우리한테서 모범 사례만 뽑아가 운용했어요." 트럼프의 참모들은 클린턴 측보다 디지털 소비자를 더 잘 알았고 이를 활용해 클린턴보다 훨씬 많은 자금을 페이스북에 집행했다.[40]

2016년 대선에서 또 문제가 되었던 것은 음모이론과 극단주의자들의 부상이다. 인종차별, 성차별 등 모든 종류의 증오가 넘쳤고 특히 트럼프 자신이 이를 부추기기도 했다. 페이스북은 여기에서도 다시 한번 문제를 일으킨다. 2016년 5월, 보수성향의 비평가들은 페이스북이 뉴스를 선정해서 보여주는 '트렌딩 토픽스'가 정치적으로 편향되어 있다고 비난했다. 당시에는 직원들이 뉴스를 선정했는데, 보수주의자들은 의도적이든 아니든 이 일을 맡은 직원들이 '진보적'이라고 주장했다. 이를 해결하기 위해 페이스북은 인간 대신 컴퓨터가 뉴스를 결정하는 알고리즘을 도입했다. 그러자 얼마 안 있어 극우성향의 이야기와 가짜 뉴스가 트렌딩 토픽스에 넘쳐나기 시작했다. 나중에 조사해보니 SNS에서는 진짜 뉴스보다 가짜 뉴스가 훨씬 더 빨리 그리고 더 멀리 퍼져나간다는 것이 밝혀졌다. 예를 들면 트위터상에서 가짜 뉴스는 진짜 뉴스보다 70퍼센트 더 많이 리트윗된다. 또한 극우성향의 그룹에 가입하는 사람이 많은 이유는 페이

스북 자체의 추천 도구 때문이라는 것도 밝혀졌다.[41]

그러는 동안 또 다른 적대 세력이 페이스북을 주시하고 있었다. 바로 러시아 정보기관이다. 페이스북으로서는 외국의 정보기관이 선거에 개입한다는 것은 상상도 할 수 없는 일이었다. 페이스북의 워싱턴 사무실에는 위험감지팀Threat Intelligence Team이 설치되어 캠페인 기간 중 스파이행위와 악성소프트웨어를 추적했다. 그런데 2016년 초에 이 팀은 골치 아픈 문제를 발견한다. 러시아 군정보기관 GRU와 연결된 일부 페이스북 계정에서 공무원이나 기자, 클린턴 캠프의 민주당 당원을 검색하기 시작했던 것이다. 페이스북은 FBI에 이를 신고했으나 사이버상의 간첩행위는 계속되었다. 이 계정은 나중에 DC리크스라는 웹사이트까지 만들어 민주당 전당대회 당시 주고받은 이메일을 해킹하여 게시하기도 했다. 명목상으로는 '엘리스 도노반'이라는 사람이 만든 것으로 되어 있으나 FBI의 조사 결과 사실은 알렉스키 알렉산드로비치 포템킨Aleksey Aleksandrovich Potemkin 이라는 러시아 정보당국 요원이 만든 것임이 밝혀졌다.

미국 대선에 대한 러시아 군 당국의 사이버 공격은 특정 후보를 당선시키기 위한 목적보다는 미국 사회에 증오와 분노를 퍼뜨려 가능하다면 폭력 사태까지 유발하려는 목적이 컸다. 사례를 들어보자. 2016년 5월 러시아 해커들은 텍사스 휴스턴에 있는 이슬람센터에서 무력 충돌을 유도하려고 했다. 우선 이들은 '텍사스의 심장'이라는 이름의 계정을 만들어 '총과 BBQ 그리고 분리독립'을 믿는 충성스러운 텍사스인들의 호감을 산 다음 '텍사스의 이슬람화'를 막기 위한 집회를 2016년 5월 21일 이슬람센터에서 주최하겠다고 발표하면서 참가자들에게 총을 가져오라고 독려했다. 이와 동시에 이들은 자부심이 강한 무슬림을 대상으로 '미국무슬림연합'이라는 계정을 만들어 같은 날 같은 장소에서 '이슬람을 구원하기 위한' 집회를 열겠다고 공표했다. 결국 그날 양측 모두 집회를 가졌지만 다행히 충돌사태는 일어나지 않았다. 그러나 남부연맹의 깃발을 휘두르는 수십 명의 참가자와 무슬림 지지자들이 길을 가운데 두고 몇 시간에 걸쳐 서로에게 고함을 쳤다. 러시아는 소수민족을 대상으로 다른 공작을 벌이기도 했다. 블랙티비스트 Blacktivist 라는 계정은 흑인에 대한 경찰의 폭력 동영상을 게시하여 흑인들의 분노를 불러일으켰다. 이 페이지는 블랙 라이브즈 매터 Black Lives Matter 의 공식적인 계정보다 인기가 더 좋았다. 또한 제3의 후보자에게 투표하라고 독려하기도 했다. "질 스타인 Jill Stein 에게 투표하고 평화를 찾으세요. 한 만큼 효과가 있습니다."[42]

마침내 길고 힘든 선거운동 끝에 충격적이게도 트럼프가 클린턴에 승리를 거두었다. 모든 여론조사는 클린턴의 우위를 점쳤고 실제로도 전체 투표수에서 클린턴이 앞섰다. 그러나 전국단위가 아니라 주단위 투표로 결정되는 미국의 독특한 선거인단제도 때문에 트럼프가 어렵게 승리할 수 있었다. 펜실베이니아나 미시건 같은 경합 주에서는 차이가 너무나 근소해서 트럼프가 1퍼센트도 안 되는 차이로 우승했다. 선거의 여파로 SNS에 정면으로 비난의 화살이 쏟아졌다.

저커버그는 처음에 페이스북이 선거를 망치는 역할을 했다는 주장을 비웃었다. 선거 이틀 후 샌프란시코 남쪽 하프문베이에서 열린 컨퍼런스에서 그는 이렇게 말했다. "개인적으로 저는 전체에서 보면 얼마 되지 않는 페이스북 가짜 뉴스가 선거에 영향을 미쳤다는 주장은 말도 안 된다고 생각합니다. 투표자들은 자신들이 살아온 경험에 의거해 투표합니다." 그는 페이스북 때문에 투표가 이상하게 변했다는 말을 믿는 사람은 미국을 잘 모르는 사람이라고 생각했다. "사람들이 가짜 뉴스 하나를 보고 어떤 식으로 투표했을 수도 있다고 주장하는 사람은 심각할 정도로 공감 능력이 부족하다고 생각합니다. 그렇게 생각한다면 트럼프 지지자들이 보내는 메시지를 제대로 받아들이지 못한 것입니다." 물론 비난의 내용은 사람들이 어떤 성향의 투표를 한 것이 전적으로 페이스북 탓이라는 것이 아니었다. 다만 (트럼프가 교묘하게 페이스북을 이용했고 가짜 뉴스가 퍼져 진영이 분리되었으며 러시아 군정보당국이 페이스북에서 암약한 것처럼) 페이스북에 대한 공작 때문에 투표자의 성향과 투표율이 달라졌다는 것이다. 페이스북 내부 연구결과도 이런 영향을 미칠 수 있다는 결론을 내렸다. 영향을 미칠 가능성이 있을 뿐 아니라 선거의 향배를 바꿀 수도 있었다는 것이다.[43]

페이스북 내부직원을 포함한 모든 사람이 문제의 심각성을 깨달았다. 페이스북은 선거와 관련해 러시아의 공작을 조사했고 심각한 문제가 있음을 발견했다. 러시아와 연결된 사람들이 고작 10만 달러의 비용으로 3,000여 개의 광고를 게시하고 500여 개에 달하는 계정과 그룹을 만들었음이 밝혀졌다. 광고의 대부분은 선거를 직접 언급하지는 않았지만 "성소수자 문제나 인종차별 문제부터 이민정책, 총기규제까지 예민하고 다양한 입장에 대해 분열을 조장하는 정치적 메시지를 보내는 데 주력했다." 광고 몇천 개와 계정 몇백 개라고 하면 별거 아니라고 생각할 수 있다. 그러나 페이스북의 네트워크 파급력을 감안하면 엄청난 영향을 미쳤을 수 있다. 하버드대학교의 버크만 클라인 인터넷과 사회 연구소[Berkman Klein Center for Internet & Society]는 단지 여섯 개 계정의 게시물에 3억 4,000만 명의 가입자가 방문했다는 연구결과를 발표하기도 했다. 페이스북은 나중에

1억 2,600만 명의 가입자가 러시아와 연관된 광고를 보았으며 자회사인 인스타그램에서는 별도로 2억 명이 노출되었다고 발표했다. 페이스북상에서 러시아의 활동을 검토했던 페이스북의 중역은 역겨움을 금치 못했다. "회의실에 모여 이들의 활동상을 보았는데 정말 혐오스럽더군요." 페이스북의 수석변호사인 콜린 스트레치Colin Stretch는 인터뷰에서 이렇게 말했다. "모든 게 비열하고 분노를 불러일으킬 정도였습니다." 그의 기억에 가장 남았던 장면은 '무슬림'이라고 이름 붙여진 사람들에게 화염방사기를 난사하는 모습이었고 자막에는 "모두 태워버리자"라고 되어 있었다. "그런 형태의 폭력성과 편견을 가진 사람들을 부추기겠다는 생각이 정말 끔찍했어요"라고 변호사는 덧붙였다.[44]

선거 후 버락 오바마 대통령은 백악관을 떠나면서 사람들이 페이스북이나 다른 SNS 플랫폼과 소통하는 방식이 민주주의에 커다란 문제를 던졌다고 말했다. "노벨상을 받은 물리학자가 기후변화에 대해 설명하는 것이나 코크 형제로부터 돈을 받고 페이스북에서 기후변화를 부인하는 주장을 펴는 것이나 사람들에게는 다 같은 것으로 보입니다. 가짜 뉴스와 터무니없는 음모이론을 퍼트려 상대방을 부정적으로 보이게 하는 능력이 점차 발전하면서 보다 극단적으로 유권자들을 분열시키고 대화를 불가능하게 만들었습니다." 오바마 대통령의 말이다. 민주주의 사회에서 시민들의 의견이 모두 같을 수는 없지만 적어도 객관적 정보라는 동일한 토대에서 시작해야 한다. 객관적인 사실이란 객관적이면서 반박의 여지가 없는 것을 말한다. 그러나 페이스북에는 거짓말과 과장이 너무나 만연해서 더 이상 사실과 허구를 구별하기 어려운 지경에 이르렀다.[45]

선거가 있은 지 1년 6개월 후 저커버그는 한발 물러섰다. 저커버그는

기업의 세계사

2018년 4월 의회에서 페이스북의 행위에 대해 이렇게 사과했고 이는 사기업의 경영자가 한 사과 중에서 가장 주목을 끌었다.

> 페이스북은 이상을 추구하는 긍정적인 기업입니다. 설립 이후 우리는 사람들을 연결함으로써 얻을 수 있는 모든 것을 추구해왔습니다. 그러나 이 도구가 또한 안 좋은 일에도 쓰일 수 있다는 점을 간과했습니다. 가짜 뉴스나 국외 세력의 선거개입, 증오연설 등을 방치했고 개발자와 개인정보 관리에도 소홀했습니다. 엄중한 책임감을 갖지 못했다는 것은 큰 실수였습니다. 그건 제 실수였고 죄송하게 생각합니다. 페이스북을 설립하고 운영한 제가 모든 것에 책임이 있습니다. 단순히 사람들을 연결하는 데서 끝나지 않고 긍정적인 방향으로 연결해야 한다는 걸 깨달았습니다. 사람들에게 의견을 말할 기회를 주는 데서 끝나지 않고 그 말이 다른 사람에게 상처를 주거나 잘못된 정보를 퍼뜨리지 않도록 주의해야 했습니다. 사람들에게 정보를 다룰 권한을 줄 뿐 아니라 정보를 보호할 의무도 부여해야 했습니다. 우리에게는 단지 도구를 만드는 데서 그치지 않고 그 도구가 좋은 목적으로 사용되도록 관리할 책임이 있습니다.

저커버그의 깨달음은 다소 뒤늦은 감이 있지만 유례없이 솔직하게 사회에서 기업의 역할을 인정했다는 점에서 기업 역사의 초창기 역할을 돌아보게 한다. 페이스북은 어떤 기준으로 보더라도 크게 성공한 기업이다. 가장 뛰어난 엔지니어와 컴퓨터공학자들, 수십억 명의 회원, 인기 있으면서 중독성 강한 상품 등을 보유하고 있었다. 그러나 저커버그가 인성했듯 페이스북은 가장 중요할 때 제 역할을 못 했다. 성장과 이익을 추구하는 과정에서 너무나 빨리 움직였고 너무나 많은 것을 파괴했다. 기원전 1세기 로마 시대의 기업이 그랬듯이 자신의 행동이 공공선에 미치는 영향을 몰랐거나 알았더라도 무시하고 묵살했다. 사회의 이익보다는 기업의 이익을 우선시했으며 그 과정에서 광범위한 분야에서 민주주의에 해를 끼쳤다. 민주적 제도가 회복될 수 있을지는 시간이 지나야 알 수 있을 것이다.

◆ ◆ ◆

스타트업의 시대는 이제 막 시작되었다. 세상에 나온 지 겨우 20년밖에 되지 않았다. 로마는 소치에타스 푸블리카노룸의 문제를 해결하는 데 수백 년이 걸렸다. 미국 의회가 철도 독점의 폐해를 개선하는 데 수십 년이 걸렸다. 지금 이 순간에 스타트업이 우리 사회와 민주주의 그리고 자본주의의 본질에 미치는 영향을 모두 이해하리라고 생각해서는 안 된다. 우리는 아직 스타트업을 충분히 겪어보지 못했다.

그렇다고 우리가 완전히 모르는 것은 아니다. 어떤 것은 우리가 이미 알고 있고 다른 것들에 대해서도 어렴풋하게나마 낌새를 느끼고 있다. 세월이 가면서 더 많은 것을 알게 될 것이다.

편견 없이 세상을 보는 사람이라면 스타트업이 가진 무궁무진한 혁신과 창조의 능력에 놀라지 않을 수 없을 것이다. 스타트업은 오래되고 비효율적인 산업에 충격을 주어 완전히 새로운 산업을 발명했다. 오늘날 우리는 손가락 하나로 전 세계 어디서나 택시를 호출할 수 있으며 원하는 음악은 무엇이나 들을 수 있고 가장 큰 전자상거래 업체에서 장난감이나 옷, 전자기기 등을 구입해서 다음날 집 앞으로 배달시킬 수 있다. 스타트업은 샌프란시스코를 혁신과 재능의 온상으로 변모시켰다. 똑똑하고 창의적이며 야심 찬 인재들에게 필요한 만큼의 시간과 자금을 지원해주면 그들이 성공적으로 세상을 바꾸는 결과를 만들어낸다는 것을 우리는 스타트업을 통해 알았다.

그러나 동시에 우리는 이 새로운 시대가 가진 위험을 깨닫기 시작했다. 스타트업은 정신없을 정도로 빠르게 성장한다. 때로는 원칙을 무시하기도 하고 절차를 생략하고 자신의 행위가 가져올 후폭풍을 생각하지 않는다. 물론 그 내용을 예측하기 어려울 수도 있고 또는 그저 아무 일도 없을 거라고 생각할 수도 있다. 빨리 움직여 틀을 깨라는 실리콘밸리의 문화는 과도한 위험부담, 소비자 조작, 단기 성과주의 등 이미 존재하는 성향을 더욱 가속할 뿐이다. 스타트업은 자사 사이트에서 일어나는 문제 행동을 무시하거나 용인하고 심지어 독려하기도 했다.

오랫동안 잠들어 있던 사회는 이런 문제에 깨어나 대응책을 마련하기 시작했다. 정부는 데이터와 프라이버시, 사이버보안, 빅테크 기업, 인공지능 그리고 SNS에 대해 어려운 질문을 던지고 있다. 소비자, 주주, 직원 심지어 CEO들까지 변화의 압박을 받고 있다. 페이스북도 속도는 모르겠지만 더 이상 틀은 깨지 않겠다고 선언했다.

역사는 이것이 끝이 아니라는 것을 알려준다. 기업은 살아남을 것이다. 형태는 다를지 모르지만 그 정신은 같을 것이다. 전 세계를 손에 쥐고 원하는 대로 변화시킬 것이다. 그 변화가 우리가 원하는 변화가 될지는 우리의 결정에 달려 있다.

맺음말

요즘은 전통적인 통념에 반하는 글을 쓰는 것이 유행이다. 다른 사람들이 모두 틀렸다고 주장하거나 그 누구도 생각해본 적 없는 통찰력을 제안하기도 하고 세상이 복잡하다는 것을 일깨우기도 한다. 그러나 전통적인 통념은 말 그대로 통념에 불과하다. 즉 그것이 항상 옳은 것도 아니고 예외나 단서가 없는 것도 아니다. 통념은 아리스토텔레스가 정치철학에서 말했듯 '전반적으로 대부분의 경우 맞을 뿐'이다. 우리가 할 수 있는 최선은 옛 진리를 파괴하기보다는 회복하는 것이다.

이 책을 쓴 목적은 지난 2,000년간 기업에 대해 우리가 밝혀낸 것을 알려주기 위함이었다. 어떤 면에서 보면 이 노력은 기업이 무엇이고 왜 존재하는지에 대한 우리의 전통적 통념을 다시 세우기 위한 것일 수도 있다. 특히 가장 기본적인 원칙, 즉 기업의 목적은 항상 그래왔듯이 공공선을 고양하는 데 있었다는 것을 강조했다. 근본적으로 상이한 사회적 상황과 분위기에서 탄생해 수천 년을 존재해왔지만 기업은 항상 국가와 국가의 이해관계에 밀접하게 연관되어 있었다. 고대 로마 시대의 기업은 너무 빨리 커버린 공화국의 공적 의무를 담당하는 '국가의 힘줄'로 대접받았다. 르네상스 시대의 피렌체에서는 유럽 대륙 전체의 야심 찬 귀족과 성직자, 신흥 상인계급에 자금을 지원하는 기관으로 간주하였다. 엘리자베스 시대의 영국에서 기업은 국경을 넓히고 무역과 항해를 위해 새로운 시장을 개척하기 위해 탄생했다. 남북전쟁 기간에 기업은 횡단열차를 부설하여 분열된 국가를 통일하는 연방의 구원자로 간주하였다. 한마디로 기업은 사회의 분열이 아닌 발전을 위해 존재했다.

그러나 기업이 사회의 이익을 보호하기 위해 탄생했다고 해서 계속 그럴 거라는 보장은 없다. 역사에는 이 역할을 제대로 못 했던 기업의 사례가 많다. 로마를 대신해 세금을 거두어야 할 기업이 주민들을 노예화하고 원로원 의원을 타락시키기도 했다. 메디치 은행은 길드로부터 정치권력을 빼앗았고 은행의 자산을 메디치 가문의 개인적 야망을 위해 사용하기도 했다. 동인도회사는 인도부터 미국 보스턴까지 전 세계에 걸쳐 분쟁을 초래했다. 남북전쟁 후 유니언 퍼시픽은 미국 정부를 속이고 가난한 농부를 대상으로 철도운임을 인상했다.

기업은 어쩔 수 없이 악행과 탐욕에 빠질 수밖에 없을까? 기업의 역사는 항상 큰 기대 뒤의 실망이라는 패턴을 반복할까? 아니면 사회가 너무 순진해 기업이 전 세계를 대상으로 벌이는 일을 잘 모르는 것일까? 나는 그렇게 생각하지 않는다. 역사를 보면 인류의 노력을 투입하여 더욱 생산적인 기업으로 거듭난 사례가 많다. 헨리 포드가 자동차를 생산하는 과정은 불과 20년 만에 하루에 만 대를 생산할 정도로 능력을 키운 위대한 이야기다. 엑슨의 엔지니어들이 전 세계의 숨겨진 석유 매장지를 찾아 헤매고 해저 밑바닥이나 얼어붙은 북극땅에서 원유를 추출하는 과정은 경이롭기까지 하다. 마크 저커버그의 프로그래머들이 페이스북을 만들어 전 세계 수십억 명을 연결시킨 걸 보면 대단하다는 생각이 든다. 물론 여기에도 분명히 협잡질이 있었을 것이지만 동시에 우리가 알지 못하는 무언가 있다. 기업은 기본적으로 기업과 공동의 목표를 위해 협동하는 직원들의 힘이 존재한다는 것을 보여주는 증거 같은 것이다. 기업이 경제적 기적을 만들 수 있는 건 사람들은 혼자 일할 때보다 같이 일할 때 더 많은 것을 이룰 수 있기 때문이다. 이는 인간의 본성과 자본주의에 있어 축하해야 할 일이고 낙관할 만한 이유다.

기업을 만든 목적이 사회의 이익을 증진하기 위해서라면 그 역할을 제대로 하는지 어떻게 알 수 있을까? 여기서부터 답하기가 까다롭다. 사회의 이익에 대해 사람들의 생각은 극도로 다양하다. 이민을 억제해야 한다고 믿는 사람도 있고 장려해야 한다고 믿는 사람도 있다. 부의 재분배를 찬성하는 사람도 있고 반대하는 사람도 있다. 무상교육을 지지하는 사람과 반대하는 사람이 있다. 사회 전체적으로 공동선에 대한 의견이 일치하지 않는데 어떻게 기업이 이를 기준으로 행동하기를 바랄 수 있을까? 기업이 이 논쟁에 뛰어들어 주장을 펴는 것이 맞는 것일까? 아니면 이익을 추구하는 것이 사회를 위해 할 수 있는 최선이라는 맹목적인 믿음 속에 기업활동을 지속하는 것이 맞을까?

기업의 역사를 보면 어느 정도 이에 대한 답을 얻을 수 있다. 기업이 정치에 참여하면 너무 많은 역할을 떠안는 경우가 많았다. 동인도회사는 군대를 만들어 벵골을 점령하고 100년 이상 인도를 통치하면서 직물

무역의 우선권을 보호했다. 엑슨은 수십 년간 미국의 외교정책과 환경규제정책을 좌지우지했다. 오늘날 페이스북의 알고리즘은 우리가 보고 듣는 것에 영향을 미쳐 인류의 담론을 결정한다. 이는 사회의 가치관을 형성하는 데 기업의 역할이 크므로 조심해야 한다는 뜻이다. 그들의 행위는 그 어떤 개인이 달성하려 했던 것보다 훨씬 파급력이 크기 때문이다. 나는 한발 더 나아가 기업은 정치와 완전히 거리를 두어야 한다고 생각한다. 정치에는 공공선에 대한 전통적인 통념이 없다. 대신 민주 정부가 설정한 규칙을 준수하고 기대치에 대응해야 한다. 그렇다고 해서 기업의 직원들이 시민으로서 자신의 역량에 따라 정치에 참여하는 것이 금지된다는 뜻은 아니다. 노동자는 당연히 그렇게 해야 한다. 정부가 노동자와 투자자 그리고 경제 전체의 이익을 고려하는 것은 좋은 일이고 심지어 반드시 해야 하는 일이다. 기업의 설립자나 자본가, 기업의 운영진 역시 똑같은 시민이다. 그러나 이들이 여론을 형성하고 목표를 달성하기 위해 기업을 이용한다면 그것은 기업의 본질을 왜곡하는 것이며 기업을 공동선을 함양하는 도구가 아니라 목적으로 여기는 행위다. 이는 자본주의 정신과도 어긋난다. 조작된 게임이므로 우리 모두 참여를 거부해야 한다.

어떤 정책이 공공선을 가장 잘 구현하느냐에 대해 정해진 답은 없다. 그러나 그러한 질문을 하는 것 자체가 올바른 방향으로 나아가는 첫걸음이다. 헨리 포드는 어떻게 하면 회사를 통해 대중과 직원들에게 봉사할 수 있을까 자신에게 물어본 결과 저렴한 차량과 높은 임금을 제공할 수 있었다. 그렌빌 도지는 미국에 대륙횡단철도가 반드시 있어야 한다고 믿었고, 따라서 유니언 퍼시픽의 중역들이 원가를 절감하고 과도한 배당금을 주려는 모든 시도를 차단해서 부실 공사를 원천 봉쇄할 수 있었다. 이와 마찬가지로 공공선이 무엇이냐에 대해 답하기 어려운 질문도 있지만 쉬운 질문도 있다. 순진한 투자가들을 이용해서 이익을 취하는 기업은 잘못된 기업이다. 경영자에게는 엄청난 급여를 지급하면서 회사를 파산으로 몰고 가는 기업 역시 잘못되었다. 환경에 미치는 악영향을 은폐하는 기업도 마찬가지다. 고객의 정보가 유출되었는데도 나 몰라라 하는 기업 역시 마찬가지다. 경영진은 그들의 결정과 기업행위가 세상 사람들에게 미치는 영향이 최초의 설립 취지와 부합하는지 자문해 보아야 한다. 이를 염두에 두고 기업활동을 한다고 해서 기업이 감당해야 할 윤리적 문제를 모두 해결하는 것은 아니지만 상당수는 해결 가능하다.

반면에 기업이 이익을 추구하면 항상 그 결과가 사회 전체에도 이익이 된다는 맹목적인 믿음은 틀렸을 뿐 아니라 위험하기까지 하다. 이익을 추구하는 전략이 궁극적으로 해를 끼쳤던 사례가 많다. 페이스북은 광고를 유치하기 위해 최대한 중독성이 높도록 사이트를 구축하였으나 가짜뉴스와 분열을 조장하는 게시물이 넘치면서 사회 전체적으로 커다란 해를 입혔다. 엑슨이 기후변화와 관련된 법안을 제지하기 위해 노력한 결과 인류는 장기적으로 환경파괴의 폐해에 대한 대가를 지불하고 있다. KKR는 기업담보 차입매수를 통해 엄청난 성공을 거두었지만 그 결과 정부 세수감소 및 대량해고를 초래했다. 이익 추구는 잘못된 데서 끝나지 않고 위험한 결과를 낳기도 한다. 경영자들이 원칙보다 숫자만 추구하는 특정한 사고에 빠질 수 있으므로 위험하다. 다른 것들을 모두 제쳐놓고 오로지 이익만 추구하다 보면 우리가 저지르는 잘못을 볼 수 없다. 그렇지 않았더라면 사회를 발전시키는 기업의 역할에 대해 더 폭넓게 생각해볼 마음의 여유를 가졌을 것이다. 또한 이익 추구는 일종의 자만심을 불러일으킨다. 작년에 회사가 이익을 달성해 기쁜 것과 회사가 최대 이익을 달성하면 온 세상이 좋아할 거라고 믿는 것은 완전히 다른 것이다. 이익 추구가 보다 위대한 무엇을 달성하기 위한 수단이 아니라 목적이 되면 그건 탐욕이다. 그러나 오늘날의 자본주의에서는 그것을 덕이라고 칭송하여 많은 비판을 받기도 한다. 이런 식의 사고방식은 사회의 구성원과 자본주의의 목적에 아주 좋지 않은 영향을 미친다. 노동자는 자신이 받는 급여의 10배, 20배, 심지어 100배를 받는 경영진을 보면서 회사가 정말로 자신을 소중하게 생각하는지 의심할 수밖에 없다. 직원들의 사기가 떨어지면 기업이 잘될 수 없다. 설사 그렇지 않더라도 소외와 분열은 반드시 타파해야 한다.

기업의 목적이 무엇인지, 사회적 목표가 달성 가능한지 그리고 경영진은 오로지 수익 극대화만 추구하는 게 맞는 건지에 대한 논쟁은 끝이 없지만 기업을 역사적 현상으로 보면 존재 이유는 확실하다. 그것은 국가의 공공선을 추구하기 위함이다. 기업은 국가의 목표를 달성하기 위해 탄생했는데 그 안에는 상업활동의 촉진뿐 아니라 탐험, 식민지 그리고 종교적 목적도 포함되어 있었다. 1970년에 밀턴 프리드먼이 지적했듯 만일 17세기 영국의 의원에게 기업의 목적이 '가능한 한 최대의 수익을 올리는 것'이라고 말했다면 그는 큰 충격에 빠졌을 것이다. 주식회사는 국가의 이해관계와 밀접한 관계가 있어서 국가가 기업활동을 승인한 것이지 단지 몇 명의 부자 상인을 배 불리기 위한 목적이 아니었다.

그러나 애덤 스미스 시대부터 오늘날까지 오는 동안 기업과 공공선의 연결관계가 희미해졌다. 현재는 기업이 공공선을 추구해야 한다는 명제는 명확하지 않을 뿐 아니라 많은 논란을 불러일으킨다. 이 책은 공동의 목적을 가진 공동체로서의 기업이 부작정 수익만 추구하는 조직으로 변화하는 과정을 추적했다.

전 세계의 기업을 살펴보는 과정에서 추가적인 교훈을 얻을 수도 있었다. 로마 시대의 소치에타테스 푸블리카노룸부터 동인도회사, 포드 자동차까지 우리가 이 책에서 다룬 기업들은 인류의 산업을 재구성하는 새로운 방식을 만들어냈다. 유한책임제도나 주식, 그리고 대량생산 같은 것들 말이다. 그러나 이런 새로운 방식이 자리를 잡게 되면 부패와 남용이 반드시 따라오게 되어 있다. 사회가 이런 나쁜 관행을 충분히 알게 되면 법률과 정책을 도입하여 이를 바로잡았다. 로마의 아우구스투스 황제는 소치에타스가 운영하던 말 많은 조세징수 도급제도를 중앙집중식 징수 제도로 변경했다. 남북전쟁 후 의회는 셔먼 반독점법을 발효해 독점지위를 가진 철도회사의 권한 남용을 금지했다. 프랭클린 루스벨트 대통령은 뉴딜정책을 도입해 노동자들이 대량생산과 조립라인의 비참한 희생양이 되는 것을 방지했다. 이런 식의 혁신, 착취, 개혁이라는 사이클은 기업의 역사에서 몇 번이고 반복되었다. 수백 년에 걸친 기업 발전의 역사를 보면 이렇게 비극적이고 혁신적인 역사적 순간들이 오늘날의 기업의 뿌리에 녹아 있는 것을 알 수 있다.

오늘날 기업은 그 어느 때보다 막강하다. 기업의 결정에 따라 우리가 하루를 보내는 방식부터 우리의 선호도와 가치관까지 우리의 삶이 매우 다양하게 바뀐다. 그러나 확고한 운영철학이 없다면 기업은 우리에게 무지막지한 해를 끼칠 가능성도 있다. 법안으로 방지하기까지는 시간이 걸리며 그사이에 우리는 엄청난 대가를 치를 것이다. 나로서는 우선 우리 모두 공공선을 추구하는 원동력으로서의 기업을 되찾았으면 좋겠다.

자본주의 이론의 기초를 제공한 애덤 스미스는 보이지 않는 손이 시장을 지배한다고 생각했다. 그것은 슬쩍 밀기도 하고 당기기도 했다가 강한 힘으로 기업을 보다 숭고한 선으로 몰아간다. 또한 기업이 발명하고 혁신하고 성장하도록 유도한다. 기업은 자원 부족, 소비자의 요구, 종업원의 복지에 민감하다. 이런 자극 요인은 좋은 결과를 낳을 때가 많다. 기업의 이해관계가 사회의 이해관계가 맞아떨어지기 때문이다.

그러나 애덤 스미스는 무조건적인 낙관주의자는 아니었다. 그는 보이지 않는 손에도 문제가 있다는 것을 알고 있었다. 그것은 우리를 피곤하게 한다. 때로는 실수도 한다. 공공선을 위해서 우리는 언제 보이지 않는 손이 우리를 배신해서 위험하고 해로운 길로 우리를 데려갈지 알아야 한다. 또한 그런 일이 발생하면 어떻게 대응해야 할지도 배워야 한다.

이 마지막 장에서는 기업의 문제를 교정할 수 있는 몇 가지 원칙을 제시할 것이다. 물론 이것이 완벽하다는 이야기는 아니다. 그런 것은 처음부터 없었다. 다만 실제 존재했던 기업의 사례를 기준으로 유용한 로드맵을 제공할 것이다. 기업의 경영인이나 정부의 정책입안자 그리고 시민들이 이를 마음속에 간직하고 있다면 다가오는 미래에 현명한 결정을 할 수 있는 유용한 도구를 가진 것이나 마찬가지다.

1. 국가를 위태롭게 하지 마라

눈앞에 아무리 큰 이익이 보이더라도 민주주의의 근간을 흔드는 행위는 절대로 해서는 안 된다. 기업은 원래 민주주의를 기반으로 탄생했다. 사회는 기업에 그 누구도 갖지 못한 특권과 권리를 주었다. 그 반대급부로 기업은 사회에 의무를 진다. 그러니 숭고한 선을 펼쳐야 할 의무가 있다. 최소한 민주주의의 근간을 흔들어서는 안 된다.

고대 로마 소치에타테스 푸블리카노룸의 운명은 우리에게 시사하는 바가 크다. 당시 이들은 세금을 징수하고 도로망을 구축하고 수도관을 건설했다. 너무나 중요한 일이었으므로 키케로는 이들을 '국가의 보석'이라고 불렀을 정도였다. 그러나 시간이 지나면서 이들이 보다 강력해지자 문제가 터지기 시작했다. 속주를 탄압하고 시민들을 노예로 삼았으며 원로원에 뇌물을 주었다. 하버드대학교의 고전연구학자인 에른스트 바디언Ernst Badian은 기업이 "피정복민들의 저주와 증오의 대상이 되어 로마를 싫어하는 원인이 되었고 심지어 로마 공화국 멸망의 한 축을 담당했다"라고 말했다. 기업은 또한 더 많은 이익을 착취하기 위해 로마의 정복사업을 부추겼다. 국가의 운명을 좌우할 수 있는 전쟁을 대상으로 투기를 한 것이다. 조직이 너무 커져 국가도 함부로 어찌할 수 없는 지경에 이르자 이들은 파산에 대비해 정부에 보조금을 요구하기도 했다. 이들은 카이사르, 폼페이우스, 크라수스의 삼두정치를 지원해 공화국이 몰락하고 제정이 들어서는 데 일조하기도 했다.

고대 로마의 기업은 세계 최초로 비즈니스와 상업을 목적으로 만들어진 조직이며 매우 성공적이었다. 투박하기는 했지만 그 기본 구조는 오늘날까지 이런저런 형태로 이어져 내려왔다. 그러나 동시에 위험하기도 했다. 기업을 만들어낸 국가와 이해관계가 상이할 때가 많았기 때문이다. 소유자의 재산과 부를 늘리는 과정에서 기업의 이해관계가 다른 조직의 이해관계와 충돌하는 경우가 많았다. 동시에 정부 정책이 기업의 입맛에 맞게 변형되면서 민주주의의 몰락이 가속되었다.

로마 기업의 몰락은 두 가지 측면에서 기업이 정부의 기반을 약하게 만들 수 있다는 것을 보여준다. 첫째는 기업이 민주주의적 절차를 방해한다는 것이다. 기업행위가 민주적인 의사결정에 방해가 되어서는 안 된다. 유권자의 정보를 제한하거나 왜곡해서도 안 되고 시민들에게 해가 되는 정책을 통과시키기 위한 로비활동을 해서도 안 된다. 물론 의원들에 대한 뇌물증여는 말할 것도 없다. 하지만 역사에서 반복적으로 이런 일이 발생하는 것을 우리는 많이 보아왔다. 유니언 퍼시픽은 기업에 불리한 법안의 발의를 방해하고 이를 옹호하는 후보자를 물러나게 하는 등 의회의 정당한 입법활동을 방해하는 경우가 많았다. 엑슨은 기후변화의 영향에 대한 학계의 일치된 의견에 반대하는 이권단체를 지원하기도 했다. 페이스북은 자신의 사이트가 선거 간섭에 이용되어도 이를 제대로 감시하지 못했다. 이런 활동은 모두 민주주의의 근간을 흔드는 행위이며 자본주의 정신과도 상충된다.

민주주의를 저해하는 두 번째 방식은 과도한 위험을 부담하는 것이다. 기업활동에는 항상 위험이 따른다. 소비자가 제품을 구입할지, 연구개발의 결과로 혁신을 창조할 수 있을지, 직원들이 기대에 부응할지 등 모든 것이 불확실하다. 이렇게 예측 불가한 상황에서 위험은 피할 수 없다. 보통은 기업이 위험을 부담한다. 제품이 인기가 없다거나 연구개발이 실패하고 직원들의 성과가 좋지 않으면 기업은 돈을 잃고 심지어 폐업할 수도 있다. 주주와 경영자, 직원들이 그 실패에 책임을 진다. 그런데 위험부담이 기업에서 끝나지 않는 경우도 있다. 위험이 너무 커서 기업 홀로 책임을 질 수 없으면 정부나 사회가 부담하기도 한다. 로마의 기업들은 로마의 속주로부터 엄청난 수익을 거둘 수 있다고 장담했지만 기대만큼 결괴기 좋지 못하자 그 손해는 기업뿐 아니라 로마 경제 전체에 영향을 미쳤다. 이런 형태의 조직적인 위험은 사회에 엄청난 부담을 준다. 로마가 그랬듯, 이런 경우에 기업은 사회가 나서서 지원해줄 것을 요구한다. 실패의 대가가 감당하기에 너무 크기 때문이다. 동인도회사는 주식시장제도를 도입함으로써 영국 국민들에게 완전히 새로운 형태인 체계적 위험 Systemic risk의 시대를 열어 남해회사 버블South Sea Bubble(1720년 발생한 금융 스캔들) 같은 여러 경제위기를 초래했다. 최근에는 KKR과 여타 사모펀드가 기업에 과도한 부채를 부담시켜 공공기업이나 병원, 기타 기업의 부도로 대중에게 꼭 필요한 서비스가 중단될 수 있는 위험을 초래하기도 했다. 아무리 큰 이익이 보이더라도 체계적 위험이 발생한다면 기업은 이를 감수하고 사업에 뛰어들어서는 안 된다.

이 첫 번째 규칙은 기업 경영자나 정부 규제기관 모두 행동지침으로 삼아야 한다. 새로운 SNS 앱이 공공 담론의 수준을 떨어트릴까? 로비활동으로 민주적 의사결정이 왜곡될까? 혁신적인 금융기법이 경제에 과도한 위험을 야기할까? 대답이 '그렇다'라면 기업은 이런 활동을 해서는 안 된다. 보이지 않는 손이 기업을 이런 방향으로 이끌더라도 경영진은 이익이 반드시 미덕은 아니라는 점을 명심해야 한다. 만일 기업이 스스로 단속할 능력이 없다면 정부가 개입해야 한다. 역사적으로 시장은 과도한 위험부담을 조장하는 역할을 하기도 했다. 위험이 클수록 이익이 컸기 때문이다. 그러나 보이지 않는 손이 항상 옳은 것은 아니다. 따라서 그 손이 기업을 반민주주의적인 방향으로 유도한다면 정부가 나서서 악역을 맡아야 한다.

2. 장기적으로 생각하라

기업은 지나치게 지금 당장만 생각한다. 먼 미래는 말할 것도 없고 가까운 미래를 위한 계획도 없다. 그러나 기업으로서 성공하려면 당월의 매출이나 올해의 이익보다는 장기적인 관점에서 현재 기업활동의 결과를 고려해야 한다. 모든 이익이 똑같지는 않다. 때로는 현재의 높은 수익이 미래의 낮은 수익을 의미하기도 한다. 단기적 이익만 고려한 결정에 시장이 반응할 수도 있다. 그렇다고 하더라도 기업은 항상 그 여파에 대응할 준비를 해야 한다.

메디치 은행의 사례는 기업에 장기적 시야가 부족할 때 어떤 일이 발생하는지 잘 보여준다. 이 은행은 르네상스 시대의 가장 막강한 금융기관으로서 교황의 은행 역할을 했으며 미켈란젤로, 레오나르도 다빈치, 도나텔로 같은 천재 미술가들을 금전적으로 후원했다. 조반니 비치 데 메디치가 1397년 메디치 은행을 설립했을 때 피렌체는 여전히 흑사병에서 완전히 벗어나지 못한 채 길드 간의 경쟁과 라이벌 왕국 간의 전쟁으로 고통받고 있었다. 그러나 이런 정치적 혼란은 또한 기회를 제공하기도 했다. 부유한 귀족, 영주, 성직자들은 자신들의 재산을 안전하게 보관할 장소가 필요했고 이보다 덜 부유했던 지배계급은 권력을 유지하기 위해 돈이 필요했다. 메디치 은행은 이들의 필요에 대응했다. 복식부기, 환어음, 건식환전 같은 복잡한 시스템을 도입해 지역 영주와 다툴 필요도 없어졌고 특히 교회의 고리대금업 규제를 피할 수 있는 국제적 은행 시스템을 만들었다. 그 뒤로 수십 년간 메디치 가문은 복잡한 정치적 지형을 잘 이용해 은행 길드를 장악했고 바티칸의 지지를 얻어냈으며 피렌체를 전 유럽의 금융 중심지로 변모시켰다. 그러고는 부를 이용해 예술과 학문에 투자해 르네상스 시대를 열었다.

그러나 15세기 말에 메디치 은행은 사라졌고 메디치 가문은 추방되었으며 수도사 사보나롤라는 피렌체 광장에서 허영의 소각이라는 행사를 주최했다. 갑작스러운 몰락의 원인은 분노와 나태, 부정행위 그리고 전반적인 경제 불황 등 여러 가지로 복잡했지만 가장 중요한 원인은 장기적 관점의 부재였다. 이렇게 말하면 몰락의 원인을 생각하던 독자는 놀랄지도 모른다. 메디치 가문이 예술과 학문에 아낌없는 투자를 해서 그 결과 오늘날까지 피렌체 곳곳의 예술작품에 반영이 되어 있는데 말이다. 메디치 가문은 영원히 지속되는 예술과 영혼을 위해 후원하지 않았는가? 그러나 15세기 후반에 들어 메디치 은행의 운영에는 미래를 위한 비전이 부족했다. 거만하지만 의욕도 없고 무능한 코시모 메디치, 로렌초 메디치, 피에로 메디치 등에게 가업이 승계되었다. 이들의 어리석은 결정은 메디치 은행의 몰락을 부채질했다. 코시모 메디치는 채무자들에게 즉시 부채를 상환하라고 요구했고 이로 인해 단기간 재무상태가 좋아지기는 했으나 장기적으로 신뢰할 만한 은행으로서의 명성을 훼손했다. 로렌초 메디치는 은행업과 전혀 무관한 명반광산 같은 투기적 사업에 투자함으로써 더 긴급한 상황에 제때 대응하지 못했다. 전반적으로 볼 때 메디치 가문은 정치적 음모를 기반으로 한 그들의 엄청난 부가 교황을 포함한 이탈리아 권력자들의 분노를 불러일으키리라는 예상을 하지 못했다. 결국 이렇게 근시안적인 결정이 쌓여 은행의 몰락을 초래했다.

메디치 은행의 역사를 보면 기업이 장기적인 수익보다는 단기적 수익에 몰두해서 몰락하는 게임에 빠지는 이유를 알 수 있다. 단기만 보는 것이 매우 합리적일 때도 있다. 미래는 불확실하다. 우리는 내일 수요가 어떻게 변할지, 경제 상황이 어떻게 달라질지, 불황이 닥칠지 알 수 없다. 이런 불확실성 앞에서는 기다리는 장기 게임을 할 것이 아니라 눈앞의 이익을 추구하는 것이 합리적일 수 있다. 1년 후의 2달러보다 현재의 1달러가 더 좋을 수 있다. 그러나 단기를 선호하는 보다 안 좋은 이유가 있다. 기업의 CEO나 중역들은 보통 그 회사에 계속 근무하리라고 생각하지 않는다. 따라서 단기 수익을 달성해서 보너스와 스톡옵션을 챙기려 한다. 장기적인 투자의 효과가 나타날 때쯤에는 자신이 회사에 없으니 장기계획 같은 것은 염두에 두지 않는다. 비용을 절감하기 위해 연구개발 투자비를 삭감하기도 한다. 사기가 떨어져도 수익에 영향을 주지 않을 정도로만 직원들의 임금을 지급한다. 기업의 작은 뉴스도 실시간으로 공유되어 주가의 등락에 영향을 미치는 오늘날 주식시장의 상황도 이 문제를 악화시킬 뿐이다. 이로 인해 경영진은 더욱 단기성과에 집착하게 된다.

이런 문제에 대응하기 위해서 경영자들은 중요한 결정을 할 때마다 그것이 회사의 장기 전망에 어떤 영향을 미칠 것인지를 자문해보아야 한다. 기업의 핵심가치와 일치하는가? 미래의 수입원을 위태롭게 하지는 않는가? 더 중요한 다른 기업가치와 상충되지 않는가? 대답이 '그렇다'라면 조심해야 한다. 보이지 않는 손은 때로는 장기보다는 단기적인 사고를 부추긴다. 이런 질문을 해보면 과거에 했던 최악의 선택을 반복하지 않을 수 있다.

이 규칙을 제대로 이행하려면 법의 역할이 중요하다. 모든 기업이 단기적 사고방식에서 벗어날 수 없고 모든 경영진이 풍성한 연말 보너스를 약속하는 결정을 반대할 수는 없으므로 법의 도움을 받아 문제를 해결할 필요가 있다. 수탁 의무 규칙이 강력하면 기업의 장기적 이해관계를 보호할 수 있다. 공시의무를 강제하면 기업의 결정사항과 미래의 가능한 성과를 반드시 발표하도록 할 수 있다. 배상책임법 역시 장기적인 피해로부터 소비자를 보호한다. 이런 규칙에 그 어떤 간섭이나 반시장적 요소는 없다. 다만 보이지 않는 손이 작용하는 데 필요할 뿐이다.

3. 주주와 공유하자

기업은 주주들에게 마땅히 그들의 것을 돌려주어야 한다. 대중에게 주식을 양도할 때는 기업의 소유권을 공유한다는 약속을 하는 것이다. 주주들은 공정하고 솔직하게 대우받아야 한다. 이는 기업활동의 결과 발생한 수익을 공유할 뿐 아니라 회사와 회사의 미래에 대한 중요한 정보를 주주들에게 제공한다는 뜻이다. 다른 사람의 노동으로 빨리 부자가 되고 싶은 지주계층과 마찬가지로 경영자들은 주주들을 귀찮은 존재로 보는 경우가 많다. 그러나 주주야말로 기업의 가장 기본적인 구성요소다. 주주 없이는 기업이 존재할 수 없다. 그들이 제공한 자본이 자본주의의 근간이다. 기업을 운영할 때는 항상 주주들의 이익을 염두에 두어야 하며 기업과 주주 간의 건강한 관계는 자본주의 시스템에 매우 중요한 요소다.

영국 동인도회사는 주식회사의 여러 가지 문제점을 드러냈다. 원래 이 회사는 엘리자베스 1세로부터 아시아와의 무역권을 허락받은 런던의 향신료 상인들이 만들었다. 주식회사구조를 가지고 있었기 때문에 대중으로부터 자금을 모아 상선을 준비시켜 항해할 수 있었다. 이 회사의 주식은 런던의 익스체인지 엘리에 있는 증권거래소의 기반이 되었다. 곧 주식회사와 주주 중심의 이 새로운 모델은 시장을 지배하게 된다.

그러나 만능일 것 같던 주식은 내부자거래부터 주식시장의 거품까지 여러 가지 사기성 문제를 드러냈다. 기업은 배당금을 원하는 주주의 요구에 부응하기 위해 보다 많은 이익을 창출해야 하는 압박에 시달렸다. 벵골의 새로운 지도자가 동인도회사를 인도의 직물시장으로부터 배제하려 하자 동인도회사는 군대를 보내 벵골을 점령해버렸다. 이 소식을 들은 회사의 경영진은 이를 숨기고 대신 전쟁과 전염병이 발발했다는 소문을 퍼트려 싼값에 주식을 사들인 다음 막대한 시세차익을 보고 되팔았다. 런던 주식시장은 심한 주가변동과 주식사기사건으로 많은 투자자들을 벼랑 끝으로 내몰았으며 의회는 일반 투자자에 대한 주식판매를 제한하는 법을 제정했다. 심지어 한동안은 새로운 기업의 설립을 금지하기도 했다. 기업의 주식을 대중에게 판매하는 것은 '유해한 주식판매 행위^{pernicious art of stock-jobbing}'로 불리며 전국적으로 많은 비난을 받았다.

기업의 역사를 살펴보면 기업과 주주의 관계는 문제가 많았다. 동인도회사의 경영진은 주주들을 속여 높은 가격에 자사의 주식을 사도록 유도했다. 헨리 포드는 수익과 정책문제를 놓고 늘 주주들과 다투었다. KKR은 차입매수펀드에 투자하는 대가로 교원연금이나 대학장학금처럼 공적인 성격의 기금에도 엄청난 수수료를 징수했다. 단기성과를 추구하는 경영자에게는 잘 모르는 투자자를 이용할 기회가 너무나 많았다. 보이지 않는 손은 이 부분에서 바로잡을 것이 많다.

그렇다고 해서 주주와 관련한 문제가 모두 해결하기 쉽다는 뜻은 아니다. 주주들은 기업이 창출하는 수익의 일부를 받게 되어 있지만 도대체 얼마나 받아야 할까? 직원들의 임금을 인상하는 대신 배당금을 줄이면 누구에게 도움이 될까? 쉽게 주식을 사고팔면서 단기 이익을 추구하는 행동주의 주주$^{activist\ shareholders}$를 어떻게 취급해야 할까? 이에 대해 답하기는 쉽지 않으며 여러 해답이 나올 수 있다.

현명한 경영자는 기업의 발전을 위해 주주가 해야 할 역할을 잘 알고 있다. 주주의 모든 요구에 굴복할 필요는 없다. 요구를 들어주느라 사회의 희생이 필요하다면 주주에게 반대의 뜻을 표시해야 한다. 그러나 사려 깊은 경영자는 주주들이 무엇을 원하는지 경청하고 대응해야 한다. 그러기 위해서는 주주들의 투표권을 존중해야 하며 중요한 정보를 공개해야 한다. 아무리 커다란 이익이 보장되더라도 내부 정보를 활용해 주주들로부터 이익을 착취해서도 안 된다.

그러나 모든 경영자들이 이렇게 정의롭지도 않으며 시장이 이들을 억제하지도 못하기 때문에 당연히 기업과 주주의 관계를 규정하는 법률이 필요하다. 내부자거래를 단속하는 법과 인위적 주가부양 같은 사기를 예방하는 법이 필요하다. 또한 중요한 정보를 주주에게 제공하도록 증권거래법에 명시해야 한다. 증권거래소는 주식시장의 거품이나 비정상적인 과열 신호를 모니터링해야 한다. 주주들에게는 자신을 보호할 수단이 마땅하지 않으므로 사회가 개입해서 그 역할을 해야 한다.

4. 경쟁하라, 공정하게

네 번째 보이지 않는 손의 법칙은 공정한 경쟁이다. 기업은 경쟁사보다 더 좋은 품질의 제품을 저렴한 가격에 제공해야 한다. 그렇게 하면 세상 모든 사람에게 좋다. 그러나 반드시 공정하게 해야 한다. 더 많은 고객을 유치하기 위하여 저렴한 가격에 판매하는 것과 경쟁사를 퇴출하기 위해 원가 이하로 파는 것은 다르다. 기술력을 활용하기 위해 기술력이 있는 회사를 인수하는 것과 경쟁사로 떠오를까 봐 기술력 있는 회사를 인수하는 것은 완전히 다른 이야기다. 기업은 무슨 수를 써서라도 경쟁사를 제거하기 위해 노력하는 경우가 많으며 보이지 않는 손은 기업을 이런 형태의 반경쟁적인 방향으로 몰아가는 경향이 있다.

이런 성향을 가장 잘 보여준 사례는 유니언 퍼시픽이다. 남북전쟁 후 유니언 퍼시픽이 철도제국을 건설한 이야기는 지극히 미국적이다. 그 이야기는 일리노이주의 철도회사 변호사 시절부터 철도가 미국을 변화시킬 수 있다고 믿고 태평양철도법을 주도했던 에이브러햄 링컨으로부터 시작한다. 그 후 10년간 유니언 퍼시픽과 센트럴 퍼시픽은 대륙횡단철도를 부설하기 위해 온 힘을 다해 경쟁을 벌였다. 두 회사는 아직 개척되지 않은 미 대륙의 사막과 산맥, 평야를 횡단하여 측량작업과 평탄화작업 그리고 철로를 부설하는 등 상상하기 힘들 정도의 어려움을 극복했다. 철도가 완성되었을 때 전쟁이 끝났고 철도는 침체된 미국 경제를 되살리는 역할을 했으며 미국 전체를 연결하는 교역과 통신 및 여행이 활성화되었다.

동시에 유니언 퍼시픽의 철도망은 소위 강도남작[robber baron]이라 불리는 양심 없는 자본가들이 독점적 지위를 이용해 힘없는 농부들과 목장주인을 괴롭혔다. 강도남작 중 가장 악명 높았던 제이 굴드는 유니언 퍼시픽의 지배권을 획득한 뒤 모든 수단을 동원해 경쟁사를 제거하고 독점지위를 구축했다. 그는 경쟁사에 관한 악의적인 소문을 퍼뜨려 연방정부의 수사를 받게 했으며 경쟁사의 주식을 은밀하게 구입한 뒤 뒤에서 이사회를 조정했다. 일단 경쟁사를 제거하고 독점이 되면 요금을 올렸다. 거대 철도회사와 일반 시민들 간의 갈등은 결국 대기업의 권력남용을 방지하기 위한 반독점법이 제정되는 계기가 되었다.

정부는 공정한 경쟁을 보장하기 위해 중요한 역할을 한다. 1890년대 제정된 반독점법은 페이스북, 아마존, 구글 같은 거대 기업이 별다른 대안 없이 우리 생활의 많은 부분을 결정하는 오늘날에 와서 더욱 중요해졌다. 정부는 기업이 올바른 의도를 가지고 정당한 방법으로 경쟁하도록 감독해야 한다. 여기서 다시 대답하기 어려운 문제가 제기된다. 기업이 가격을 인하할 때 경쟁자를 제거하기 위해서인지 아니면 단순하게 시장 지배력을 강화하기 위해서인지 어떻게 구별할 수 있을까? 독점기업이라는 이유로 대기업을 해체해야 할까? 아니면 가격을 인상할 때만 해체하는 게 맞을까? 어떤 형태의 인수합병을 감독해야 할까? 어느 하나 쉬운 것은 없다. 그러나 보이지 않는 손은 때로는 공정하고 공개적인 경쟁으로 기업을 이끌지 못하므로 정부가 개입해서 단지 중역들의 배만 불리는 정책이 아닌 보다 큰 대의를 위해 활동할 수 있도록 단속해야 한다.

5. 직원들을 제대로 대우하라

기업은 직원들에게 공정하게 보상해야 하고 안전한 작업환경을 제공하고 직장과 가정의 명확한 구분이 있어야 한다. 우리는 깨어 있는 시간 대부분을 직장에 바친다. 양자의 관계가 공존하도록 사회가 신경 쓰는 이유가 여기에 있다. 직장은 우리에게 번영과 성장으로 나아가는 경로를 제공할 수 있지만 동시에 우리의 사기를 떨어트리고 비굴하게 만들 수 있다. 자유경쟁시장이 항상 남용을 바로 잡지는 못하므로 우리는 기업이 직원들을 어떻게 대우하는지 주의 깊게 살펴야 한다.

포드 자동차는 이 점에서 주장과 반론을 모두 제공한다. 자동차에 대한 미국인들의 집착이 헨리 포드와 그의 모델 T로부터 시작되었다는 말은 결코 과장이 아니다. 물론 이와 함께 도로망, 고속도로, 모텔, 외곽지역, 석유도 발전했다. 그러나 모델 T를 그렇게 혁신적인 발명품으로 만든 것은 자동차 그 자체가 아니었다. 당시 다른 회사에서도 자동차를 생산하고 있었고 성능이나 안락함, 속도 등에서 모델 T보다 뛰어난 자동차가 많았다. 모델 T의 장점은 그것을 만든 회사의 기업구조에서 나왔다. 헨리 포드는 높은 수준의 효율성을 추구했고 포드 자동차는 하일랜드파크 공장의 설계부터 조립라인 구성과 부품 표준화까지 모두 그의 사상을 반영해서 만들어졌다. 대량생산에 대한 그의 구상은 보다 낮은 원가로 보다 많은 차량의 생산을 가능하게 해서 한때 미국 도로에 다니는 차량의 절반이 모델 T였을 정도다. 그는 또 주 5일, 40시간 근무제를 처음 도입했고 노동자에게 높은 임금을 주었다. 대량생산과 저렴한 소비재는 미국인들의 일상생활에 커다란 변화를 가져와서 갑자기 전 세대에서는 상상할 수 없을 정도의 번영을 누리도록 했다. 포드 자동차의 전략이 탁월했음은 부인할 수 없으며 생산성, 노동시간, 그리고 광고에서의 혁신은 새로운 소비자본주의 시대가 열렸음을 알리는 신호탄이었다.

그러나 포드주의에도 어두운 면이 있었다. 대량생산으로 인해 근로환경은 비인간화되고 노동자는 조립라인의 톱니바퀴 같은 존재로 전락했다. 직원에 대한 포드의 가부장적인 태도는 사회부 직원들이 노동자의 가정을 방문해서 회사의 도덕적인 생활규칙을 준수하는지 점검하는 등 자본주의의 감시 기능을 강화했다. 또한 근로를 신성하게 생각하던 포드는 직원들의 열악한 작업환경을 무시했고 노동조합 설립을 필사적으로 반대했다. 그는 평소에 근로야말로 건전한 정신이자 자존심이며 구원이라는 말을 즐겨 했다. 포드는 개인과 기업 사이에는 엄청난 힘의 괴리가 있음을 사회에 분명히 알려주었다. 1930년대 노동문제에 대한 인식이 커지면서 착취로부터 노동자를 보호하려는 일련의 법안이 통과되었고 단체교섭권이 수립되었다.

기업의 지도자는 이 다섯 번째 규칙을 이행하는 데 주요한 역할을 해야 한다. 기업은 노동자보다는 이익을 중요시하는 경우가 많다. 노동자의 희생하에 주가를 상승시킨 CEO에게는 상당한 보상이 주어진다. 1965년 CEO의 평균 임금은 일반 노동자 임금의 20배였다. 오늘날 그 차이는 300배에 이른다. KKR의 중역들은 수천 명의 종업원을 해고하는 와중에도 일 년에 몇억 달러씩 급여를 챙겼다. 이는 창조적 파괴가 아니고 그냥 파괴에 불과하다. 경영자들은 회사의 이익이 줄어드는 한이 있더라도 노동자들을 보호하고 그들의 이익에 부합하는 정책을 추구해야 한다. 여기서도 과연 공정함이 무엇인가 하는 문제가 다시 대두된다. 노동자들을 공정하게 대우한다는 의미는 모두에게 동일한 임금을 준다는 의미가 아니다. 재능과 근면함 그리고 기술 수준에 따라 보상이 주어져야 한다. 주주의 배당금과 종업원의 임금은 갈등이 존재할 수밖에 없는 미묘한 문제다. 보통은 보이지 않는 손이 직원들을 무시하는 경우가 많다. 이때는 CEO가 직원들을 포용하는 게 좋다.[1]

6. 환경을 파괴하지 마라

환경파괴를 피하라고 하면 별로 어렵지 않은 일이라고 느낄 수 있다. 그러나 안타깝게도 보이지 않는 손은 숲을 보지 못하고 나무만 보는 경향이 있다. 기업은 내부적으로 정한 성공의 기준을 달성하는 데 집중한 나머지 그로 인해 주변에 어떤 영향을 미치는지 제대로 알지 못한다. 경제학자들은 이를 파악하고 외부효과externalities라는 명칭을 붙였다. 우리의 행동은 때로 우리 자신이 아닌 다른 사람들에게 피해를 끼치기도 한다. 만일 그런 피해를 기업이 부담하도록 하는 장치를 만들어 강제하지 않는다면 기업은 마음 놓고 그런 행위를 할 것이다. 한 기업의 결정이 지구를 멸망시키지는 않겠지만 전 세계 수천 개의 기업이 다른 사람들의 복지를 생각하지 않고 그런 결정을 한다면 지구에 비극을 초래할 것이다. 기후변화는 그중에서 가장 시급한 문제다. 화학공장은 상수원에 독성물질을 배출하고 공항은 소음공해를 발생시켜 근처에 사는 주민들의 삶의 질을 떨어트린다. 빅테크 기업이 새로운 프로그램을 출시해서 언론의 자유를 침해하고 소통을 방해하거나 바깥세상과의 교류를 단절시킬 수도 있다. 이로 인해 발생하는 모든 비용은 이를 발생시킨 기업이 부담하지 않고 사회가 그 대가를 지불하는 경우가 많다.

엑슨의 사례가 이에 딱 들어맞는다. 엑슨의 기원은 록펠러가 1800년대 말에 세웠지만 20세기 초 반독점 분위기가 고조될 때 분열된 거대 기업 스탠더드 오일이다. 그러나 1970년대 엑슨은 분리되었던 기업을 합병해서 전 세계 어디라도 원유매장지를 찾아내고 채굴할 수 있는 기술을 가진 몇 개의 기업으로 재탄생했다. 전 세계 모든 나라가 취사 및 난방용 연료에 더욱 의존하게 됨에 따라 엑슨은 더욱 필사적으로 원유를 찾아 나섰다. 그 과정에서 엑슨은 새로운 형태의 다국적 기업을 만들어 국경을 초월하여 전 세계 어디라도 저렴한 자원을 찾는데 주력했다. 그러나 이런 형태의 다국적 기업은 새로운 위협요소를 내포하고 있었다. 국제적인 거래를 하면서 엑슨은 부패하고 반민주적인 정부와 협상을 해야 했고 불편한 동맹을 옹호해야 했다. 사회적 책임을 이행하는 역할인지 아니면 국민을 착취하는 역할인지 다국적 기업의 정체성에 대해 의문이 생기기 시작했다. 가장 우려스러운 부분은 엑슨이 석유를 더 많이 채굴할수록 온실가스가 기후변화의 주범이라는 사실을 은폐한다는 점이다. 많은 사람들은 이제 엑슨과 환경파괴를 같은 의미로 인식하기 시작했다.

경영자들은 기업도 지구의 선량한 구성원이라는 점을 납득시킬 수 있다. 지속가능한 발전을 성취하겠다는 선서를 하고 업계를 선도하는 안전 규정을 제정하고 준수하거나 녹색혁명을 연구하는 재단에 기금을 출연할 수도 있다. 기업의 정책이 좀더 숭고한 목적을 위해 기여하도록 시간과 노력을 기울여 고민하는 기업문화를 조성할 수도 있다. 때로는 이런 정책으로 기업의 이익이 감소할 수도 있다. 그러나 이런 정책은 자본주의 시스템과 완전히 일치하며 알고 보면 자본주의의 생존에 없어서는 안 되는 것이다.

정부도 해야 할 역할이 있다. 모든 기업의 지도자가 지구환경을 고려하는 장기적 시야를 갖고 있지는 않다. 어떤 경우에는 기업이 그 반대로 행동해서 경쟁우위를 획득할 때도 있다. 기업은 환경문제, 폐기물관리, 사이버보안 규정 등에서 원칙을 무시할 수 있다. 이런 일이 발생하면 정부가 나서 공평한 경쟁의 장을 만들어야 한다. 법안을 발의·제정하고 강제해서 제대로 준수하는 기업에는 보상을 주고 공해를 유발하는 기업에는 벌금을 물려야 한다. 탄소배출 기업에는 탄소세를 물려야 한다. 빅테크 기업을 규제하는 소비자보호법을 제정해야 한다. 지난 세기에는 이런 법률을 제정하는 데 노력을 쏟았다. 그러나 보이지 않는 손이 지구를 제대로 가꾸도록 하기 위해서는 아직 할 일이 많다.

기업의 세계사

7. 모든 파이를 혼자 다 가지려 하지 마라

기업은 공공선을 증진하기 위해 존재한다. 기업은 식량을 생산하고 주택을 건설하거나 새로운 기술을 발명하는 등의 노력을 통해 이를 추구한다. 기업의 목적은 가치를 창조해서 경제적 파이의 규모를 늘리는 것이다. 제로섬 게임이 아니니 파이가 커지면 모든 주체가 조금씩 더 가질 수 있다. 그러나 추가 파이를 누가 얼마나 가져가는가에 대한 규정은 없다. 일부는 기업의 경영자에게 또 다른 일부는 노동자에게 갈 수 있다. 소비자 몫도 있고 사회의 몫도 있다. 그러나 대개의 경우 기업의 경영진이 가장 좋은 부분을 가져가고 나머지 부스러기를 다른 주체들이 나눠 가진다. 이런 일이 발생하면 불공정할 뿐 아니라 자본주의 정신과도 맞지 않는다. 자본주의의 열매는 기여도와 필요를 적절히 감안해 공정하고 합리적으로 분배되어야 한다.

KKR을 예로 들어보자. 1970년대에 기업의 형태는 완성형에 도달한 듯 보였다. 주식은 증권거래소에 상장되어 있고 전문경영인들이 회사를 운영하며 대량생산되는 제품과 서비스를 제공하는 거대 다국적 기업은 기업의 끝판왕인 듯 보였다. 기업은 아메리칸 드림을 완성했다. 그런데 난데없이 새로운 형태의 기업이 나타나 기존 기업을 위협했다. 기업담보 차입매수, 사모펀드, 기업사냥꾼 등 다양한 이름으로 불린 이 새로운 기업은 당시 전통기업들과는 완전히 달랐다. 작고 민첩하며 적은 인원으로 단출한 사무실을 기반으로 운영된다. 이들은 언젠가부터 전통기업이 비효율적으로 변했다고 생각했다. 경영자는 비대하고 게을러졌으며 이사진은 거만해졌고 중역들은 기강이 해이해졌다. 처음에 이런 기업을 목표로 삼아 하나둘 인수하기 시작했고 나중에는 인수 속도가 점점 빨라졌다. 이들은 이 분야 최고의 실력자인 KKR이 만들어놓은 길을 충실히 따라갔다. KKR은 주로 적대적 인수합병을 했다. 실적이 좋지 않은 회사를 인수한 다음 정상화해 몇 년 후에 되팔면 짧은 시간에 많은 돈을 벌 수 있었다. KKR의 공격적인 방식은 월스트리트에서도 매우 싫어했지만 KKR이 나비스코를 성공적으로 인수한 다음에는 다른 대기업도 인수합병을 손대지 않을 수 없었다. 곧 미국에서 가장 크다는 기업조차 인수합병의 희생양이 될까 봐 공포에 떨어야 했다. 기업담보 차입매수는 상상할 수 없을 만큼 엄청난 이익을 가져다주었기 때문에 사모펀드 업계는 KKR의 인수방식을 모방했다. 고도화된 금융공학에 힘입은 새로운 초자본주의의 시대가 열리면서 주식시장의 성격이 바뀌었고 인수합병산업이 생겨났다.

동시에 사모펀드 혁명에는 리스크도 존재했다. 사모펀드 기업이 발생시킨 엄청난 대출로 인해 인수된 기업은 파산하기 일쑤였다. 인정사정없이 효율성만 강조하면서 대량해고가 속출했다. 사모펀드 기업의 초토화 전략은 단기수익을 중시했지만 장기적인 비전은 전혀 고려하지 않았다. 그러나 천문학적인 급여 앞에 방해물은 없었다. 정계 인사들은 금융공학이 미국 경제를 망치고 있다고 생각했다. 로버트 라이시는 이렇게 말했다. "이렇게 적은 인원으로 미국 재계 지도를 이렇듯 엄청나게 바꾼 경우도 없을 것이다." 오늘날 사모펀드의 경영자는 정기적으로 수천만 달러를 급여로 가져간다. 2020년 블랙스톤의 최고위 중역 두 명은 합쳐서 8억 2,700만 달러를 받았다.

물론 공정함과 보상은 간단한 문제가 아니다. 사모펀드 기업이 100달러에 어떤 기업을 사서 200달러에 팔았다면 얼마를 가져가는 게 맞을까?

사모펀드는 애당초에 이익 100달러는 인수행위가 없었다면 존재하지 않았을 것이니 100달러 모두를 자기가 받아야 한다고 주장할 것이다. 그러면 처음에 기업인수자금을 투자한 연금펀드는 어떨까? 또는 매일매일 일한 직원들은 어떻게 해야 할까? 정부에 내야 할 세금 감소로 인해 발생한 이익은 또 어떻게 처리해야 할까? 직원들의 해고로 생긴 이익은? 시장이 공정한 몫을 결정한다고 생각할 수 있다. 즉 사모펀드가 이익의 20퍼센트를 챙기기로 협의를 했다면 그것이 공정하다는 주장이다. 그러나 이는 매우 협상이 매우 공정하게 이루어질 때만 가능하다. 세상은 비효율과 편견 그리고 강압으로 가득 차 있다. 협상 과정은 편파적 사고와 자만심 또는 개인의 사리사욕, 무지로 얼룩져 있으며 이런 결점은 협상하는 사람이 아니라 사회 전체에 책임이 있는 경우가 빈번하다. 협상을 거쳤다고 해서 공정해지는 것은 아니다. 폴 뉴먼Paul Newman이 영화 〈폭력 탈옥Cool Hand Luke〉에서 말했듯 "자기 일이라고 해서 모두 맞는 것은 아니다." 우리에게는 공공선에 좋은 일이 무엇인지, 무엇이 정의롭고 균형 잡힌 것인지를 고려해야 하는 폭넓은 도덕적 의무가 있다. 기업은 너그러움을 가져야 한다.

창조적이고 사려 깊은 경영자가 보다 공평하게 파이를 나누는 방법은 여러 가지다. 이익의 증감에 따라 보상 시스템을 바꿀 수도 있고 종업원에게 주식을 나누어 줄 수도 있다. 보상기준을 공개해서 여러 사람의 의견을 들어볼 수도 있다. 급여의 상한선과 하한선을 지정해도 된다. 정부는 누진세를 도입하고 조세법의 허점을 보완하며 경영자의 급여를 제한하는 법을 제정하여 도와줄 수 있다. 이런 제도가 자유시장의 원칙에 위배되며 성실함과 독창성을 방해한다고 주장하는 사람들도 있다. 그러나 보이지 않는 손에는 구멍이 많으며 완전하지 않다. 보다 큰 선을 위하여 사회는 기업이 모든 사람과 파이를 나누도록 해야 한다.

8. 너무 빨리 움직이지 말고 너무 많은 틀을 깨지 마라

기업은 위험을 감수하고 야심 찬 목표를 달성하기 위해 만들어졌다. 유한책임은 기업소유자를 최악의 위험 상황에서 보호해준다. 실패하는 기업도 많고 모든 제품이 인기를 끌 수도 없으며 시장이 당신 생각과 반대로 움직일 수도 있다. 그런 경우를 대비해 기업에는 안전장치가 있다. 회사가 망하더라도 주주는 파산하지 않는다. 주주들은 유한책임을 지기 때문에 어떤 회사에 투자할 때 개인자산이 위태로워지지 않는다.

그렇다고 해서 기업이 무모할 정도로 모험을 하지는 않는다. 마음대로 사회의 규칙을 위반하고 피해를 입혀서는 안 된다. 그러나 무책임한 행동을 은폐하기 위해 이런 일이 자행되어 온 것도 사실이다. 17세기 영국의 주식회사는 누가 봐도 실행 불가능한 프로젝트를 추진한다는 명목으로 순진한 일반인들로부터 자금을 조달해서 기획자들만 부자로 만들었다. 19세기 철도회사는 상환할 능력이 없으면서 엄청난 금액의 대출을 일으켰다. 오늘날 IT 기업들은 사회에 미칠 여파는 생각하지 않고 커다란 위험을 내포한 제품을 출시한다. 이를 잘 보여주는 곳이 실리콘밸리의 스타트업으로 이들은 실패를 크게 중요하다고 생각하지 않으며 오히려 명예훈장 정도로 여긴다.

오늘날 인터넷만큼 우리의 삶에 기업이 미치는 엄청난 힘을 잘 보여주는 분야도 없다. 구글에서 검색하고 아마존에서 쇼핑하며 페이스북으로 소통하는데 이 모든 것을 또한 아이폰으로 한다. 소수의 빅테크 기업의 결정 사항이 전 세계 수십억 인류의 일상생활을 좌지우지한다. 특이한 점은 애플을 제외하고 이런 회사들은 생긴 지 30년도 되지 않았다는 사실이다. 스타트업의 시대는 인터넷의 발명으로 시작되었다. 페이스북은 하버드 기숙사 한쪽에서 19세의 대학 2학년생이 만들어 1년 만에 가입자가 100만 명이 되었다. 오늘날 가입자는 33억 명에 이르며 이들은 하루 평균 50분을 페이스북을 하는 데 사용한다. 그 영향력은 참으로 방대하면서도 무궁무진하다. 페이스북은 다른 사람들과 연결하고 싶은 인간의 선천적인 욕망을 잘 이용해서 성공했지만 또한 설립자인 마크 저커버그의 야망도 성공의 한 원인이었다. 그는 최고의 컴퓨터기술자들을 모집해 놀랄 만큼 짧은 시간에 전 세계를 연결하겠다는 꿈을 이루었다.

하지만 오늘날과 같은 규모가 되기까지 페이스북은 무모한 정책을 펴기도 했다. '빨리 움직여 틀을 깨라'는 페이스북의 기업 모토가 되었다. 이 전략은 성공했지만 사용자와 사회가 그 대가를 지불해야 했다. 페이스북은 피드와 알림 등을 끝없이 제공함으로써 사용자를 더욱 긴 시간 페이스북에 묶어놓아 SNS 중독을 유발하기도 했다. 페이스북은 또한 사용자들의 웹브라우징 기록을 추적해 데이터를 수집한 후 이를 이용해 광고지면을 팔았다. 2016년에는 선거개입으로 문제가 되기도 했다. 러시아 군정보기관과 극단주의자들이 페이스북에서 거짓 정보를 퍼뜨려 혐오감을 부추기고 양극화를 선동했던 것이다. 이런 식으로 빨리 움직여 틀을 깨는 스타트업의 기업문화는 저커버그가 기숙사에서 노트북으로 페이스북을 만들 때만 해도 문제가 없었지만 페이스북이 전 세계적으로 수십억 명이 사용하는 SNS가 된 오늘날에는 이런 문화의 영향력은 가히 가공할 만하다.

다른 기업들과 달리 우리는 여전히 페이스북이 만든 세상에서 살고 있다. 사회는 아직도 어떻게 대응해야 할지 갈등하고 있다. 이런 상황 때문에 우리는 보이지 않는 손의 여덟 번째 규칙을 만들었다. 너무 빨리 움직이지 말고 너무 많은 틀을 깨지 마라. 기업은 무리한 기업활동에 대한 변명으로 유한책임을 내세워서는 안 된다. 기업은 가급적 빨리 신제품을 내놓아 경쟁우위를 확보하고 사용자기반을 기하급수적으로 확장할 수 있다. 그러나 이렇게 하기 전에 기업에는 자신뿐 아니라 사용자와 사회 전반에 걸쳐 발생 가능한 리스크와 보상을 생각할 의무가 있다. 리스크가 너무 크다면 아무리 막대한 이익이 있더라도 계속해서는 안 된다. 정부 역시 기업의 책임 있는 결정을 보호하는 조치를 취해서 무모한 기업활동으로 이익이 창출되는 것을 막아야 한다. 예를 들어 기업과 기업의 경영자에게 광범위한 제조물책임법product liability rules에 따른 보상을 부과할 수 있다. 적극적으로 불법행위를 조사하고 기업의 비리를 폭로한 내부고발자를 보호할 수 있다. 새로운 기술을 개발하려는 기업이 규제기관과 적극적으로 소통해서 관련법 및 정책을 이해할 수 있도록 규제 샌드박스regulatory sandbox(새로운 제품, 서비스를 내놓을 때 일정 기간 동안 기존의 규제를 면제 또는 유예해주는 제도 - 옮긴이)를 개발할 수 있다. 민주주의와 자본주의는 적이 아닌 친구가 되어야 한다. 이들은 항상 그래왔듯 기업이 공공선을 추구하는 조직이 되도록 손잡고 협력해야 한다.

◆　◆　◆

해결해야 할 문제 리스트를 보고 나면 보이지 않는 손이란 애당초 허상이었다고 생각할지 모른다. 현대 자본주의의 가장 중요한 요소인 기업은 가망이 없을 정도로 부패해 있고 기업은 그저 돈과 권력이 있는 사람들이 자신들의 야망을 사회에 투영하는 도구에 지나지 않는데 말이다. 우리는 어쩔 수 없이 작심하고 우리를 착취하려는 파괴적인 기업에 의존하지 않을 수 없다. 그러므로 공공을 위해 존재하려는 기업의 꿈은 한낱 헛된 꿈에 불과하다고 생각할 수 있다.

그러나 인류의 위대한 창조물 뒤에는 항상 기업이 존재했다는 걸 잊어서는 안 된다. 기업은 고대 로마와 르네상스 시대 피렌체를 만드는 데 일조했다. 전 세계에 무역과 탐험의 신세계를 알게 해서 대항해시대를 열었다. 철도망과 자동차 도로를 통해 전 미국을 하나로 연결했다. 에너지를 공급해 20세기를 유례없는 번영으로 이끌었으며 금융이 이를 뒷받침하여 번영을 누릴 수 있었다. 오늘날 기업은 새로운 기술의 폭발적인 증가를 주도해서 세계에 대한 전반적인 지식을 우리에게 제공했다. 이 모든 업적은 실로 대단하다.

게다가 기업은 단지 영혼 없이 삭막한 존재가 아니다. 기업은 공동의 목적을 위해 사람들을 모아 협조하도록 만드는 기관이다. 기업의 업적은 본질적으로 인간의 협동 능력에 대한 증거다. 수많은 사람들이 협력해 어려움을 해결한 사례를 보면 경이롭기까지 하다. 그들이 동료와 함께 나누었던 야망과 용맹성, 희망, 신뢰의 이야기는 자본주의의 진정한 유산으로 축하해야 할 것들이다. 기업이 사회에 대한 의무를 다하지 못하면 사회는 늘 그랬듯 문제를 인식하고 교정하고 규칙을 세워 기업을 올바른 길로 이끌었다. 기업의 역사는 우리에게 단순한 진리를 일깨워준다. 인류는 함께 있을 때 가장 강하다.

감사의 말

이 책이 나오기까지 많은 사람의 아이디어가 도움이 되었다. 모두에게 감사할 수는 없지만 적어도 몇 명에게는 감사 인사를 해야겠다. 논리의 타당성과 스타일 면에서 도움을 준 마이클 코이넨에게 감사한다. 중요한 코멘트로 격려해준 제이콥 아이슬러, 제임스 콜먼, 마크 램지어, 레이니어 크라크만, 세스 데이비스, 헤럴드 고, 카타리나 피스토어, 랜디 고든, 애덤 윙클러, 팀 멀바니, 바비 아흐디에, 바네사 카사도 페레즈, 오를리 로벨, 엘리자베스 드 퐁트네, BJ 아르드, 하인츠 클루그, 야론 닐리, 존 오네소게, 니나 바르사바, 제이슨 야키, 그레그 쉴, 크리스 멕케나, 앤드루 투크, 존 플레밍, 잭 골드스미스, 앤 립튼, 매트 페롤트, 엘리자베스 폴만, 펠릭스 모르만, 스티브 해리건, 마사 레빈, 존 미클스웨잇, 아드리안 울드리지, 더글라스 브링클리 등에게도 감사의 말을 전한다. 헤아릴 수 없이 많은 방법으로 이 책을 개선해준 베이식북스 출판사의 명민한 편집자 엠마 베리에게도 감사한다. 이 프로젝트를 믿고 전체를 일관성 있게 다듬어준 하워드 윤에게도 감사를 전한다. 상상력을 자극해준 아버지와 평화와 사랑을 일깨워준 어머니께도 고마운 마음을 전하고 싶다. 길을 밝혀준 여동생과 영감을 준 제인, 캐서린, 엠마에게도 고맙다고 말하고 싶다.

기업의 세계사

주

머리말

1. William Blackstone, *Commentaries on the Laws of England*, Vol. 1 186 (1876); *The Case of Sutton's Hospital*, 5 Co. Rep. 23, 32b (1526-1616).

2. Milton Friedman, *Capitalism and Freedom* 133 (2d ed., 1982).

3. Letter from Thomas Jefferson to Tom Logan (Nov. 12, 1816); Karl Marx, *Das Kapital: A Critique of Political Economy*, Vol. 3, part 5, ch. 27 (1867); Matt Taibbi, "The Great American Bubble Machine," *Rolling Stone*, Apr. 5, 2010

1장

1. Livy, *History of Rome*, bk. 23, ch. 49 (Frank Gardener Moore, trans., 1940).

2. Livy, *History of Rome*, bk. 23, ch. 49.

3. Dante Alighieri, *De monarchia* 39 (Donald Nicholl and Colin Hardie, trans., 1954); *Plutarch's Lives and Writings* (A. H. Clough, ed., 1909), 2:351.

4. For a sample of these debates, compare Ulrike Malmendier, "Roman Shares," in *The Origins of Value: The Financial Innovations That Created Modern Capital Markets* (William Goetzmann and K. Geert Rouwenhorst, eds., 2005), with Andreas Martin Fleckner, "Roman Business Associations," in *Roman Law and Economics: Institutions and Organizations*, Vol. 1 (Giuseppe Dari-Mattiacci and Dennis P. Kehoe, eds., 2020).

5. Luke 5:27-30.

6. William Blackstone, *Commentaries on the Laws of England*, Vol. 1 187 (1876); Dionysius of Halicarnassus, *Roman Antiquities*, bk. 6, ch. 17; Pliny, *Natural History*, bk. 10, ch. 26; Livy, *History of Rome*, bk. 5, ch. 47.

7. Livy, *History of Rome*, bk. 24, ch. 18; Malmendier, "Roman Shares" 32-33.

8. Cassius Dio, *Roman History*, Vol. 4193 (Earnest Cary, trans., 1954); Michael Lovano, *All Things Julius Caesar: An Encyclopedia of Caesar's World and Legacy*, Vol. 1 805 (2015).

9. Livy, *History of Rome*, bk. 24, ch. 18.

10. *The Orations of Marcus Tullius Cicero*, Vol. 3 112 (C. D. Yonge, trans., 1852).

11. *Digest* 46.1.22; Ulrike Malmendier, "Law and Finance at the Origin," 47 *J. Econ. Lit.* 1076, 1090 (2009); Cicero, *In Vatinium* 29. 폼포니우스의 기록에 의하면 "파트너가 사망하면 소치에타스는 해산된다. 따라

서 파트너의 상속인이 회원 자격을 물려받을 수 없었다. 그러나 이는 일반적인 경우였고 세금징수 소치 에타스는 파트너가 사망하더라도 상속인이 그 지위를 물려받을 수 있었다"고 한다. See Malmendier, "Roman Shares" 36.

12. Ernst Badian, *Publicans and Sinners: Private Enterprise in the Service of the Roman Republic* 72 (1983).

13. Badian, *Publicans and Sinners* 29, 67; Lovano, *All Things Julius Caesar* 807.

14. Georg Brandes, "High Finance in the Time of Caesar," in *The Living Age* 156 (Jan. 1923); Badian, *Publicans and Sinners* 58.

15. Keith Hopkins, "The Political Economy of the Roman Empire," in *The Dynamics of Ancient Empires* 178, 183 (Ian Morris and Walter Scheidel, eds., 2009); Polybius, *Histories*, bk. 6, ch. 17; Michail Rostovtzeff, *The Social and Economic History of the Roman Empire* 31 (1957); William Cunningham, *An Essay on Western Civilization in Its Economic Aspects* 164 (1898).

16. Livy, *History of Rome*, bk. 24, ch. 3-5.

17. Diodorus Siculus, *Library of History* 5.38, in Matthew Dillon and Lynda Garland, *Ancient Rome: A Sourcebook* 311 (2013); Badian, *Publicans and Sinners* 69.

18. Livy, *History of Rome*, bk. 45, ch. 18; Badian, *Publicans and Sinners* 11.

19. 일설에 의하면 로마의 원로원 의원들은 소치에타스 푸블리카노룸에 참여할 수 없었다고 한다. 그러나 이것이 로마법에 의한 것인지 아니면 다른 법에 근거한 것인지 명확하지 않다. See William V. Harris, *War and Imperialism in Republican Rome*, 327-70 B.C. 80 (1979).

20. *Select Orations of M. T. Cicero* 153-54 (C. D. Yonge, trans., 1877).

21. Cicero, *Letters to Quintus and Brutus* 33 (D. R. Shackleton Bailey, trans., 2002); *Cicero's Letters to Atticus*, Vol. 3 115 (D. R. Shackleton Bailey, trans., 1968).

22. Charles Oman, *Seven Roman Statesmen of the Later Republic* 170 (1903).

23. *Cicero's Letters to Atticus*, Vol. 1 99-100 (D. R. Shackleton Bailey, trans., 1999).

24. Lovato, *All Things Julius Caesar* 808; Cicero, *Vatinius* 29.

25. Max Weber, *The Agrarian Sociology of Ancient Civilizations* 315-25 (R. I. Frank, trans., 1976).

26. Adrian Goldsworthy, *Caesar: The Life of a Colossus* 70-74 (2006).

27. Peter A. Brunt, "Publicans in the Principate," in *Roman Imperial Themes* (Peter A. Brunt, ed., 1990).

2장

1. Richard Stapleford, *Lorenzo de' Medici at Home* 18 (2013).

2. John Kenneth Galbraith, *Money: Whence It Came, Where It Went* 23(2017).

3. *The Works of Walter Bagehot*, Vol. 5 365 (1891).

4. Raymond de Roover, *The Rise and Decline of the Medici Bank, 1397-1494* 2 (1999).

5. Giovanni Boccaccio, *The Decameron* 11 (Wayne A. Rebhorn, trans., 2014); de Roover, *Rise and Decline* 35.

6. John V. Fleming, *An Introduction to the Franciscan Literature of the Middle Ages* 258 (1977).

기업의 세계사

7. de Roover, *Rise and Decline* 11-12.

8. Richard Goldthwaite, *The Economy of Renaissance Florence* 221 (2009).

9. de Roover, *Rise and Decline* 132-34.

10. de Roover, *Rise and Decline* 103.

11. Mandell Creighton, *A History of the Papacy During the Period of the Reformation* 202-4 (1882); Goldthwaite, *The Economy of Renaissance Florence* 612; Mary Hollingsworth, *The Family Medici: The Hidden History of the Medici Dynasty* 66 (2018).

12. de Roover, *Rise and Decline* 194.

13. de Roover, *Rise and Decline* 293, 309. 일부 사가들은 기린이 피렌체에 도착해서 죽었다고 주장한다. See Marina Belozerskaya, *The Medici Giraffe and Other Tales of Exotic Animals and Power* 127-28 (2006).

14. Goldthwaite, *The Economy of Renaissance Florence* 231-32.

15. de Roover, *Rise and Decline* 77-81. 나폴리나 제네바 같은 도시에서는 메디치 은행을 합자회사로 등록하여 공식적으로 유한책임을 인정받았다.

16. de Roover, *Rise and Decline* 75-88.

17. de Roover, *Rise and Decline* 47-48; Stapleford, *Lorenzo de' Medici at Home* 14.

18. de Roover, *Rise and Decline* 143; Harold Acton, *The Pazzi Conspiracy: The Plot Against the Medici* 11 (1979).

19. de Roover, *Rise and Decline 51;* Alfred von Reumont, *Lorenzo de' Medici: The Magnificent*, Vol. 1 36 (Robert Harrison, trans., 1876).

20. de Roover, *Rise and Decline* 47-70; Niccolò Machiavelli, *History of Florence and of the Affairs of Italy* 190 (Hugo Albert Rennert, ed., 1901); Francesco Guicciardini, *Florentine History,* ch. 9; Jean Lucas-Dubreton, *Daily Life in Florence in the Time of the Medici* 58 (A. Litton Sells, trans., 1961).

21. Christopher Hibbert, *The House of Medici* 19, 49 (1975).

22. de Roover, *Rise and Decline* 361-63.

23. Guicciardini, *Florentine History*, ch. 9.

24. Guicciardini, *Florentine History*, ch. 9.

25. Marcello Simonetta, *The Montefeltro Conspiracy: A Renaissance Mystery Decoded* 69 (2008).

26. Simonetta, *The Montefeltro Conspiracy* 1.

27. Lauro Martines, *April Blood: Florence and the Plot Against the Medici* 179 (2003); de Roover, *Rise and Decline* 160-61; Hibbert, *The House of Medici* 157.

3장

1. *The Journal of John Jourdain, 1608-1618* 47 (William Foster, ed., 1905).

2. *Journal of John Jourdain* 303-4.

3. *Journal of John Jourdain* 304.

4. *Journal of John Jourdain* 304-6.

5. E. A. Bond, *Speeches of the Managers and Counsel in the Trial of Warren Hastings*, Vol. 1 15 (1859).

6. Glenn J. Ames, *Vasco da Gama: Renaissance Crusader* 50 (2005).

7. Robert Leng, *Sir Francis Drake's Memorable Service Done Against the Spaniards in 1587* 51 (1863).

8. Richard Hakluyt, *Voyages and Discoveries* 312 (Jack Beeching, ed., 2006).

9. John Shaw, *Charters Relating to the East India Company from 1600 to 1761* 1 (1887); William Blackstone, *Commentaries on the Laws of England*, Vol. 1 185 (1876). 블랙스톤의 기업이론을 더 잘 알고 싶은 독자에게 애덤 윙클러의《우리, 기업들: 미국의 기업들은 어떻게 시민권을 획득했나(We the Corporations: How American Businesses Won Their Civil Rights)》(2018)를 적극 추천한다. For a history of corporate purpose clauses, see Elizabeth Pollman, "The History and Revival of the Corporate Purpose Clause," 99 *Tex. L. Rev.* 1423 (2021).

10. Alexander Brown, *The Genesis of the United States*, Vol. 1 99 (1890); John Davis, *The Voyages and Works of John Davis the Navigator* 71 (Albert Hastings Markham, ed., 1880).

11. James Lancaster, *The Voyages of Sir James Lancaster to the East Indies* 63-64 (Clements R. Markham, ed., 1877).

12. John Keay, *The Honourable Company: A History of the English East India Company* 15-17 (1994); Lancaster, *The Voyages of Sir James Lancaster* 94; William Dalrymple, *The Anarchy: The East India Company, Corporate Violence, and the Pillage of an Empire* 20 (2019).

13. Gary Taylor, "Hamlet in Africa 1607," in *Travel Knowledge: European "Discoveries" in the Early Modern Period* (Ivo Kanps and Jyotsa G. Singh, eds., 2001); Keay, *The Honourable Company* 113-14.

14. Stephen R. Bown, *Merchant Kings: When Companies Ruled the World, 1600-1900* 38 (2010).

15. Nick Robins, *The Corporation That Changed the World: How the East India Company Shaped the Modern Multinational* 46 (2006).

16. John Blanch, *An Abstract of the Grievances of Trade Which Oppress Our Poor* 10-13 (1694).

17. Historical Manuscripts Commission, *Calendar of the Manuscripts of the Marquis of Salisbury* 445 (1904). 학자들은 동인도회사의 주주들이 정말로 유한책임제도의 덕을 보았는지에 대해 열띤 논쟁을 벌여왔다. 다양한 의견을 알고 싶다면 Edward H. Warren의 "Safeguarding the Creditors of Corporations," 36 *Harv. L. Rev.* 509 (1923)을 참조하기 바란다(이 논문은 16세기 이후에 생긴 영국의 무역회사에 대하여 단지 주주라는 이유로 회사의 채무에 책임이 있었다는 논리는 근거가 없다고 주장한다).; Ron Harris, "A New Understanding of the History of Limited Liability: An Invitation for Theoretical Reframing," 16 *J. Inst. Econ.* 643 (2020) (arguing that limited liability only became a "corporate attribute" around 1800); John Armour et al., "What Is Corporate Law?," in *The Anatomy of Corporate Law: A Comparative and Functional Approach* (2017) (이 책에서 저자는 "19세기 중반까지도 영국의 주식회사법에서 유한책임제도는 표준이 아니었다"라고 주장한다.)

18. Keay, *The Honourable Company* 242; *Records of Fort St. George, Despatches from England, 1717-1721* 15-16 (1928); James Long, *Selections from Unpublished Records of Government*, Vol. 1 127-28 (1869).

19. James Talboys Wheeler, *Early Records of British India* 68-69 (1878).

20. Robins, *The Corporation That Changed the World* 47.

21. Dalrymple, *The Anarchy* 109; Richard B. Allen, *European Slave Trading in the Indian Ocean*, 1500-1850 38 (2015).

22. P. G. M. Dickson, *The Financial Revolution in England: A Study in the Development of Public Credit, 1688-1756* 490 (1967).

23. Kirti N. Chaudhuri, *The Trading World of Asia and the East India Company, 1660-1760* 77 (1978); Daniel Defoe, *The Anatomy of Exchange-Alley* 14-15 (1719).

24. *Journals of the House of Commons*, Vol. 11 595.

25. John Francis, *Chronicles and Characters of the Stock Exchange* 37 (1850); *The Manuscripts of the House of Lords, 1695-1697*, Vol. 2 11 (1903); Captain Cope, *A New History of the East Indies* 285 (1754).

26. James Mill, *The History of British India*, Vol. 1 24 (1858); George Herbert Perris, *A Short History of War and Peace* 141 (1911); Philip Anderson, *The English in Western India* 82 (1854).

27. Stephen Pincus, "Whigs, Political Economy and the Revolution of 1688-89," in *Cultures of Whiggism: New Essays on English Literature and Culture in the Long Eighteenth Century* (David Womersley, Paddy Bullard, and Abigail Williams, eds., 2005); Romesh Chunder Dutt, *History of India*, Vol. 6 57 (1907).

28. Dalrymple, *The Anarchy* 15; William Hunter, *A History of British India* 248 (1900).

29. Keay, *The Honourable Company* 247.

30. Robins, *The Corporation That Changed the World* 11; Dalrymple, *The Anarchy* 69-70; Keay, *The Honourable Company* 323.

31. *A Vindication of Mr. Holwell's Character* 93 (1764); Dalrymple, *The Anarchy* 62; Robins, *The Corporation That Changed the World* 72. 콜카타 함락 후 실제 사망자에 대해서는 역사가들의 의견이 분분하다. 64명이 감금되었고 그중 43명이 사망했다고 주장하는 학자도 있다. See Stanley Wolpert, *A New History of India* 185 (2009).

32. See P. J. Marshall, *Problems of Empire: Britain and India, 1757-1813* 17 1968).

33. Samuel Charles Hill, *Bengal in 1756-1757: A Selection of Public and Private Papers*, Vol. 1 240 (1905); John Malcolm, *The Life of Robert, Lord Clive*, Vol. 3 133 (1836).

34. Robins, *The Corporation That Changed the World* 79; George Forrest, *The Life of Lord Clive*, Vol. 2 258 (1918).

35. W. W. Hunter, *The Annals of Rural Bengal* 26-27 (1868).

36. *Life and Writings of John Dickinson*, Vol. 2 460 (Paul Leicester Ford, ed., 1895).

37. Adam Smith, *An Inquiry into the Nature and Causes of the Wealth of Nations*, Vol. 2 225 (1869).

38. Karl Marx, "The Government of India," *New York Daily Tribune*, July 20, 1853.

주

4장

1. *The Complete Works of Abraham Lincoln*, Vol. 7 253 (John G. Nicolay and John Hay, eds., 1894).

2. Grenville M. Dodge, *How We Built the Union Pacific Railway* 10 (1910); *Report of the Select Committee of the House of Representatives on Credit Mobilier and Union Pacific Railroad* 551 (1873).

3. Edwin Legrand Sabin, *Building the Pacific Railway* 130 (1919).

4. See, generally, Alfred B. Chandler, *The Visible Hand: The Managerial Revolution in American Business* (1977).

5. Stephen Ambrose, *Nothing Like It in the World: The Men Who Built the Transcontinental Railroad, 1863-1869* 28 (2000); John H. White, *A History of the American Locomotive: Its Development, 1830-1880* 211-12 (1979).

6. Horace Greeley, *An Overland Journey from New York to San Francisco in the Summer of 1859* 272 (1860).

7. John P. Davis, *The Union Pacific Railway* 89-90 (1894).

8. Horace Greeley, "The Pacific Railroad," 19 *Am. R.R. J.* 592 (1863).

9. *Railroad Record*, Sept. 11, 1862, 339.

10. George Francis Train, *My Life in Many States and in Foreign Lands* 285 (1902).

11. Maury Klein, *Union Pacific: The Birth of a Railroad* 24-25 (1987); Dodge, *How We Built the Union Pacific Railway* 12.

12. Ambrose, *Nothing Like It in the World* 125-26.

13. J. R. Perkins, *Trails, Rails and War: The Life of General G. M. Dodge* 35 (1929); Dodge, *How We Built the Union Pacific Railway* 11.

14. Ulysses S. Grant, *Personal Memoirs*, Vol. 2 47, 352 (1886).

15. Union Pacific, *Progress of the Union Pacific Railroad* 9 (1868).

16. Klein, *Union Pacific* 76.

17. George Bird Grinnell, *The Fighting Cheyennes* 256-58 (1915).

18. Henry Morton Stanley, *My Early Travels and Adventures in America and Asia*, Vol. 1 156-57 (1895).

19. *Report of Major General John Pope to the War Committee* 204-5 (1866).

20. Klein, *Union Pacific* 70.

21. Klein, *Union Pacific* 165; Perkins, Trails, *Rails and War* 222.

22. Dodge, *How We Built the Union Pacific Railway* 29. 데이비드 하워드 베인은 "그 어떤 전보, 편지, 보고서, 잡지 및 신문에도 이 두 철도회사의 경쟁을 뒷받침할 만한 증거가 없다"라며 이야기의 신빙성에 의문을 표했다. David Haward Bain, *Empire Express: Building the First Transcontinental Railroad* 658 (1999).

23. Robert Glass Cleland, *A History of California* 395 (1922). 스탠퍼드와 듀런트가 정말로 망치를 휘둘렀지만 맞히지 못했다는 이야기에 대해서는 갑론을박이 있다. 후세의 호사가들이 이들을 폄하하기 위해 지어낸 이야기쯤으로 생각하는 사람도 있다. Bain, *Empire Express* 666.

24. Klein, *Union Pacific* 269.

25. Stanley, *My Early Travels and Adventures in America and Asia* 165-66.

26. *Federal Coordinator of Transportation, Public Aids to Transportation,* Vol. 1 110 (1940); Josiah Bushnell Grinnell, *Men and Events of Forty Years* 86 (1891).

27. *The Congressional Globe,* Vol. 41 536 (1869).

28. *The Works of Ralph Waldo Emerson,* Vol. 2 293 (1901); Martin W. Sandler, *Iron Rails, Iron Men, and the Race to Link the Nation* 176 (2015); *Annual Report of the Auditor of Railway Accounts for the Year Ending June 30, 1889* 322 (1880).

29. *North American Review,* Vol. 108 145 (1869).

30. Robert T. Swaine, *The Cravath Firm and Its Predecessors* 158 (2007).

31. *North American Review,* Vol. 108 145-48 (1869).

32. Harold Crimmins, *A History of the Kansas Central Railway* 24 (1954).

33. Klein, *Union Pacific* 307.

34. Maury Klein, *The Life and Legend of Jay Gould* 457 (1986); Klein, *Union Pacific* 308-10, 482.

35. Klein, *Union Pacific* 308-16.

36. Klein, *Union Pacific* 402-13; Henry Villard, *Memoirs* 283 (1904).

37. Klein, *Union Pacific* 360.

38. Henry George, *Progress and Poverty* 173 (1996).

39. Charles Postel, *Equality: An American Dilemma, 1866-1896* 43 (2019); Solon Justus Buck, *The Granger Movement* 58 (1913); Jonathan Periam, *The Groundswell* 286 (1874).

40. Charles Francis Adams, "Railway Problems in 1869," 110 *N. Am. Rev.* 123 (1870).

41. 21 Cong. Rec. 2,457 (1890).

42. Crimmins, *A History of the Kansas Central Railway* 24.

43. *Scribner's Magazine,* Vol. 5 429 (1889); Klein, *Union Pacific* 495.

44. Edward Chase Kirkland, *Charles Francis Adams, Jr, 1835-1915: The Patrician at Bay* 126 (1965); Thomas Warner Mitchell, *The Collateral Trust Mortgage in Railway Finance,* 20 Qu. J. Econ. 443 (1906); Klein, *Union Pacific* 655-57.

5장

1. "New Industrial Era Is Marked by Ford's Shares to Laborers," *Detroit Free Press,* Jan. 6, 1914.

2. Garet Garrett, "Henry Ford's Experiment in Good-Will," *Everybody's Magazine,* Apr. 1914.

3. "An Industrial Utopia," *New York Times,* Jan. 7, 1914.

4. *The American Flint,* Vol. 5 No. 4 25 (Feb. 1914); Daniel M. G. Raff and Lawrence H. Summers, "Did Henry Ford Pay Efficiency Wages?," 5 *J. Lab. Econ.* S57, S57 (1987).

5. Henry Ford, "How I Made a Success of My Business," *System: The Magazine of Business* 448-49 (Nov. 1916).

6. Enzo Angelucci and Alberto Bellucci, *The Automobile: From Steam to Gasoline* 115 (1976).

7. *The American Flint,* Vol. 5 No. 4 25 (Feb. 1914).

8. James Truslow Adams, *The Epic of America* 404 (1931).

9. John Cote Dahlinger, *The Secret Life of Henry Ford* 118 (1978).

10. Henry Ford, *My Life and Work* 200 (1922).

11. Henry Ford and Samuel Crowther, "The Greatest American," *Cosmopolitan*, July 1930, 191.

12. Ford, *My Life and Work* 33.

13. Dixon Wecter, *The Hero in America* 418 (1941); Allan Nevins and Frank Ernest Hill, *Ford: The Times, the Man, the Company* 167 (1954); Ford and Crowther, "The Greatest American" 36-38.

14. Douglas Brinkley, *Wheels for the World: Henry Ford, His Company, and a Century of Progress* 28-30 (2003).

15. J. Bell Moran, *The Moran Family: 200 Years in Detroit* 126 (1949).

16. Brinkley, *Wheels for the World* 35.

17. Steven Watts, *The People's Tycoon: Henry Ford and the American Century* 60 (2006); Ford, *My Life and Work* 86.

18. Bruce W. McCalley, *Model T Ford: The Car That Changed the World* 8 (1994); Ford, *My Life and Work* 56.

19. Richard Crabb, *Birth of a Giant: The Men and Incidents That Gave America the Motorcar* 202 (1969).

20. Ford, *My Life and Work* 18. Some commentators have cast doubt on Ford's version of how vanadium steel was discovered and instead ascribe it to metallurgist Wills's learning about it from another metallurgist. 포드가 바나듐철을 발견했다는 이야기는 지어낸 것이며 사실은 윌(Will)이라는 야금학자가 다른 야금학자로부터 알아낸 것이라는 주장도 있다. Brinkley, *Wheels for the World* 102 참조.

21. Ford, *My Life and Work* 73.

22. Ford, *My Life and Work* 80; Nevins and Hill, *Ford: The Times* 471-72 (1954); David Hounshell, *From the American System to Mass Production, 1800-1932: The Development of Manufacturing Technology in the United States* 255 (1985).

23. Watts, *The People's Tycoon* 139.

24. Julian Street, *Abroad at Home* 93-94 (1914).

25. Stephen Meyer, *The Five Dollar Day: Labor Management and Social Control in the Ford Motor Company, 1908-1921* 72-80 (1981).

26. Nevins and Hill, *Ford: The Times* 533. 일설에 의하면 일당 5달러가 쿠젠의 아이디어였으며 이를 포드에게 제안했다고 한다. Brinkley, *Wheels for the World* 167-68; Harry Barnard, *Independent Man: The Life of Senator James Couzens* 85-90 (1958).

27. Allan Nevins and Frank Ernest Hill, *Ford: Expansion and Challenge, 1915-1933* 91 (1957); Robert Lacey, *Ford: The Men and the Machine* 168 (1986).

28. Ford, *My Life and Work* 162; cross-examination of Henry Ford, *Dodge v. Ford Motor Co.,* 170 N.W. 668 (Mich. 1918) in Linda Kawaguchi, "Introduction to *Dodge v. Ford Motor Co.* : Primary Source and Commentary Material," 17 *Chap. L. Rev.* 493 (2014).

29. *Dodge v. Ford Motor Co.*, 204 Mich. 459, 507 (1919).

30. Charles Madison, "My Seven Years of Automotive Servitude," in *The Automobile and American Culture* (David L. Lewis and Laurence Goldstein, eds., 1983).

31. Anthony Harff, *Reminiscences* 18-19 (Benson Ford Research Center, 1953).

32. John A. Fitch, "Ford of Detroit and His Ten Million Dollar Profit Sharing Plan," *The Survey*, Feb. 7, 1914, 547-48.

33. James O'Connor, *Reminiscences* 31 (Benson Ford Research Center, 1955); Ida Tarbell, *New Ideals in Business: An Account of Their Practice and Their Effect upon Men and Profits* 129 (1917).

34. Ford, *My Life and Work* 120; "'Shun Unions,' Ford Advises Workers," *New York Times*, Feb. 20, 1937; F. Raymond Daniell, "Ford Confidently Faces a Labor Duel," *New York Times*, Oct. 17, 1937; Frank Cormier and William J. Eaton, *Reuther* 98 (1970).

35. "Final Report and Testimony Submitted to Congress by the Commission on Industrial Relations," Senate Documents, Vol. 26, 64th Cong., 1st Sess., 7627-28; W. J. Cunningham, *"J8": A Chronicle of the Neglected Truth About Henry Ford and the Ford Motor Company* 38-40 (1931).

36. "Ford Men Beat and Rout Lewis Union Organizers," *New York Times*, May 27, 1937.

37. Henry Ford, "Why I Favor Five Days' Work with Six Days' Pay," *World's Work*, Oct. 1926, 613-16; Ford, *My Life and Work* 154.

38. Henry Ford, "When Is a Business Worthwhile?," *Magazine of Business*, Aug. 1928.

39. Bruce Barton, "'It Would Be Fun to Start Over Again,' Said Henry Ford," *American Magazine*, Apr. 1921, 7; Norval A. Hawkins, *The Selling Process: A Handbook of Salesmanship Principles* 216-18 (1920).

40. John Maynard Keynes, *The General Theory of Employment, Interest and Money* 92 (2018).

41. Alfred D. Chandler Jr., *Giant Enterprise: Ford, General Motors, and the Automobile Industry* 3-7 (1964).

42. Brinkley, *Wheels for the World* 526.

43. Allan Louis Benson, *The New Henry Ford* 99 (1923).

6장

1. Bernard Weinraub, "Oil Price Doubled by Big Producers on Persian Gulf," *New York Times*, Dec. 24, 1973.

2. Richard Eder, "U.S. Chief Target," *New York Times*, Oct. 18, 1973; "Saudis Cut Oil Output 10% to Put Pressure on U.S.," *New York Times*, Oct. 19, 1973.

3. Robert B. Stobaugh, "The Oil Companies in the Crisis," *Daedalus*, Vol. 104 179, 184 (1975); US Congress, Senate, Foreign Relations Committee, Subcommittee on Multinational Corporations, Multinational Corporations and United States Foreign Policy, part 7 546-47 (1975).

4. Richard Nixon, "Radio Address About the National Energy Crisis," Jan. 19, 1974.

5. US Congress, Senate, Foreign Relations Committee, Subcommittee on Multinational Corporations,

Multinational Corporations and United States Foreign Policy, part 7 515-17 (1975).

6. Daniel Yergin, *The Prize: The Epic Quest for Oil, Money, and Power* 613 (2008).

7. Joseph A. Pratt and William E. Hale, *Exxon: Transforming Energy, 1973-2005* 15 (2013); Exxon, 1972 Annual Report 18.

8. Federal Energy Administration and Senate Multinational Subcommittee, *U.S. Oil Companies and the Arab Oil Embargo: The International Allocation of Constricted Supply* 8-10 (1975).

9. Raymond Vernon, *The Oil Crisis in Perspective* 179-88 (1976); "We Were Robbed," *The Economist*, Dec. 1, 1973; Anthony Sampson, *The Seven Sisters: The Great Oil Companies and the World They Shaped* 313 (1975).

10. Thomas L. Friedman, "The First Law of Petropolitics," *Foreign Policy* 28, 36 (May/June 2006).

11. Harold F. Williamson and Arnold R. Daum, *The American Petroleum Industry: The Age of Illumination, 1859-1899* 320 (1959).

12. Ron Chernow, *Titan: The Life of John D. Rockefeller* 132 (2004); Yergin, *The Prize* 43-53; Allan Nevins, *Study in Power: John D. Rockefeller, Industrialist and Philanthropist* 402 (1953).

13. Ralph W. Hidy and Muriel E. Hidy, Standard Oil, Vol. 1 213-14 (1955); Yergin, *The Prize* 104; Ida M. Tarbell, *The History of the Standard Oil Company*, Vol. 2 288 (1963).

14. Theodore Roosevelt, Message to Congress on Worker's Compensation, Jan. 31, 1908

15. Harold F. Williamson et al., *The American Petroleum Industry*, Vol. 2, *The Age of Energy, 1899-1959* 443-46 (1963).

16. Winston S. Churchill, *The World Crisis*, Vol. 1 130-36 (1928).

17. H. A. Garfield, *Final Report of the U.S. Fuel Administration* 261 (1921); Yergin, *The Prize* 176; Burton J. Hendrick, *The Life and Letters of Walter H. Page*, Vol. 2 288 (1930); R. W. Ferrier, *The History of the British Petroleum Company*, Vol. 1, *The Developing Years, 1901-1932* 248-49 (1982).

18. Yergin, *The Prize* 178, 194; US Energy Information Administration, US Field Production of Crude Oil.

19. Bennett H. Wall and George S. Gibb, *Teagle of Jersey Standard* 48-49 (1974).

20. Wall and Gibb, *Teagle of Jersey Standard* 71-72.

21. George Otis Smith, "Where the World Gets Oil and Where Will Our Children Get It When American Wells Cease to Flow?," *National Geographic* 292 (Feb. 1929); Secretary of State Memo to Diplomatic and Consular Officers, Aug. 16, 1919.

22. George Gibb and Evelyn H. Knowlton, *History of Standard Oil Company (New Jersey)*, Vol. 2, *The Resurgent Years, 1911-1927* 384-90 (1956).

23. Yergin, *The Prize* 233-35.

24. Yergin, *The Prize* 176.

25. E. H. Carr, *The Bolshevik Revolution, 1917-1923*, Vol. 3 352 (1985); Wall and Gibb, *Teagle of Jersey Standard* 222-25.

26. Yergin, *The Prize* 330.

27. Harold L. Ickes, "After the Oil Deluge, What Price Gasoline?," *Saturday Evening Post*, Feb. 16, 1935.

28. Arthur J. Marder, *Old Friends, New Enemies: The Royal Navy and the Imperial Japanese Navy* 166-67 (1981); US Strategic Bombing Survey, *Oil Division Final Report* 36-39 (1947); B. H. Liddell Hart, *The Rommel Papers* 328 (Paul Findlay, trans., 1953).

29. Yergin, *The Prize* 373; John G. Clark, *Energy and the Federal Government: Fossil Fuel Policies, 1900-1946* 337-44 (1987).

30. Erna Risch, *Fuels for Global Conflict* ix (1945); Everette Lee DeGolyer, "Petroleum Exploration and Development in Wartime," *Mining and Metallurgy* 188-90 (Apr. 1943); Yergin, *The Prize* 384; Harold Ickes, *Fightin' Oil* 6 (1943).

31. Yergin, *The Prize* 410; "Jersey Standard Lists Dip in Profit," *New York Times*, Jan. 27, 1959.

32. Douglas Martin, "The Singular Power of a Giant Called Exxon," *New York Times*, May 9, 1982.

33. Exxon, 1975 Annual Report 4; Pratt and Hale, *Exxon* 112.

34. Daniel Yergin, "Britain Drills-and Prays," *New York Times*, Nov. 2, 1975; Pratt and Hale, *Exxon* 151

35. Pratt and Hale, *Exxon*, 159.

36. Bennett H. Wall, *Growth in a Changing Environment: A History of Standard Oil Company (New Jersey), 1960-1972, and Exxon Corporation, 1972-1975* xxxviii-xxxvix (1988).

37. US Congress, Senate, Foreign Relations Committee, Subcommittee on Multinational Corporations, The International Petroleum Cartel, the Iranian Consortium, and US National Security 57-58 (1974).

38. "A Conversation with Lee Raymond," *Charlie Rose* (PBS), May 6, 2004; Steve Coll, *Private Empire: ExxonMobil and American Power* 71 (2012).

39. Detlev F. Vagts, "The Multinational Enterprise: A New Challenge for Transnational Law," 83 *Harv. L. Rev.* 739, 745 (1970).

40. "Incident Archive—Taylor Energy Oil Discharge at MC-20 Site and Ongoing Response Efforts," Bureau of Safety and Environmental Enforcement, www.bsee.gov/newsroom/library/incident-archive/taylor-energy-mississippi-canyon/ongoing-response-efforts.

41. Ad Hoc Study Group on Carbon Dioxide and Climate, *Carbon Dioxide and Climate: A Scientific Assessment* vii (1979); James Hansen et al., "Climate Impact of Increasing Atmospheric Carbon Dioxide," 213 *Science* 957 (1981).

42. Brian Flannery, "Global Climate Change: Speech to Esso Italiana," Sept. 14, 1996.

43. Lee Raymond, "Energy—Key to Growth and a Better Environment for Asia-Pacific Nations," Address to the World Petroleum Congress, Oct. 13, 1997.

44. Draft Global Climate Science Communications Action Plan, American Petroleum Institute (1998).

7장

1. Smith, *Wealth of Nations* 326.

2. Michael C. Jensen and William H. Meckling, "Theory of the Firm: Managerial Behavior, Agency Costs,

and Ownership Structure," 3 *J. Fin. Econ.* 305, 312 (1976).

3. George Anders, *Merchants of Debt: KKR and the Mortgaging of American Business* 6, 29 (1992).

4. Anders, *Merchants of Debt* 5.

5. Anders, *Merchants of Debt* 7; George P. Baker and George David Smith, *The New Financial Capitalists: Kohlberg Kravis Roberts and the Creation of Corporate Value* 53-54 (1998).

6. Bryan Burrough and John Helyar, *Barbarians at the Gate: The Fall of RJR Nabisco* 136 (2009); Anders, *Merchants of Debt* xix.

7. Burrough and Helyar, *Barbarians at the Gate* 138.

8. Anders, *Merchants of Debt* 14.

9. Baker and Smith, *The New Financial Capitalists;* Anders, *Merchants of Debt* 45.

10. Robert Metz, "Takeover Hope and Houdaille," *New York Times,* July 7, 1978.

11. Anders, *Merchants of Debt* 26.

12. Anders, *Merchants of Debt* 33-34.

13. Anders, *Merchants of Debt* 34-36.

14. David Carey and John E. Morris, *King of Capital: The Remarkable Rise, Fall, and Rise Again of Steve Schwarzman and Blackstone* 13-14 (2012).

15. Carey and Morris, *King of Capital* 13.

16. Burrough and Helyar, *Barbarians at the Gate* 140.

17. Sarah Bartlett, "Gambling with the Big Boys," *New York Times,* May 5, 1991.

18. Anders, *Merchants of Debt* 44; Sarah Bartlett, *The Money Machine: How KKR Manufactured Power and Profits* 118 (1992); Baker and Smith, *The New Financial Capitalists* 79-80; Anders, *Merchants of Debt* 54.

19. Allen Kaufman and Ernest J. Englander, "Kohlberg Kravis Roberts & Co. and the Restructuring of American Capitalism," 67 *Bus. Hist. Rev.* 52, 71 (1993); Anders, *Merchants of Debt* 54.

20. Anders, *Merchants of Debt* 23.

21. Carey and Morris, King of Capital 38; Anders, *Merchants of Debt* 83.

22. Anders, *Merchants of Debt* 160.

23. Lawrence M. Fisher, "Safeway Buyout: A Success Story," *New York Times,* Oct. 21, 1988; Anders, *Merchants of Debt* 158-61.

24. Anders, *Merchants of Debt* 158; "N.Y. Fed President Takes Swipe at Junk Bond King," Associated Press, May 1, 1989; Carey and Morris, *King of Capital* 43.

25. Susan C. Faludi, "The Reckoning: Safeway LBO Yields Vast Profits but Exacts a Heavy Human Toll," *Wall Street Journal,* May 16, 1990; Anders, *Merchants of Debt* 180; Fisher, "Safeway Buyout."

26. Baker and Smith, *The New Financial Capitalists* 207; Anders, *Merchants of Debt* 36.

27. Burrough and Helyar, *Barbarians at the Gate* 144; Anne de Ravel, "The New Formalities: The Menus," *New York Times,* Oct. 26, 1986; "Those Gilded Moments," *Esquire,* June 1990.

28. Anders, *Merchants of Debt* 179; *Toledo Blade*, March 21, 1987.

29. Laura Saunders, "How the Government Subsidizes Leveraged Takeovers," *Forbes*, Nov. 28, 1988; Anders, *Merchants of Debt* 158. Alvin Warren, a tax-law scholar at Harvard, summarized the state of opinion: 하버드법학전문대학원의 앨빈 워렌은 "원래 제1차 세계대전 중 초과이득세에 대한 임시적인 세금감면책으로 도입했던 기업의 이자비용공제와 배당금 비과세는 연방정부의 법인소득세 분야에서 늘 문제가 되었던 것이다"라고 주장했다. Alvin C. Warren Jr., "The Corporate Interest Deduction: A Policy Evaluation," 83 *Yale L. J.* 1585, 1618-19 (1974).

30. Anders, *Merchants of Debt* 243.

31. Theodore Forstmann, "Corporate Finance, Leveraged to the Hilt," *Wall Street Journal*, Oct. 25 1988; Colin Leinster, "Greed Really Turns Me Off," Fortune, Jan. 2, 1989.

32. Burrough and Helyar, *Barbarians at the Gate* 142.

33. Burrough and Helyar, *Barbarians at the Gate* 144-45; Anders, *Merchants of Debt* 149.

34. Burrough and Helyar, *Barbarians at the Gate* 71-72, 93.

35. Alison Leigh Cowan, "Investment Bankers' Lofty Fees," *New York Times*, Dec. 26, 1988; Smith, "KKR to Receive $75 Million Fee in RJR BuyOut," *Wall Street Journal*, Feb. 1, 1989; Burrough and Helyar, *Barbarians at the Gate* 508.

36. Frederick Ungeheuer, "If I Fail, I'm on the Hook," *Time Magazine*, Dec. 5, 1988.

37. Jim Hightower, "Where Greed, Unofficially Blessed by Reagan, Has Led," *New York Times*, June 21, 1987.

38. Baker and Smith, *The New Financial Capitalists* 26-27; Robert B. Reich, "Leveraged Buyouts: America Pays the Price," *New York Times*, Jan. 29, 1989.

39. See Peter Lattman, "KKR Duo: $1.65 Billion Stock Stake," *Wall Street Journal*, July 7, 2010.

40. Bartlett, *The Money Machine* 214.

41. Anders, *Merchants of Debt* 152.

8장

1. US Bureau of Labor Statistics, American Time Use Survey 2019.

2. 미어캣은 보기보다 온순하지 않다고 한다. 모든 포유류 중에서 미어캣이 다른 미어캣에 의해 죽을 확률이 가장 높다는 연구 결과도 있다. Jose Maria Gomez, "The Phylogenetic Roots of Human Lethal Violence," 538 *Nature* 233 (2016).

3. John Cassidy, "Me Media," *New Yorker*, May 14, 2006; Michael M. Grynbaum, "Mark E. Zuckerberg '06: The Whiz Behind thefacebook.com," *Harvard Crimson*, June 10, 2004.

4. Claire Hoffman, "The Battle for Facebook," *Rolling Stone*, Sept. 15, 2010; S. F. Brickman, "Not-So-Artificial Intelligence," *Harvard Crimson*, Oct. 23, 2003.

5. Steven Levy, *Facebook: The Inside Story* 13 (2020).

6. Interview with Mark Zuckerberg, "How to Build the Future," Y Combinator, Aug. 16, 2016.

7. Katharine A. Kaplan, "Facemash Creator Survives Ad Board," *Harvard Crimson*, Nov. 19, 2003.

8. Kaplan, "Facemash Creator Survives Ad Board"; Hoffman, "The Battle for Facebook."

9. "Put Online a Happy Face," *Harvard Crimson*, Dec. 11, 2003.

10. Nicholas Carlson, "At Last—the Full Story of How Facebook Was Founded," *Business Insider*, Mar. 5, 2010.

11. Grynbaum, "Mark E. Zuckerberg '06."

12. Jose Antonio Vargas, "The Face of Facebook," *New Yorker*, Sept. 13, 2010; Hoffman, "The Battle for Facebook."

13. Nicholas Carlson, "Here's the Email Zuckerberg Sent to Cut His Cofounder Out of Facebook," *Business Insider*, May 15, 2012.

14. Alan J. Tabak, "Hundreds Register for New Facebook Website," *Harvard Crimson*, Feb. 9, 2004.

15. Nicholas Carlson, "Well, These New Zuckerberg IMs Won't Help Facebook's Privacy Problems," *Business Insider*, May 13, 2010.

16. Sebastian Mallaby, *The Power Law: Venture Capital and the Making of the New Future* (2022).

17. Levy, *Facebook* 214, 525.

18. Levy, *Facebook* 144.

19. Levy, *Facebook* 110.

20. Levy, *Facebook* 108; Henry Blodget, "Mark Zuckerberg on Innovation," *Business Insider*, Oct. 1, 2009.

21. Levy, *Facebook* 123-27.

22. Hannah Kuchler, "How Facebook Grew Too Big to Handle," *Financial Times*, Mar. 28, 2019.

23. Levy, *Facebook* 267.

24. Levy, *Facebook* 141.

25. Levy, *Facebook* 180.

26. Dan Farber, "Facebook Beacon Update: No Activities Published Without Users Proactively Consenting," *ZDNet*, Nov. 29, 2007.

27. Levy, *Facebook* 195-96.

28. Robert Hof, "Facebook's Sheryl Sandberg: 'Now Is When We're Going Big' in Ads," *Robert Hof*, Apr. 20, 2011; Emily Stewart, "Lawmakers Seem Confused About What Facebook Does—and How to Fix It," *Vox*, Apr. 10, 2018.

29. Antonio Garcia Martinez, *Chaos Monkeys: Obscene Fortune and Random Failure in Silicon Valley* 5 (2018); Levy, *Facebook* 197.

30. Martinez, *Chaos Monkeys* 275; Ashlee Vance, "This Tech Bubble Is Different," *Bloomberg*, Apr 14, 2011; Mike Allen, "Sean Parker Unloads on Facebook: 'God Only Knows What It's Doing to Our Children's Brains,'" *Axios*, Nov. 9, 2017.

31. Levy, *Facebook* 247-48.

32. "Facebook Nudity Policy Angers Nursing Moms," Associated Press, Jan. 1, 2009.

33. Levy, *Facebook* 166.

34. Levy, *Facebook* 153.

35. Josh Constine, "Facebook Is Shutting Down Its API for Giving Your Friends' Data to Apps," *TechCrunch*, Apr. 28, 2015.

36. Sandy Parakilas, "We Can't Trust Facebook to Regulate Itself," *New York Times*, Nov. 19, 2017.

37. R. Jai Krishna, "Sandberg: Facebook Study Was 'Poorly Communicated,'" *Wall Street Journal*, July 2, 2014.

38. Levy, *Facebook* 272-73.

39. Robert M. Bond, "A 61-Million-Person Experiment in Social Influence and Political Mobilization," *Nature*, Sept. 2012.

40. Levy, *Facebook* 354.

41. Soroush Vosoughi, Deb Roy, and Sinan Aral, "The Spread of True and False News Online," 359 *Science* 1146 (2018).

42. Donie O'Sullivan and Dylan Byers, "Fake Black Activist Accounts Linked to Russian Government," *CNN*, Sept. 28, 2017; Indictment, *US v. Internet Research Agency*, Feb. 16, 2018, 1:18-cr-00032-DLF.

43. Casey Newton, "Zuckerberg: The Idea that Fake News on Facebook Influenced the Election Is 'Crazy,'" *The Verge*, Nov. 10, 2016.

44. Alex Stamos, "An Update on Information Operations on Facebook," *Facebook* Newsroom, Sept. 6, 2017; Craig Timberg, "Russian Propaganda May Have Been Shared Hundreds of Millions of Times, New Research Says," *Washington Post*, Oct. 5, 2017; Levy, *Facebook* 373-74.

45. David Remnick, "Obama Reckons with a Trump Presidency," *New Yorker*, Nov. 28, 2016.

맺음말

1. Lawrence Mishel and Julia Wolfe, "CEO Compensation Has Grown 940% Since 1978," Economic Policy Institute, Aug. 14, 2019.